幽暗已成千古患

張灝教授紀念文集

主編：陳躬芳、周昭端

目 錄

轉型時代的哲思

二十世紀之子：張灝教授文章選集

附 錄

後 記

序 一

In Memoriam: Chang Hao 張灝 （1937-2022）

Philip C. Brown

Emeritus Professor of Japanese and East Asian History
The Ohio State University

Christopher A. Reed

Associate Professor of Modern Chinese & East Asian History
The Ohio State University

Dr. Chang Hao, the renowned Sinologist and scholar devoted to the intellectual history of modern China, died April 21 at age 85 in Albany, California. Dr. Chang was born in 1937 in Xiamen, and after living in Chongqing and Nanjing he moved with his family to Taiwan in 1949. He studied with well-known China scholars in both Taiwan and the United States, including Yin Hai-guang, Yang Lien-sheng（aka L.S. Yang）, and Benjamin Schwartz. In 1966, Dr. Chang completed his Ph.D. at Harvard University. Two years earlier, he had begun his teaching career at Louisiana State University. He relocated to the Department of History at The Ohio State University（OSU） in 1968 and taught at OSU until 1998. After retiring from OSU, Dr. Chang moved for seven years to the Hong Kong University of Science and Technology, his final academic position.

Dr. Chang authored widely acclaimed books, articles, and chapters in both English and Chinese, including *Liang Chǐ- chʾiao and Intellectual Transition in China, 1890-1907*（1971） and *Chinese Intellectuals in Crisis: Search for Order and Meaning, 1890-1911*（1987）. Both focused on what Dr. Chang called "the transitional generation" of late Qing intellectuals influenced by unorthodox Chinese thought along with modern Western thought, literature, and media. Both books were translated into Chinese and have influenced generations of scholars.

In February of this year, Dr. Chang donated his book and manuscript collection, an invaluable contribution to historical research, to the National Central Library（Taiwan）. Comprised of 5,000 books, plus personal papers, the library plans to make this gift a separate, named collection honoring him. It will be open to the public after it has been catalogued.

During his distinguished career, Dr. Chang received numerous honors. He was elected to membership in Academia Sinica in 1992. Other honors and scholarly recognitions included grants from the National Endowment for the Humanities and the American Council of Learned Societies. He was also honored with the Qian Mu History Lectureship and the Yu Ying-shih Lectureship, both at the Chinese University of Hong Kong, along with the Tseng Yueh-nung Lectureship on Comparative Study of Cultures at Tunghai University, Taiwan.

Remembrances have been held in America, Taiwan, Hong Kong, and China. A virtual commemoration of Dr. Chang' s life and accomplishments was held on June 27, 2022 in Menlo Park, CA. A recording of the service can be viewed on YouTube.

Fig 1   Professor Chang Hao likes reading on the couch.

序二

Remembering a great scholar and a close friend

Thomas A. Metzger

Senior fellow emeritus of the Hoover Institution, professor of history emeritus, University of California（San Diego）

I am extremely happy you are organizing this occasion honoring Professor Chang Hao, my close friend since 1959 and a great scholar, in my eyes the top authority of our time on modern Chinese intellectual history. His writings on it have already for many years been standard references in this field, endlessly quoted and discussed, and they will continue to be so for the foreseeable future, not only because of the depth of his knowledge, his commitment to the cause of accuracy and objectivity, and the perspicacity of his comments but also because he was an outstanding writer, whether of English or Chinese.

He was universally admired, the gold standard in this field, a model for younger scholars, one of the major scholarly voices responding to all the political and intellectual turmoil accompanying the modernization of China during one of humanity's most complex and dangerous eras - indeed an era of unceasing crises. To be sure, the intercultural scholarly conversation about Chinese modernity has been a mix of agreements and disagreements, and Chang Hao and I not infrequently discussed and struggled with this often painful mix, a basic feature of scholarly life East and West, ancient and modern, going back at least to Xun-zi' s criticism of Mencius. But a great scholar like Chang Hao rises above this mix, living on in the hearts of his friends and the continuing consciousness of the intellectual community.

After I first met Chang Hao in the fall of 1959 at Professor Reischauer's class in beginning Japanese, my friendship with him became a major part of my life, which stays in my heart and thoughts perpetually, and for which I will always be grateful.

The modern relation between China's evolving civilization and the Western response to it is a major chapter in the history of humanity, and Westerners cannot begin to unravel the complexity of this modern relation without the help of exceptionally brilliant Chinese scholars able to mediate between the complexities of their native erudition and the native categories of their Western colleagues. Few if any other scholars accomplished this invaluable mediation more brilliantly than my close friend Chang Hao.

Fig 2　Recent Photo of Professor Thomas A. Metzger.

紀念一位偉大學者與親密友人

墨子刻文　蘇鵬輝譯 [1]

胡佛研究所名譽高級研究員 加州大學聖地牙哥分校
歷史學榮休教授

我很欣慰能組織這樣一場紀念的活動。從 1959 年開始，張灝與我即成為彼此密友。他是一位偉大學者。就我看來，在中國現代思想史領域，張灝是我們時代的最高權威。他的研究著作得到廣泛引用與持續討論，許多年間，確然成為這一領域的經典參考。在可預期的未來，這些作品將依然如此重要。這不僅是因為他的知識深度，還有他對於學術準確性與客觀性的忠誠，以及他學術評論中的洞察力。同時也因為，無論在使用英文抑或中文，張灝都是一位傑出的寫作者。

他被普遍推崇為這一領域的黃金標準，青年學者的典範，以及回應中國現代化歷程中所有政治與思想動盪的主要學術聲音之一。中國的現代轉型恰處於人類最複雜與最危險的諸時代之列—— 20 世紀確實是一個危機不斷的時代。可以確定的是，有關中國現代性的跨文化學術對話始終是共識與分歧交織的混合體。張灝與我經常就這一令人頗感痛苦的交錯局面展開討論，並掙扎於其間。事實上，這也構成為在東方與西方、古代與現代之間從事學術生活的基本特徵，至少可以遠溯及荀子對孟子的批評。然而，如張灝這樣的偉大學者本身則能超越這種歧義性，繼續活在他的朋友們的心中以及知識界的持續意識中。

1959 年秋天，在賴肖爾教授（又譯賴世和，Edwin Reischauer, 1910—1990）的日語初級課上第一次見到張灝後，與他的友誼成為我生活中的重要組成部分。這段友誼永遠留在了我的心靈與思想中，對此我

---

[1]　編者按：蘇鵬輝，陝西師範大學政法與公共管理學院講師。

將始終感激。

　　中國其命維新的文明與西方對此的反應，二者之間的現代關係是人類歷史的重要篇章。如果沒有特別傑出的、能夠在本土學識與他們西方同行之原生範疇的複雜性之間周旋揖讓的中國學者之幫助，西方學者便無法開始闡明這一現代關係的複雜性。幾乎沒有其他學者比我的摯友張灝更出色地完成了這一寶貴的調解工作。

圖3　張灝教授在〈未走完的道路〉一文中提起了好友墨子刻及文末罕見地刊登了與好友墨子刻合影的照片；合照攝於 2002 年 12 月，張灝、鄭樹森及墨子刻參加香港理工大學及華東師範大學合辦的「Metaphysics and Theoretical Knowledge」研討會

出版緣起

此專輯以「幽暗已成千古患」為題，乃取自余英時先生於 2016 年賀張灝八十大壽所贈送的詩文：「談笑居然八十翁，康橋回首記初逢。環滁故里吟歐九，浮海新民話任公。幽暗已成千古患，圓融欣見一家同。與君共入逍遙境，莫教塵緣更惱儂」。年屆八十六的余英時寫下了這首詩同賀張灝（八十歲）和妻子廖融融（七十五歲）的壽辰，回顧了與張灝先生多年的相知歲月，驚覺時光飛逝，自康橋初識，談笑間已成白頭翁了；想起了兩人在 1959 年初相逢於哈佛康橋的情形，依然記憶猶新。當時張灝剛從臺灣來到哈佛攻讀碩士，而余英時先生早於 1955 年以燕京訪問學人身份到達哈佛，翌年轉攻讀博士學位，兩人先後師從楊聯陞、史華慈等。也許當時余英時以學長的身份接待張灝，詩文中的附註指出，初見面時問及張灝祖籍何地，張灝曾戲謔自己來自歐陽修貶官任職的滁縣，並向余英時吟誦了〈醉翁亭記〉來證明，由此結下了半世紀以來彼此間惺惺相惜的情誼。「環滁皆山也」與余英時的「我在哪裡，哪裡就是中國」的豪語如出一轍，對他們來說，中國不是一朝一國的地域觀念，更是具有深遠文化和歷史意義上的中國。

2021 年 8 月接獲余英時故去的消息時，在電話中與廖天琪女士（廖融融妹妹）談起此事，張先生老淚縱橫，悲不能言，連續道：「俱往矣！」余先生與張先生倆極少在文中提及彼此間的影響與互動，在生活上卻是相知相交，他們二人說話同樣帶著安徽口音。廖天琪女士在信件中特別提及的一則趣聞：「兩個老友常愛開玩笑，細說從前。其中一個故事是：他們跟友人們在飯店吃飯，滿滿一桌，歡聲笑語，杯觥交錯，坐在旁邊的余英時一本正經，從胸前口袋摸出一張小紙條，默默遞給張灝，低頭一看，三個字：『風聲緊！』兩人相顧大笑。他倆都是原籍安徽，說話帶點土音，一次談天，說到抗戰時期逃難的情景，用過這個詞，後來余先

生就開玩笑，在小紙片上寫下這幾個字，總是放在皮夾裡，時不時拿出來『唬唬人』取樂。」這件小事就是他們生命中的種種契合，過去的苦難是回憶，也是今日的警醒。

　　余先生的贈詩從張灝的年輕時立下「環滁皆山也」的豪情壯語說起，點出張灝對梁任公新民說的研究，終成就其「幽暗已成千古患」的學術思想，奠定了他一生非凡的學術貢獻與堅持。孫康宜教授在鄭培凱編的《余英時詩存》一書中這樣說：「思想中很重要的一部分，見證了中國文人自古以來所遵循的『詩言志』傳統，就是說，一個人寫詩，是為了表達個人的意志，內心的情感，而且是最重要的意志，最重要的情感。」筆者在組稿期間有幸與先生的摯友進行思想史的探討與交流，其中墨子刻先生指出：「其中詩文一句『幽暗已成千古患』除了表達余英時先生與張灝先生的鮮明政治及價值取向外，也揭示了他們一生的學術追求及個人信仰的堅持」，並將此句詩文譯為 "The darkness of disaster today has already become just about permanent"，指出余先生是由相知而確認張灝的觀點，雖然新儒家學說及其他學者未必同意先生的看法，但張先生的而且確有他的偉大之處。余英時先生的「圓融欣見一家同」，當然是他對張灝美滿家庭的讚辭，但亦可以是他們對於理想中國的期許，猶如萬芳處處，和諧共融。他們對於「夢想中的中國」那份美好的期許始於何處呢？猶記得兩位先生的前塵往事，在 1990 年，他和張灝同為《二十一世紀》雙月刊的創刊編委之一，張灝以〈盼中國民主生根，走出歷史循環〉（第 1 期，1990 年 10 月）中提到梁啟超的「志未酬」，余英時則撰文〈待從頭，收拾舊山河〉（第 2 期，1990 年 12 月號），似有互相呼應之意。也許在 1998 年，張先生帶著梁啟超的「志未酬」歸航到香港科大；也許當年先生就是承載著「待從頭，收拾舊山河」的歷史任務而來。他們都有一個自由的「中國夢」，余英時先生所探尋的是保存傳統文化價值、而又面向現代世界的自由中國。那張灝先生的「中國夢」又是什麼呢？在 1999 年，當張先生剛來到科大時，接受黃敏浩教授的採訪中，他自認是一個低調的自由主義者，其弟子范廣欣師兄在美國的追

思會中稱「他是一位真誠而低調的自由主義者」。想來張灝先生所追求的是能夠防範人性墮落和制度崩壞的自由中國。兩位先生從在文化傳統的反覆辯證中，辨識到必須不斷地進出傳統，才能真正了解傳統，即所謂的「dialectic of in and out」的詮釋。他們的雷霆之音，至今久久轟鳴縈繞，不絕於耳。

三十年後已經年逾古稀的先生們，重訪二十世紀的歷史。2020 年，余先生賀《二十一世紀》（第 181 期，2020 年 10 月）創刊三十周年的詩文：「當時開筆欲迴天，今日重思徒見慚。回首卅年聊自解，有言畢竟勝無言」。訴說當年以中文作為書寫媒介而著述的一段歷史，同樣是七十年代左右，余英時、張灝好像是心靈相通般一起用中文書寫他們的學術著作，影響所及，一時蔚為奇觀。那個特殊的歷史時空裡，並不是歷史的偶然，他們開始了「文化中國」之旅，展開一場百花齊放的文化、學術書寫運動（如果這可以稱為一場運動的話）。丘為君教授文章中曾提及上世紀八十年代末低調的張灝教授竟加入校園的遊行隊伍當中。象牙塔裡的書生，在時代的刺激下，竟然也走出了書齋，在俄亥俄州立大學校園中參加了一些遊行與抗議活動等，李歐梵教授訪談錄中提及當時學者們受「海妖的呼喚」（Siren's Call）回到亞洲（這是一種充滿文學紀事的宣示），也是語言意義上的鄉愁，故執起筆來以中文書寫著作，以傳遞文化、學術為職責，影響華文世界的下一代。在歷史的灰塵裡，他們的作用也許是「書生意氣」，如詩文所表達般顯得有點無奈。但是他們都活出了有承擔和良知的「知識人」（intellectual）。

因此之故，本文集採用余先生的詩文「幽暗已成千古患」為文集刊名，至少有兩層的意義：一為紀念兩位先生以至那一代學人在闡釋中國歷史文化的不凡成就，特別是張灝教授的「幽暗意識」，成為我們審視傳統、走向現代的重要尺度，就算是不同意張灝的觀點，也迴避不了去回應他所提出的觀念；二是由之繼續向下一代傳遞先生的一生治學的錚錚風骨。那一代的學人雖歷經近世的顛沛流離，仍保留著「花果飄零及靈根自植」的氣魄，先生作為「二十世紀之子」總不忘提醒「別忘記反思

二十世紀」，終此一生，身在哪裡，都心繫家國和民族。如今他們已然共入逍遙之境，緣此之時「風聲」正緊，「莫教塵緣更惱儂」既是他們的戲言，也是他們對後輩學人最誠懇的叮嚀！

一、張灝教授學術回顧

回顧張灝教授（1936—2022）一生的軌跡。他於 1936 年出生在廈門，祖籍安徽滁縣。歷經中國近代的動盪，從廈門到重慶大後方，到南京，最後 1949 年舉家到達臺北。後升讀國立臺灣大學歷史系，為殷海光高徒，師生兩人間關係密切、心靈契合，其中提到後世定位殷海光是「後五四人物」（a post May-fourthian），就是出自殷海光（1919—1969）寫給張灝的信函，張灝當時也自稱「五四狂生」。後於 1959 年，前往哈佛大學歷史系，師承費正清（John King Fairbank, 1907—1991）、史華慈（Benjamin I. Schwartz, 1916—1999）、楊聯陞（1914—1990）諸老，取得中國歷史博士學位（1966 年）。三十餘年間，曾先後任教於美國路易斯安那州立大學、俄亥俄州立大學歷史系。1992 年，當選為臺灣中央研究院第 19 屆院士。1998 年，獲聘香港科技大學人文學部教授，移居香港七年，直到 2005 年頒以名譽教授榮休，並舉行「榮退學術講座」，許多學人仍記憶猶新。其後回到美國華盛頓特區的維珍尼亞州雷斯頓（Reston）和女兒孫子們住在一起，享受天倫之樂。2022 年 2 月，在家人的陪同下，先生將畢生藏書 5000 餘冊、手稿筆記 10 餘箱，透過駐舊金山臺北經濟文化辦事處捐贈給國家圖書館，並舉行了線上捐贈儀式。同年 4 月 21 日，在加利福尼亞州奧爾巴尼（Albany, CA）安詳離世，享年 86 歲。

張公一生專治中國近代思想史、政治思想史，曾先後獲得美國國家人文基金會研究獎金（1975—1976）、美國學術團體聯合會研究獎金（1972；1979—1980）、俄亥俄州立大學威恩講座教授（Wiant Professorship of Chinese History and Culture（1979—1985）、王安東亞學術

研究獎金（1985—1986）等殊榮；並邀任於各個享譽國際的學術講座主講，包括香港中文大學新亞書院錢穆文史講座（1995）、東海大學中西文化比較講座（2000）、香港中文大學余英時講座（2010）等。其主要著作包括《梁啟超與中國思想的過渡（1890—1907）》（*Liang Ch'i-ch'ao and Intellectual Transition in China, 1890—1907*）、《危機中的中國知識分子：意義與秩序的追求（1895—1911）》（*Chinese Intellectuals in Crisis: Search for Order and Meaning, 1890—1911*）、《烈士精神與批判意識》、《時代的探索》、《幽暗意識與民主》等，也是《劍橋中國史》晚清思想史部分的撰稿人之一。先生學術成就享譽國際，最主要的貢獻是提出「幽暗意識」之觀念，從風雲詭異的風暴作為時代探索的背景，特別是從 1895 至 1927 年之轉型時代，提醒世人從中國近代的脈絡反思自由主義與「五四運動」，並認為儒家傳統人性論缺乏了「幽暗意識」，對人性的陰暗面也缺乏足夠重視，對人性過度樂觀，因此當政者一旦掌握權力便很容易泛濫成災而釀成了近代史上的諸多悲劇，故須尋求制度上的防範。他留給思想界無窮無盡的反思，至今仍影響著對中國近代思想史的研究。

二、兩岸各地舉辦的追思活動

自 4 月下旬接獲張灝教授在美國去世的訊息，編者一時間感悟歲月流逝的無情，我們那一代仰慕的學者先後溘然而逝，不禁悲從中來，惋惜不已！先生的海內外故交、學生和晚輩們為對一代學人表達緬懷之意，先後在不同的地區包括美國、中國、香港、臺灣等地舉行不同形式的追思會。首先，先生的入門弟子任鋒教授在接獲消息後，於 4 月 27 日早上九點（即「頭七」之日），組織了一場線上內部追思會。與會者大多是張灝先生生前授教的中、臺學生，現已是歷史學界頗有建樹的學者，每個人皆談到了自己心中的張灝教授及其學術思想要義，宣讀悼文十幾篇，後亦將網上追思會的發言稿陸續發表於微信平臺。

其後，張先生的家人又於 2022 年 6 月 27 日上午十一時正在加利福

尼亞州半島的一個漂亮又具有歷史的花園綠洲（Menlo Park）裡面的一個藝術家藝廊（Allied Arts Guild）舉行紀念活動，並分別以網上直播和錄像短片上傳到 YouTube，同時在連線追思留言網頁（KudoBoard）永久紀念張灝教授。追思會中，家人、故交、同事先後帶著隱忍的哀傷分享了張公在世時生活上的點滴，其中包括溫情洋溢的生活趣事，那個唱著生動而風趣的丹尼男孩（Danny Boy）形象躍入眼簾，讓人一時悲喜交集！

此外，香港科技大學人文學部舊生們在收到人文學部主任麥哲維教授（Prof. Steven B. Miles）的電郵後，驚聞先生離世消息。他在電郵中指出：“Professor Chang's 1971 book with Harvard University Press, *Liang Ch'i-ch'ao and Intellectual Transition in China, 1890—1907*, was a standard on any graduate student's reading list.” 墨子刻教授在〈序言〉中指出：「他被普遍推崇為這 領域的黃金標準，青年學者的典範，以及回應中國現代化歷程中所有政治與思想動盪的主要學術聲音之一。」另一位加州大學歷史系博士生 Joseph Passman 亦在他的悼文 “My Neighbor's Father: A Graduate Student Meets a Professor who Shored the Foundations of Chinese History in America” 寫道：「張灝教授的獨特洞察力，從那些所謂的被壓垮和不受束縛的晚清知識分子身上找到了一種與世界接觸的鎮定自若的堅持，並為美國當前的種種危機找到一個解釋的可能性。」凡此種種，都是在張灝教授離世之後，我們才驚覺他那沉重而謹慎的聲音，向我們細訴前面的道路。我們重讀張先生的學術著作，嘗試尋求救治不安現世的靈藥。

7月30日在科大校園清水灣畔，我們連同約30位現場及線上的舊生，舉行了一個簡單的追思會。此次活動在學部老師陳榮開教授帶領全場師生合唱三次李叔同的〈送別〉，向剛故去的張灝教授——一代歷史思想家表達緬懷之情，委婉而幽幽的歌聲掀起了高潮，同時一種感嘆知交一半零落如塵土、一半離散在天涯的悲傷瀰漫著校園，我們似乎重複著國人在近代中國大時代中的顛沛流離命運，和應著歷史迴音壁上「念念不忘，必有迴響」的初心。當我們將此活動的照片及所唱的歌曲轉告張灝教授女兒張又婷時，她感動不已。同時也告知她父親在世時，經常吟

唱此歌，她現在也教授她六歲孩子唱這首歌。想起了張灝教授在科大教學期間，偶而會高聲歡唱。如在 2000 年的歡迎新生會上，錢立芬教授在 "A Remembrance of Professor Chang Hao" 的一文中，憶起張先生一時興起高唱一闋〈滿江紅〉的那個時光，一時觥籌交錯，恍惚回到那個屬於他的激昂而憤慨的四十年代，及九十年代到亞洲來時懷著「志未酬」的滿腔熱情。這些都是我們科大學生、他的中學、哈佛時期的同學對張先生的集體回憶。王其允教授在美國追思會中唱起了〈教我如何不想他〉，這是趙元任所填的詩歌，在當時哈佛校園流傳甚廣，初為趙元任送給妻子楊步偉的一首歌，後在知識分子當中意涵為懷念「心中的祖國」。細心一看，不難發現張灝教授喜歡的歌曲中，蘊含著對故鄉、家國深刻之情，如李叔同的〈送別〉（原曲是〈夢迴故里〉，*Dreaming of Home and Mother*）、〈滿江紅〉等。由是觀之，張灝教授的故土鄉愁、以至他想像理想中國的未來，終其一生從未間斷。

三、出版追思及紀念文集

如今先生故去，時代還在轉型或是逆轉當中，讓年輕一代重讀先生的著作具有深刻的現實反思意義，在此推動下，任鋒師兄首先幫助將追思會有關發言稿整理成文，而我們「臨時上陣」，擔此大任，聯絡組稿事宜。幸蒙《華人文化研究》期刊主編陳煒舜教授及《週末飲茶》主編黎漢傑先生（科大人文學部學弟）之支持，先於《華人文化研究》第 10 卷第 1 期（2022 年 6 月號）題以〈洞燭幽暗：張灝教授追思專輯〉欄目刊出張灝教授女兒張筱融女士、張又婷女士的〈懷念我的父親〉訃文、王汎森教授的〈流水四十年間〉、許紀霖的〈追念張灝先生：警覺人世與人性之惡〉、丘為君的〈追憶張灝先生早期的思想學術發展與生活點滴〉、范廣欣的〈君子之交淡如水〉等九篇文章，系統性展示先生的學術思想要義以及其門生、學人如何得到啟發，並交代了中港臺地區如何推廣及翻譯先生的著作。同年《週末飲茶》第三冊（原定 11 月號，後延至 2023 年 1

月號）以〈大轉型的光與影之子：張灝教授追思專輯〉為題，刊登任鋒的〈大轉型的光與影之子〉、唐小兵的〈追憶張灝先生——思想史研究的哲人〉、成慶的〈追思張灝先生——思想史研究的典範〉等九篇文章，展示了 21 世紀年輕學子如何在解讀及反思這位低調而真誠的「二十世紀之子」的學術著作。最後，借《南方週末》記者付子洋的一篇〈敬悼張灝先生：歷史學者張灝的沉思〉文章作一概括性的總結，讓讀者從追憶這位中國思想史大師的生活軼事、學思歷程、師生間的情誼，呈現出傳統文人的道德情操。

然而張灝老師知交、師友滿天下，很多悼念文章都未有出版。我們在科大的追思活動中擬定了《張灝教授紀念文集》的出版計畫，希望更完整收錄中、港、臺、美各地學者的追思文章，以紀念張灝老師的學術成就和表達緬懷之情，並希望啟迪華文世界的年青一代學人。又敬邀科大人文學部先生的同僚及故交撰寫回憶文字，竟一呼百應，反應踴躍。再加上兩次追思專輯的文章，總合為本紀念文集，並以「幽暗已成千古患」為題，以紀念先生之人生及學術成就。本文集分為三大部分：「追憶似水年華」、「轉型時代的哲思」、「二十世紀之子：張灝教授文章選集」；最後附錄部分包括了〈訃告〉英文版、麥哲維教授的追悼電郵、黃敏浩教授、陳建華教授在不同時期與張灝教授所做的訪談錄、由丘為君大師兄累積多年所編的〈張灝先生生平與著作年表〉及陳榮開教授費時整理的〈張灝教授著作目錄〉，一併包括在內，以方便日後學人參考。文集中的著者前後排名不分先後，主要考慮內容在前後文間相互連貫性；所有撰稿者的文字除錯字略為修改之外，原文一律不做任何刪減，文稿體例也不統一處理，故文章中有些重疊的部分，和個人政治立場鮮明的文字。這是來自張先生好友的真誠地感受及懷念之情，走過歷史現場的所見所聞，故仍保留原文。

在第一部分「追憶似水年華」中，大部分文章以追憶與張先生的相處、授業時的軼事為主，呈現出先生舉止儼然，不苟言笑以外的別樣風

采。每一篇細膩情深的追憶承載著一段段知遇之恩、同儕間惺惺相惜之情誼。第二部分的「轉型時代的哲思」，則以入門弟子、學者、好友等論述先生的學術思想為主，就像正在與張先生進行一場又一場的討論，每個人都說得淋漓盡興，直到「晚回舟」的狀態。因此各篇文章有長有短，就如任鋒所述的：「直到『電話卡沒費用了』，與先生的討論才戛然而止。」第三部分「二十世紀之子：張灝教授文章選集」，分別納入了先生的〈中國近代思想史的轉型時代〉、〈幽暗意識與民主傳統〉、〈我的學思歷程〉、〈不要忘掉二十世紀！〉、〈一條沒有走完的路〉、〈未走完的道路〉及「夢縈中國──民族主義的反思與挑戰」節錄演講稿等多篇文章。一是方便讀者參考，文中作者不時提及轉型時代的思潮及幽暗意識的論述，皆可一窺張灝教授在學術思想上的淵源和轉變；二是編者個人嘗試從情感上的理解及道德上的感動去思溯先生的思路歷程，由這條線索重踏先生的研究道路。正如張灝教授在殷海光逝世兩週年寫下〈一條沒有走完的路〉，指出殷先生臨終時說：「我不能就此離開，我的道路剛剛開始」；又在殷海光逝世三十年後（1999 年）撰文〈殷海光與中國知識分子──紀念海光師逝世三十週年〉，指出自己總想起殷先生這樣的話：「在這樣的背景下，我獨自出發來尋找出路和答案。當我出發時，我像是我自己曾經涉足過的印緬邊境的那一條河。……現在，我發現了自己該走的大路。我認為這也是中國知識分子可能走的大路。」直到 2003 年在香港科技大學人文社會科學學院出版的通訊中刊登了一篇以〈未走完的道路〉為題的文章，闡述幽暗意識的形成與其身處的時代之關係，從檢討與反省這些思想限制的過程中，找到近二十年的思想發展的一條主軸，即正視人性與人世的陰暗。在原先文章基礎上，2005 年在臺大演講的〈我的學思歷程〉可以看作是他思想發展的簡傳。張灝教授一向低調，沒有出版回憶錄，這七篇文章記錄先生在不同階段的思想上一些轉變及脈絡。最後的部分，則附錄張先生的生平著作列表，展現先生一生著述的大體框架。因此，單從紀念文集的體例而言，似乎是脫框了；在這裡套用張先生時常說的一句話：「我不管了！」他常以此表達自己已

經盡力而為。惟基於出版方向及區域性讀者偏好的考量，文集分別在香港及臺灣兩地出版，兩書皆以「幽暗已成千古患」為題，並承蒙鄭培凱教授特意親筆為文集題名。由香港初文出版的文集內容涵蓋了張灝教授早年在香港科大教學時的回憶及其生命中各友好深交的懷念文字，輔以先生的文章選集；而由臺灣聯經出版的文集內容則主要收錄了「轉型時代的哲思」及訪談部分文章，以入門弟子、學者、好友等論述先生的學術思想為主，展現先生一生著述的大體框架及張灝教授「作為這樣一個人」的真實一面，並冀望拋磚引玉，留待後來者繼續研究先生的學術著作，發揚光大。

匆促間付梓刊印本紀念文集，實得助於先生家人及各方友好的指導。承蒙香港初文出版社黎漢傑師弟的支持，得以玉成出版事宜；又幸蒙美國俄亥俄州立大學歷史系榮休教授 Philip C. Brown 及黎侗甫教授（Christopher A. Reed）、先生的一生摯友墨子刻教授（Thomas A. Metzger）等熱心鼓勵及指正，並賜以序言支持，尤其墨子刻教授特囑意將其文稿譯成中文，以便利華文讀者閱讀，以告慰他在天之靈的摯友——張灝一生的關懷，並由任鋒兄邀得陝西師範大學政法與公共管理學院蘇鵬輝先生協助翻譯全文。先生中學好友包括項武忠教授、聶華桐教授、王其允教授等回憶文字，讓讀者感受到先生佻皮風趣的一面。在編務工作進行期間，有機會通過電郵書信往來間與先生的故交、門生等學者交流，讓我們獲益良多，如美國國會東亞圖書館亞洲部邵東方教授等。從先生的朋友身上，我們感受先生友人對他的愛護、敬重及佩服；從門生弟子身上看到，先生的生命態度如何薪火相傳，其學思如何得以傳承與發揚。另向先生家人張筱融女士、張又婷女士全力配合編務進行表示衷心感謝，包括提供余英時先生送給張灝教授賀壽的題詞及其他多幀珍貴的照片。輯內諸文圖片提供者包括了科大人文學部、舊生、學者、香港中文大學新亞書院、《二十一世紀》等，在此一一致謝。此外，由於我們出版經驗尚淺，識見有限，尤其這類的紀念文集體例或慣例不是特別熟悉，加上資歷不足，總怕有所缺失和錯漏，幸得多位教授、學者們包容及鼓

勵，更多是從旁協助及指導，在此感謝他們的支持和鼓勵，包括了科大人文部張洪年教授、洪長泰教授、陳榮開教授、傅立萃教授等；香港城市大學的鄭培凱教授；臺灣的丘為君教授、王汎森教授、黃進興教授及黃克武教授等；中國學者的有許紀霖教授、任鋒師兄、翁賀凱師兄、范廣欣師兄等不厭其煩在每一個階段給予意見。還有那些惦念著先生、惜無法書寫緬懷文章的摯友，包括科大人學部丁邦新前院長、余珍珠教授、王心揚教授、林毓生教授口述（林夫人代筆）及李歐梵教授（以訪談筆錄的形式紀念張灝教授）等致以由衷的敬意。最後，各位撰稿者藉文章向先生致以敬意，證明先生之思想研究實有不朽的現實意義。

　　從二十世紀到二十一世紀，這是一個未完成的啟蒙。願以此文集向張灝教授致以最深的緬懷之情、向那些繼續關懷中國命運何去何從的學人致意！

《張灝教授紀念文集》籌備委員會

陳躬芳、周昭端謹呈

2022 年 11 月 11 日

追懷逝水年華

懷念我的父親——張灝先生

張筱融、張又婷文；周昭端譯[1]

我們的父親張灝（Chang Hao, 1936—2022），於 2022 年 4 月 21 日在加利福尼亞州奧爾巴尼溘然而逝，享壽 86 歲。[2] 他是一位受人愛戴的父親、丈夫、兄弟、兒子、朋友、老師和同事。1936 年 4 月 30 日出生於中國福建省廈門市，離世時隨侍在側包括了女兒張筱融（Constance Chang）和張又婷（Charlotte Chang）、孫女 Esme Chang-Gillespie、孫子 Aengus Chang-Gillespie 和 Ollie Lastoskie、女婿 Jim Lastoskie、姐姐張德蓉（Dorothy Shou）和張健蓉（Jane Wang），以及侄輩們等。在此之前，相愛五十五載的髮妻廖融融（Jung-Jung Liao）、母親汪慧芬和父親張慶楨都已先於他而仙逝。

回顧父親的一生，總是在動盪中遷徙。小時候就已經經常搬家。在兩次戰爭的動盪期間，首先從廈門到重慶，然後再到南京。1949 年，全家又搬往臺北，在那裡成長，並就讀於國立臺灣大學歷史系。其後他轉往哈佛大學攻讀中國歷史的碩士及博士，並取得學位。父親在出國留學之前，在海邊偶遇年輕時代的母親——廖融融，並一見鍾情。此後四年的留學生涯中，他們充滿深情愛意的信件和照片頻繁地穿越於臺北和麻省劍橋之間，直到母親融融大學畢業後，才前往美國相聚。

---

[1] 此文原為英文版本，中文譯本與張家女兒仔細校對，加上一些意譯及中文行文與語調上的調整，文意略與英文版本有所不同。英文訃告參見附錄部分。

[2] 編者按：張灝先生生於 1936 年，但官方紀錄為 1937 年，故文稿中時有不同版本的年齡；跟張家女兒細心商量過，原本依據中國傳統習俗，應為虛歲 87 歲；但為免混淆之故，一致採用享壽 86 歲。

圖 5　1959 年，父親與我的祖父母在臺北的寓所外

　　1964 年，剛完成研究生學業的父親，與母親結婚了。同年，他在路易斯安那州立大學開始了教學生涯；幾年後，轉職俄亥俄州大學。在那裡，他任教三十餘年，陪伴著家人及撫養兩個女兒成長。

　　1998 年，他從俄亥俄州大學榮休，就和太太收拾行裝從地球的另一邊，來到了香港，並在香港科技大學任教。他們住在眺望清水灣海天一色的寓所裡，渡過了愉快的七年時光，在富有學術氛圍的環境中，他和朋友、同事在一個富有中國研究的學術環境中一起探索有關議題。

　　2005 年，他和母親再次回到美國，這次是住在華盛頓特區的維珍尼亞州雷斯頓。這些年，他們看著女兒出嫁，三個心愛的孫子孫女們出世。融融及後罹患阿爾茨海默症，也就是那個時候，終生常被照顧的父親悄悄承擔起責任，全心全意投入去照顧母親和料理家務。到 2019 年母親融融去世時，他自己也不幸患上阿爾茨海默症。為了方便照顧和親近幼女張又婷（Charlotte）、家人和朋友，他很快就搬到了加利福尼亞州

圖 6　1973 年，我們的父母親帶著長女張筱融在俄亥俄州州立大學校園留影

圖 7　我們一家人，攝於俄亥俄州州立大學寓所

圖 8　2005 年，我的父親與母親在香港科人的寓所

圖 9　年青時張灝與夫人廖融融在海邊合影

圖 10　我的父母與道子（Michiko）

的奧爾巴尼。兩年半後，在承受全球疫情流行和持續的健康挑戰期間，
他突然撒手人寰了。

　　我們的父親是一位專長於中國近代思想史和政治思想史的傑出學
者，他以中英文出版書籍和文章，獲得無數的榮譽，並以反思儒家傳統
與現代思想之間的相互關係而聞名於世。這包括他一生致力研究的「幽
暗意識」——即人性有著向惡發展的傾向以及人與制度因權力而腐敗的
意識，這與民主的發展息息相關。

　　1992 年，他有幸被選為臺灣中央研究院院士。就在今年 2 月，臺灣
國家圖書館舉行了他畢生藏書捐贈紀念的儀式。

　　在他人生大部分時間中，工作就是他的生活。然而他常常會說研
究從來都不是工作——因為他思考和研究的學術問題不但滋養了他的靈
魂，而正亦是他生命的歸宿所在。為紀念他的學術貢獻，臺灣、香港和
中國大陸都舉行了不同的悼念活動。

　　父親總是整天沉醉在思想觀念之中，他將自己埋首於成堆的書籍、報紙、雜誌期刊、筆記和論文之中，他的襯衫口袋裡也總是放著一支鋼筆，還有一本寫得滿滿的小記事本。他應是最後一代從未使用過電腦的一位學者——他喜歡在黃色書寫簿上寫書和文章，並倚賴他的好幫手如妻子融融、女兒、學生和部門秘書，把他潦草的字跡打出來。

　　工作以外，他是一個簡單樸素的人。家庭是他的一切，他喜歡待在家裡。他很有耐心，也很欣賞有主見、有活力的妻子和女兒，並且非常寵愛他的兩隻小狗：奧斯卡（Oscar）和道子（Michiko）。他珍惜長久的友誼，他以輕鬆幽默、求同存異的態度與人交往，到處結識新朋友。他能夠與歷史學的朋友在電話中討論幾小時的學術問題，然後愉快地走進商店，與暗地裡將樂透彩票（lotto tickets）賣給他的售貨員傾談健康狀況。在疫情之前，他每天都散步做運動，有時更不期然地在超級市場裡面的通道上一邊來回走著，一邊進入沉思狀態；有時在屋子裡踱步，有時在深夜和小狗一起外出散步。

　　他知足常樂，並且感恩自己能過著舒適的生活。他喜歡通俗而又深刻的幽默，因之而將觀看《雙鳳朝陽》（Three's Company）、《宋飛正傳》（Seinfeld）、《戀豆先生》（Mr. Bean）和《全家福》（All in the Family, Archie Bunker）變成了生活習慣。家人和朋友都習慣於他那獨有的幽默風格，這種幽默既可以令其他人興高采烈的同時，也是對他自己（甚至他的一些老朋友）的自嘲和戲謔。有時他又會不自覺地用悅耳的男中音大聲哼歌，他喜歡民謠包括了：年輕時充滿感情的中國歌謠，以及瀰漫著深情而悠遠的〈丹尼男孩（Danny Boy）〉等歌曲。

　　我們的父親是個勇於面對困境的人。自童年開始，他從重病的經歷鍛鍊出堅強的意志，令他能夠面對生命中所有艱鉅的挑戰。面對逆境，他總是能夠從容不迫，從不怨天尤人，而更重要的是他總覺得自己是個運氣好的人。他就是這樣沉穩、深刻而擁有驚人樂觀態度的人。

　　雖然他不完美，他亦像一般人一樣有缺點、弱點和盲點。但他比其

他人更敢於承認和嘲笑自己的不足，當必須坦承的時候，他也不會那麼自我防衛。他為自己所擁有的一切而感恩，隨著時間的推移，這一切都更趨美好。他渡過了長壽而完滿的人生，擁有富足而美好的生命，我們時刻深深想念他。

圖 11　喜歡坐在沙發上看書的父親

爲後世留下一代哲人典範與讀書種子

曾淑賢 [1]

國家圖書館館長兼漢學研究中心主任

一代漢學巨擘殞落，四方儒林同感悲泣。

先生學貫中西，享譽國際，講學提攜後進，化育春風，而不僅止於此。

2022 年 1 月藉由王汎森院士轉告相關訊息，我們得知張院士有意捐出其畢生藏書，將小愛化為大愛，從而嘉惠無數後人。按著在張又婷（Charlotte）女士的協助之下，張院士欣然同意將其全部藏書與手稿一併捐贈國圖，回到院士成長的故鄉臺灣。我們也在臺北時間 2 月 9 日上午於臺北國家圖書館及駐舊金山臺北經濟文化辦事處同步連線，舉辦張灝院士藏書捐贈儀式，張院士在女兒又婷的陪伴下親自出席，見證這一歷史性的時刻。隨後通過張院士的兩位女公子張筱融（Constance）與張又婷（Charlotte）女士多日的勞心勞力，將存放於華府張家舊宅的藏書加以整理，裝箱打包，院士收藏最終得以在上個月飄洋過海，落葉歸根，回歸臺北。孰料在此一過程中，忽然傳來張院士溘然謝世的噩耗，哲人其萎，我們同感悲泣！

先生乍然故世，已為國際漢學界，特別是兩岸三地的學界同仁帶來莫大悲痛。對此，我們預定在本館漢學研究中心出版的《漢學研究通訊》11 月號，規劃「張灝院士紀念專號」，邀集先生的門生故舊如王汎森院

---

[1] 本文為曾淑賢館長於 2022 年 6 月 27 日張灝院士追思會之致詞稿。徵得曾館長及漢學研究中心學術交流組同意及授權，同時收錄於文集。另《漢學研究》第 41 卷 4 期（2022 年 11 月）也出版「張灝教授紀念專輯」，分別收錄了王汎森、丘為君、陳俊啟、范廣欣、任鋒等人的文章。

士、丘為君教授、陳俊啟教授、任鋒教授、范廣欣教授、翁賀凱教授等人撰文追思，讓張院士的行誼與形象永遠刻畫在人們心裡，以供後世緬懷。同時，跨海來臺的院士藏書，也將在經過必要的處理程序與進一步的系統整理之後，預定於 2023 年年初在國圖舉辦一個小型特展，讓更多人了解先生的智慧靈光。屆時歡迎大家前來觀展，特別是希望筱融與又婷兩位女士帶著家人一同返臺，親炙先人遺澤。我們相信這批資料在國圖同仁專業的保存和妥善的維護環境中，日後逐步開放，將有助於學界探索先生一生的研究精髓。最後，願先生在天之靈得以安息，保佑家人平安。

圖 12　2022 年 2 月，在線上舉行張灝教授藏書捐贈儀式

常憶好友：張灝[1]

金耀基

香港中文大學前校長

　　張灝是當年殷海光教授的學生中在美國卓然有立的名學者。他是美國俄愛荷大學終身教授，1992 年被選為中研院院士。

　　張灝先生治學深邃而多創見，而世著作多種，是第一流的重量級學者，他提出的「幽暗意識」最是卓識。張灝兄與我在臺灣讀中學時曾有一年是同窗，他長年在美國，九十年代在香港科大擔任客座，我們才有了碰面機會。張灝與乃師殷海光不盡相同，他對中國的文化傳統多同情與理解。他與他哈佛好友、漢學名家墨子刻十分契合。墨子刻是我認識的美國學者中，對中國文化、思想及當代中國發展問題都有深刻修為與識見者，在中國研究上是一獨立特行的豪傑之士。我與他在臺灣初識時，更覺有許多共同語言。張灝給我的信中，特別提到我們這位共同的朋友。墨子刻兄已多年未見了。他，常在我心。

金耀基
2022

---

[1]　編者按：原文載於金耀基著：《金耀基師友書信集：人間有知音》，香港：中華書局（香港）有限公司，2018 年 7 月初版，頁 36—37。徵得金耀基教授同意，略為整理，轉載於此，聊以緬懷張灝先生之意。

圖 13　潘耀明、劉紹銘、胡菊人、張曉卿、高行健、金耀基、劉再復、張灝

圖 14　張灝與金耀基在「第三屆余英時先生講座」上

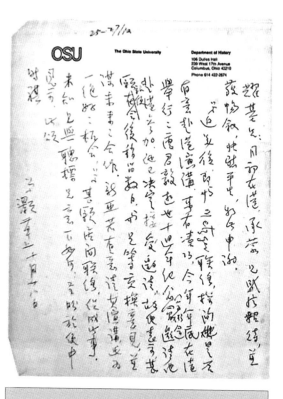

耀基兄：

　月初在港，承蒙兄盛情禮待，並獲暢敘，快慰平生，特此申謝。

　弟返美後，即與 Metzger 聯絡，探問他是否有意赴港演講，事有湊巧，今年年底在港舉行之唐君毅逝世十週年紀念會（學術會）邀請他赴港參加，他已決定接受邀請，故他表示甚願就便在會後稍留數日，與兄等交換意見，並謀未來之合作。新亞若有意請其演講，此為一絕好之機會，弟甚願傳問聯絡，促成此事。未知兄與聰標兄意下如何？至盼於覆中見示。此頌

　時祺

　　　　　弟

　　　　　　灝　草上　十月廿八日

圖 15　張灝寫給金耀基
先生的信件及其內容

在平行線的相交點上——懷張灝兼談幽暗意識

陳方正

香港中文大學中國文化研究所名譽高級研究員、前所長

　　去年英時兄黯然離世，今年張灝兄又歸道山，雖然聽聞他健康不佳已經多年，但消息傳來，仍不免感到突兀和愴然，因為他們的年紀委實相差了好一大截！無論如何，兩位都是《二十一世紀》雙月刊的創刊編委，從頭便鼎力相助，對我們這本刊物嘉惠良多，是我衷心感激的。

　　說來奇怪，我和他們兩位的劍橋歲月幾乎完全重疊，都是在五十年代末至六十年代中期那七八年之間。那時我埋首於物理學，但也儘有機

圖 16　　1963 年，張灝與友人成中英、張光直等在哈佛校園討論學術

會認識一些文科方面的中國人，例如在拉蒙圖書館（Lamont Library）前面小路上碰到的成中英，一位瘦弱的哲學系研究生；在中國同學聚會上認識的考古學家張光直，篤實中透著自信；口吻謙虛得令人難以置信的邏輯專家王浩；還有不拘細節，豪邁如男子漢的陳幼石，等等。而且，日後因為各種不同原因，和他們也都有若干交往。不過，人的緣分是很奇怪的。當時我有機會和英時兄相晤和傾談，只不過是由於一位間接認識的朋友之引介，正所謂傾蓋如故，其後他到中大來主持校政改組工作，從而相熟，自此雖然遠隔重洋，睽違經年，卻逐漸成為相知朋友。至於張灝兄，則不但當時失之交臂，無緣識荊，而且此後雖然在 1990 年的夏威夷之會和 1993 年的斯德哥爾摩之會上都曾經碰頭，卻都沒有留下深刻印象，直至上世紀末他從俄亥俄州立大學退休然後來香港科技大學任教，方才算是認識，那已經是我們的劍橋歲月之後將近四十年了！

況且，我雖然從九十年代開始，就著力於中國現代化的比較研究，但半路出家，無暇觸類旁通，只能夠閉門造車。因此，說來慚愧，張灝

圖 17　1995 年，《二十一世紀》編委會在雍雅山房的午餐會議：左起：劉再復、張灝、劉述先、翁松燃、陳方正、薛天棟；背向者左起：金觀濤、劉青峰、關小春

兄有關清末思想變遷的兩部英文專著雖然放在書架上多年 [1]，卻從未詳細拜讀，就連他著名的「幽暗意識」之說雖然聞名已久，也只是從他離港返美前夕相贈的《自選集》[2] 中得知梗概。幸運的是，蒙許紀霖和項武忠兩位先生不棄，推薦我為此紀念文集撰稿，這才得以對張灝兄和他的思想增加認識，並且抒發一些感想。可惜故人已然乘鶴歸去，再無請益機會了。

在上世紀六十年代，毫無疑問，麻省劍橋是美國的中國研究重鎮。當時參議員麥卡錫（Joseph McCarthy）所攪起的軒然大波已然消散，費正清（John Fairbank）和賴世和（Edwin Reischauer）風華正茂，他們所領導的東亞研究也進入黃金時代，門生故舊開始進駐全美學術要津，例如張灝兄的論文導師，以嚴復研究知名的史華茲（Benjamin Schwarz）便是費公的嫡傳弟子；而像他一樣，也是以梁啟超為博士論文題目的列文森（Joseph Levenson），也出於費公門下。說來匪夷所思，像我那樣一個來自香港的理科毛頭小夥子，由於導師的好意居然也曾經被帶到費公在溫特魯普街（Winthrop Street）家中每週舉辦的下午茶會——雖然當時我對此老可謂茫無所知；而再次有緣拜見費公，則是將近三十年之後在「費正清中心」參加他的八十大壽茶會了。

所以，以近代史為志業的張灝兄當時真可謂風雲際會，在適當的時候來到了適當的地方。不過，費公以研究清史檔案起家，學術研究以具體的人事和政治變革為主，這大概也可以視為「費正清學派」的特色，至於史華茲則別樹一幟，治學興趣在文化淵源和思想史方面。這很

---

[1]　即　Chang Hao, *Liang Ch'i-ch'ao and Intellectual Transition in China 1890-1907*（Taipei, 1979）和　Chang Hao, *Chinese Intellectuals in Crisis: Search for Order and Meaning, 1890-1911*（Taipei, 1987）。兩書原版都在美國出版，我當時在香港購得的是臺灣翻印版。後者有下列中譯版：張灝著，高力克譯：《危機中的中國知識分子：尋求秩序與意義》（山西：山西人民出版社，1988）。

[2]　張灝著：《張灝自選集》（上海：上海教育出版社，2002）。

自然地，也成為了列文森和張灝兄兩位學者的梁啟超研究之分野[3]：前者追溯、考證和縷述任公一生事蹟，後者則著力於詳細分析其思想背景、來源與變化，故此他的論述僅以其思想最活躍，變化最激蕩的時期（1890—1907）為限。

這個分野多少決定了張灝兄一生治學方向，而且，它還有一個不斷追尋根源與意義的趨向，那在他論康有為、譚嗣同、章太炎、劉師培等四位思想家的 1987 年專著就已經表現得非常清楚了[4]。其實，這個趨向也是由此書題材本身所決定的，因為這幾位學者在建立於傳統儒學上的政治秩序行將崩潰，而對於西方學說又尚未有深入認識之際，在惶恐中只有向正統學說以外的各種傳統思想尋求出路。此所以在書中自《公羊傳》、《荀子》、陽明學、泰州學派，以至瑜伽行唯識學等等各種思想流派都紛至沓來，蔚為大觀，而張灝兄的工作就在於一一梳理、辨析這許多不同駁雜的學說在當時所被賦予的新意義，和各自所發生的特殊作用。在書的總結中他強調，他們的思想都不僅僅停留在改良、革命、民族主義等實際問題層面，而還有其道德與精神的深層次意義。事實上，這個觀察大致上也標示了他在同時進行的下一階段工作。

短短兩年後，他出版《幽暗意識與民主傳統》[5]，那當是他最為人知，也影響最大的一部論文集。在此，他從思想史研究轉向了深層的政治觀念剖析[6]。根據他的自述，這個轉向的根源來自神學家尼布爾（Reinhold Niebuhr）在 1962 年一次演講的啟示，此後不久他因為接觸到三十年代革命文學而受其影響，一度發生左轉傾向，最後卻由於「文化大革命」的猛烈衝擊而剎住了這個轉向——他被迫直面人性中的黑暗深淵，從而

---

[3]　張灝的梁啟超研究見註 1，列文森的梁啟超研究見 Joseph Levenson, *Liang Ch'i-ch'ao and the Mind of Modern China*（Cambridge: Harvard University Press, 1959）.

[4]　即前引《危機中的中國知識分子》。

[5]　張灝著：《幽暗意識與民主傳統》（臺北：聯經出版有限公司，1989）。

[6]　這是指該論文集最重要的開頭兩篇論文而言，其篇幅佔全書大約三分之一，書中其餘文章與此相關，但重點不一樣。

領悟民主制度的要義是在於制衡人性中無法根除之惡。這樣，通過對民主更深一層的了解，他得以重拾對於民主自由理念的信心。當然，他這個曲折思想歷程的起點是赴美之前，在台大自由鬥士殷海光先生門下那段意氣高昂的崢嶸歲月。不記住這個起點就就難以明白，為什麼他要強調，「在中國談民主，常常需要一個低調的民主觀，才能穩住我們的民主信念」了 [7]。

　　然而，世事無常。在過去十來年間，美國眾開國元勳在兩個世紀前所苦心經營的民主制度雖然周詳細密，卻已經逐步淪為黨爭工具，甚至法院和選舉體制也未能倖免。而且，看來今後數年間這個鬥爭還將越演越烈，不知道伊於胡底。對此沒有人能夠預料的鉅變，身處其中的張灝兄當不能不洞悉，並且生出很深感觸，甚至一些疑惑來吧？其實，基督教信仰就曾經牢牢盤踞西方人心靈千年之久，甚至一度與政治體制緊密結合，當時人人奉之為天經地義，更為之提出過無數嚴密論證。但自從啟蒙運動興起以來，它土崩瓦解，逐步喪失思想上之主宰地位的大趨勢就再也無法阻擋了。從此看來，以無論如何成功的政治制度為不可更易之信念，恐怕還是需要仔細商榷的吧──但很可惜，時光流逝，這已經變為不可能了。

　　令我感到無限驚訝和感慨的是，張灝兄和我所曾經分享的，其實遠遠不止於五六十年代的劍橋歲月，而還有三四十年代的重慶歲月──先父陳克文在行政院任參事，家在歌樂山，他先大人張慶楨在中央大學當教授，家在沙坪壩，因此我們兩家都經歷過日本飛機的大轟炸，都跑過警報，甚至同樣遭受過回家只見頹垣敗瓦的慘痛（我當時尚在襁褓之中）；以及四十年代末的南京歲月──在 1948 年先父和他先大人分別當選廣西和安徽的立法委員，翌年我們家經桂林、廣州來香港，他們家則

---

[7]　有關他的思想歷程見前引《張灝自選集》，第 4—7 頁；有關他與殷海光先生的深厚師生情誼，見例如〈殷海光與中國知識分子──紀念海光師逝世三十週年〉，載張灝著：《時代的探索》（臺北：中央研究院，2004），第 237—242 頁。

圖 18　1938 年，張灝與父
母親及兩位姊姊在重慶沙
坪壩村

經上海去臺灣[8]。所以，我們的生命軌跡倒真有點像兩條十分相近而不相
交的平行線，只是在他歸道山之後，由於這本紀念文集的機緣，我們才
終於真正相遇和認識，但這只能夠是在人世以外的另一個空間裡面了。
畢竟，在非歐幾里德空間之中，平行線的確是可以相交的。

2022 年重陽後於用廬

[8]　見李懷宇：〈張灝：探索時代〉，載《思想》（臺北），第十九期（2011 年 9 月），第
309—314 頁。

追憶似水年華：記張灝

李歐梵

香港中文大學榮休教授

日期：2022 年 10 月 8 日

地點：李歐梵教授住所

訪問、紀錄及整理 ：陳躬芳、周昭端

編者按：自今年 4 月下旬知悉張灝教授仙逝的消息，我們籌備出版《張灝教授紀念文集》的計畫，通過傅立萃教授與李歐梵教授聯繫，當時李教授黯然神傷不已，本想為多年好友張灝教授寫篇悼念文章，以紀念曾經一起走過的歲月，但神傷之際，竟無從下筆。故我們安排以訪談方式進行紀錄及整理。訪談中，李老師回想起青年時期在哈佛大學，初遇老友張灝、余英時、林毓生等人，追憶那些美好的往事，恍惚間如水而逝的年華彷如昨日，斯人於世，在大時代的光影中如浮萍聚散，相遇相知。此文以李教授在 2017 年出版的簡體字版《似水年華》為題名，願借李教授及張灝先生的大半生情誼，及其所呈現出豐沛充盈的內心及人文主義者的精神如春風照拂著浮躁、不安的現世。

一、留美哈佛時期（1963 年）

問：當你 1963 年到波士頓求學時，怎樣結識張灝教授？還記得當時校園生活的情景嗎？

答：說起當年怎麼認識張灝，得先問你們找到林毓生嗎？他在科羅拉多（Colorado）女兒家附近的貝爾佛（Balfour）河岸公園療養院，你們可以通過鄭培凱教授找林毓生太太宋祖錦女士。鄭培凱跟林毓生時有聯

繫，雖然聽説他身體狀況不能長時間説話，不過林毓生和張灝是非常好的朋友，你們的計畫（指《張灝教授紀念文集》）至少要讓他知道。我想無論如何，你們都要聯繫一下林毓生。他們兩人很早就一起在臺灣大學歷史系攻讀，後來林毓生到芝加哥。張灝到哈佛。我第一年（1962）到芝加哥讀國際關係，而林毓生是讀的社會思想系（Committee on Social Thought），他是第一個人向我介紹杜斯托也夫斯基（Dostoevsky）及《卡拉馬佐夫兄弟們》（*The Brothers Karamazov*），當然海耶克（Hayek, 1899—1992）對他的影響更大。後來我轉到哈佛大學，林毓生就叫我找他的好朋友——張灝，所以認識了張灝，雖然他們兩個人的路數（approach）不同，但是他們是極好的朋友。你們千萬要通知一下林毓生，如果他沒時間寫，也要通知一下，你們可以請鄭培凱通知林毓生的太太，讓他知道。這個一定要做。我本來也想寫紀念文章，可是我現在眼睛怕光，寫東西花很多時間，加上最近幾位老朋友相繼過世，對我自己心情影響很大，每寫一篇悼念的文章就像是割了自己的一塊肉一樣。

圖 19　2005 年的「張灝教授榮退晚宴」上，金觀濤、陳方正、鄭樹森、張灝、劉青峰女士、李歐梵、張隆溪、李玉瑩女士等合影

　　我應該是 1963 年認識張灝的，他已經是哈佛大學的高才博士生，那時候張灝的課都已修完了，考試也通過了。所以他已經很有名，何況他們在臺灣大學時期都是殷海光的弟子，研究中國思想史是理所當然的。在哈佛張灝跟史華慈（Benjamin I. Schwartz）讀思想史，杜維明去也是一樣，我也是一樣，但是我根本不知道什麼是思想史，也跟在後面。林毓生時常到劍橋來，他寫論文的時間住在劍橋（Cambridge），張灝介紹史華慈給他認識，二人都成為史華慈最出色的弟子，另外還有一位很有名、思想很厲害的，就是墨子刻（Thomas A. Metzger）。我記得墨子刻和張灝兩個人一天到晚講馬克斯•韋伯（Max Weber），當時的理論專家就是韋伯。我自己的興趣在文學，讀博士時將思想史和文學結合一起，沒有什麼了不起。當時張灝把我看成是「小弟弟」，教我「那個是好人、那個是壞人」，所以我把張灝當成是老大哥，而且他的頭也很大。裡頭充滿了學問，舉止有份瀟灑，甚至有點傲氣。

圖 20　1961 年，張灝在劍橋街（Cambridge Street）公寓附近的一間小教堂

問：你們那時候年紀是否差不多？你們都是差不多同時期從臺灣到美國嗎？

答：我現在是 83 歲，而張灝是 86 歲。張灝是 1936 年出生，我是 1939年，相差 3 年。同時代的還有其他人：杜維明、郝延平、謝文孫、梅廣、華昌宜……另外還有成中英，他是哲學系的，很有才氣，後來去了夏威夷大學教書。每個人都把我當成是小老弟。當時有不少臺灣留學生和訪問學者住在劍橋街 1673 號（1673, Cambridge Street），特別是中研院近代史派到哈佛來的研究員，不知張灝是否住過？現在成了一家小旅館了。

圖 21　現在的劍橋街 1673 號（1673, Cambridge Street）（網絡照片）

問：當我們看張灝老師的自述時，他說自己受到左傾思想的影響，你們那時候有沒有討論這些問題？

答：當然有，他說自己有一段時間受到左派毛澤東思想的影響。我想張灝這樣說，是很真誠的。當時六十年代，美國大學的氣氛是左派，思想上大多是左派。社會的風氣就是嬉皮士文化（Hippie），吸食大麻、頭髮長長的，而所有臺灣留學生中比較同情嬉皮士的就是我，我也留過長頭髮的，張灝他們當然沒有。和其他大學比較，當時哈佛大學的教授比較保守。左派的大本營是加州大學柏克萊分校（UC Berkeley）。你很難想像的，當代中國研究領域最有名的老師都崇拜毛澤東，可是我們的老師史華慈（Benjamin Schwartz，張灝稱他班老師）並不左，他是真正開明的自由主義者（open-minded liberal）。不過連他也寫過一篇名文："Modernisation and Maoist Vision － Some Reflections on Chinese Communist Goals"（〈現代化與毛澤東的憧憬〉）。班老師認為毛澤東的革命理想代表一種憧憬（vision），源自盧梭，被認為是可以打破西方科技文明（technology），然而它又如何反對現代化呢？現代化（Modernization）

圖 22　1992 年，張灝夫婦與郝延平夫婦合影

的觀念是怎樣來的呢？二者有何不同？當時張灝和他的同學墨了刻（Thomas A. Metzger）就開始討論韋伯（Max Weber），因為韋伯的所謂 "rationalization"（合理化）才是現代性的理論根源。我想張灝是也十分看重毛澤東思想，這一點和墨子刻不同。張灝說自己有一段時間受過毛思想的影響，是很坦誠的（sincere），對他來說，早年受了殷海光影響那麼多年，竟然又對毛的思想有點嚮往，這是非常艱難的事情，但是他承認了，後來他脫離了毛思想，回頭了，當我和他在香港重逢的時候，他的思想和 vision 更上一層樓，他的「幽暗意識」不是隨便講出來的，裡面藏了很多學問和反思，大家應該仔細推敲，在此我不敢胡言亂語，因為我早已離開思想史的領域，變成一個「叛徒」，不敢亂發意見了。

張灝不只對思想史有興趣，他對我第一本書《中國現代作家中浪漫的一代》（*The Romantic Generation of Modern Chinese Writers*（1973））——講五四的浪漫主義，也有興趣，令我大吃一驚。我們在香港科技大學同事的那一年，真是過得很愉快。

二、香港科大時期（2002—2003 年）

問：畢業之後，張灝老師去了俄亥俄州州立大學任教，你們還有經常聯繫嗎？在你的腦海中，還記得哪些趣事？

答：畢業之後很少聯絡，只知道他在那裡結婚生孩子，後來在科大時，他太太廖融融講起當年的情況，說了不少趣事，例如有一次當張灝下班回來，兩個小女兒見到他哭了起來，不知道她們的爸爸回來了！可見張灝用功之勤，研究思想史的人就是這樣，有時候是「六親不認」的，不想給雜務所騷擾，進入抽象性的思考（theoretical thinking）嘛，是不能分心的！

從前，張灝的研究工作和起居生活都是廖融融照顧的，後來她得了健忘症，所以張灝要照顧她。你可以說以前是廖融融照顧他，現在倒過來要張灝照顧她了。2019 年，廖融融竟然離他而去，提起來令人傷心。我在科大再見張灝時，他大概有六十多歲了，但是依然生龍活虎，聽說

每天傍晚在科大校園走路鍛鍊身體，從山上走到山下，又再走回山上宿舍，我就是缺乏運動，害得現在腰痠背痛。

我們並不是每次見面就談學問，我發現很難得他有一份幽默感（sense of humor），所以我們兩人常常開玩笑，他的思想變得很廣闊，興趣也變得多樣化了，不再像從前那麼嚴肅。我們也時常談到我們的班老師，張灝一輩子都尊敬班老師的學問，時常對我說：「我們的班老師可不簡單，學問大矣！」他對班老師的了解比我深刻得多。

所以一想起我們一起在科大的那一年就很開心，而且現在科大那個人文風景也一去不回了，在此我可以大言不慚的說：1999—2004 年是科大最好的「黃金時代」（golden age），丁邦新當院長，我有幸在那裡客座一年擔任講座教授，同事還有鄭樹森、張洪年、余珍珠（Angelina Yee），還有洪長泰、陳國球這些人在，大家常常一起喝咖啡，真是快樂！

圖 23　1999 年，院長丁邦新親自書寫「人文學部」牌匾及進行開張儀式

問：説及來到香港的情況，你是九十年代與張灝教授差不多同期來到香港、科大，當時帶著怎樣的心情與期望？退休後，如何考慮選擇繼續在港居住或回美國的問題呢？

答：我比張灝對於香港感情大得多、深得多！我來香港無數次，也為香港的大學教育資助委員會（UGC）做過事，又當過香港科技大學籌備委員會的委員，而且差一點他們考慮讓我做人文學部主任，我就在那個時候收到哈佛大學的聘任書（offer），不然的話，我就從加州大學洛杉磯分校（UCLA）直接過來了，就差那麼一點。既然來不了，2004 年我從哈佛提早退休後就回到中文大學，但一直跟科大保持很好的關係。而中文大學則是在我還沒有退休的時候，金耀基就派人邀請我，他還開玩笑説：「科大可以去，中大一定要來，港大不要去。」所以我先到港大、中大客座一年，平分秋色。老實説，我也很想留在科大，但我離開之後，捐贈者就把我的「包玉剛講座教授」的客座位置改贈給藝術家啦！記得請到一位著名的導演蔡明亮，還有榮念曾，倒也吸收了不少藝術家，舉

圖 24　2002 年，李歐梵教授蒞臨科大主持講座，洪長泰教授在旁介紹

辦了不少活動，我有時也參加，此是後話。

　　張灝來香港任教，可能是丁邦新請的。他蠻喜歡香港的，但沒有留下來。為什麼？我估計有兩個原因：一個就是兩個女兒都在美國；另外一個就是他在香港看牙齒，那個牙醫不知道搞什麼東西進到他身體，使得他大病一場，也不知道什麼病，偶然才治好的。回到美國有女兒照顧。所以他再三跟人說：「在香港看牙醫要小心。」這些不幸的事，偏偏發生在我回到哈佛補課的那一學期，我好久沒想這些事，因為想起來心裡真的很不舒服。一晃十多年，只有每隔兩年在臺北舉行的院士會議中見個面，一直是老樣子，怎麼突然離我們而去？

問：今年 7 月 30 日我們安排了一個舊生聚會及追思活動，老師和舊生的聚會在畢業後二十年回到校園，大家都惦念往昔張灝教授任教時期的科大，那種充滿人文精神的校園特別可貴及讓人懷念。2005 年，您還記得張灝教授的「榮退學術講座」情況嗎？我們在李老師的書中看到關於香港情懷的部分，你覺得張灝老師對香港也是這樣的情懷嗎？

答：由張灝的一個學生向科大人文學部提議，為他辦一個榮休學術會議，學部領導班子也很支持，一呼百應，當時好多人來，整個節目的安排也是按照張灝的學術研究興趣，我是由中大去科大的，主持一部分討論會。根據你們的資料，當天有四場會議，分上下兩場：上場由我主持，主題是轉型時代、經世傳統與儒家政治思想；下場由陳方正主持，主題為革命的思想道路、幽暗意識；每場都有人報告，而張灝就負責評論。當時與會者有王汎森、許紀霖、古鴻廷、金觀濤、陳建華、高承恕、梁元生、陳俊啟、張隆溪、劉青峰和張灝在科大的學生們。我只記得那天張灝很高興，大家都熱烈參加討論，各個人都對他的學問仰慕萬分。

　　許紀霖是研究思想史的，他編了一本紀念史華慈的書，張灝有一篇文章在裡面，張灝有兩篇很出名的文章，都是跟他老師史華慈有關的，一篇是關於「軸心時代」（Axial Age），班老師在課堂上時常提及，

圖 25　2005 年，李歐梵、陳方正、張灝、余珍珠、陳建華、張隆溪在榮退學術座談會

張灝也一直關心這個問題；另外一個就是幽暗意識，那篇文章發表後也很轟動，變成了他的一本論文集書名。我認為此篇代表了張灝晚年思想的結晶。

　　當天拍了很多照片，這張照片上有余珍珠教授，她住在三藩市，她跟張灝也很熟，應該很傷心。[1]

　　張灝對於臺灣學界影響挺大的，聽說他最終把藏書都送了給臺灣的國家圖書館，我也心有戚戚然，他做得真有意義。如果我早點知道，我也想像他一樣將自己的藏書捐出來，現在我的書都給了學生，落得輕鬆，學生對我也很好。

---

[1]　編者按：當余珍珠教授（Prof. Angelina Yee）知悉《張灝教授紀念文集》籌備當中，遂有意書寫文稿以表懷念之情，惟身體不適無法參與其中。除了教學之外，於 2006 年至 2010 年期間，她曾擔任科大行政執行董事之一。

三、餘緒：關於我們一代的「鄉愁」

問：疫情期間，出生在20—30年代的學者陸續走了。在您們那一代人的心中是不是都有一種揮不去的「中國情懷」？而這種的「鄉愁」是怎樣影響您們對「葉落歸根」的選擇？

答： 想起來，疫情帶走了好幾個人，（雖然不見得是直接感染Covid-19），不只是張灝走了，余英時也走了，還有戴天、李怡、和張文藝（張北海）。張灝是學者，我的朋友中也頗多文化人，最近都沒有什麼聯絡了，原因有二：一是疫情，一是我們都老了，連「永遠的白先勇」也這麼說。我自己當然很有感慨，因為我們都是「二十世紀人」，我們的整個價值系統是屬於二十世紀的，包括我的人文主義。我們也有共同的歷史回憶——戰爭、流亡、留學；二十一世紀好像跟我們沒有關係，它屬於年輕的一代。我想張灝知道了，會同意的，誠然，我們每一個人也都有自己的取向和興趣。

你們提出來的所謂的「鄉愁」，不是那麼簡單的事。從人文的立場來說，它不僅牽涉到對鄉土的懷念，更重要的是中國文化的關懷——傳統和現代，以至於對於中國文化的將來（也就是vision）是分不開的。我個人最有興趣的是「雙語」寫作。張灝和我在美國教書，先用英文，到了一定的年紀就想用中文發表文章了！這也是一種「鄉愁」——語言上的鄉愁。我回歸香港的原因之一，就是用中文寫作，參與一個多元的華人文化空間（public sphere），這幾乎是香港獨有的優勢，如今逐漸在失落了。張灝對香港文化的興趣沒有我這麼大，這也無可厚非。我們都有兩個家鄉，一個是中國大陸（因為我們生於大陸），一個是臺灣或香港（因為我們在這裡長大成人），美國呢？其實是我們住的時間最長的地方，很多人拿了美國國籍，然而就是不能完全認同美國。這是一個看似簡單、但卻很複雜的認同問題。我對此採取開放的態度。

問：你們這一代人的鄉愁理應是臺灣，但是這種鄉愁又是很複雜的情感，

你是怎樣看待自己的「鄉愁」呢？

答：最近我的幾位留在美國的臺大老同學傳了一篇文章，也不知道是誰寫的，說的是臺北西門町（我們作學生時代的鬧區，約會和看電影的地方），發現一對老夫婦，要去找當年吃牛肉麵的地方，（我記得那是在中華路），這對夫婦的頭髮都白了，當然了，事隔半個世紀，還在追憶那個遙遠的味道，一看就知道是我們那一代的人。這是非常明顯的「鄉愁」，不管外省人還是臺灣人，都是一樣的，就像香港人返港到處到茶餐廳找魚蛋粉或雲吞麵。只不過像張灝和我這樣的臺灣外省人（1949 年由大陸逃到臺灣的人），起先不把臺灣當家鄉，以為住個五年、十年就會返回大陸啦，想不到一住就是十幾年，沒有留學的都留在臺灣，成了臺灣人，這是盡人皆知的事實。

你看像張灝這種人願意回到臺灣去定居嗎？他的兩個女兒在美國安居樂業了，他當然想回到美國和女兒在一起，我看到一張 Angelina 輾轉

圖 26　2019 年，張灝與女兒、孫子孫女們共慶華誕

傳來的照片，張灝坐在他女兒家客廳的沙發上，怡然自得，我看了十分羨慕，因為我沒有子女。張灝捐書的那張照片中，他坐在女兒、美國女婿、和混血的孫兒中間，更是怡然自得。每個人都有他的理由，但是每個人的選擇都不完全是一樣。

問：我們最近跟墨子刻教授聯繫，他自己表達了在國民黨治下臺灣的樂觀看法，根據你的經歷和判斷，你覺得張灝跟你有相似的體認嗎？

答：我跟張灝的意見一樣，我們都曾經對臺灣的發展失望，就我自己的觀察而言，國民黨對臺灣的民主化當然有貢獻，然而從現實的政治來看，臺灣的民主化過程是一波一波的臺灣知識分子掙出來的，很多人為此而坐牢。這是一個事實。不過墨子刻應該是從另一個觀點來看民主制度化的歷程。國民黨另外一個貢獻就是保留了民國時代的文化傳統，包括五四傳統，我是研究那個時期的文化和文學的人，當然有所偏愛和眷戀。我研究上海都市文化，發現很多早期五十年代的資料（包括左翼文學和電影）在臺灣都可以找到。

其實我很佩服張灝和墨子刻，他們是好朋友，也是理論很堅實的思想家，特別是對於韋伯（Max Weber）的理論。不論你同不同意他們的觀點，他們的深厚的功夫我是很敬佩的，這種人越來越少了。因此我不願意隨意點評張灝的學術造詣，它是有目共睹的。不過我發現我和張灝不只教育背景很像，（都是學思想史，都是史華慈的學生），而更重要的是：我們有很多共同的興趣。直到我們在科大共事的時候才發現的。可惜他離開科大後我們就失去聯絡，他大概不用電腦，又聽說他幫學生寫推薦信，都是用手寫，我也討厭用電腦，大家都不想打電話，直到他去世之後，那些記憶突然又回來了，我感到很痛心。張灝回美國後，聽說他的生活很好，廖融融過世後他搬到加州，跟女兒孫子一起住，如今一切都成了過眼雲煙……

訪問者（陳躬芳、周昭端）：謝謝老師今天的訪談！

訪問後記：

　　對於張灝教授和李歐梵教授那一代的學者，我們總是景仰於他們在學術上的貢獻，但是通過這次的訪談，由李教授親述了他們那一代在「去國懷鄉」的情懷下，遠赴美國求學的浪漫與理想。一串串學者的心聲令我們驚覺他們兩人同樣深深駐足在「二十世紀」之中，雖然他們體認的二十世紀有不同的意義：李教授體認二十世紀古典與傳統的氣息；張教授則沉思於二十世紀所揭示幽暗意識與警示，但是他們都昭昭於時代的憂懷與情思。

悼念、懷念張灝教授 [1]

林毓生

中央研究院院士、威斯康辛大學榮休教授

我與張灝初識是在 1948 年，我和張灝分別從北京、南京隨家人來臺，當時教育部承辦大陸來臺學生的甄試，我們一併分發到臺北市省立成功中學，成為初中二年級的插班生。張灝從小可以看出特別聰明。

後來我們一起考上師範大學的附屬中學高中部，那時張灝父親望子成龍，對張灝刻意的扶持；英文有家教，國文則要求熟讀《古文觀止》。因此他中英文的根底都極好，也有相當深厚的國學根底。

張灝天資特別聰明，在臺大讀書時從不記筆記，而同班同學孫同勛記的筆記特別豐富，每次考試前張灝都會向他借用筆記，考試成績與這位同學一樣的好。而我最怕考試背書，考試時時常生病。我喜歡的課程可能考得和他一樣好，但其他不喜歡的課程就不如他了。

當時在臺大校園，張灝、李敖、和我穿著長袍，下課後，常常一起到臺大校門口的四川飯店或大華餐館一同吃飯，我當時對李敖輕浮的作風，很不以為然，也常採取極為嚴厲的批評。大學時代，我們對五四的了解，多從胡適而來，而我對胡適向來不甚同意，雖然我們年青時代的胡適是風雲人物。少年時代的我們，雖然做人和做學問的作風，有所不

---

[1] 編者按：此文由林毓生先生口述，夫人宋祖錦女士代筆於 2022 年 11 月 13 日，並於 11 月 19 日晚如期交稿。11 月 22 日收到林先生與世長辭的消息，11 月 26 後收到林夫人告知林先生後事一切從簡。林夫人也指出，林先生紀念張灝的文字是一個未完成篇。雖然如此，這是林先生生命中的最後一篇文章，同時紀念了他的好友張灝，特此收錄並說明之。

圖 27　林夫人宋祖錦女士的手稿

圖 28　1991 年 2 月在夏威夷召開的「二十世紀中國的歷史反思」研討會期間，
《二十一世紀》編輯金觀濤、張灝、劉青峰、余英時、林毓生合影

同，但張灝與我對政治極感興趣，常在一起談論政治，所以很自然的就成為殷海光先生的學生。他後來寫的紀念殷先生的文章都很親切。

　　張灝取得李氏基金會文科獎學金來美進修。從他退休前發表的《時代的探索》，可以知道他受西方神學家 Reinhold Niebuhr 深刻的影響。書的內容非常豐富，言之有物，是傳世之作。由於他受 Niebuhr 的影

圖 29 林毓生、張灝等慶賀殷夫人夏君璐女士的誕辰

響很深，對人性的瞭解與一般研究中國思想史的學者自然不同，有其深度。張灝喜歡徵引 Niebuhr 的兩句話："Man's capacity for justice makes democracy possible, man's capacity for injustice makes democracy necessary." 因此，他對民主的了解比較深刻，與一般中國學者瞭解西方自由民主是傳統式的從文藝復興到啟蒙運動來討論西方的自由民主，自然更有深度。

　　張灝與他夫人廖融融的認識是他在臺大上學時友人介紹的。當時融融尚在臺北二女中就讀，但倆人一見如故。後來張灝出國後，兩人多年來完全靠通信維持他們的感情，而融融這麼早定情後一直不變，非常不容易。他們的一生是幸福圓滿的。

相知無遠近　如水中著鹽

邵東方博士訪談錄 [1]
美國國會圖書館亞洲部主任

1. 您何時認識張灝？在 1991 年夏威夷東西方學術會議上，當時主要報告了甚麼學術內容？參加的人包括了那些人？

我是在 1991 年 2 月夏威夷大學東西方中心籌辦的「文化與社會：二十世紀中國的歷史反思」（Culture and Society: Historical Reflections on 20th Century China）學術會議（1991 年 2 月 18 日至 22 日）期間認識張灝先生的。當時擔任文化與傳播研究所所長的杜維明先生籌集到一筆資金，就召開了那次關於文化中國的研討會。這個會議比較特殊之處就是聚集了很多海內外的華裔學者，其中包括美國的余英時、林毓生、郭穎頤、陶天翼、成中英、傅偉勳等，中國大陸的湯一介、陳來、徐民和、董秀玉、沈昌文等，香港的勞思光、陳方正、金觀濤、劉青峰等，以及臺灣的韋政通、陳忠信、王杏慶等。尤其當時一些中國大陸的學者可以出國參加學術會議，特別像知名學者王元化、李澤厚、劉再復等先生。可以

---

[1]　編者按：11 月 22 日，我們在收到剛故去林毓生教授的一篇未完成的文稿後，深受感動。本著歷史學者對史料的本能堅持，再次致函邵東方主任查問有關 1991 年的東西方文化中心的會議研討會詳情，以及余英時贈詩張灝之經過，以便日後學者研究。由於邵先生最近在搬家，適逢圖書館財政年度結束後工作繁忙，加上眼力不濟，於是我提議改由訪談形式進行。11 月 29 日我們通過 WHATSAPP 軟件通話並紀錄，完成此稿。談話進行了一個多小時，涉及內容很多，尤其邵教授深情地將與張先生、余先生及墨先生的相處往事娓娓道來。故文稿盡量採用口語對談形式，就如同邵東方與余英時、張灝在世時交談一樣。

圖30　1991年2月由杜維明組織「二十世紀中國的歷史反思」學術會議在夏威夷大學東西方中心舉行，這場晚餐出席者（自左至右）包括郭穎頤、林毓生、李歐梵、余英時（正中）、邵東方（右三）、張灝（右二）、汪丁丁等

圖31　在1993年的斯德哥爾摩盛會上，左起：王元化、劉再復、張灝、林毓生

說當時的主流華裔學者都參加了會議。我因獲得東西方中心的獎學金，在寫博士論文之餘，抽一部分時間幫助杜先生組織這次會議，於是就有了和這些學者們見面的機會。這是我第一次見到張先生、余先生、王先生等前輩學者。因與會者很多，我們在會上接觸不多，後來從余先生和墨子刻那裡知道了更多關於張先生的學識與為人；我在史丹佛大學工作時遇見他二姊張德蓉（任職於亞洲語文系），她也談到其弟的情況。

　　學者們除了在會議上發言，會後也有很多交流，並向會務人員介紹討論心得。當時在美國華裔學者中研究中國思想史的有四位教授，其中一位是我在夏威夷大學歷史系的導師郭穎頤（Daniel W.Y. Kwok，1932—）先生，現在已 90 多歲了。我今年三月去夏威夷參加亞洲研究協會（AAS）年會時，特地到當地的一家養老院看望了他，他因腿疾只能躺在床上與我交談。他還回憶起 1991 年的那次會議以及他邀請部分學者聚餐的情形，並說「那頓晚餐中，美國華人中研究中國思想史的最主要學者都到場了」。如今余英時、張灝、林毓生已經先後去世。

　　王元化先生在《九十年代日記》（上海古籍出版社，2008 年）一書中專門寫了「一九九一年回憶錄」，詳細地記載了夏威夷會議的情況。那次會議是 1989 年之後，中港臺和美國學術界與出版界主流學者之間一次很重要的溝通，大家對 20 世紀中國文化的進行了歷史反思。與會的張先生性情溫和、待人寬厚，他沒有加入幾次言辭過於激烈的辯論。在會上，一些中國學者討論了中國會否出現蘇聯解體的情況，余先生著重談到中國近代激進主義的產生及變化等。對這些討論，王先生的書中頁 56—65 可以作為參考。

2. 2008 年您曾經對余英時教授進行了一次訪談，當時余先生談及對張灝教授的影響，特別是有關於新儒家思想。據您瞭解：這是否一個重要契機直接達成五四派對新儒學大師和解？另外，張先生和余先生都是思想史大家，您怎樣看待他們的貢獻？從思想研究的角度，他們分別有甚麼觀念或思想是值得我們注意的？

張先生與余先生是幾十年的老朋友。我在 2008 年訪談余先生時，提到張先生時，他非常高興，並談起張先生的早期思想變化。他說，張先生剛到哈佛的時候還很年輕，一開始在臺灣受殷海光先生影響，思想上反傳統很徹底，對儒家採取的是一種拋棄的態度，余先生對張先生說，你在反對儒家之前，必須要把所有的傳統經典都看完了，然後再提出你的意見，不能沒看就提出反對，這是很重要的。他在余先生的影響下，對於新儒家思想及整個儒家思想有了一種全新的認識和理解。這是余先生在哈佛時對他的一個直接和重要的影響。張先生常說：「我把余先生看成我的大哥」，這不僅僅是在學術方面上，他也在精神層面上非常仰慕余先生。他們在晚年時，身體都不太好，不可能相互走訪，但經常通電話，每次都是談幾個小時。張先生經常一有想法就隨時拿起電話跟余先生討論，我雖然不知道他們談話的細節，但是從和他們平時的談話中可以瞭解到，他們除了談學術界的情況外，還常常聊及一些老朋友的現

圖 32　張灝與余英時 2006 年在寓所聊天時的情景

狀。張先生晚年時通電話最多的人應該是余先生。

　　他們都是思想史大家，有著各自不同的側重點。當時余先生側重於從中國古代思想一直到清代思想，對近代思想史也有研究；而張先生主要側重在中國近現代思想。他們研究的範圍不盡相同，各自對所專注的領域都有獨特的見解和代表性的觀點。張先生提出了幽暗意識，余先生提出了清代學術的思想內在理路，郭穎頤先生提出科學主義的觀念。不管同意與否，這些代表性觀念和思想都影響了幾代學人。如同哈佛大學的一位科學哲學家托馬斯‧庫恩（Thomas Kuhn, 1922—1996）提出了範式轉移（Paradigm Shift）那樣，張先生、余先生、郭先生和林毓生先生都各自提出了有影響的學術觀點和理論，都是華裔學者對思想史的重要貢獻，並都在西方漢學研究書寫下了重要的一筆。我想這四位教授是屬於當代海外研究中國思想史中四位最著名的華裔學者。

3. 我們回到余英時教授和張灝教授之間的友情，您怎樣看他們之間這段長久的友誼？他們之間有甚麼趣事嗎？

儘管余先生很少在他的文章裡言及張先生，但這並非表明他們的關係不是最親近的。有時候人與人的關係並不是在於某人被提到多少次，而是反映在內心。我們可以從余先生給張先生寫的詩裡面，看出兩個人的關係是肝膽相照的。余先生曾說，他一生中最要好的朋友是邢慕寰先生（1915—1999），可是他的文章裡很少談到邢先生，邢先生是研究經濟史，隔行如隔山。我與邢慕寰先生的公子邢泰倫教授是近三十年的友人，余先生時常非常關心地向我打聽邢先生去世後他家人的情況。余先生說，他剛到美國的時候，是一個不諳世事的香港學生，而邢先生已是臺大的教授，那時在哈佛擔任高級訪問學者，他比余先生大十幾歲。兩個人一見如故，同住在一個公寓有一年多的時間，每天無話不談，成為最親密的朋友了。余先生說：「我每次到臺北，有兩個人不能不去看望。一位是錢穆先生，另一位就是邢慕寰。」這裡，我想借余先生與邢先生的關係，挪用到張先生和余先生的關係。邢先生長余先生十幾歲，余先

生亦長張先生七歲，他們的友誼類似長兄與幼弟的密切關係。最親密的友人往往不一定是在文章裡提及最多的人，因為這樣的關係如鹽在水，有味無痕。

　　真正的友誼就像把鹽加到水裡，放進去以後是看不到水的顏色變化，只有親口嚐了，才感覺鹹的味道，即古人所云：「如水中著鹽，但知鹽味，不見鹽質。」他們可以像家人一樣隨時拿起電話來談事情或聊家常，無話不談。我想他們的關係勝似兄弟之間的友情。張先生和余先生接觸時間比較長是在 2005 年至 2006 年間。當時余先生先是在國會圖書館擔任三個月的高級訪問學者，之後又獲得美國國會圖書館克魯格中心（The John W. Kluge Centre）頒發的克魯格人文與社會終身成就獎（John W. Kluge Prize），當時張先生剛從香港科技大學退休搬到華盛頓郊區，他們有多次的見面，余先生有時候還到張先生家裡去做客。後來余先生回到普林斯頓，得病需要長期治療，張先生也因夫人的病情隨時看護，因此兩人就再也沒有見面了。我有一次對張先生說，這麼多年你和余先生不能相見而又相互想念，北維州與普林斯頓距離並不是很遠，我可以利用一個周末開車陪您和太太去看望余先生夫婦。但後來發現這一計劃難以實施，因為張太太身體太差，不能坐車長途旅行，而張先生又不放心把她留在家裡一整天，所以最終取消了訪問計劃，也失去兩位好友生前最後會面的一次機會。張先生在太太去世後就搬到加州去了，他們相隔數千英里，也就再也沒有機會見面了。然而他們的關係正如唐詩所云：「相知無遠近，萬里尚為鄰。」在張先生搬去加州之後，因時差的關係，我只跟他通過幾次電話，每次都將通話內容轉告給余先生夫婦。去年八月張先生在得知余先生去世的噩耗後，痛心疾首，大哭一場，悲不自勝。

　　說到張先生與余先生的友情，余夫人陳淑平告訴我，他們時常通過電話溝通交流。兩人興致勃勃地一談就是幾個小時。我去看望張先生時，他也說有時晚上一想起問題，就拿起電話打給余大哥，談了不少他們最近共同考慮的問題，涉及人生的若干體悟，可說是肆縱讜言，無所顧忌。他們是心意相通、互相敬重的摯友。這是真正心靈的溝通。而且

與一些學生回憶老師還是不同。師生相處之道在身份上，老師與學生有上下之分，學生不可能跟老師平起平坐。我們晚輩跟前輩的交談，你不可能是不分尊卑地談話。有人說，人生友誼的三重境界：知音、知己、知人。我覺得他們之間相互的交流似高山流水遇知音，遠遠超過後輩評論先師的層次，誠為風骨高標的知己相賞，令人神往。

說起晚年的張先生，我十分敬佩並為之感動。張先生過去教書時基本上都是靠太太照顧。每一個偉大的學者，後面都有一個偉大的夫人支持著。張先生取得的學術成就，包含著他太太的全力幫助。在張夫人生重病以後，張先生改變了很多，從不會做家務到操持家務得心應手。我每次去看望他，都看到他給太太服藥餵飯，扶她行走，可以說是無微不至、全心全意。余先生、余太太都說這是張先生了不得的地方，從一個不愁衣食、不做家務的　介書生成為處理大小家務事的能幹男主人。

我自 2012 年 4 月任職於國會圖書館後，每年至少兩次拜訪他；我們交談廣泛，他繼續關心學術界的新成果和人事變化。將來我會把這一段回憶寫下來，以彌補外界對張先生晚年生活瞭解不多的部分。

圖 33　2016 年 2 月，張灝和夫人廖融融在寓所的客廳與到訪的邵東方教授聊天

　　與張先生的交往體現出的是君子之交淡如水的交情，這是一種建立在道義基礎上的純潔友誼，不需要通過禮尚往來或噓寒問暖來粉飾。凡是有朋友來看望，他都特別高興，聊天並不一定要集中在思想史或其他學術的問題，而是山南海北式隨便談天。張先生知識廣泛，且記憶力驚人。與他以及余先生先生談話是一種精神享受，正所謂「聽君一席話，勝讀十年書」。

4. 2016 年時，余英時教授贈張灝夫婦的賀壽詩文中：「談笑居然八十翁，康橋回首記初逢。環滁故里吟歐九，浮海新民話任公。幽暗已成千古患，圓融欣見一家同。與君共入逍遙境，莫教塵緣更惱儂」。根據您對他們的了解，您是怎樣理解這首詩文的意思。後來，鄭培凱教授出版的《余英時詩存》中收錄了此詩，當中幾十首是您多年搜集的，這首詩文也是您幫忙提供收集的嗎？余英時教授寫的古典詩並不多，據您所知，他一般題詩的對象及內容有何特色？您認為有甚麼特殊意義嗎？

在此，我順便提一下贈詩文的事情。張先生和余先生是六十多年老朋友，可是他從來都沒有主動向余先生說要過一幅字，因為兩人關係太熟了，反而想不起來求字。有一次我到余先生家，我向余先生求墨寶。他說，沒有問題啊，不過我現在不能寫，要等到情緒比較好的時候寫。過了幾個星期，余先生寄來了他抄錄在 1978 年訪問敦煌訪古歸途所占絕句。余太太說這一幅字寫的不太好，於是余先生又給我和內人再寫了一幅。我收到余先生的墨寶後，就帶給張先生觀賞。張先生說，我們相交六十多年，我還從來沒有向大哥要過字。我對他說，應該請余先生書寫一幅字留做紀念。回家後來我就打電話和余先生說起這事。余先生說：張灝讓我寫字，我怎麼能不寫呢？當然要寫了，這是義不容辭的。那一年（2016 年）正值張先生和廖融融女士八十虛歲，於是余先生就撰寫了以上詩文書贈張先生夫婦以賀壽。余先生寫完以後，直接寄給了張先生。後來我去張先生家，看到張先生把余先生的詩文用鏡框裱起來掛在

牆上，我當時就把這篇詩詞拍攝下來。這次牛津大學出版社編輯《余英時詩存》就收錄了這首詩。

說到這首詩的內容，其中康橋是指哈佛大學所在的 Cambridge。兩人六十多年前初次見面時，余先生問張先生：「你老家是哪裡人？」張先生答：「我祖籍在安徽滁縣」，隨即背誦起歐陽修的〈醉翁亭記〉。於是就有了詩中的「環滁故里吟歐九」一句；「浮海新民話任公」是指張先生研究梁啓超；「幽暗已成千古患」，幽暗意識是張先生的一個學術創見，於此可見余先生對張先生的見解深以為意。最後兩句「與君共入逍遙境，莫教塵緣更惱儂」，是說我們都已年屆八十，進入了逍遙自在的境地，不會再被這個世間的塵囂所干擾。

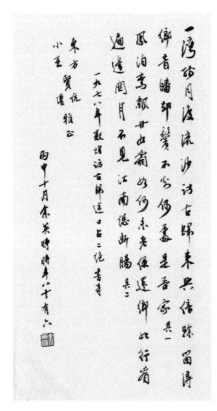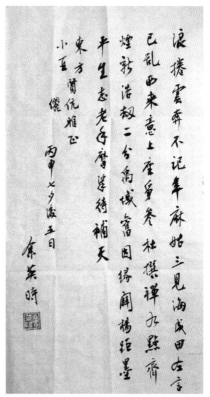

圖 34　余英時 2016 年書贈邵東方伉儷的兩幅墨寶

　　張先生提出的「幽暗意識」實際是人性中的對各種黑暗勢力的一種醒悟，但是由於這些黑暗勢力非常深刻，這個社會就不可能圓滿。人性中有種種的醜惡和遺憾，這就是余先生詩中所說的「幽暗已成千古患」，即揭示歷史上人性本身惡的一面，是指人性的黑暗面，但世人不能夠不認識到人的醜惡陰暗面。這首詩中的「幽暗已成千古患」句說明余先生是認同及肯定張先生的幽暗意識理論。

　　余先生對所有的朋友都一視同仁，而不厚此薄彼。當然華人文化人與人間的基本關係還是親疏有別的，這是因為血緣或結義的關係。而張先生是余先生最親密的知音之一，這肯定是毋庸置疑的。余先生親自給寫詩的人並不多，在《余英時回憶錄》有一章寫他與邢慕寰互贈詩詞。但是那本回憶錄，余先生只是寫到他 1960 年代寫完博士論文的時代。而余先生開始接觸張先生是在 1960 年代，如果余先生繼續將回憶錄寫

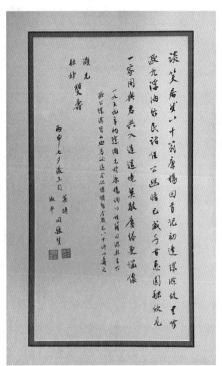

圖 35　余英時先生贈書法
題詩祝賀張灝教授及夫人
廖融融八十華誕

圖 36　2018 年 10 月，張灝與邵東方在北維州寓所留影

下去的話，必然會有專門一節談他與張先生的友誼。不過從余先生給張先生書寫的這首詩，亦足見余先生與張先生之間的莫逆於心、相與為友。

5. 剛好您在 2016 年到訪張灝教授位於北維州寓所，當時您們也是進行一次訪問嗎？主要談論內容是什麼？他們家的客廳上掛著于右任在 1940 年代所寫的詩文，您知道詩文內容嗎？這對於張灝又有甚麼意義？

張灝先生家的牆上掛著于右任先生書寫的一組四幅草書詩文，這是于先生在 1940 年代書贈他父親張慶楨教授的。2016 年有一次我到張先生家，他說想瞭解于右任的書法作品在拍賣市場的價格。當時正值臺北華藝數位公司總裁常效宇先生也到他家拜訪，遂將每一段詩文進行拍照，帶回臺灣請專業人士進行估價。那次會見，主要就是談這件事，並不是專門的訪談。常先生是一位極其敬業的數位行業的出版家，很快就將有關于右任書法作品的行情信息報告給張先生，對此張先生非常滿意。

6. 另一位張灝摯友是墨子刻，他們就像是中、西文化的相交點，您如何看待他們之間的友誼及相互之間影響呢？正如墨子刻所說：張灝把傳統經典介紹給他，可以說他們是代表了東西文化交流的重要象徵嗎？他們在思想上的交流對當代學者的學術研究有甚麼啟發作用？墨子刻退休時把所有的書捐到圖書館，您知道是哪些種類的書目和有什麼重要的書籍值得跟我們分享嗎？

張先生與墨子刻先生是在哈佛大學的同學，兩人的研究興趣都在中國近現代思想，然而他們多年來就學術上不同的觀點而爭論不休，古人云：「士有諍友，則身不離於令名。」他們是諍友，也是在道義品德上互相砥礪、敬重的畏友。墨子刻對張先生思想學術的影響不亞於余先生。張先生告訴我，墨子刻過去經常就中國古典文獻的一些理解問題向他請教，而他自己則向墨子刻求教西方哲學理論中的疑難之處，他們在思想上的交流對當代學者的學術研究的啟發作用在於，墨子刻的思想非常深刻，儘管有時也很自負。他是極少數西方漢學家中間熟練掌握中文的學者之

圖 37　在 2018 年，邵東方教授夫婦在墨子刻教授寓所相聚

一，能很流利地用中文直接口頭交流和寫作論文，這在美國研究中國的學者中是極為罕見的。

作為朋友，就是能夠互相表達出自己的不同看法。正是因為雙方很熟悉，才會充分表達出來。別人不會向你説出的事，而朋友之間可以説出來。張先生和墨子刻爭論問題時，相互辯駁，不留情面，恰好説明他們的友誼深厚。記得墨子刻有一次與張先生兩個人吵完後，有一段時間互不理睬，但過了不久雙方又和好如初。他們之間這種在學術上針鋒相對的討論時常發生，但並沒有妨礙他們之間的友誼，不像很多人爭吵以後就關係交惡，相互為敵了，目前學術界中就存在不少這類的學者。雖然張、墨二人的學術爭論非常激烈，可是沒有刻意去傷害對方，而且為了保持友誼，最後是選擇妥協，求同存異。在他們眼裡，友誼高於學術，更高於政治，這才是兩人為何能在長達六十多年的時間中保持密切聯繫的根本原因。

7. 在説到張灝先生對同輩間的為人處事後，談談張先生對後輩間相處或提攜，尤其是與余杰之間的友誼是如何呢？您覺得我們該怎樣理解他們這一代學者？

張先生對人寬厚，尤其願意提攜年輕人。他幾次對我提及余杰是一個有思想並能付諸行動的人，雖然余杰寫的文字似乎很激烈，他平時為人溫文爾雅、言行一致、待人誠懇。張先生讚賞余杰的犀利文筆，認為他是少有的思想深刻的年輕思想家。張先生一旦發現優秀年輕人值得培養，總是愛護和提攜他們，處處真心實地為年輕學人著想，從不帶有任何功利心的目的。這一點也是為什麼在張先生去世後，那麼多學生很懷念他的地方。這個特點部分來自於他們長期生活工作在美國大學這樣的學術環境中間，對學術以外事情瞭解較少，也不太積極參與政治。由於生活在世外桃源裡，他們可能與現實政治的殘酷和骯髒有一些距離。所以對美國多少有些理想化的成分。墨子刻曾説，當他開車離開了史丹佛校園區（Stanford campus），深感到其他地方都處於不文明的狀態

（uncivilized），比如開車亂闖，對他人缺乏禮貌等。史丹佛大學是一個學術的殿堂，校園內都是學者，自然大家都很文明禮貌。其實美國社會的實際問題是遠遠超過他們所目睹的。居於優美安靜的校園環境中，很難看到華盛頓市區裡那些無家可歸的流浪者，更無法瞭解到華府政客們之間的明爭暗鬥。但是張先生和余先生都是明曉大是大非的偉大學者，具有善良的人性，在這一點上是超過很多政治家了，他們在正義和黑暗面前，他們永遠是選擇正義的。這一點也是很多學者做不到。張先生、余先生、墨子刻在大是大非問題前，請他們幫忙和作證，他們都會毫不猶豫地挺身而出，充分體現了急公好義、濟困扶危的高尚道德。這是因為他們的心靈是純潔的，保留著善良的人性。所以通過紀念張先生，不僅僅是寫幾篇文章，褒揚他的學術成就，而是通過回憶將他的美好人品及豐滿生活活靈活現地展現出來。張先生他跟其他學者的交往的這種方式吧，這是影響及感動我們的地方。張先生去世後，我向他的女公子建議在 KudoBoard 上 [2]，以一種在線的方式邀請各位親朋好朋友在上留言和上傳照片作為永久的紀念，這也是我們大家能夠利用現代科技可以直接參與悼念張先生的一種特別方式。

（採訪者陳躬芳）後記：在我與邵東方教授的訪談中，讓我明白了一個特別重要的事實，思想家的一個偉大理論形成，其實他身邊的友人相互影響是鉅大的。邵先生告訴我：余英時先生研究清代思想史時就翻閱了很多清代學者的筆記和日記。他說，清代著名學者的筆記和日記反映了他們平時的心理狀態，可以提供作者生平的第一手材料。因此這次的訪談，通過邵先生的口述，紀錄了張灝教授為人處事、點點滴滴的另一個側面，為日後有關中國思想史的研究提供了一個歷史的佐證與參考。

---

[2]　KudoBoard 紀念張灝教授的連接如下：https://www.kudoboard.com/boards/XpEaQz7i

前人往事：余老師的摯友張灝先生

黃進興

中央研究院院士、中央研究院副院長

　　有兩位余老師的朋友，我印象最為深刻：一位是沈君山校長，由於他和余老師均為圍棋同好，有回適逢他們在清華大學下棋，我遂恭謹地站在後側，靜靜地觀看他們下棋；緣此之故，以後再相遇，他便戲稱我「觀棋童子」，要叫「師叔」！

　　另位，便是與余老師情同手足的張灝先生。他們在美國東岸雖居處相隔數百里之遙，但卻經常通電話，天南地北，無所不談。據余老師告知，張先生是位言談十分風趣的人。

　　張先生在哈佛（Harvard）求學期間的指導老師也是史華慈（Benjamin I. Schwartz, 1916—1999）教授，因此雖是前輩，但堪算是同門了。而他在赴美之前已是著名自由主義學者殷海光的高足，甚受看重。那一代學風的特色便是向西方尋求真理，張先生自然亦不例外。據說他一到哈佛，逢人便說擬一股勁投向帕森斯（Talcott Parsons, 1902—1979）的懷抱了；按該翁乃是社會學結構功能學派（structural functionalism）的開宗大師，上世紀六〇年代，正是日正當中，不可一世。

　　不知是否為了導正這股過度傾向西學的風氣，據說楊聯陞老師在博士資格考之中，便刻意提問張先生一個平淡無奇的問題：「既然有志於治理中國思想史，那麼孔子的生卒年為何？」或許經此一棒喝，復受史華慈老師懷疑主義長期的薰陶，張先生日後所治的雖是玄之又玄的思想史，卻能虛中透實，穩健有餘，又不乏銳見。

　　他攸關梁啟超的成名之作，乃改寫自博士論文，旨在反駁柏克萊學派的開山者賴文森（Joseph R. Levenson, 1920—1969）的學說。賴氏素主張：近代中國的智識份子雖在理性上疏離了傳統文化，但感情上卻猶然依附著，而難以割捨。[1] 要之，賴氏原是猶太裔。他對「文化認同」（cultural identity）的議題尤其敏感。賴氏本身才華橫溢，復善於玄思，文彩燦然，每一立說擲地，便在歐美學界引起鉅大迴響。而張先生的成名之作，就是欲與他格鬥一番。要知張先生的指導教授史華慈先生與前者本係出同門，但學風卻截然有異。後來，他們在東部哈佛與西部柏克萊各立山頭，引領風騷，追隨者眾多。

　　史華慈一向對賴氏的文化整體觀頗有異見，因此張先生的成名之作，會針對賴文森提出不同的看法便不足為奇。

　　他的博士論文之所以捨棄祖師爺費正清（John K. Fairbank, 1907—1991）所建議的魏源，而改取梁啟超作為分析對象，顯然意在超越當時美國研究近代中國「西方衝擊」（response to the West）所慣採的取徑，但恐亦是受賴氏間接的啟示。[2]

　　析言之，梁啟超確實在某種程度上與傳統疏離，但並不像賴所說的那麼整體性。他仍然珍愛著某些他認為值得保存的成份，特別是那些與西方文明有共通之處的價值（儘管梁的標準是西方的而非中國的），如孟子的民本思想、墨子的兼愛與邏輯思想等等。但是，這些東西恰巧正是西方已實現的東西，而沒有完全顯現在中國，這並非一種巧合。因此，當張灝跟賴文森爭說，梁啟超無論如何仍然珍視中國文化中某些他認為可以跟西方文化成份互相比類的東西時，他反而落入賴文森的圈套，其原因在於張先生並沒有察覺出，梁的評量標準是西方的而非中國的。

---

[1]　Joseph R. Levenson, *Liang Ch'i-ch'ao and the Mind of Modern China*（Cambridge, Mass.: Harvard University Press, 1953）.

[2]　他的博士論文後來改寫成書，於一九七一年出版。Hao Chang, *Liang Ch'i-ch'ao and Intellectual Transition in China, 1890—1907*（Cambridge, Mass.: Harvard University Press, 1971）.

圖 38　1993 年，林毓生、余英時、張灝參加瑞典斯德哥爾摩大學東方語言學院中
文系召開的「國家、社會、個人」國際學術研討會

　　若說張先生與賴文森的智識搏鬥有得有失，那麼經此一鍛煉，張先
生下一階段學術的產出便轉而更加精進了，誠如朱熹所言的：「舊學商
量加邃密，新知培養轉深沉。」而能開創新局。

　　果不出其然，近年張先生便接連推出近代思想史的嶄新課題：例
如，打破窠臼，探索近代思想人物對「意義的追求」（舉其要：譚嗣同、
新儒家等），補偏救弊，不待多言。尤其揭露中國傳統思想隱微不顯的
「幽暗意識」，導致難以展開出類似西方的民主文化，振聾發聵，傳誦一
時。上述均是他的扛鼎之作，自成一家之言，而為學子所津津樂道。

　　據聞有回在國際獎項的評審當中，對於獲獎候選人爭辯正十分熱
烈：有位與會者對余老師的學術水平固然無所挑剔，但對他的政治觀點
頗有微辭，張先生立即挺身而出，辯道：「學術歸學術，政治歸政治。」
一錘定音，余老師終獲此一殊榮。他和余老師的情誼與相知，從此一事
件可以充分印證。

　　可能因為余老師的緣故，他對余門子弟厚愛有加，故常稱（王）汎森、（陳）弱水和我為「余門三傑」，尤其賞識汎森。我們倖得膺選院士，他的支持應該不可或缺。

　　惟去年八月（2021）余老師、今年（2022）四月張先生，二人宛如彗星般相繼隕落，不啻象徵了一個智識世代的落幕，令人不勝歔欷，惋惜再三。

流水四十年間

王汎森

中央研究院院士

4 月 22 日上班途中，突然收到余英時師母從美國打來的電話，我倉促接起，師母說：「張先生過去了。」因為車子剛開進隧道，有點慌亂，我忙問：「哪位張先生？」我之所以沒有馬上想到是張灝先生，主要是因為今年二月的捐書國圖線上典禮中，雖然第一眼並未認出張先生，但後來定神一看覺得他的狀況似乎還不錯，所以完全沒想到兩個月後，張先生便故去了。

張先生是中國近代思想史大師，在他眾多的著作中，以「幽暗意識」、「轉型時代」兩個主題有關的論述最為聞名。事實上他在許多方面的工作都敏銳而有洞察力，如梁啟超與近代思想過渡、儒家經世思想的闡發、近代思想中的「意義危機」、「軸心時代」的問題，乃至於近代中國革命、烏托邦、近代中國自由民主發展的問題等等。張先生的著作影響力廣大、深遠，他的論點及思考，深深影響了包括我在內的兩、三代學者。而且，他的許多著作對於仍在摸索自由民主前景的華人世界有重要的意義。張先生著作俱在，大家可以參看，倉促之間，我只能在此談談我與先生的幾次會遇。

（一）

仔細回想，我初見張灝先生正好是四十年前，也就是在 1982 年夏天，我尾隨中國時報棲蘭山莊會議的成員一路從臺北臺大會館附近坐車

到宜蘭棲蘭山莊。記得遊覽車在北海公路上行駛，然後在一處風景點停泊休息，我聽到余英時老師盛讚這一條公路的美，一如加州的卡邁爾公路（所以我希望將來有一天一遊卡邁爾公路）。當人們紛紛從洗手間出來時，我主動上前向張灝先生請教了一個問題，當時年方四十五歲的張先生侃侃而談。我記得余先生開玩笑地說：「張灝又在吹牛了！」然後兩人相視大笑。

在整整四十年的時間中，張先生與我同在一地的機會很少，但是值得寫的東西應該很多，現在因為時間及手頭材料不齊，只能先寫幾件個人印象深刻的事。

張先生很少寫信，可是在我們初識幾年中，我好像收到過他幾封信。第一封信，大約是在 1983 年春他回我的信，內容我不記得了，其中有一段是希望我精讀 Max Weber 的幾本書，記憶最深的是《宗教社會學》，張先生信末用了讀完上述諸書後「自然入港」四個字。

當時臺灣刮起一陣韋伯熱，許多韋伯的英譯都有盜印本，而我在這股熱潮中如饑似渴地讀了所有能到手的韋伯著作，但《宗教社會學》（英文本）卻是陌生的。所以，我曾在陸軍士官學校的軍官宿舍，每天晚上就著一盞黃燈閱讀《宗教社會學》。對我而言，這本書相當晦澀困難，將近一百天才看完。如今，書中的論點大多不復記憶了。

另一封信大概是在 1985 年，我將新出版的《章太炎思想》寄請張先生指正。想不到，張先生居然來了一封信祝賀。張先生非常大度，在他第二本英文書 *Chinese Intellectuals in Crisis: Search for Order and Meaning, 1890—1911* 一書中，曾多次引用《章太炎思想》一書的論點，使我受寵若驚。

在棲蘭山莊之會後的幾年間，張先生好像一直被 *Chinese Intellectuals in Crisis* 這本書稿牢牢糾纏住，拖了七、八年，遲遲未能完稿付印。張夫人警告他，如果不將這本書作一個了斷將要如何如何！

我感覺張先生早期關心梁啟超及近代中國文明的過渡等問題，而在這個階段，則相當關心歷史人物的生命氣質、生命意義、存在感受以及社會秩序的問題。我記得張先生告訴我，*Chinese Intellectuals in Crisis* 一

書的副標，原來是想用 beyond wealth and power，表示他不認為近代中國的轉型，一切都是在追求「富」與「強」——這是史華慈成名作，《嚴復》一書的英文標題：*In Search of Wealth and Power*，同時也有生命意義、存在感受方面的激烈衝突。不過後來張先生還是把副標題換成了「尋求意義與秩序」。

　　生命的存在與意義關懷除了表現在 *Chinese Intellectuals in Crisis* 之外，也表現在《烈士精神與批判意識——譚嗣同思想的分析》一書，並有一部份擴散到「幽暗意識」與民主傳統的討論，「幽暗意識」一文首次發表便是在 1982 年棲蘭山莊那次會議中。

圖 39　張灝：《烈士精神與批判意識——譚嗣同思想的分析》（聯經，1988）

圖　40　Hao Chang. *Chinese Intellectuals in Crisis: Search for Order and Meaning, 1890—1911*（SMC Publishing, 1987）

（二）

1987 年，我到美國讀書。在美國留學期間，因為課程非常緊湊，所以我只在 1991 年第一次到美國中西部。查當時殘留的一個筆記本，我是在那年六月二日坐灰狗（也是唯一一次）到匹茲堡先拜訪許倬雲先生及老友葉匡時，接著丘為君駕車載我到俄亥俄州的哥倫布市（Columbus）。晚上九時出發，十二點才到。如今，我還清楚記得車子奔馳於平坦且一望無際的中西部公路上的情景。張先生在俄亥俄州立大學三十年，這是我唯一一次到他在哥倫布市的家。

那一次拜訪，我們匆匆談了我的博士論文。張先生西方思想史的造詣非常深厚，我們的談論很快集中在實證主義對近代中國思想家的影響，以及它如何改變新文化運動以來的思維的問題。

在這一次短暫拜訪張宅的過程中，我印象比較深刻的是房子的壁紙是淡藍色的，還有玻璃屋式的大書房；匆匆一瞥，最顯眼的是一大套用舊了的四部叢刊。我記得張先生當天在一個餐廳設宴招待，席中他還說過，「泡麵的味道真是過癮啊！」多年後，我在臺北一個餐宴中引用這句話時，女主人相當不快地說：「王汎森，我請你吃這麼豐盛的菜，你居然大說泡麵。」

張先生是位沒有架子的人。我回國後在史語所工作時，張先生每次來臺參加院士會議時，總會設法到我研究室坐坐，看看我正在看什麼書，並隨便聊幾句。

1999 年，我應邀赴香港中文大學歷史系客座一個學期，由於張先生當時也正在香港科大任教，所以我們在香港清水灣曾經有兩、三次盤桓。談話中，我覺得張先生當時的學術關懷主要是「近代思想的轉型時代」。當時張先生因為心臟手術，所以只能吃無油無鹽極為無味的食物。由於來往交通費時，所以每次總是來去匆匆。印象中有兩件事值得一提，一是談及近代激烈思想的線索，張先生一再指出譚嗣同、李大釗這一思路的關鍵性。二是張先生希望與我合寫「近代思想的轉型時代」。另外還有一件趣事。有一次晚飯之後，張先生突然表示，聽說你學過跆

拳道，能否演示一下，我當即在他客廳踢了一陣。張先生很快便抓住重點：「你慣使右腳！」

<h1 style="text-align:center">（三）</h1>

2019 年 8 月 28 日，張灝夫人病逝，所以我與內人決定趁去美國開會時，前往 Reston 造訪張府。當年 9 月 23 日傍晚，我們終於從普林斯頓一路摸到 Reston。這也是與張先生最後一次的長談。從 9 月 24、25 日，我們都是早上十一點多去張府，然後一直談到吃完晚飯再離開，中間（24 日）還在傍晚時一起去了 Lake Ann 遊逛多時。

這次談論，主要是張先生的人生經歷，尤其是張先生早年求學時期的趣事，以及張先生藏書將來的歸宿，此外還有四點。一、他説，他們一家是 1949 年到臺灣，在臺灣讀書十年，1959 年到美國讀書，然後在俄亥俄州立大學歷史系三十年，退休後到香港科技大學擔任八年講座教授，從香港回到美國之後，在 Reston 待了十四年。

二、張先生説他到美國讀書之後，醉心於理論，到處聽課，深受

圖 41　2019 年，張灝教授與到訪王汎森教授在家中合影

Robert Bellah 影響。他特別提到 Robert Bellah 是他當時求知的一個線索。在哈佛，他深受那一代活躍的幾位學者影響：Parsons、Robert Bellah、艾森斯坦、Clifford Geertz（經 Robert Bellah 介紹）。張先生說，他的導師史華慈對他到處聽課有贊同也有保留。余先生曾經告訴我，張灝先生學生時代總是往哈佛的威廉詹姆斯大樓（社會科學）跑，有一次他問張先生，你為什麼老往那裡跑？張先生回答說：「這個我不管了！」

三、在這一次談話中還提及他的父親張慶楨教授／立法委員。張教授是芝加哥西北大學法學博士，是民國法界耆宿，廣受學生愛戴。我們談到已故監察院長王作榮的回憶錄《壯志未酬》中提到當他父親晚年生病住院時，昔日學生自行組織、排班輪流在醫院照顧老師的情形。在這次談話中，我們也談及他父親優渥的成長環境，父親的弟弟在大陸醫療衛生系統中的工作、父親的留學經歷，以及他與姊姊一度寫信給芝加哥西北大學詢問關於父親留學疑惑的趣事。

除了上述之外，我們當然還談到許多往事，還有一、兩個學術問題，尤其是我多年來一直在試著梳理「清代統治的不安定層」的問題。這一次談論，雖然沒有得到確切的結論，但張先生也發表了一番意見。

張先生是殷海光的得意門生，但為人卻很有古意。張先生是名父之子，自幼生活優渥，父親對獨子寄望特深，所以經常帶他到處向長輩請教，其中包括程滄波。程滄波負文名，當時請教的範圍主要是古文，所以張先生能背古文，而且古文已經化成他血肉的一部分，日常談話之間，「爾公爾侯」之類的句子經常脫口而出。有時又雜以武俠小說中的「拳法亂了」之類的話。

張先生認為人與人交往，最好的境界是「相視一笑，莫逆於心」。所以不為時空所限，也不必拘泥於繁文縟節。在過去四十年中，我個人深受張先生的支持與照拂，到了不知如何言謝的地步。有幾年，我受困於某種病苦。張先生非常注意此事，在院士會議期間，急著找相關院士請教藥方，其情其景，如今仍然歷歷在目。

　　張先生欣賞的生命氣質是方重而帶有矯矯之氣。他幾度告訴我，他不喜歡秀麗的書風，偏愛方、硬，帶有碑味的書法，這其實也反映在他寫的硬筆字上。張先生連感嘆都有古典味。

　　前所說過，我個人是在整整四十年前，認識了仰慕已久的張先生，並從此開始了我們四十年不間斷的交往。在這四十年中，我一步步成為他實際上的學生。在我們許多次的談論中，他對我有許多的教導與啟發。

　　今年 2 月，我在張先生藏書捐贈給臺灣「國家圖書館」的典禮上發言提到「大魚小魚」的比喻。大意是說，我覺得教育是大魚帶著小魚游，小魚長成大魚之後，又帶著小魚游，如此循環往復，至於無窮。張先生是一條「大魚」，帶著包括我在內的許多年青人游，如今這群年青人中一大半都已經退休或將要退休了，新的一群「小魚」也已漸漸成了大魚。

　　2019 年秋天那三天，也就是我們最後一次見面，張先生反覆說：「勸君不能老！」「既往矣！」尤其是「既往矣」一句，反覆再三，令人悵然。詩人里爾克說：「我與我的身體有神秘的契約，可是沒有人知道這個神秘的契約可以維持多久。」張先生的驟逝，令人「大悲無言」，思之慘澹不已。

圖 42　張灝教授與王汎森教授在 Lake Ann 合影

追憶清水灣的日子：記張灝先生

張洪年

香港科技大學人文學部前主任

我是一九九八年第一次在飯桌上認識張灝先生。那一年秋天，我和張先生兩人同時加入香港科技大學的教學團隊，同屬人文學部。院長丁邦新教授宴請新聘老師，座上相互介紹。張公兩鬢飛霜，翩翩儒雅，談笑自如。他身旁坐著一位女士，瓜子面龐，秀髮垂肩，眉目轉盼之間，一派大家氣息。後來得別人轉告，才知道她就是張公的夫人——廖融融女士。我們有緣識荊，這就結下往後二三十年的情誼。

張先生是享譽國際的史學大家，人文學部的同學看到張先生開課、指導論文，感到十分興奮。院裡的老師也經常邀約張公夫婦在校園的粵

圖 43　2000 年的科大人文學部舉行迎新活動，張灝、張洪年、傅立萃、余珍珠、洪長泰、高辛勇等

菜小廚飯聚閒談，月旦國事天下事，暢談甚歡。張先生愛吃辣，但平常茹素，青菜豆腐最是養生。有一次，館子裡的大師傅特別給張教授準備一個清湯河粉，張先生十分喜愛，以後每次踏入館子，都點這一道菜單上沒有的美食。日子久了，夥計一看見張公大駕光臨，就會自動端上一大碗熱乎乎的湯粉，素白的碗裡，高湯滾滾，嫩白細長的河粉，配上幾條碧綠的菜葉子，還沒舉箸，色香兼備的扮相，已經教人垂涎。這道菜，我們就美其名為「張公粉」。而張公二字也就成為張先生的又稱，友儕之間，張公張公的稱謂，顯得特別親切。

　　當時我在科大忝為人文學部的主任，這當然是一個吃力不討好的工作。而讓我最煩心的是每個學期都得和老師個別檢討教學成果。張先生是中央研究院院士，是人文學科的巨擘，我何德何能，叮有資格和他一起翻看他的教學成績？當年愛因斯坦在普林斯頓大學工作的時候，你能想像到那時的系主任能查看他的教學表現嗎？（當然，愛因斯坦在普林斯頓從來沒有正式開班教學！）可是職責所在，不能不按章處理。我們約好見面的那天，張公準時來到我辦公室，施然坐下。開始的幾分鐘，

圖 44　2003 年，張灝教授與張洪年教授畢業典禮後在人文學部辦公室外合影

我們面對著一大推的教學評語，大家都感到有點尷尬。我們略略討論一下，接著話題一轉，就談到我們對教學的一般理念和經驗。這許多年來我們在海內外教學，總有許多趣事。我們雖然是來自兩個不同學科的學人，但是我們對教學都有一樣的熱情，在一個科技大學的校園裡如何栽培學生對人文學科的探討，怎麼提高他們對文化、歷史、和語言的興趣，我們都覺得這是我們當下最大的責任。一個小時下來，我們話越談越多，彼此開心見誠，談得十分投契。我們倆都姓張，張公比我長十年，我就當他是我的老大哥，特別親熱。

張公在學術上的成就，無待贅言。在教學上方面，他是我們科大深受愛戴的老師。學生都以能上張教授的課為榮，年輕的教授也常常敲門求教，張公也從來不吝勸勉，在研究方面提出許多自己的看法，以供後生學子參考。記得有一年我們學部有一位研究生在校園認識一位知心女友，不多久，兩人決定共諧連理。這是我們系裡第一趟的喜事，大家都很興奮。新郎更穿上長袍大褂，戴著瓜皮小帽，攜帶新娘子一起上校園來拜見張公。他這一身打扮，特別矚目，是年輕人愛熱鬧的玩意吧。但我相信這也許是他遵從傳統婚娶習俗，表示他在張老師的調教之下，對中國文化一種重新的認識或認同。

張公是大學者、好老師，但是他對行政工作，興趣闕如。可是他身為大學年長資深的教授，大學總給他安排好些行政工作，他也不好推辭。行政會議要比登堂講學吃力許多，可是在行政會議上，張公該發言的時候，他侃侃發言，總是語重心長，大家都點頭稱是。有一次，院裡安排讓張公主持一個跨學部的會議，審查一位老師升等的事宜。座上還有一些外系的老師參加，以外來者身份確保院裡審閱的公允。沒想到，這一次會上有一位外系教授，對這升等大事，毫以為然。他靠著椅背，先是翹起二郎腿，一手翻看報章，接著就把眼睛閉上，像是要打盹睡個午覺。張公大不以為然，朝他瞪了幾眼，這位老兄絲毫不覺。張公突然拍了一下桌子，大聲的對他說：「身為評審會上的成員，大學委任的

工作，豈可當做兒戲，馬虎其事？」他接著又朝著在座的諸位老師說道：「這升等大事，非同小可。別人一生在工作上的生死大關，就掌握在我們這幾個人的手中。我希望你們慎重其事，尊重別人，也尊重你們自己的人格！」與會的老師各自點頭，警誡言未了，這位老師，也已經把腿放下，端坐起來。當時，我也在座，聽到這番說話，由心底裡佩服張公處事不驚，以德服人的表現。

張公和融融都是仁慈長者，向來是為善最樂。張公不太善於交際，融融卻是性格豪爽，跟誰都能交上朋友。我們宿舍旁邊有一個超市，融融認識其中一個管賬的工作人員，是本地人，不太能說英語。融融特別抽空給她補習英語。我們認識一個計程車的司機，照顧我們好幾家的出入。有一年年關在即，這司機向我們每家借錢，藉口都是家有喪事，急等錢用。張公他倆善薩心腸，一借就借好幾千。這司機也向我們這些傻瓜告貸，而我們也都乖乖上釣。別人知道以後都說，你們這些外國回來的人，就是大方，難道你不怕他在騙你嗎？其實，張公倆也不是笨人。他們要求對方立下借據，說明以後來回計程車程的費用都算在賬中，直到還清為止。不過，道高一尺，魔高一丈，起初司機還來接送，後來就蹤影不見，音訊全無。張公倆大方，一笑置之，絲毫不放在心上。

我和張公都是 1998 年初抵科技大，2004 年一起從科大退休。張公遷徙美國東部，在華盛頓定居，我和我太太後來告老返回故居，回到美西的灣區。一眨眼也就匆匆十多年。張公倆偶爾路過西岸，我們總找機會一聚，樽前燈下，追憶清水灣舊日的情懷。我們都覺得那六年是我們人生中的黃金歲月，我們這些從海外歸來的學人，能在一塊新開墾的校園裡，一起耕耘，培養下一代的年青學子，在他們探索人文的路上，給他們帶路，扶持一把。他們學有所成，我們也堪以告慰。也就是在這些飯聚閒談中，我才知道張公的大姐原是史丹福大學的中文老師，我們在灣區也認識多年。世界雖大，但從也沒想到我在香港結識共事的張大哥竟然會是我在美國認識的 Dorothy 老師的親弟兄。機緣巧合，我們都感到命運的不可思議。但是

圖 45　張灝與二姐張健蓉（Jane Wang）及大姐張德蓉（Dorothy Shou）合影

這些巧合巧遇往往就給我們留下許多美好的回憶，老來尤感珍惜。

　　我們和張公最後一面，竟也是意想不到的巧合安排。今年三月底，我們途經靠小城西邊的 Belmont Village。這是一所最近幾年才新蓋成的老人療養院，張公 Alzheimer's 病發以後，就住在 Belmont。瘟疫蔓延，滿城戒嚴，我們已有好幾年沒見過張公。那天，也不知道為什麼，我們會散步經過 Village，心血來潮，我們就想趁這機會，來一個不請自來的拜訪。可是療養院樓高幾層，我們找了很久，都沒找到他的房間。我們站在電梯門口猶豫，就在這一刻，叮的一聲響，電梯門一打開，從裡面走出來的竟然是張公的幼女張又婷 Charlotte。她匆匆趕來看父親，沒想到會碰到我們。她帶著我們在長廊上左穿右拐，終於來到張公的門前。Charlotte 帶我們進去，讓我們在外室坐下，她進去內室料理一下，不一會，就讓我們進到屋子裡。張公躺在床上，蓋著被子，面龐稍胖，氣色很好。他哈哈幾

圖 46　2008 年，在加州（Emeryville）張洪年夫婦與張灝夫婦合影

聲，還是老兄老樣子。拉雜談了一會，話語雖不多，但俊語不乏，幽默風趣一如往常。我們坐不多久，覺得也該告辭，好讓他多休息。我想我們這以後還可以常過來看他吧……。這以後的一天，始終沒有到來。

　　張公高壽八十有五，一生幸福。他和融融儷影雙雙，蹤跡遍遊天下。融融高人雅緻，對家居佈置，十分講究。他們住在清水灣的時候，家裡有一口日本式的瓦缸，高約兩三尺，圓身窄口，缸裡盛水，缸口有一根細長的竹管，插上電，竹管會一上一下的點頭擺動，向缸裡的水鞠躬。他們倆白天沒事，會躺在沙發上，聽著缸裡的水聲，伴著古典音樂，閉上眼睛，朦朧之間，不知人間何世。張公退休後，據說丟棄了許多在香港添置的雜物，但這陶甕雅樂，他們一直不離不棄。他們有兩個閨女，回到美國後，大多是女兒侍奉，照顧無微不至。張公在家是一個典範的好丈夫好爸爸，在學校是一個嚴師。在學界，他是一個享譽中外的

大學者，他對中國思想史的研究，多所發明，影響至深。當然，他在研究著述的過程中，他對史實對人性的分析，會看到幽暗的一面；但是在現實生活上，他對人生還是充滿期望和信心。萬物靜觀皆自得，他對周遭的一切事和物和人，都以仁者同情的眼光對待。

我和張公共事前後六年，能有這樣的朋友相伴，這是何等的幸事。張公從科技大學退休以後，有好一陣子，身體不適，行動不便，融融床前侍奉，時刻不離。後來幾年，融融患病，張公衣帶不解，日夜照顧。你中有我，我中有你，盟約相共。如今他倆相繼離世，我們這些老友，悲傷情切。不過他們從此撇脫人間多少纏繞，翩然離去。我們深信不管他們去到哪一個天堂世界，仙樂風飄，他們還是一樣的情深不渝，儷影雙雙。

張洪年
2022 年 8 月寫於加州小山城

懷想清水灣歲月，思念張灝先生

陳國球

國立清華大學中國文學系講座教授

從 1993 年 2 月到 2008 年 12 月，是我為學路途上「看海的日子」。

1992 年 7 月香港科技大學才自尖沙咀的籌備處搬到清水灣新校舍，就像旭然新日從海灣的水平線冉冉攀升。這是香港第三所公立大學，由構思至成形，在理想與現實之間，自然有許多波瀾曲折的义化政治。比方說，籌辦時期，不少要角都是上世紀七十年代留美的保釣運動中人；幾經滄桑，他們在美國學界各個領域已取得相當成就。然而，似乎「情迷中國」（Obsession with China）的保釣熱誠，如縷未絕，在時間沙漏繼續滑瀉。香港，對這些創校元老來說，或者是曲線報國的一個方便處；既可北望神州，起居也康泰舒心。原本港英政府的大學發展計劃中，科技金融等學科以外就一切從簡；只會做些語言通識，人文學科連敷衍門面的功夫都省掉。但這些留美華裔科學家們，除了關顧自己專業的數理科技，卻也想到文化興國，在發展藍圖上為文史哲學補上幾筆濃墨，立意策立高階的研究生課程，招募他們想得到的重要人文學者，為國育才。於是，文學請得楊牧（王靖獻），思想史找到錢新祖，史學則借助徐泓。

記得他們約請我到清水灣作招聘演講時，整個人文學部連年輕講師和助教合共不過七、八人。印象中我當日以「布拉格結構主義與文學史研究」作講題，氣氛相當輕鬆和洽，感覺上是滿懷誠意的學術交流。與我同時到任的是前輩鄭樹森，此後陸續到來任教的，還有奚密、王靖宇、高辛勇等，短期客座的還有宇文所安、李歐梵、劉紹銘、湯一介、樂黛雲、嚴家炎、陳來、阿里夫•德里克（Arif Dirlik）、史碧華克（Gayatri

Chakravorty Spivak）等。這個草創時期，洋溢著新潮拍岸的鮮活，卻又清朗晴明，光風霽月。文學人中最靈動的當然是楊牧，往往如炎夏的啤酒，一杯復一杯，是醉人的清暢；和他聊天就是讀詩。鄭樹森則如細葉榕，風吹果動，灑落滿階；他講課聽眾最多，總是細語綿綿，直落三更，不嫌話長。另一位有大量校外旁聽生的是錢新祖，慕名來學的有遠至對面海柴灣北角；他也愛杯中物，醉語往往聲聞院舍，響徹雲霄。音量與他極懸殊的是高辛勇，即使講到風火哪吒，還是車行古道沙撲撲。錢新祖在科大的歲月據説不太暢快，沒多久就拂袖回臺灣。高辛勇卻一直留任到退休，見證了科大人文學部的第二階段，張灝先生在科大的時期。

　　張先生到香港應在 1997 之後一年。先他而至的是丁邦新院長。丁邦新從加州大學柏克萊校區移席科大；隨後他的學生及同事張洪年也來擔任學部主任，兩位都是語言學家，從此人文學部在文史哲之外增添了語言學組。以後陸續到來任教的還有洪長泰、馮耀明、莊錦章等等。這段時期人文學部開始上緊發條，逍遙雖然不再，軌範具足，無所欠少；課程規劃更為周備，每週學部例會，眾人出謀劃策，熱烈繽紛。只有張灝先生，在森嚴法度之外，帶來習習和風。他為人溫其如玉，謙遜隨和；不怎麼參加系務會議，但閒來卻與我們晚輩聚談聊天，幽默風趣。他知道我的博士論文導師是陳炳良先生，對我格外寬厚，常加照顧。原來當年李田意先生從耶魯移席俄亥俄州立大學，也把炳良師帶去繼續博士課程；這時張灝先生已是俄大年輕老師。陳、張二位相知有年，交情不淺。從閒談中，我也得知昔日老師的留學生活，積雪囊螢，並不輕鬆。

　　在啟導後學方面，張先生從不吝嗇。來香港不久，他就很有耐性地回應我的追問，問有關梁啟超的文學見解。張先生的博士論文《梁啟超與中國思想的轉型時代》早在 1971 年出版，我在大學時期聽過炳良師的介紹，説這書質疑鼎鼎大名的費正清——張先生在哈佛大學的老師之一——研究中國現代史的「衝擊—反應」框架（"impact—response" framework），指出這個論説會低估了中國傳統文化的複雜性。當時我正在探討中國「文學立科」與京師大學堂創立的關係。梁啟超是《籌議京

圖 47　張灝教授親筆簽名書留念

帥大學堂章程》的撰稿人，但我卻不明白為何他能寫出〈小說與群治關係〉、〈中國韻文里頭所表現的情感〉、〈情聖杜甫〉等具創發意義的文學論述，然而在〈大學堂章程〉設計的十門「專門學」中，卻沒有「文學」一科；他甚至說「詞章不能謂之學」（《萬木草堂小學學記》）。事實上，〈小說與群治關係〉一文曾經是香港中學的課文，梁啟超一反傳統輕視小說的主張，我們耳熟能詳。

還記得在校園內一處綠蔭下，我滔滔不絕的請問；張先生卻只微笑在錫蘭茶香之間，提醒我細察梁啟超論學的前後變化，留意期間西學與中學的交互影響，以及日本學術思潮的中介作用。正當我自以為得所開悟的時候，他呷了一口茶，再說：千萬不要忘記程朱的智力教育論與陸王養性觀，於任公思想發展中同樣重要。到今日我為學生講課至梁任公，張先生在茶香間的微笑，就重現心田。

另一次讓我不能忘懷的問學解難，大概與張先生最具影響的「幽暗意識」論有關。我在科大進行的研究計畫，是「文學史的書寫形態與文化政治」，其中一章寫胡蘭成的《中國文學史話》。我讀到胡蘭成的狐美文字讓張愛玲「低到塵埃裡」，他自己則拔地飛升，「感到了形先之象，

圖 48　張灝教授與陳國球教授
在人文學部的長廊合影

象先之氣，感到了大自然之意志與息之動而為陰陽二氣，氣將成象之
際，象將成形之際」；他說自己在「艷電」發表之日，一個人搭纜車到香
港山頂，「在樹下坐了好一回，但沒有甚麼可思索的，單是那天的天氣
晴和，胸中雜念都盡，對於世事的是非成敗有一種清潔的態度，下山來
就答應參加〔汪精衛的南京政府〕了。」（《今生今世》）我執著這些文字
向張灝先生請教：這是甚麼樣的「清明之氣」？大概我問得比較急，張
先生就是一貫的和風細雨，說胡蘭成好像還跟梁漱溟和唐君毅等往來通
郵，話術還算高明吧？

　　當時我剛看了胡蘭成與唐君毅的信，說自己要寫《晉南北朝演義》：
「人物以王謝、溫嶠、崔浩、高允、北魏文明太后、靈太后等為中心」，
「還必要採用當時的敦煌壁畫、《搜神記》等小說，襄陽等地的民歌，莫
愁、蘇小小等傳說，南粵及西域之商舶駝隊沿途風景等等」，感覺是大
吹法螺，心想當世大儒為甚麼會和騙子論學，大惑不解。張先生接著慢
慢解釋，說胡蘭成的話語方式與新儒家很親近；新儒們認為有「終極實
在」，可以由直覺和靈明心之運作而得，梁漱溟相信存有「宇宙道德的真

實」（Cosmic-moral reality）；胡蘭成則表示「感」到大自然之意志、陰陽之氣等，二者不難連類。張先生說，更重要的可能是唐君毅等對「倫理精神」的重視，相信可以透過與胡蘭成的討論，闡明儒家思想能提供精神的力量，促使大家能面對現世憂患以至生命中存在的困境。但雙方論見分歧的癥結，正在於「倫理」；這是胡蘭成論述的崩裂之處。胡蘭成所宣示的宇宙清明，刻意繞過了道德的量尺，這與儒家「復性」、「成德」的目標有重大的分歧。如此一來，胡蘭成的論述中不存有「幽暗意識」。經此提示，我才明白為何胡蘭成推尊黃老治術；即使黃巢殺人八百萬，他也可以無動於衷，只會說「天意在是非之上」，「不殺無辜是人道，多殺無辜是天道」。其文雖乾坤朗朗，一片清明；文字背後卻黝暗魆魆，如無底深淵。

事後回想，這次的請益除了得到開示提點之外，相信更重要的是體會到張先生那平和而執中的態度，敦厚溫柔卻又不失價值的堅持。為學做人，張先生為我們立下最好的典範。

2004 年張灝先生與丁邦新院長一同從香港科技大學離休；人文學部進入第三階段。清水灣依然平靜，水不揚波；但就少了那分荏苒在衣的沖和之氣。2009 年 1 月，我也跟輕打石崖的潮聲作別，從此幽人空山又十年。

圖 49　2002 年，科大人文學部廖迪生、何傑堯、張洪年、張灝、陳國球等教授合影

In memory of my dearest "old friend"

Charles Wing Hoi CHAN

Associate Professor, Division of Humanities of The Hong Kong University of
Science and Technology

The time when Angelina told us that Professor Chang had passed away,
I was indeed astonished, for we had just seen him lately, at the book donation
online ceremony held in early February. But then, after realizing that no
longer could I see him and talk to him again, I was overwhelmed by sadness
as if someone who was very dear and important to me had left forever.

I first met Professor Chang at the Academia Sinica in Taipei in 1987, but
did not know him well until he moved to Hong Kong and became a senior
colleague of mine at the Division of Humanities, the Hong Kong University of
Science and Technology. Due perhaps to the fact that my former supervisor at the
Chinese University of Hong Kong was a classmate of him at the National Taiwan

Fig 50   A picture Professor Chang took
with Charles against the backdrop of the
calligraphy of YU Youren（于右任）, a piece
of work YU（于）gave Professor Chang's
father as a gift right after finishing it, in
Reston, VA, August 2019.

University, he and Mrs Chang had been especially kind to me and my family. That they treated us like family has already been mentioned in the condolences written in memory of Mrs Chang, there is no need for me to reiterate here.

What I would like to share here is that quite different from my former supervisor, who from time to time admonished me, out of good intentions of course, not to keep asking "why", Professor Chang had been affirmative and supportive of my being inquisitive. Not infrequently, he fondly and humorously described me as someone who was not afraid to speak his mind, "敢説真話" in his own words. At first, I thought Professor Chang said so just to ridicule me. Later, when I read the articles he wrote in memory of his spiritual mentor, Professor Yin Hai-kuang 殷海光 , I soon realized the seriousness Professor Chang had attached to it when he uttered the term "敢説真話", a quality he considered to be integral to being an intellectual.

The encouragement Professor Chang gave me was by no means limited to this. As is well-known, Professor Chang, as a distinguished scholar in Chinese intellectual history, had always been critical toward the Confucian tradition. Even in the face of the challenges from eminent scholars in the Confucian camp, such as Professor Hsu Fu-kuan 徐復觀 in Taiwan and Professor William Theodore de Bary in the US, this position of his remained unshakeable. However, to a junior colleague like me, he was receptive and inclusive, always encouraging me to express my views on his works and the Neo-Confucian Chu Hsi 朱熹 , notwithstanding I was obviously more sympathetic toward Confucianism. Apart from the informal discussions with him, what is especially memorable to me is that I had the privilege to be invited by him to present at the conference organized by the Division of Humanities in celebration of his retirement in 2005. The presentation I made there was one on his interpretation of the Confucian political philosophy. Although it has never been published, over the years, it has gradually been developed into quite a lengthy paper. An earlier, but almost completed, version of it was shown to him during the visit I paid him in Reston, Virginia in the summer of 2014. I was very pleased to find that he basically agreed to my analysis of his interpretation and even recommended that it be published in a journal I considered to be appropriate, though up to this point I am still quite hesitant to do so.

During the stormy course of one's life, ebbs and flows seem to be inevitable. What is most precious is that there is someone who unfailingly gives you the support you need most and the trust you are desperate for. Professor Chang was just such a "guardian angel" to me. I, therefore, must take advantage of this opportunity to express my wholehearted gratitude to him.

Although Professor Chang has already gone, my memories of him, as a scholar painstakingly in search of truth, an inspiring teacher, a venerable senior colleague and a dearest "old friend" 老朋友（a term by which he often called me）, will never fade. He will be deeply missed by everyone of us.

Fig 51　A picture taken of Professor Chang with the Chan family（Juana, Charles, Sonya and Carol from left to right）when they visited Professor and Mrs Chang at home in August 2019.

懷念張灝教授

黃敏浩

香港科技大學人文學部副教授

　　張灝教授去世後，我沒能參加他的喪禮或有關的儀式，但慶幸自己在他逝世數月前在線上參加了他把藏書送贈臺灣中央圖書館的一個典禮。這是我最後一次見到他了。當時他坐在輪椅上，精神很好。主席請他講幾句話時，他婉拒了。我覺得這不是因為他精神不好不便發言，而是因為他一貫樸實低調的風格。我有機會在線上跟他打了一個招呼，不確定他有否認出我，他向我揮一揮手，我感到欣慰。他仍是我認識的張教授，一位對人溫文有禮而常報人以尊重的人。

　　初次知道張教授的名字，是唸大學的時候。當時有一本雜誌名叫《中國論壇》的，舉辦了一個座談會，請了一些有名的學者對有關傳統與現代化的問題作出討論。這些學者包括劉述先、張灝、林毓生和余英時等等。這次座談會給我的印象深刻。張灝教授的名字便是從此印在我的腦海之中。想不到若干年後，他成為我在香港科技大學人文學部的同事。

　　張教授給我的第一印象是沒有架子。他雖是同事，但也是長輩，且是有名的教授。而我只是初出茅廬的小子，起初實在不敢跟他多作攀談。然而他那平易近人的態度，卻逐漸拉近彼此的距離。其實，在大學工作，都是各教各的書，各做各的研究，接觸的機會不很多。但由於行政工作、會議或公開的場合等，總會跟張教授打些交道。也不記得是怎樣的一個過程，我跟張教授從陌生轉趨認識。依稀記得，他因心臟的問題而需要吃較清淡的食物。他每次到科大的中菜廳「南北小廚」吃飯，

都會特意點一道很清淡的麵食。由於那碗麵實在清淡得可以，頗具特色，後來大家便稱之為「張公麵」，一時傳為佳話。由這個典故可以知道，張教授在飲食方面是一個非常自律的人。

此外，在我的記憶中，我竟有機會跟他談論學問。他談起學問時，總是興趣盎然的，當然是他說的多，我說的少。除了他自己的一套思想外，他說的使我印象較深的，是他十分欣賞社會學家韋伯（Max Weber），他批評科學主義，也對後現代思潮有所保留。他愛好古典音樂，也愛讀曾國藩家書。他是自由主義者，而我則較受當代新儒學的影響，但我發現，他的好些觀點，我都能完全接受，尤其是當說到在現代化泛科學觀泛濫之下，客觀的制度和力量使人失去了反省自我生命的目的與方向的能力，漸漸地失去自我。因為我們是在強調「科技」的環境下工作，對這一點比較有感受。也許由於跟我有過談學問的經驗，加上我的研究領域在明代儒學，日後他有學生的論文主題跟我的研究領域有關的，他都請我當論文口試委員。在這個機緣之下，我曾讀過他兩位學

圖 52　1995 年，張灝教授主持中文大學新亞書院「錢賓四先生學術文化講座」

生范廣欣和任鋒的博士論文。

　　對張教授有更深入的認識，是在 2001 年跟他一家去旅行的時候。
那是因為同事傅立萃的關係，我和內子跟張教授一家四口，還有王維
仁、傅立萃夫婦，一起參加旅行團遊覽長江三峽。我們在郵輪上有許多
聊天的機會。還記得張教授在船頭談起學問來滔滔不絕的樣子，真好像
進入忘我的境界，連作為聽眾的我們能否聽懂他的話他也無暇理會了。
在這次旅行中，我還發現原來他喜歡吃辣。旅行團安排在重慶吃自助麻
辣火鍋，當時只見他嘴唇紅紅的，吃得津津有味。想起他在科大吃得清
淡的日子，真佩服他自我控制的能力。那次也讓我加深了對張太太的認
識。旅程的一個節目是旅客坐在船上，由縴夫拉著船逆水而行。這種粗
活，不用說是非常吃力的。後來內子告訴我，他看見張太太當時兩眼含
淚，顯然是十分同情縴夫們的勞苦。我由是知道張太太是一個心地善良
的人。所謂惻隱之心仁也。張教授娶得一位心地如此善良的人，是張教
授的福氣。還有他們的兩個女兒 Charlotte 和 Constance，全程較少說話，
但如母親一樣善良和舉止優雅。張教授見我跟她們不太交談，便說我似
乎不喜歡與他的女兒說話。其實他哪裡知道，我本來就是一個沉默不會

圖 53　1999 年，張灝教授在科大主持研討會

說話的人，此跟 Charlotte 和 Constance 完全沒有關係的。

　　張教授從科大退休後，便回去美國。之後，他有一次回到科大來。那是 2010 年，他來科大宿舍探望當時正在科大人文學部客座的林毓生教授夫婦。還記得當時由陳榮開兄引領他和張太太到林教授的住處，而內子和我則帶著小兒隨後到達。那天下午的短聚，雖只是閒話家常，但由於是自由主義陣營的兩大學者碰面，我能見證此一幕，甚感榮幸。

　　再回想張教授在科大任教的年代，我曾因為是中國研究碩士課程的委員會委員而負責編一校園報紙，當時便訪問了張教授。那是一篇短訪，但記憶中好像已把張教授一些思想的重點和對科大的感受都記錄在裡面了。與張教授的著作相比，這篇短訪實在微不足道，但對我來說它是很有紀念價值的。我想把這份報紙找出來，卻遍尋不著，幸得當年的

圖 54　黃敏浩的〈訪問張灝教授〉一文 [1]

---

[1]　編者按：此文載於香港科技大學人文社會科學學院出版的《中國研究碩士課程通訊》（1999 年 5 月），內容參見附錄部分。〈未走完的道路〉則刊於該刊第六期（2003 年 5 月）。該刊其後由於經費短缺而停辦。無獨有偶，第一期載有黃敏浩訪問張灝文章開始；最後一期刊登了張灝的〈未走完的道路〉為止。

學生周昭端替我找到並發給我，使我可藉此訪問稿重溫當時訪問他的情景。除了這篇很有紀念性的文字之外，我也可以從張教授送我的《張灝自選集》看到他修改〈自序〉中幾個錯字的筆跡，這也是很珍貴的。從他改正錯字也可反映他對自己著作認真的態度。

　　張教授的學問廣博，其中以「幽暗意識」的提出頗受注意。他認為中國哲學中也有強烈的幽暗意識，並舉明代儒者劉宗周為例。但他同時也認為，中國哲學中的幽暗意識，卻在傳統的聖王觀念所反映的樂觀精神之下，只能成為間接的映襯和側面的影射。由於我的研究對象是劉宗周的思想，在拙作中曾引用張教授的話，肯定他以劉宗周具有強烈幽暗意識的觀點，但也委婉地回應，指出聖王觀念所反映的成德或道德意識並不一定含樂觀精神，而可與深徹的幽暗意識沒有任何衝突。其後，他好像讀過拙作的有關部分，一次碰面，回應我的觀點，說拙作中已提到，劉宗周的「微過」（人性中的幽暗面）在人性中並非究極的存在。換言之，依劉宗周，人性本善，人性的陰暗面畢竟不是根深柢固的存在。這便是他所謂的未能突破成德意識而使劉宗周乃至儒家的幽暗意識只能成為間接的映襯和側面的影射。我後來想，張教授所提的「幽暗意識」與基督教有密切的關係。若沿著基督教的義理想，人性中根深柢固的陰暗面來自人的原罪，在人有原罪之前，上帝按照自己的形象造人，則人本具神性，原罪乃後起的。這樣看來，人性的陰暗面便不能說是究極的根深柢固的存在，蓋人與上帝雖有別，但人畢竟來自上帝，而上帝是至真至善的。焉知儒家之性善非如基督教所意涵之人之神性乎？我想把這個意思跟張教授說，請教他的意見，可惜他已經不在了。

　　在寫這篇紀念文章時，我重讀張教授的一些著作，發現他在《張灝自選集》的〈自序〉中有一段話：「因此，幽暗意識一方面要求正視人性與人世的陰暗面。另一方面本著人的理想性與道德意識，對這陰暗加以疏導，圍堵與制衡，去逐漸改善人類社會。也可以說，幽暗意識是離不開理想主義的。二者相輔相成，缺一不可。隨之而來的是我近年越來越信之不疑的一個對人的基本看法：人是生存在兩極之間的動物，一方面

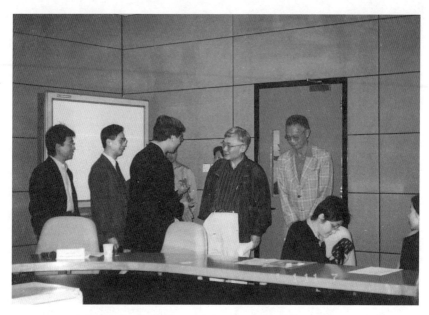

圖 55　1999 年，張灝教授在「華文文學中的香港想像」學術會議上

是理想，一方面是陰暗；一方面是神性，一方面的魔性；一方面是無限，一方面是有限。人的生命就是在這兩極間掙扎與摸索的過程。」這段話很有深意，決不可以一般所謂人性有善有惡來理解，否則其背後所隱含的超越的意義便會被忽略。我覺得這段話跟我上述的想法已很接近，而且這段話或可為張教授內心世界的寫照。未知然否？在結束這篇文章時，我再回想張教授與自己的交往，他的確是一位我喜歡且十分尊敬的學者！

寫於 2022 年 10 月

懷念張先生和融融[1]

傅立萃

香港科技大學人文學部副教授

張先生是我們多年景仰的學者，更是我們衷心敬愛的長輩。與張先生和融融的相識和往返，是我們珍惜的因緣和永遠的記憶。我們喜歡聽張先生侃侃而談中國近代史，聽他回憶那個年代臺大自由主義的人與事，更記得張先生解釋幽暗意識，議論清末民初的人物與思想時炯炯的眼神。

張先生對中國思想史的學術思考，和對中國當代政治社會的關懷，是一體的兩面，而中國和華人社會的現代化與民主化，更是他一生的期待與關注。成長於抗戰和冷戰時代的華人學者們多半具有深厚的民族情感，張先生亦然。然而令我們感受深刻的是，每當論及中國、臺灣或香港的當代政治，張先生總是能坦然面對省籍、政黨、統獨等矛盾議題。情感上雖難接受臺灣與中國的分立，卻能理性持平的理解本土和正義的訴求。張先生繼承了殷海光先生的思想，是真正的自由主義者。對我們而言，張先生樹立了一個知識分子的典範，他不但是熱愛家國的中國知識分子，更是具有世界觀的進步思想家。

我們在香港二十多年的前半段，有太多印象深刻的生活片段是和張先生、融融一起度過的，除了黃山和長江三峽的壯遊，還有每年香港藝術節的音樂會，更多是一起到西貢、香港、和尖沙咀吃飯。張先生為人

---

[1] 編者按：張灝教授和夫人廖融融鶼鰈情深，形影不離，傅立萃一家人先後寫了兩篇文稿，以紀念張灝及廖融融兩人，文章雖然隔著不同的時空，然其所記述又足見兩家人之間的深厚情誼，在清水灣畔有緣相逢，如潮來潮去，聚散於江湖之間，故將兩篇文章整合，記下了美好的記憶。

圖 56　1998 年，科大人文學部的教授們站在辦公室外的長廊合影（左起：葉錦明、黃敏珊（Teresa）小姐、傅立萃、金福子、何傑堯、黃敏浩、張灝、陳國球等教授）

親切隨和，永遠樂觀、幽默，碰到不如人意事，總是習慣性的聳起肩膀、兩手一攤，「只能這樣吧！」（Well, what can you do?）。思喻出生以後，張先生喜歡調侃兒子是我們寵壞了的小太歲，我們也很高興他長大後還能記得張爺爺的種種。張先生對生活諸事不特別經心，一談到學術思想就變了一個人，全神貫注滔滔不絕。有一次大家從科大開車去尖沙咀吃飯，路上說的出神開錯了路，進了過海的東區海底隧道，不得不從港島回頭走中隧，竟又糊裡糊塗進了獅子山隧道。坐在前座的張先生講的投入，完全不覺我們香港九龍沙田繞了一大圈。

　　張先生和融融鶼鰈情深。張先生專注學術不拘小節，日常諸事都由融融無微不至的照顧。融融是四川人，張先生在重慶長大，兩人私下常以四川話交談，是他們親密的溝通語言。張先生退休返美後，我們飛到華盛頓探望，張先生開車來接機，路上趁融融不在，告訴我們融融的身體和記憶變差了，憂慮之心表露無遺。之後近十年，換成了張先生無微

圖 57　2021 年夏天，傅立萃
教授與家人探望張灝教授

不至的照顧融融，張先生說，現在是我回報融融了。融融先離開，可以
想見張先生的百般不捨。

　　去年夏天我們一家三人去加州探望張先生，在又婷家後院露台的陽
光裡，度過了一個愉快的下午。張先生神貌依舊，談笑中攤開兩手無奈
聳肩，幽默不減當年，興起高歌低吟，都是他和融融喜歡的曲子。張先
生很懷念他和融融在香港度過的美好時光，直言那是他們的黃金歲月，
憶起科大十年的種種，他幾次感慨的說「俱往矣！」沒想到那個下午的
陽光，竟然是最後的道別了。相信此刻的張先生和融融，應該是陽光草
地的開心重聚了。

王維仁・傅立萃

2022 年 6 月

懷念和融融相處的日子

第一次認識融融是在科大的聚會上，融融和張先生發現我們是臺大的後輩，便開心地和我們聊起來。張先生是我們尊敬仰慕的學者，但是親切的師母堅持我們叫她融融。就這樣我們和融融逐漸熟識，從融融和張先生口中，我們體會了年輕時憧憬的臺大早年自由主義時代，我倆也成為融融和張先生在香港的小朋友。我們有幸聆聽張先生談康梁與五四，更喜愛融融回憶當年臺大的人與事。從日常的吃飯聚會，到黃山之旅、兩家結伴的長江三峽遊、然後是思喻的出生到逐漸長大。融融奶奶和張爺爺老說思喻是我們家的小太歲，而融融和張先生也成為我們一家的美好記憶。

我們感念在立萃懷胎臥床的一段時間，融融時常給我們準備晚餐，不但菜色豐富、美味可口，而且精緻巧思的擺在竹籃裡。以後我們才知道原來融融並不特別喜歡做菜，完全是為了照顧我們而勉力為之。我們懷念非典流感時融融憂慮擔心，大家苦中作樂開心聚會，戴著口罩在陽台切生日蛋糕。記得融融喜歡唱歌，三峽月夜，大家在甲板上望著江水滔滔，開懷大唱，從紫竹調、長堤外古道邊、一路唱到中華民國國歌。張先生和融融返美後還定期回臺港開會講學，我們也能維持著一兩年見一次面。2010 年夏天我們一家去華盛頓探訪，早上和融融帶著愛犬一起在附近的樹林散步，融融仍然氣色宜人、精神換發。

我們懊悔去年夏天計劃去華盛頓看融融沒能成行，更遺憾最後因為流感疫情無法前來加州和融融告別。我們記得融融開朗的個性與親切的風采、以及融融善良的心地與樂於助人，我們懷念融融真誠關懷的眼神與美麗溫柔的笑容。

圖 58　2003 年的沙士期間，張洪年教授、張灝教授、張夫人（李曉茵女士）、王維仁教授、傅立萃教授、廖融融女士合影

記得融融離開科大後第一次返港，試穿一件香港裁縫為她縫製的藍色輕褸，融融繫上腰帶，盈盈一握，回眸一笑，這是融融在我們心中永遠的定格。

王維仁·傅立萃·王思喻

2020 年 2 月

A Remembrance of Professor Chang Hao

Cecilia Chien

Professor of History, West Chester University of Pennsylvania

It's been nearly 20 years since I left HKUST, the first chapter of my professional life. I still have clear and fond memories of my interactions with Professor Chang, especially our spontaneous conversations in the Humanities Division corridor. He was perennially generous toward the junior faculty, so down-to-earth, direct, humorous, and the voice of reason. Speaking of voice, he could really sing! I recall at one faculty-student reception, when I was trying to round up some entertainment, he refused 3 times, then finally broke down and took the microphone. Once he began to belt out The River Runs Red 滿江紅 , the room filled with our voices. We couldn't get the mic away from him after that.（September 6, 2022）

Fig 59　February 12, 2000, Professor Chang Hao sings *"The River Runs Red,"* accompanied by Charles Chan, along with Cecilia Chien & Yuanyuan, Lu Zongli, Fung Yiuming, Mrs. Chang, and HUMA students.

教我如何不想他：張灝青少年時代的中國歌曲

王其允 [1]

加州大學（伯克利分校）地球、行星科學系教授

　　今年 6 月，張灝的女兒們在美國加州的 Palo Alto 為他舉辦了一個紀念會。在紀念會上，我為張灝唱了趙元任（1892—1982）寫的〈教我如何不想他〉。沒有想到被陳躬芳女士聽到，並邀請我為《張灝教授紀念文集》寫一篇有關張灝青少年時代中國的歌曲，以補充一些這些歌對於我們那個時代的年輕人的特別意義。張灝喜歡唱歌，這個時代的歌曲在我們的心中縈繞了一輩子，把一點記憶寫下來是一件有意義的事。因此我不自量力，答應了陳躬芳女士的邀請，把記到的一點點寫在下面。

　　許多人都熟悉〈教我如何不想他〉這首歌。尤其我們這一代，幾乎大家知道、人人愛唱。這首歌出現在張灝出生之前。它的詞是五四運動之後劉半農（1891—1934）寫的一首白話詩，1926 年趙元任把詩譜成曲。本來是一首愛情詩。但是趙元任認為它可以表達對祖國的思念。無論如何，它表達的是人們思念之情，至於思念什麼，讓聽歌者自己去體會。全歌分為幾段，每一段都從描繪景物開始，以「教我如何不想他」結束。從天上的浮雲、地上的微風、海面的月光、水面的落花、枯樹、野火到夕陽，聯想到自己思念的人，描繪心裡對命運的無奈與惆悵。所以在

---

[1] 編者按：王其允教授在 6 月 27 日舉行的追思會中，採用了趙元任式的唱腔即場唱了〈教我如何不想他〉，唱出了對張灝教授的深切懷念及不捨之情，一時現場氣氛哀傷不已！參見「張灝追悼會」（Chang Hao Memorial Livestream）連結（YOUTUBE）：https://youtu.be/KFVFzEZ_mDY 。

圖 60　科大的追思活動中（7月 30 日），在陳榮開教授領唱下，線上線下師生合唱李叔同的「送別」，以緬懷張灝教授

張灝的紀念會上為他唱這首歌非常合適。這首歌寫在日本侵華之前，詩和歌的兩位作者還沒有遭受戰爭的痛苦。這時期大家熟悉的歌還有黃自的〈踏雪尋梅〉、〈本事〉，李叔同的〈送別〉等。後者是用美國作曲家 Ordway 的〈Dreaming of Home and Mother〉的曲改編的。此外許多舞廳歌廳的流行歌曲我不熟悉，就不提了。

幾年後，1931 年「九一八」事變，日本入侵東北。從此中國的歌曲出現了極大的變化。大批東北老百從關外流亡到關內。〈松花江上〉和〈長城謠〉便成為當時中國家喻戶曉的兩支歌。1937 年盧溝橋事變，日本大舉侵華。張灝和我都出生於那一年，因此我們都是在戰火中長大的。這時大批的老百姓逃離中原，遠徙到中國西南角的「大後方」四川、貴州、雲南。張灝的家也遷去了重慶。這段時期是中國抗戰最艱難的時期。出現了許多抗日與救亡的歌。這些歌把當時的情況活生生地、血淋淋地描述下來。現在的中國青年無法想像當年抗戰時中國的軍隊多麼落後、艱難，老百姓多麼痛苦。這裡簡單的介紹一點這些歌，讓年輕人知

道當時的情況。

1.〈松花江上〉(張寒暉)：

九一八，九一八，從那個悲慘的時候，

脫離了我的家鄉，

流浪！流浪！

整日價在關內，流浪！

哪年，哪月，才能夠回到我那可愛的故鄉？

2.〈長城謠〉(潘子農詞、劉雪庵曲)：

萬里長城萬里長、長城外面是故鄉

自從大難平地起、姦淫擄掠苦難擋

苦難當，奔他方，骨肉離散父母喪

沒齒難忘仇和恨，口夜只想回故鄉

3.〈嘉陵江上〉(賀綠汀)：

那一天，敵人打到了我的村莊，

我便失去了我的家園、田舍和牛羊

如今我徘徊在嘉陵江上，

我彷彿聞到故鄉泥土的芳香

4.〈遊擊隊歌〉(賀綠汀)：

沒有吃、沒有穿，自有那敵人送上前。

沒有槍、沒有炮，敵人給我們造。

我們生長在這裡，每一寸土地都是我們自己的。

如有誰要強佔去，我們就和他拼到底。

5.〈大刀進行曲〉：

大刀向鬼子們的頭上砍去，29軍的弟兄們，抗戰的一天來

到了。

6.〈中國不會亡〉：

中國不會亡，中國不會亡，

你看民族英雄謝團長，

中國不會亡，中國不會亡，

你看那八百壯士孤軍奮鬥守戰場。

四方都是炮火，四方都是豺狼，

寧戰死，不退讓。寧戰死，不投降。

同胞們起來，快快趕上戰場。

從這些歌裡我們看到，那時的中國許多軍隊無槍無炮，只能用大刀去抵抗日本的飛機和大砲。沒吃沒穿，還繼續和日本軍隊拼命。我們也看到中國當時多麼危險，甚至有亡國的可能。現在中國的國歌用抗戰時期的〈義勇軍進行曲〉（田漢詞、聶耳曲），就是要中國人不要忘記這段歷史：

起來，不願做奴隸的人們！

我們的血肉，築成我們新的長城

中華民族到了最危險的時候

十年抗戰之後緊跟著國共戰爭。許多老百姓又面臨一次決定以後命運的選擇。許多家庭、包括張灝的家，選擇了暫遷臺灣。避過了三反五反、文化大革命等各種各樣慘烈的政治運動、鬥爭和整肅。這段時間，臺灣的音樂界一片荒漠，只有一些反共的口號般的歌曲。大陸方面也只出現了一些有強烈政治意識的樣板戲。能引起兩岸年輕人共鳴的歌，只有鄧麗君等唱的一些流行曲。

在這麼一個大環境下，臺灣絕大多數的男學生對音樂一無所知，並且輕視音樂。然而張灝保持了對唱歌的愛好，這是他天真的、純樸的性格使然。也讓我知道，張灝在世時心情是愉快的、生活是幸福的。

圖 61　張灝與孫子孫女們的美好時光

記老友張灝

聶華桐

美國州立大學石溪分校理論物理研究所榮休教授、
清華大學高等研究院院長

　　七十一年了！七十一年前，和張灝在臺灣的師院附中開始相識，在臺灣大學我們又同校，但和他的真正友誼始於六十一年前我們同在哈佛求學時期，他在歷史系，我在物理系。1961—1963 期間，我們同住 1673 Cambridge Street。當時同住的中國學生還有郝延平（歷史）、王其允（地質）、吉郎克（應用數學）、成中英（哲學）等等。在那段時間裡，我和張灝有數不清的海聊，在他二樓臨街的房間裡經常談至深夜。我們談民權運動，談越戰，談臺灣，談大陸。尤其是談到有關近代中國發生的種種，總是我聽，他說，我因而瞭解到了許多在臺灣時沒能學習到的中國近代歷史。聽他說事，他常言之滔滔，時而握拳強調，時而又唉聲嘆氣，神情生動！回想那時多次的深夜交談，張灝的神情，猶歷歷在目，十分懷念。

　　那一段時期，和張灝的日日相處，互相似乎都達到了「知己知彼」

圖 62　年輕的張灝與好友聶華桐攝於哈佛大學的校園

圖 63　在 2019 年，張灝與好友聶華桐合影

般的認識。這種彼此相互的信任，一直貫穿在往後六十年的友誼中，也
保存在我的記憶裡。

　　1966 年後，張灝和我各奔東西。他和融融安頓在 Columbus Ohio，
我和端儀在紐約長島石溪。五十餘年來，不管身在何處，我們兩家始終
保持著緊密聯繫，時有互訪，偶作同遊。面對面，或互通電話，張灝和
我當然也繼續談論時事世局，展望未來。

　　對我而言，張灝是一個理想主義者，具有悲天憫人的情懷，但他正
視現實，對人性中的幽暗面深具警惕，對歷史發展的曲折深具戒心。中
國走向何處？世界走向何方？這是張灝一生的關懷和懸念。

　　完全出乎意外，張灝於四月間遽然離世而去，他竟然先走了！想起
他，眼前總不禁浮起他那握著拳、瞪著眼、加強語調的神情。

圖 64　1964 年，張灝夫婦
與聶華桐夫婦於長島寓所
外合影

圖 65　談及 1989 年的國是，輕
握拳頭、七情上面的張灝被攝
入鏡頭

憶張灝，談幽暗意識

李兆良

香港生物科技研究院前副院長

張灝兄與我認識近 40 年了。我們搬到俄州，長女衛中與張家筱融、又婷一起上周末中文學校，家長接送聊天，一般只話家常。後來老伴小玲陪融融看護病母，融融又幫忙照顧我家小女衛華，親如一家。融融喜歡唱歌，每周在我們小城合唱團見面，灝兄每次都做陪客。他自稱五音不全，不參加唱歌，幫太太們看守皮包，我們笑稱他為最高資格的皮包院士，他從來沒有覺得浪費寶貴時間，是與融融恩愛的最高表現。

圖 66　張灝教授、夫人廖融融與李兆良教授在北維州寓所留影

　　1998 年，灝兄離開俄州大學到香港科技大學開創人文部，知道我對書法與歷史有興趣，慷慨地把一套十大冊中文大辭典，四史，六冊明史和一批字帖送給我，其中有他父親的藏書，我實在驚喜交集。想不到，明史與中文大辭典日後像有預感地成為我進入歷史研究的案頭必備。

　　理工科出身的我本來對歷史只是興趣，也因為祖輩與孫中山先生過從甚密，耳濡目染。退休後，偶然發現十五至十七世紀中西交通史中許多記載時空錯亂，違反數據邏輯，不可能是事實。求真的好奇成為使命，我放棄了所有其他事務，貿然栽進歷史研究，利用互聯網的方便，廣涉深挖，窮源究本，有意把資料總結成書。與灝兄細談了幾次，他馬上理解這項目的重要性。在他鼓勵和小玲幫助下，我完成了兩部書。我前半生從事生物化學與生物科技工作，六十三歲才學史，在這完全陌生的學術領域，「舉目無親」，要跨學科出書，談何容易，尤其是要推翻六百年的歷史經典，沒有灝兄的極力推薦，恐怕永遠也不能面世。灝兄寫稿都是用紙筆，融融打字。他從來不碰電腦，更不用電郵，都是長途電話，為了使我的論述面世，不曉得他花費了多少長途電話費。2012 年，臺北聯經出版《坤輿萬國全圖解密》，翌年《宣德金牌啟示錄》的新書發佈會，端賴灝兄聯繫了他在臺北、香港和北京的學者朋友、學生。林載爵總編特別為此安排演講和記者招待會，據說是很少有的。灝兄聯繫了香港中文大學李歐梵教授，香港科技大學陳榮開教授，人民大學任鋒教授，清華大學翁賀凱教授，後兩位都是他的弟子，北京大學高等人文研究院杜維明院長是他的哈佛大學同窗，在他的極力推薦下為我舉辦了報告會，這是無法回報的恩惠。他謙虛地說，對我的論述無法評價，但是課題極其重要，應該提供給歷史界朋友參考。

　　灝兄平生致力研究明清思想史，對人性的幽暗意識與民主傳統有獨到的見解。四百年前中西文化首次碰撞，引起所謂「西學東漸」，詭秘的歷史誤會延續至今。個人與集團利益掩蓋了儒家素養和宗教信仰的求真求直，是幽暗意識的一種表現。我的兩本書出版後，十年後才慢慢被

圖 67　李兆良教授與張灝教授及夫人廖融融在科大寓所留影

接受，何嘗不是幽暗意識使然？灝兄對人性幽暗意識的認知，超越了歷史研究的範疇，實際上是對社會學，哲學，宗教，人性的解讀和挑戰。一百多年前，五四運動提出歡迎賽先生，德先生，在利與理之間徘徊，目前兩位還是蹣跚寸步。中國人追求的大同理想，西方鼓吹的普世價值，最大的抗拒恐怕來自幽暗意識。

　　謹以此小文悼念故友張灝兄。

李兆良

2022.9.14

海濱回首隔前塵——回憶追隨張灝教授的學思歷程

翁賀凱[1]

中央社會主義學院(中華文化學院)
中華文化教研部副主任、教授

今天來參加張老師的線上追思會,此時此刻我的心情非常激動。我在自己關於張君勱與拉斯基的兩本書的「謝辭」、「後記」中曾經斷續提及自己博士期間跟張先生讀書的一些經歷,但是並不完整。我想今天借此機會,比較完整地憶述自己追隨張先生學習的歷程,追憶張先生在我個人生命中的影響與印記,並借此表達我對老師深沉的感激與懷念之情。

我最早讀到張先生的文章,是〈新儒家與當代中國的思想危機〉。記得是 1994—1995 年前後,當時我正處在從北京大學國經系轉入哲學系學習的過渡、彷徨期,對於新儒家特別有興趣,我是在景海峰先生編輯的《當代新儒家》研究文集(三聯書店,1989)中讀到張先生這篇文章的,它就是收錄在傅樂詩(Charlotte Furth, 1934—2022)所編的關於中國近代保守主義論文集(*The Limits of Change,* Harvard University Press, 1976)張先生那篇同名英文論文的中譯本。這篇文章強調從「意義危機」(The crisis of meaning)來理解現代中國的思想危機、理解新儒家的興起,講儒家思想是自成一個「意義世界」(the universe of meaning),講意義危機是道德政治價值的迷失、存在的迷失、形上的迷失三個層次的並存與融合。以我當時的學力,顯然無法完全領會張先生這篇文章

---

[1]　翁賀凱,2006 年的科大人文學部畢業生;此文為 4 月 27 日線上追思會上發言稿。

的深意，只覺得很少有人能從這樣的角度來講新儒家，講得如此全面、細緻。今天回過去看，張先生上世紀 70 年代的這篇文章的意義確實不同凡響，其重要性學界至今並未充分體認：在 80 年代的盛年之作《危機中的中國知識份子》，張先生指出中國知識份子在晚清最後二十年間（1890—1911）面臨的不僅是一種政治秩序的危機，而且是一種更為深刻的「取向危機」；在 90 年代的代表性論文〈中國近代思想史的轉型時代〉中，張先生明確指出中國知識份子在「轉型時代」（1895—1925）面臨的「（文化）取向危機」包括了價值取向危機、認同取向危機、精神取向危機三個錯綜混合的方面──張先生後來的這些重要論述的理論端緒在〈新儒家與當代中國的思想危機〉已顯然可見。這裡附帶說一下，剛剛發言的蕭延中先生、高力克先生、丘為君師兄都提到，張先生最成熟的一部作品，就是《危機中的中國知識份子》，我深表認同。高先生他們在 1980 年代末期就花費了很大的精力將張先生這本書譯介給中文學界，功莫大焉；但是這本書真的很深、並不好譯。比如，書中最重要的一個概念──「orientation crisis」到底應該怎麼翻譯？orientation 既有「朝東」、「東向」的意思，也有「取向」、「定向」的意思，張先生自己在此後多篇中文論文的寫作中使用的都是「取向危機」一詞，顯然，《危機中的中國知識份子》中譯本翻譯成「東方秩序危機」是不準確的，還有「東方符號」、「東方象徵」，也應該改為「取向符號」、「取向象徵」，才更準確。我後來跟張先生也專門談過這個翻譯的問題，希望將來有機會能把它改訂過來。

　　1998 年開始繼續攻讀中國哲學史的研究生之後，我又陸續讀了中文翻譯過來張先生的一些文章，比如〈梁啟超與中國思想的過渡〉，還有張先生為劍橋中國晚清史寫的那章〈思想的轉變和改革運動〉。但是，真正讓我當時讀後印象特別深刻的，就是張先生 1999 年在香港《二十一世紀》上發表的〈中國近代思想史上的轉型時代〉。張先生在這篇總結性的中文論文中，以宏闊的筆觸，勾勒出 1895 年之後的二三十年間，中國思想界波詭雲譎、風起雲湧的大轉型面貌，令我深感震撼。也正是通過這篇文章後面的作者介紹，我才知道自己仰慕已久的張先生已經從美國轉

到香港科大人文學部任教，恰好當時一位在香港中文大學訪學的北大學長專門為我從科大的入學註冊處帶回了博士申請表。我多少有些忐忑地向我的碩士導師王守常先生表達了希望提前一年畢業、去港科大跟張先生讀博士的想法，王老師非常開明、一如既往地支持了我的選擇。2000 年春，我以正在撰寫的關於中國社會史論戰的碩士論文為基礎，大略起草、提交了一個博士研究計畫。然後就是正式的電話考試，主考的有張先生，還有人文學部的幾位教授。不久我收到了正式的錄取的通知書。後來我聽說，主考老師們意見也並非全然一致，是張先生堅持要錄取我。這樣，2000 年的秋季學期，我就來到了香港科大，與碩士期間就已經在港科大就讀的范廣欣、任鋒一起，成為張先生在教職生涯最後的三位博士。

在跟隨張先生學習的最初一兩年時間裡，我的學業進展的並不理想。我原本想繼續自己關於中國社會史論戰、馬克思主義史學興起的研究，但是張灝先生對之興趣寥寥，他直言如果我要堅持作這個題目，他並不能給我多少實質性的指導。同時，一些外在因素的紛擾，也使我無法全身心的投入學習和研究。我的狀態一度很差，我至今都銘記著一件「醜事」。博士第一學年的下學期，也就是 2001 年的春季學期，我修

圖 68　在 2004 年的黃昏，張灝教授與入門弟子任鋒、范廣欣、翁賀凱在科大校園中庭長廊留影

張先生給研究生開設的關於中國傳統政治思想研究的課程。這門課採取的是老師講授和學生報告相結合的「Seminar」的方式。那天晚上恰好輪到我來做主報告，由於頭天晚上熬夜看書了（我在北大七年間養成了晨昏顛倒的習慣、作息很不規律），我便想在傍晚時睡一個小覺，為晚上的課儲備精力，雖然上了鬧鐘，但是最後鬧鐘愣是沒有把我叫醒，生生地把張先生的課給睡過去了。我記得廣欣和任鋒在碩士期間就上過張先生這門課了，所以我應該是十幾位正式選課學生中唯一一個張先生的學生。自己的「親學生」課堂報告時無緣無故突然失蹤了，張先生的生氣與失望可想而知。我事後向張先生當面作了沉痛的檢討，不過依然久久難以釋懷。這件事情對我的人生也產生了深刻的影響。有一段時間，但凡有重要的事情，為防萬一睡過去，我不僅要多設置幾個鬧鐘，而且要請我的太太甚至是遠在福州的老父母給我打電話叫個醒。

　　當然，張先生還是原諒了我，寬容而耐心地等待我逐漸進入狀態。第五個學期（2002 年秋季學期），紛擾已經塵埃落定，我決心重新證明自己。那個學期我修了博士期間最後也是最重要的一門必修課──張先生的「中國近現代思想研究」，我決心借課程論文研究之機重新探測博士論文的選題。我最後交給張先生的文章〈在社會主義與自由主義之間──拉斯基和他的中國信徒〉，三萬多字，大大超過了一篇課程論文的篇幅。張先生不僅給我的課程論文評了「A」，還專門約我去辦公室談了一次，他相信我現在已經在正確的軌道上了（on the right track）。顯然，張先生通過許紀霖先生的幾篇文章，完全瞭解拉斯基對近代中國影響這個論題的價值所在；不過，他也擔心這個題目「戰線太長」，曠日持久，難以完成，建議我還是挑一兩位具有代表性的人物進行研究，更具有操作性。第三學年末，通過兩門博士資格考試之後，我最終選定張君勱的思想演變作為我博士論文的主題──其中的一個因由，是我在本科和碩士的基本訓練雖然是中國哲學，但我同時對現代西方政治思想有一定的興趣和研習，而張君勱不僅是現代新儒家的代表人物之一，同時也是現代中國少數幾個對於西方幾大政治意識形態均有頗深「交涉」的人物，

我希望在研究張君勱的同時，也能進一步強化自己的理論興趣和關懷。對於我的這些考量，張先生都抱持著一種開放和寬鬆的態度。不過，在論文的基本理論框架上，在最終的標準和品質上，張先生則是一點也不含糊和放鬆的，我記得他反覆叮囑我的是：不要急著動筆寫，理論框架要先穩住，論文提綱要不斷改。大約有兩年的時間，我按照張先生的要求，一邊做張君勱思想文獻的研讀筆記，一邊讀文獻理論，思考並調整論文的理論框架，並在張先生的督導下兩次修改了論文大綱。第五學年，眼看著廣欣、任鋒二君先後畢業，我卻還在張君勱的思想文獻與博士論文的理論框架之間來回穿梭與眺望。等到第六學年開始，我才最終確定了以「自由民族主義」總體理論視角來透視張君勱畢生的思想發展與宏旨，才真正開始動筆寫作，這時張先生已經從港科大正式榮退，回華盛頓定居了（按照香港當時的規定，張先生應該是在 2004 年夏天退休，不過港科大禮遇張先生這樣的重量級學者，2004—2005 學年又續聘為「訪問教授」，2005 年 4 月末才為張先生舉辦了正式的榮退儀式）。最後這一年的論文寫作，雖然亦非一片坦途，但是基本都能按照預期順

圖 69　2005 年畢業典禮上，張灝教授與鄭樹森教授合影

利地展開和收結；細想起來，實在是頗多受益於張先生之前對我不斷修改論文提綱的嚴格要求和指導。而最後這一年張先生對我的指導，也是殊為不易。張先生剛回美國不久，就因拔牙感染得了一場大病。張先生後來跟我說：非常危險，他差一點就過去了，我差一點就不得不更換論文導師了。正在是這樣忙亂的遷居變動之下，在相當不好的身體狀況下，張先生陸續批閱了我從港科大分三次寄過去的 30 多萬字的論文稿，再通過越洋電話，向我提出一些非常重要的指導與修改意見。

　　最終，2006 年的夏天，張先生借從美國飛回臺北參加「中研院」會議之機，專程繞道香港來參加了我的博士論文考試。考試順利結束之後，張先生又專門約我詳談論文修改和今後研究的一些建議，那是 2006 年 6 月 30 日的下午，還是在張先生原先那間濱海的辦公室裡（或許是由於我還沒有畢業，儘管張先生已經榮退一年，香港科大人文學部依然保留了張先生的辦公室）。終於把最後一個學生也培養畢業了，張先生大概是有一種如釋重負的輕鬆與愉悅；當時我通過自己的努力，已經確定畢業之後將回北京、去清華作師資博士後，張先生對之也頗感欣慰與期待。張先生那天下午與我談了很多話題，我做了詳細的筆記。比如張先生談到，現代性的問題，主要還是韋伯所謂「工具理性」，麥金泰爾、施特勞斯對於現代性的批評值得注意，當然更早是黑格爾關於現代性「dehumanization」的批評，張君勱有非常明顯德國近代哲學的思想背景，對於西方現代性的不是全盤地接受，而是有保留地接受、批判地接受。比如張先生談到，面對轉型時代的雙重危機，張君勱可謂是苦懷孤志，應該將其思想發展中「傳統的」、「西方的」、「情勢的（個人生命情境的）」三大 factor「濃描」出來。張君勱思想中傳統性的一面恐怕不能都簡單化約、統攝於「文化民族主義」意理之下。比如張先生談到，西方近代的「道德自由」、「積極自由」、「表現主義」等思潮，均與「超越內化」這一幾大軸心文明的共同思想傳統密切相關，而它們也都有危險性，尤其是表現主義這一脈絡，從浪漫個人主義到浪漫激進主義的突變發展，我們往往容易忽略。總之，張先生那天下午談興很高，不斷地變換話題，從

軸心時代儒學關於 The problem of humanity 的思考，談到中國與印度的文化分野，談到中國傳統 personalism 對於個人尊嚴、人格的理解，盡性在群體，對於個人與社會之間的關係的獨特思考與處理，等等。也是在那個下午，特別是當張先生提到張君勱對於康有為、梁啟超這一線的政治與思想的承繼關係時，我第一次明確地意識到──張先生的博士論文重新研究了梁啟超，而我的博士論文重新研究了梁啟超最重要的政治與思想的繼承人張君勱，這是一種思想的傳承。

2006 年夏秋，我結束了在港科大跟隨張先生 6 年的博士生涯，回到北京，進入清華大學歷史系作師資博士後。正式入職後，清華又要求補交一封博士導師給博士後導師（蔡樂蘇教授）正式推薦信，我只能電話求助於張先生。不久我便收到張先生從美國寄來的簽名推薦信，張先生在信中評鑒了我的博士論文的「學術成績」，計有四項優點，再加上一段總結性的優點，一共五段，小號字體，密密麻麻，寫了一整頁。儘管在博士考試以及之後那次長談中，我已能感受到張先生對我的論文是相當滿

圖 70　1999 年，張灝在科大主持學術講座

圖 71　2006 年，張灝教授為學生翁賀凱寫了密密麻麻的推薦信

意的。但是當我看到張先生在這封正式的推薦信上寫下了這麼多、這麼高的肯定之辭時，還是覺得有些意外、感動，我更願意相信張老師的這些讚美是對我教職生涯的護持與期許，當然，信中一些內容也確實反映出張先生對於民族主義與自由主義關係等重大理論議題的新體認。推薦信的原件早已上交給清華了，但我一直保留這封信的影拍圖片文檔。後來，我的論文正式出版需要推薦信，張先生又將此信變換了抬頭，重新簽名寄給我。正式出書之時，經過張先生首肯，出版社將張先生信的總結性評價的那小一段話（即第「五」段）作為專家薦言放在了封底。可以說，張先生對我的教職生涯的順利起錨，扶持有加，傾盡心力。

　　回到北京工作之後，我與張先生溝通聯繫的最主要方式就是國際長途電話。我感覺隨著時間的流逝，電話那頭的張先生越來越寬容、越來越平和。由於研究議題的清冷，也由於自己努力不足，我正式發表的著述不多，很多時候總覺得不好意思跟老師打電話報告。但是只要鼓起勇氣、接通了老師的電話，張先生基本都是給我正面的鼓勵。不管遇到什麼樣問題和困難，張先生常常掛在嘴邊的一句話就是，要咬牙、要堅持、要頂住。老師會為我取得的每一點點小小的成績而感到欣慰，也會跟我交流他對職業生涯的體悟，「切莫只顧打贏眼前的一場小戰役，卻最終輸了整個戰爭」。我時不時也會給老師寫信，寄書，寄家人的照片──因為我感覺老師對我們學生的家人特別是孩子的情況也是關心的，談論起來也總是很開心。今天想來，我深以為憾的有兩件事情。第一件事是 2019 年耶誕節前，我通過 EMS 快件給張先生華盛頓的住所寄去了一個郵包，裡面有我編的《中國近代思想家文庫‧張君勱卷》，還有我的一篇長文〈拉斯基與張君勱：以《政治典範》為中心的思想關聯〉（文哲所當代儒學研究叢刊 36《近代東西思想交流中的傳播者》的抽印本），還有一本用我們一家三口的照片製作的 2020 年週曆。因為老師以前有耶誕節前後出遊或者去西海岸加州女兒家過節的習慣，所以這次我特地提前在 12 月 9 日就發出特快郵包，想著老師 12 月中旬無論如何就可以收到了。不想由於 2019 年中師母離世，老師可能是想離開傷心之地換換

心境，提前動身前往西海岸了。據說原本也並未準備長住，不料不久疫情爆發，老師說加州的防疫情勢總體要穩定一些，直至逝世都沒有再回到華盛頓的住所，所以張先生應該一直都沒有收到我的這個郵政快包。如果我能再早一些日子寄出，或者寄出之前跟老師電話聯繫一下，該有多好！第二件遺憾之事，我原本有規劃 2020 年上半年轉換工作之前，一家三口去美國一遊、看望老師；還跟任鋒和廣欣商量，屆時可否三家人約好同行。但是 2020 年初疫情爆發阻斷了這些規劃。今年春節時，我給住在安養院的張先生打了幾次電話，都沒有接通。廣欣後來告訴我，老師去女兒家過年了，工作一忙我也就沒有在意。萬沒想到，老師四月遽然駕鶴西去，從此便是天人永隔了。回想起來，我跟張先生的最後一次見面，就永遠定格在 2006 年 6 月 30 號那天下午，在他濱海辦公室的那一次長談，想來怎不令人悵然神傷！

　　還是讓氣氛不那麼感傷吧，我想回憶幾件我在港科大六年間耳聞目睹的老師的生活趣事。剛才，才清華（科大舊生）說張先生有風趣幽默的一面，做派很美式，有時候甚至會把腳放在桌子上。至少在我跟張先生相處的幾年，我是從來沒有見過老師如此放鬆過。我印象比較深的有幾件事。一則，張先生的課基本都排在晚上，而他開頭的十幾分鐘時不時會打磕巴，進入狀態慢，這時候張先生會非常不好意思的跟學生道歉，說自己晚飯吃得晚、剛吃完，所以興奮細胞都還在胃上面。後來，每當我飯後不久上課或發言不小心打磕巴的時候，我也愛用老師的這種方式「自我解嘲」。二則，我從人文學部的其他教授處聽說，在港科大賽馬會大堂一層的中餐廳，有一種張先生特別愛吃的麵食，張先生逢到必點，人文學部的同事戲稱之為「張公麵」。我親眼所見的是，幾次跟張先生吃飯，他都很愛用蒸魚的豉油來調飯，每每這樣作的時候，張先生臉上總會閃過充滿童真的笑容，說這是幾十年養成的習慣了，不一定好。三則，儘管張先生在我們這些晚輩學生面前比較嚴肅，但是與同輩人相處時，往往會展現出輕鬆活潑的另一面。我記得大概是 2003 年的春季學期，李歐梵教授來科大人文學部作訪問教授，李先生與張先生是多年

的好友，有一段時間，兩人上課、講座、研討會，時常相見，時不時也會相互鬥嘴、調侃，也並不避忌我們這些晚輩在場，雖然已經時隔將近二十年，對那些詼諧有趣的畫面，仍然鮮活地停留在我的腦海中。

最後，關於張先生的學思貢獻，參加今天追思會的各位同仁，肯定會從各個不同的切入點來談。時間關係，我只想談最近體悟特別深的一點，兩年前我為潘岳先生關於中西文明根性比較的系列文章寫評論而重讀了張先生的相關著作，逐漸形成了這個看法，就是先師張灝先生在學術思想上的一個重要的宏旨與貢獻，從早年的中國近代思想史探索，再到中晚期的關於人類軸心時代的思想研究，是在探索多元現代性的東亞思想史根基，我最後大枝大葉地簡單談一談。

人類社會的多元文明之間應該平等對話、交流互鑒，已經是今天這個時代的共識。然而要真正做到這一點並不容易。馬克斯·韋伯以降的西方社會科學界的主流，長期以所謂理性主義的視角去看待世界歷史的

圖 72　人文學部的迎新會中，張灝教授高唱「滿江紅」一曲

發展。韋伯的美國傳人帕森斯逕直將「兩希」（希臘與希伯來）視為世界
文明演化的「苗床社會」，形形色色的現代化理論由此而濫觴。沃格林在
其多卷本巨著《秩序與歷史》中雖然對「軸心時代」的中國與印度文化給
予很高的評價，但仍不認為它們在精神深度上堪與同時代的「兩希」思
想突破相比擬──他試圖超越黑格爾─韋伯的理性主義的主流，卻依然
無法跳出西方文化中心的大傳統。我想意識形態的偏見、根深柢固的
文化認同，均是阻礙真正的文明對話的無形力量。其實，從本民族文明
傳統出發，去尋找本國現代化道路的關鍵基因和理路，本就是世界各國
所普遍遵循的認知軌跡。馬克斯、韋伯等西方學者對於現代化源自西
方社會種種因素的歸因，其實質亦是如此；但他們試圖將西方現代化進
程的超前性視為唯一性，將原本不同文明積澱下的多元發展道路收斂於
單一的發展模式，則背離了文明的多元性。此後諸如森島通夫、濱下武
志、羅榮渠等東亞學者關於本國現代化道路與理論的探索，構成了對經
典「西方中心論」的重要補充和豐富。從這個理論視角去看，從最初關
於梁啟超的博士論文研究開始，張先生的思想史探索，就是非常有意識
地在超越西方現代化理論的視角，超越傳統與現代的兩極二分，張先生
最成熟精微的研究論述確實是在剛才丘師兄提及的《危機中的中國知識
份子》一書中。但是我想從理論自覺與方法論而言，還有一篇重要的文
章，我們以往重視的可能不夠，就是 1978 年的〈晚清思想發展試論──
幾個基本點的提出與檢討〉。張先生在這篇文章中提出，近現代中國思
想的演變和轉型不僅受到來自「西方的衝擊」，而且受到來自中國「傳統
的衝擊」，中國思想文化傳統的內在演化、它對近現代中國的影響，這
些都是非常重要的研究課題。張先生指出，晚清的諸多思潮，比如今文
經學的復興、諸子學的復興、大乘佛學的流行、儒家經世思潮的復蘇，
等等──如果我們不瞭解中國思想傳統內在的演化，是沒有辦法解釋這
些新思潮的產生的。但是，張先生又不是簡單的否定現代化理論、現代
化學派和「西方的衝擊」。你看張先生同期稍晚的一篇相關英文著作，
即 1980 年出版的他為劍橋晚清史所撰的〈思想的轉變與改革運動〉那一

章，第一個節目標題就是「西方的衝擊」。張先生講西方衝擊既有帝國主義的一面（imperialist aspect），也有變革性、轉化性的一面（transformative aspect），西方衝擊不僅有侵略、掠奪中國的一面，也有給中國來新技術、新制度、新思想，推進中國的變革和轉化的一面。剛才許紀霖先生也提到，張先生的思想史深受史華慈的影響，實際上帶有非常濃厚的史華慈的色彩與印記。史華慈最經典的論述就是「一方面」，「另一方面」；史華慈因此也被稱為「另一方面先生」、「但是先生」。我記得在 2003 年港科大一個小型的內部會議上，李歐梵先生就戲稱史華慈是一位偉大的狐狸型學者，而張先生就是史華慈的化身、「最佳傳人」，是最好地繼承了史華慈研究特性與理路的當代學者。我想，這也是張先生的文章耐讀經讀，常讀常新的一個重要原因吧。張先生的很多論述，都不是截然的，常常包含了幽微而豐富的思想面向。當然我也特別能夠理解，一些對傳統主義有更多同情的學者，比如唐文明先生，會認為張先生總體還是站在現代性的疆域上，對傳統的同情、理解、歸向還是不夠。實際上，張先生在晚年關於自己學思歷程的一篇自述中，即公開承認：自己作為一名歷史學者，無法完全漠視中國過往歷史的黑暗，無法完全否認五四對中國傳統文化批判的價值，也認同西方現代性尚未發展完成，批判性的蓋棺定論太顯草率，現代性的基本要素、大方向值得肯定，等等。我想，這些問題確實還有待我們將來做進一步的探究與權衡。

另外，我 2012 年至 2013 年在牛津訪學一年間，看到一些關於尼布爾思想的研究文獻，感覺張先生的關於中國思想史的一些重要的概念類型兩分，比如「硬性烏托邦 vs. 軟性烏托邦」、「高調民主 vs. 低調民主」，明顯受到尼布爾的影響。當然，這還只是一個直觀的模糊的判斷。

總之我以為，先師張灝先生給我們留下了一筆豐富的學術思想遺產，在未來很長的一段時間裡，我們可能需要不斷回到張先生當年的思想、議題與方法，探尋其思想發展與形成路徑。這應當是對張先生更有價值的追憶與緬懷。

我今天情緒比較激動，沒能控制好自己的感情，請各位同仁體諒。

君子之交淡如水

范廣欣

南開大學哲學院副教授

今年 2 月份我出席了張老師將藏書捐給臺灣國家圖書館的線上儀式，想不到竟是永別。得知老師去世的消息以來，我一直情緒跌宕。感謝任鋒組織追思會，給我機會懷念二十四年的師生情誼，並且冷靜下來回想張老師是一個什麼樣的老師，我們如何交流，我失去的究竟是什麼。

我從 1998 年開始跟張老師讀碩士，到 2005 年完成博士答辯，跟張老師讀書接近七年。張老師回美國以後，我和老師不時通電話，還幾次幸運地跟他和師母重聚，即使遠隔千山萬水，一聽到電話那邊老師的聲音，就覺得還像當年讀書的時候在辦公室跟他談話，心理上我們從未分離。初到香港科技大學時，人文學部給我安排的臨時導師是另一位治學嚴謹的教授，可是我一有機會跟張老師交談，就立刻被他親切而鼓勵的微笑打動了，因此決心跟張老師讀書。

回想過去的 20 多年，我們在一起總是不停地交談，而且絕大部分時間我們談的是學問。在香港科大的時候，我經常在老師辦公室門口一邊等候，一邊做筆記，提醒自己一會兒老師來了要問什麼問題，我要表達什麼觀點。見面的時候這些筆記不一定起到作用，因為師生之間愉快而充實的交流經常超越事先的規劃。

畢業以後通電話，媒介變了，談的內容仍然以學問為主。我跟老師繼續談博士論文，談新的研究計畫，談我在美國學習西方政治哲學的體會，談回國任教以後學術上開闢的新領域。具體的話題不停地變，我們

一直談性很濃，不管我學術的興趣轉向何處，老師總是能給我鼓勵和點撥，讓我感歎老師永遠是老師，「仰之彌高，鑽之彌堅，瞻之在前，忽焉在後」。前些年我開始籌畫為老師做一個比較系統的學術訪談，於是便跟他談一些他一向重視的學術觀念，比如幽暗意識和人極意識。這才發現，畢業這麼多年，多讀了不少書，我才開始理解這些觀念背後老師的學術關懷。老師年紀越來越大了，但是我們通過電話談學術，經常可以到一小時以上。有時，我換一些輕鬆的話題，比如逢年過節說一些祝福的話，老師很客氣，經常說「不敢當，不敢當」，可是，談不了一會兒，就轉為談學問。我意識到，跟老師最好的交流方式還是談學問，只有談學問的時候他才容光煥發，精力過人。

最近這幾年，眼看著老師身心各方面不比從前，我還是嘗試跟他繼續談學問，不再是為我自己的收穫，而是為激發他的生命力，因為學問是他的生命。記憶中最後一次獲得老師的肯定，是我跟老師匯報讀書的心得：不必在中國古典中尋找對現代生活的支援，讀中國古典最有意義之處在於發現其與現代生活不可相容乃至激烈衝突的內容，正是這些內

圖 73　在 2005 年的榮退學術講座上，張灝教授、夫人廖融融與范廣欣、許國惠夫婦

容為我們現代人提供了截然不同的視角。張老師聽了我的話，稍微停頓了一刻，明顯在思考，然後說「你講得有道理」。當我終於發現因為老師身體的狀況而不得已要改變話題的時候，才意識到我得重新學習跟老師談話，這麼多年都是談學問，我其實不太懂得如何噓寒問暖，如何跟他聊日常的事情。我試圖轉型，更多關心他的日常生活，更多回憶共同經歷的往事，才嘗試了幾次，我就再也沒機會跟老師談話了。

圖 74　在 2007 年，范廣欣在張灝教授家中小住

圖 75　范廣欣與張灝教授在美國家附近

　　如何概括我跟老師的情誼？噩耗傳來那天我反覆想我和老師的交往，腦海裡突然冒出一句話：「君子之交淡如水」。「君子之交」是說我們是以精神貴族的方式彼此相待，我們是追求學問和真理的同道，我們之間有長幼之別，但是老師在學問上始終尊重我，甚至說平等待我：當年老師指導我寫論文，提的意見從來只有建議和啟發性的問題，而沒有非改不可的要求；一起談學問，我興奮起來有時候會跟他搶話頭，老師也不以為意，反而笑著說「你先來」。這樣的老師哪裡找？從這個意義上說，我失去了一個可以持續而深入地做思想交流的朋友。「淡如水」，是說我們的關係簡單、純粹、清澈見底，幾乎沒有雜質。「淡如水」意味著我們不是利益共同體，我們之間不存在利益交換關係，我跟老師精神上互相吸引，我因他的學問而感動，他也喜歡我是受教的學生，我們是對話、是思想交流的夥伴，不是「在家靠父母，在外靠朋友」的那種朋友。「淡如水」也意味著私人之間的親密關係、情感紐帶不那麼重要。我從一開始就覺得張老師親近，不是因為他待人特別溫情，而是我們可以有平等而深入的思想交流。在香港科大期間我們很少談私事，直到我去華盛頓看望老師並在他家裡小住數日，我們才談起他年輕時的事情。我們長期通電話，絕大部分時間都是談學術。然而，正是長期思想的交流令我們越來越親近。我失去了一個以精神的生命而不是世俗的生命跟我彼此溝通的良師益友。這個損失難以彌補。

記張灝教授的點點滴滴

鄭永健 [1]

接觸張灝教授著作的緣由，是 1994 年在香港中文大學就讀本科生一年級，修了一個歷史系的課，當時的助教黎漢基先生（現在是中山大學的副教授）介紹了《危機中的中國知識分子：尋求秩序與意義（1890—1911）》給我閱讀。那時我在中大是主修哲學，副修歷史，對各種思想史都懷有濃厚學習興趣，而知道這原本是以英語書寫的學術著作，讓當時的我很驚訝，極為讚嘆。直至現在，我仍不時會翻閱這本著名專論。

自從閱讀《危機中的中國知識分子》後，就開始搜索張教授的文章和專著。那些年，仍是一本本期刊看、一本本圖書找的，到手後非常滿足。很快就閱讀了《幽暗意識與民主傳統》。阿克頓爵士那名句「權力容易使人腐化，絕對的權力絕對會使人腐化。」反覆出現，讀者都應該印象深刻。書中有關新儒家的一篇文章〈新儒家與當代中國的思想危機〉，從思想史的角度闡釋其發展的特徵，富有啟發性，對我影響很大。

中大的新亞書院有一個「錢賓四先生學術文化講座」，每年邀請一位傑出學人主持一系列公開演講，深入淺出探討中國歷史及文化。那年我本科生二年級時，張灝教授正是新亞書院這講座的學人。我終於可以見到這位教授了。他的公開演講，我全部都有出席，獲益良多。不過有一件醜事想說：記得其中一場，我的傳呼機沒有關掉響鬧裝置，忽然響起來，一時之間我找不到機，響了好一會。醜死了。但在場館演講中的張

---

[1] 鄭永健，香港科技大學人文社會科學院博士（2009 年）畢業。現職為優才（楊殷有娣）書院公民及社會發展科、音樂科老師。

圖 76　1995 年，張灝教授主講錢賓四先生學術文化講座

圖 77 有關張灝教授學術講座之報導，引自《新亞生活月刊》（1996 年 1 月，第 23 卷，第 5 期）

教授沒有表示不悅，好像沒有被騷擾的，繼續說。幾年後，我知道，這是他的脾氣非常好，心胸廣闊。（我得了教訓，自此很注意，沒有再發生響鬧不禮貌。）

在中大完成本科生學習之後，我到香港科技大學的人文學部修讀碩士學位。在科大的第二年，幸運地再次遇上張灝教授。那是 1998 年，張教授到科大人文學部教研究生課程。我很高興能上他的課。與聽講座不同，在課堂上，老師和學生的互動更多，而且也更深入。我亦因為他的教導，而讀多了幾本其他學者的專論，例如郭穎頤（Daniel W.Y. Kwok, 1932— ）的《中國現代思想中的唯科學主義》（江蘇人民出版，1990 年）。課堂以外的時間，同學也有虛心請教他學問，張教授都非常樂意與我們深入討論。他人很好，很有愛心和耐性。在他辦公室和他討論時，坐著的他，喜歡雙掌從後枕著頸部，這個動作我特別印象清晰。我記得張教授和學生們都相處融洽，學期完結時，我們全部相約一起去吃晚飯。那頓晚飯吃得很開懷。可惜那張合照我遺失了。

差不多碩士畢業時，我報讀科大人文學的博士課程。報名需要有兩位推薦人，其中一位我邀請日後我的論文指導老師黃敏浩教授，另一位我戰戰兢兢地邀請張灝教授。當我邀請他，張教授竟二話不說便立即答允，真的令我喜出望外。可惜因為各種條件關係，1999 年我未能

成功報讀。然後，這年我找到中學的教席入職，但對攻讀博士學位仍不死心，於是，2000 年我再報名兼讀制的博士課程，亦是請張教授擔任其中一位推薦人，再次幸得他答允。結果這次我被取錄了。我那時的構思，是想研究傳統中國的自由主義傳統。這是因為自己一直熱衷中國哲學，當時剛閱讀了不少西方自由主義的文章，並且拜讀了狄百瑞教授（William Theodore de Bary, 1919—2017）的《中國的自由傳統》（*The Liberal Tradition in China*）（香港中文大學出版，2015 年）後，有些想法，於是懷有這個興趣。就著《中國的自由傳統》這本書，我曾經多次請教張教授，我記得有一次向他說出自己的觀點，張教授深深地表示同意，那一刻我覺得很欣慰。

圖 78　2001 年，張灝教授在科大人文學部主持學術講座

　　後來，因為各種緣份和際遇、能力的考慮，我的博士論文沒有研究自由主義的議題，而是改為研究道家老子思想。但是，這並不表示我唾棄了張教授的教誨；正正相反的是，自己從大學開始已受到張教授著作的影響，他對中國近代思想史轉型時代的關懷、對幽暗意識的重視、對危機的闡釋，展現了高度的投入和得到豐碩的研究成果，這一直滋潤和擴闊我的人文學養，讓我思想更充實，激發生命正能量。現在，張教授雖然走了，但他真摯和用心的教導，永遠活在我們這一輩學生的心中。這篇文章，是張灝教授影響一位香港土生土長讀書人的點點滴滴。此記之。

圖 79　在張灝教授的追思會中，「黃金時代」結緣的人文學部師生在畢業多年後，線上線下相聚了

My Neighbor's Father: A Graduate Student Meets a Professor who Shored the Foundations of Chinese History in America

Joseph Passman

PhD Candidate of Department of History, University of California

Before I ever met Professor Hao Chang, it was my coursework at UC Berkeley that had made his name recognizable to me. Based on my cursory introduction to Chinese history as a new graduate student, I knew that Hao Chang had played a major role in his fabled generation of China historians who had entered academia following WWII and singlehandedly hammered out a new space in American intellectual life that had not existed before: something called "the China field."

It would be an understatement, then, to say I was surprised when after, moving into our new home outside of Berkeley, our neighbor Charlotte casually told me one day that her father was Hao Chang, that he would be visiting, and "would I like to meet him?" I was not just surprised by the coincidence, I was quite nervous. I was just a green grad student and Hao Chang was not only a noteworthy historian, he had participated in making Chinese history a real thing in America! When I entered his daughter's house, he was sitting on the couch with his wife Jung-Jung. After a quick exchange of greetings, I found myself engrossed in his stories about experiencing Japanese bombing in Chongqing as youth, and stories of his academic roguishness at Harvard (stories of said roguishness that were both confirmed and subsequently expanded upon by the historian's daughter）. I left feeling blown away by Professor Chang's graciousness and warmth.

This was quite a meeting, and I am glad to say it was not our last. Even after he had become ill, there was always a spark in his eye when he spoke of his work. I loved hearing him talk.

After his passing, I reflected more on his work. I saw that Professor Chang had stood up to giants in the field when he argued forcefully that the story of China's transition to modernity was not just about the breakdown and bankruptcy of its so-called Traditional Order in the face of Western hegemony. Instead, he demonstrated with unique human insight that many key Chinese actors met that epochal crisis of Order as a rekindling and renewal of their "lifelong moral-spiritual quests," along with a belief that China's past offered rich reservoirs of creativity from which to drink deeply as they engaged the unprecedented challenges of their day.

I can't help but see this parallel: perhaps Professor Chang's unique ability

Fig 80　Prof. Chang, his Wife Jung-Jung, grandson Ollie and Joseph Passman met in Charlotte's home in 2016

to find in those supposedly crushed and untethered late Qing intellectuals an unflappable insistence on engaging the world was informed by his own moral-spiritual journey. That young man from war-torn Chongqing succeeded in becoming as comfortable contending with the greats of the United States' loftiest ivory towers as he was in welcoming a nervous graduate student neighbor in his daughter's living room. I also can't help but think that, given America's current crises in so many of our long-accepted orders, Professor Chang's insights into the late Qing mind may have as much relevance now as when he wrote them.

I am honored to have met him.

歷史學者張灝的沉思

付子洋[1]

香港清水灣，蜿蜒的山路樹影幢幢。1998 年，時年 61 歲的張灝來到香港科技大學人文學部擔任教授。他拎白色帆布包，在校園匆匆走過。因為做過心臟搭橋手術，不能劇烈運動，人們常看見他在操場旁的臨海山路一邊散步，一邊凝神沉思。

1998 年，任鋒從南開大學歷史系本科畢業。那年香港剛開放內地招生，他作為優秀生源被選入香港科技大學。第一次見到張灝，是在人文學部的開學儀式上。張灝是教授，又是美國回來風頭正盛的學者，任鋒很希望見面之後說點什麼。

他想起之前在圖書館溜達，翻到一份思想爭鳴的知識份子期刊，近期登載了張灝寫戊戌變法的文章，便客套地說，自己看了文章很受啟發。張灝很意外，卻也沒有多說什麼。

任鋒現在是中國人民大學政治學系教授，博士時期師從張灝。他對《南方週末》記者說，張灝為人低調，鮮少寒暄。當年初來乍到的他，在內地受的史學訓練和張灝的研究路數迥乎不同。文章只能說看過，卻講不出一二三。「跟他說話，你必須得真的有想法。沒想法，他不會跟你聊今天的天氣。」

---

[1] 編者按：付子洋現職為《南方週末》記者，香港中文大學社會學碩士畢業（2017—2018）。據她所言，在碩士期間，讀到張灝先生的《危機中的中國知識分子：尋求危機和意義》一書時，在變動時代獲得了精神性的力量，這也是張灝教授著作在現世中不斷地進出傳統、歷史的辯證作用。此文對張灝先生生命歷程作一總結，並採訪多位撰稿者。原載於《南方週末》（2022 年 5 月 21 日），故收錄之，以茲參考。

圖 81　2000 年，科大人文學部同事陳榮開、張灝、錢立芬、余珍珠等教授合影

在美國華人學界，張灝與余英時、林毓生並稱「思想史研究三傑」。臺灣歷史學家、「中央研究院」院士王汎森在悼文中稱其為「中國近代思想史大師」。

張灝專長中國近代思想史、政治思想史，著作頗豐，在海內外享有聲譽。著有《危機中的中國知識份子：尋求秩序與意義》、《幽暗意識與民主傳統》、《烈士精神與批判意識：譚嗣同思想的分析》等，也是《劍橋中國史》晚清部分的撰稿人之一。

在歷史學家、華東師範大學教授許紀霖看來，張灝與他同時代的許多大學者相比，某種意義上是不知名的。「他是一個純粹的學者，非常低調，不愛拋頭露面，不主動和媒體打交道，不喜歡到處演講，甚至出席學術研討會、發表論文都很少，他只是安靜地做自己的研究。他在香港待了多年，默默無聞，媒體上基本見不到他。」

2022 年 4 月 21 日早上，許紀霖打開手機，收到葛兆光教授發來的微信：張灝先生去世了。他有些發懵，給香港臺灣的朋友打電話四處求證，最後從臺灣「中央研究院」副院長黃進興那裡得到確認。

「我覺得非常受衝擊。」許紀霖在電話裡的聲音仍有些哽咽。

王汎森收到訃告也頗為訝異。4月22日上班途中，他接到電話得知消息。「因為車子剛開進隧道，有點慌亂，我忙問：『哪位張先生？』，我之所以沒有馬上想到是張灝先生，主要是因為今年二月在圖書館線上捐書典禮上看到張先生時，覺得他的狀況還不錯。所以完全沒想到兩個月後，張先生便故去了。」

1936年出生的張灝，籍貫安徽滁縣，先後在美國俄亥俄州州立大學、香港科技大學擔任歷史系教授。少年時代，他在臺灣大學、哈佛大學求學，師從「五四之子」殷海光、比較思想史巨擘本傑明・史華慈。史華慈與費正清被認為是當代美國最著名的兩位中國學專家，亦是孔飛力、杜贊奇、柯文、杜維明、李歐梵、史扶鄰等著名中國學專家的老師。

張灝一生著述不多，卻多是極有份量的經典。他生前提出多個對中國近代思想史研究具有開創性的概念和觀點，後世學人很難繞開。首次發表於1982年的〈幽暗意識與民主傳統〉，因探討對人性罪惡和墮落的防範與警惕，對知識界影響深遠。

圖82　2022年2月，張灝在幼女 Charlotte一家陪伴下出席捐書儀式

　　4 月 25 日，北京大學高等人文研究院發佈訃告〈沉痛悼念張灝先生〉。「張先生致力於中國思想史的研究，尤其注重近代中國知識份子在時代變局中的思想變遷進行探索。他提出的諸多創見，如轉型時代、五四思想的兩歧性等，影響深遠。特別是通過對儒家憂患意識、馬克思的異化觀念與各種現實主義的反思，他開創性地提出『幽暗意識』的概念，為我們理解儒家傳統及審視西方制度提供了一個獨特視角，意義重大。」「張先生淡泊寧靜，治學七十載，踔厲慎思，縝密精深，為建立文化中國的認同，重塑新軸心時代的心靈結構，做出了卓越貢獻。」

　　任鋒告訴《南方週末》記者，許倬雲曾評價張灝「學問縝密扎實，人品正直正派」，其思想的深邃和穿透力得到同輩學人普遍認可。

　　「我個人以為除了幽暗意識、轉型時代之外，他在其他許多方面的工作都敏銳而有洞察力」，王汎森在郵件中回覆，「如梁啟超與近代思想過渡、儒家經世思想的闡發、近代思想中的『意義危機』、『軸心時代』的問題，乃至於近代中國革命、烏托邦、近代中國自由民主發展的問題等等。」

圖 83　張灝與夫人廖融融喜歡在電話上與各地親友聊天

　　張灝晚年在美國深居簡出，幾乎不再接待訪客。任鋒和張灝最後一次通話是在 2021 年歲末。電話裡，張灝聽起來氣力還很足，只是記憶似乎有些衰退。兩年前，夫人去世後，他搬到小女兒所在的三藩市灣區，住在一間公寓裡。不到十分鐘的時間，他罕見地談起生活：女兒很孝順，夫人去世，說了兩次，還關心任鋒的家人。任鋒原計劃五一再跟他聯繫。

「那種熾熱就是他的大中華情結」

　　2022 年 4 月 27 日早上九點，任鋒線上組織了一場內部追思會。與會者大多是張灝生前的故交、學生和晚輩，許多人已是歷史學界頗有建樹的學者。每個人都談到了心中的張灝。

　　許紀霖是張灝著作和思想在中國大陸早期傳播的重要推動者，2003 年策劃出版《張灝自選集》。1990 年代中期，他到臺灣開會，在書店買到《幽暗意識與民主傳統》，一見傾心。當時，他正面臨學術轉型——從知識份子研究轉向思想史研究。

　　中國大陸的政治思想史研究自 1980 年代開始重建。徐大同、陳哲夫等人編寫的《中國古代政治思想史》和劉澤華的《先秦政治思想史》，是告別極左思維後的兩部標誌性論著。但歷史造成的斷裂，使得有價值的學術資源大多來自外部。

　　葛兆光教授在 2021 年底發表的〈思想史為何在當代中國如此重要〉一文中說，思想史在西方學界已經衰落，在中國大陸學界卻一直是熱門，近十幾年尤甚。1990 年代中期的中國，出現了很強烈的、至今持續的「思想史熱」。

　　進入 1990 年代，世界和中國都發生了很大變化，這一系列變化有待思想史學界回應：如果要重建中國的思想世界，什麼是可以發掘的傳統資源，什麼是需要重新確立的價值，什麼是呈現中國的思想？

　　許紀霖是「文革」後恢復高考的第一屆大學生。他當時沒有受過系

圖 84　於 2022 年 7 月 31 日，科大人文學部舊生追思會及籌備紀念文集的介紹

統的思想史訓練，也沒接觸過西方政治哲學。

　　第一次讀到張灝的著作有如電擊——彷彿找到了最接近理想的模本和範式。他將張灝沿襲自史華慈的研究傳統提煉為「問題式的思想史」，它注重以某個問題為中心，圍繞、回應這一問題來展開思路。

　　他給張灝寫信表達敬慕之情。1998 年，許紀霖到香港中文大學開會，專程到清水灣和張灝見面。在可以看見大海的咖啡廳，張灝與他漫談。「他不是那種慷慨激昂的人。」人如其文，平靜中透著熾熱，「那種熾熱就是他的大中華情結。」雖然鮮就公共問題發言，但許紀霖發現，張灝對內地發生的各種思想界動態，包括自由主義和新左派的論戰都很感興趣，見解頗深。

　　後來，許紀霖到香港中文大學訪問一年，兩人有了更多來往。張灝愛吃，因為早年生活在四川，尤其喜食辣椒。有一陣子，他做了心臟手術，只能吃一碗不放油鹽、只有幾根青菜的麵，在科大餐廳被稱為「張公麵」。

　　2002 年，許紀霖邀請他到華東師範大學演講，陪他坐長途汽車去蘇

州，逛了拙政園和留園。後來張灝夫婦到杭州旅遊，從上海經過，沒有告訴他和友人。許紀霖覺得這有點像日本人，「他從來不想麻煩別人」。

許紀霖認為史華慈開創的「問題式思想史研究」曾在美國形成強大的傳統，並培養出墨子刻、李歐梵、田浩、林毓生等一批優秀學者，其中最得史華慈真傳並發揚光大的就是張灝，但這種研究傳統在美國「已經斷了根」。

隨著這批學者退休故去，已經沒有第三代學生。如今在美國的中國研究學界，思想史已不是主流，人們轉向社會史、文化史，「恰恰這種以問題為中心的研究方式是中國所需要的，這也正是張灝先生著作的價值所在。」

追思會上，學者潘光哲提到當下的臺灣學界是社會生活史當道，他看過一個讓人啼笑皆非的研究主題——吃冷凍水餃的歷史。「當然不能說跟我們的生活沒有關係」，但是相較於這代人所關心的時代脈動課題來說，的確像被商業化和消遣化的史學。他認為張灝的學術遺產，「到今天對於我們認識近代中國思潮以及它的後果，都還有一個提醒作用。」

1980 年代，臺灣東海大學歷史系教授、前文學院院長丘為君是張灝在俄亥俄州州立大學的博士學生。在他眼裡，張灝的思想世界雖西化，做人卻講究人情義理。

有一次，北卡羅來納大學教堂山分校一位年輕學者給他寫信，說研究領域和張灝有點重疊，很不好意思，希望他不要見外。丘為君覺得是一分鐘就回覆的事，張灝卻改了好幾遍。丘為君幫忙打字，來回折騰了兩天。最終回信文詞優雅，他鼓勵後輩，大家是在各自努力，都有資格做。

張灝常沉浸於思想世界，不用手機，也不會用電腦。他曾開車載丘為君去吃飯，開到半途，車壞了。丘為君打開車蓋一看，水箱裡一滴水也沒有。兩人站在路邊，還一直在談韋伯的問題。

丘為君還聽過一個故事。張灝曾開車從美國中西部到西岸，和友人一同去洛杉磯開會，結果超速被員警攔下來。員警很疑惑，「為什麼你

們兩個看起來年紀都蠻大的，車開這麼快？」張灝有點不好意思，說在爭論學術問題，太緊張了。幸好員警放過一馬，沒有開罰單。

「從神性反思人性」

1936 年，張灝出生在福建廈門。他曾在回憶中寫到，那是日本全面侵華的前夕。1 歲時，他在炮火中隨父母逃往重慶沙坪壩，住進嘉陵江邊，一個房子是木頭和竹制的小村莊。

父親張慶楨教授（1904—2005）是美國西北大學法學博士，國民黨立法會委員。警報和防空洞，構成人生最初的記憶。一次轟炸後，他和父母從防空洞回來，家已淪為廢墟，一片碎片瓦礫中，還剩下一個棕繃床墊躺在地上，中間有一塊不知從哪飛來的巨石。這個怪異的景象，給年幼的他留下恐怖的陰影，一生徘徊在夢魘之中。

圖 85　張灝、廖融融與父親張慶楨合影

　　他在戰火和動亂中長大，1949 年春天，到南京城北的同學家玩。明媚的春光灑落在花木扶疏、綠草蔓生的庭園上。一群孩子在深宅大院穿梭奔跑，看不見一個大人。詢問原因，同學只淡淡地答，「他們都跑了。」

　　歷史像地下水一樣灌溉著他的時代感。舉家遷往臺灣後，張灝 16 歲考入臺大歷史系，島內正值白色恐怖，他受殷海光感召，追隨五四精神傳統。1959 年到了美國，在哈佛大學中文圖書館，第一次看見用祁連山上的雪灌溉山下沙漠的照片。1960 年初的一個寒夜，他讀到艾青的長詩──〈雪落在中國的土地上〉。

　　成年後的張灝第一次對中國二字產生實感。他開始左轉，關注馬克思主義。1960 年代末，他到俄亥俄州任教，當地報紙上的中國消息不

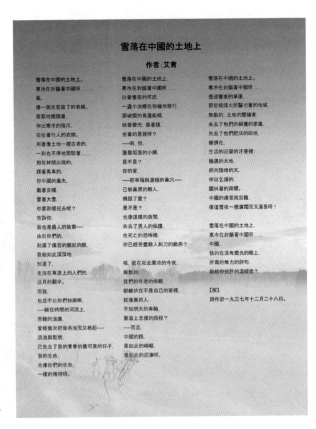

圖 86　艾青的〈雪落在中國的土地上〉

多。「但從各方零星的報導，我完全無法理解當時中國大陸的動態。隨著文革運動的展開，我的困惑日益加深。」

1962 年春天，名重一時的宗教神學家雷茵霍爾德‧尼布爾來哈佛講了一學期課，這對旁聽課程的張灝產生了較大影響。

尼布爾在思想界重大的貢獻是以危機神學的人性論為出發點，對西方自由主義以及整個現代文明提出質疑與批判。他認為要認識現代世界，必須記住人的罪惡性。最能表現人之罪惡的就是人對權力的無限貪欲。二次大戰的悲劇，便是這罪惡性的明證。

張灝有舊學底子，從小被教習《古文觀止》。到了美國後，深受帕森斯、羅伯特‧貝拉、艾森施塔特、柯利弗德‧格爾茨影響。

《南方週末》記者採訪時，任鋒提到一個觀察——他認為張灝對西學的理解至少比大陸學界領先一代人。比如寫作《秩序與歷史》的歷史哲學家埃里克‧沃格林，近幾年因大量中文翻譯引入而在思想界引起討論，張灝至少 1980 年代左右在美國就有深入瞭解。

他曾在《張灝自選集》的序言中寫道，剛到美國時，對社會科學抱有極大熱誠，滿以為可以找到理解人的行為和思想的鑰匙，但 1960 年代美國社會學界以實證主義和行為主義方法論為主流。

他在著作中目眩一陣也就失望了，因為沒有找到「人」。反而是從現代西方的神學思想中，無意間找到了「人」。

「也許是因為他們從超越的距離去回視人類，從神性反思人性，常常能看到人自己所看不到的東西。所謂『不識廬山真面目，只緣身在此山中』這句話，也許可以解釋，我們有時得借助神學去透視人世和人性。」

1982 年夏天，臺灣《中國時報》在宜蘭山間的棲蘭山莊舉行學術思想研討會，張灝將蓄之有年的問題與想法寫成〈幽暗意識與民主傳統〉一文，首次發表，並形成其思想發展的一條主軸。

所謂幽暗意識，是對人性中或宇宙中與始俱來的種種黑暗勢力的正視和省悟，因為這些黑暗勢力根深柢固，這個世界才有缺陷，才不能圓滿，而人的生命才有種種的醜惡和遺憾。

「幽暗意識一方面要求正視人性與人世的陰暗面。另一方面本著人的理想性與道德意識，對這陰暗面加以疏導、圍堵與制衡，去逐漸改善人類社會。」張灝這樣認為。

「他有和別人不一樣的洞見」

浙江大學社會學系教授高力克是張灝英文著作的第一位中文譯者，翻譯了《危機中的中國知識份子──尋求秩序與意義》。追思會上，他談到了這段往事。

「1988 年，我在北師大念博士，有一次去看劉東，劉東談起他開始編《海外中國研究叢書》，我問有沒有好的思想史著作讓我翻譯。劉東說有一本好書，是他導師李澤厚先生推薦的。」

他到北圖外文新書館裡複印了這本張灝 1987 年的英文新著 *Chinese Intellectuals in Crisis：Search for Order and Meaning, 1890─1911*。當時的人還沒有版權意識，翻譯很粗糙，有不少錯誤，高力克想起來很慚愧。

「這本書是張先生思想史研究的巔峰之作，翻譯起來很難。特別是章太炎這一章，是由白壽彝先生的古代史博士生許殿才翻譯的，他說簡直是天書，特別是佛學部分。我們那時候也是初生牛犢不怕虎，其實我當時學思想史還沒有入門……在大陸思想史的著作當中，沒有這樣的寫法。」

丘為君在 1980 年代中期到俄亥俄州州立大學，跟隨張灝讀博士。他提到了一個與張灝日後在中文世界影響力有關的重要因素──張灝早期寫英文著作，又非常低調，「認識他的人比較少」。他 38 歲成為正教授，拿到終身教職，便不再有英文發表的生存壓力。

1975 年左右，在友人提議下，他同一批旅美華人知識份子開始用中文寫作，與中文世界溝通，在中國大陸、香港、臺灣釋放影響力。從 1975 到 1980 年代晚期的十餘年間，他已相對完整地建立體系，「體力跟思想都是巔峰狀態」。

許紀霖曾提出「20 世紀中國六代知識份子」的概念，以 1949 年為

圖 87　晚年時的張灝教授與夫人

界，出生在 1910—1930 年之間的「後五四」一代，在求學時代接受五四以後新知識和新文化的薰陶，卻生不逢時，在即將嶄露頭角時，被一連串政治運動耽誤整整三十年光陰，直到 1980 年代以後步入中晚年，才煥發學術青春。

「1980 年代，張先生這些人都已經成名，東西成系統了。」任鋒對《南方週末》說。

「張先生不是一個善於聊的人，非常節制，不多說話。但是他在觀察、在琢磨。我有時候在想，是不是因為他出生以後，生死都見過了，家被炸沒過，自己沒有根，四處漂泊，他對權力、名譽比較早就看開了。我跟他認識那麼多年，真的是學界裡有東西的人他才會交往，其實他對同輩學者的評價，心裡也是非常嚴格的。」

任鋒給張灝做研究助理，借書、複印資料。私下裡，張灝偶爾談到同輩，會不客氣地指出不足。他尤其警惕思想的簡化，會欣賞朋友的廣博、古文功底好，但對問題思慮的深度廣度不夠，也會覺得欠妥。

許倬雲（1930—）到港科大講課時，曾提到自己是「半個儒家」。任鋒回去後告訴張灝，他覺得很有意思。「他的理性分析氣質比較強，精神認知不輕易外露」。張灝去世後，北大高等人文研究院發佈的悼文中

提到「儒家也失去了一位大師」。任鋒私下打聽後得知，那是杜維明先生添了一筆，「這倒又是他的朋友輩對他的一種認可吧。」[2]

「張灝有一些很卓越的看法。他提到五四的時候，傅斯年是一個非常豐富的人，思想也多元，充滿著矛盾，內心是有緊張感的。德國留學回來以後，他就比較簡單了，他蠻為傅斯年感到可惜的。我覺得張先生這樣一種判斷是對的，他有和別人不一樣的洞見，這種洞見至少我是有強烈共鳴感的。」許紀霖對南方週末記者說。

「二十世紀之子」

2008年，上海大學文學院副教授成慶曾在華盛頓拜訪過張灝。那時他已年過七旬，頭髮花白，卻親自開車到機場接他們，還帶去一個川菜館用餐。

當時，張夫人無意間提到丈夫每天在房間活動的細節——「說他一天到晚就坐在沙發上思考」。成慶覺得這有一點哲人性的特色，「他並不是每天都在埋頭讀書，他可能有大量的時間都在那裡思考。」臨走前，張灝對他們說了一句話，「中國思想史研究也要清理門戶。」他認為弦外之音是，很多爭論都沒有回到基本的思想源頭議題。

張灝家中的客廳掛著一幅于右任的書法。成慶後來查過，是于右任在1945年寫的一組抗戰組詩。于右任先生的作品當然非常珍貴，但他覺得這也顯示了張灝對中國文化的感情之深。「這是那一代臺灣知識份子學者的普遍共性，見到我們從大陸來的一些年輕人，他也會感覺非常親切。」

2019年秋天，王汎森收到張灝女兒來信。信上說，希望他幫忙處理父親的藏書和文件。他馬上聯絡了「中研院」近史所。雖然藏書空間非

---

[2]　編者按：杜維明教授與張灝結識於哈佛時期，彼此感情深厚；在張灝先生過世後，於4月25日，由北京大學高等人文研究院發出訃告〈沉痛悼念張灝先生〉。

常有限，時任所長呂妙芬很快答應了。

後來，王汎森親自到維吉尼亞州雷斯頓城與張灝長談，卻感覺他有些猶豫。「人畢竟不容易與終生相伴的藏書、筆記一刀兩斷。」不久之前，張夫人剛過世，他陷在痛苦中，女兒似乎也感受到這種遲疑。雖然最後，張灝還是帶他上樓，評估如何處理藏書，但只是默默巡禮一番，沒有進一步談。

最後一次見面，他們去了安湖。張灝反覆說：「勸君不能老！」「俱往矣！」尤其「俱往矣」一句，反復再三。

2022 年 2 月 9 日，張灝最後一次出席公開活動。他將畢生收藏的5000 冊圖書，以及手稿十餘大箱，捐贈臺灣國家圖書館。

任鋒認為老師畢生在與人生前十幾年的記憶共處——張灝平常說純正的國語，但好幾次聽他私下和師母講話，很像西南官話的味道。「一個中國年輕學生，二十多歲在哈佛圖書館裡待，十多年前還在戰火中鑽防空洞。你就能理解他為什麼一輩子在圍繞這些問題展開廣大的學術探討。」

身為歷史學家，歷史中的人物活動或權力鬥爭不是張灝關心的重

圖 88　諸位學者參與及見證張灝院士藏書線上捐贈儀式

盼中國民主生根，
走出歷史循環

張灝

　　近年來，我有時聽到這樣一句話，二十一世紀是咱們中國人的世界。乍聽之下，覺得很過癮。繼而思之，不寒而慄！因爲我在這句話裏依稀聽到阿Q的聲音：二十世紀咱們中國人活得不夠體面，沒有關係，反正二十一世紀會是咱們的。中國人倘若繼續維持這種心態，我看二十一世紀是不會比二十世紀好到那裏去！

　　今天矚目二十一世紀，我們的心情大有別於上個世紀末葉的中國知識分子。那時中國環境的險惡，比現在是有過之而無不及。一方面，帝國主義的侵略，步步進逼，瓜分之禍，迫在眉睫。同時內部的政治和社會危機也日益加深，清帝國搖搖欲墜。可是在這樣危機重重之下，當時的知識分子卻對二十世紀的來臨抱有無限的樂觀。最能表現這份樂觀精神的是梁啟超。他在二十世紀揭幕時，正因爲國內的維新運動失敗而流亡日本。就他個人的生命而言，這是一段非常黯淡的時期，可是他卻寫下《志未酬》一詩：「志未酬，志未酬，問君之志，幾時酬？志亦無盡量，酬亦無盡時，世界進步靡有止期，我之希望亦靡有止期……吁嗟乎男兒志兮天下事，但有進兮不有止，言志已酬，便無志。」

　　這首詩豪情萬丈，對未來充滿了樂觀精神。試問今日我們經歷了二十世紀重重的災難和鉅變，誰還能對歷史的進步抱持像他那種無限的信心和期待？

　　因此，瞻望二十一世紀，我不敢作過分之想，我只有一個起碼的希望：那就是在下一世紀，民主在

圖 89　張灝在〈盼中國民主生根，走出歷史循環〉一文中的漫畫樣子，原載《二十一世紀》（第 1 期，1990 年 10 月）創刊號

點，他在意的是背後的觀念，人的生命意義和存在感受。他走出了一條獨特的路徑——從西方文明中尋找出源流來與中國傳統連接。

王汎森認為張灝後來對「幽暗意識」有進一步思考。

張灝在香港科技大學的後期，兩人談到當時他所關心的問題，張灝提到對「惡」的來源感到興趣。「我注意到任鋒所編的《轉型時代與幽暗意識》一書中收了一篇張先生的〈我的學思歷程〉，其中提到有一種『極惡』（如納粹、如南京大屠殺），從之前由『人性』出發的路徑沒有辦法完全解釋（張先生說：『所謂極惡是我們無法用常人的心理或動機去認識或測度，它代表一種不可思議、難以想像的現象』）。還要從人世陰暗的兩個外在源頭：制度與文化習俗或思想氛圍去解釋，人置身其中，常常不知不覺地受它的驅使與擺佈。」

「總而言之，我認為張灝先生的研究達到了一個尚未被很多人意識到的深度。」清華大學哲學系教授唐文明在追思會上說道。

張灝稱自己為「二十世紀之子」。1999 年，國慶五十周年，世界沉浸在即將步入新千年的祥和與喜悅中。張灝發表了一篇文章，〈不要忘掉二十世紀！〉。他認為二十世紀從 1895 年開始，從此進入轉型時代。「他的整個學術就是對二十世紀的來龍去脈進行深刻的反省。」任鋒說。

到了晚年，有幾次，張灝講得很沉痛。他在電話裡對任鋒說，相比猶太人，中國在二十世紀亦是受過如此多苦難的民族，但是對人的反省卻不及他們，這一點令他痛心疾首。

轉型時代的哲思 🖋

2022年
4月27日

《转型时代与幽暗意识》

《梁启超与中国思想的过渡》 1890-1907

《幽暗意识与民主传统》

《危机中的中国知识分子》 寻求秩序与意义

《烈士精神与批判意识》

《思想与时代》

追思张灏先生

(1936-2022)

时间：2022年4月27日 9:00

思想史研究的薪傳：回憶張灝先生

黃克武

中央研究院近代史研究所特聘研究員

一、前言

在過去一年之內余英時（1930—2021）、李澤厚（1930—2021）與張灝（1936—2022）等先生先後辭世，令人無限悲痛。他們三人都與我沒有直接的師承關係，然而在成長的過程中，我深受他們三人著作的影響。在他們作品的引導、激勵下，我逐漸走向中國近代思想史、知識分子的研究。其中張灝先生與我的關係比較密切，他是我的老師墨子刻（Thomas A. Metzger，1933— ）教授，在哈佛大學時的同學（兩人於1963 年同年通過博士資格考試，也都是費正清、史華慈與楊聯陞等人的學生），是我的「師叔」。張灝先生與李、余有所不同，李、余兩人著作豐富，可謂「公共知識分子」，他們除了有專業的作品之外，常在報章媒體撰文，從歷史文化的角度評估時事，影響力深入一般讀者，過世時紀念活動較多。相對來說，張先生較屬於專業史家，他的影響力主要是在文史學界。

2022 年 4 月 22 日早上，我收到王汎森兄的簡訊，他說余師母來電告知張灝先生已於日前過世。我立即轉告墨子刻先生。過了一陣子，他傳來一段中文音頻：「張灝過世的事情給我莫大的打擊。張灝有他的偉大！張灝有他的偉大！我很難過。我就告訴你這個」。從墨老師蒼涼的聲音中我可以感受到他的心境，一位老同學、老戰友的過世對他的確是一個很大的衝擊。張先生的過世讓我想起 1980 年代以來的許多往事。

在這一篇短文中我只能簡短地談談我對張先生的認識、與他接觸的經過以及他的學術著作對我的影響，以表達我的懷念之意。

二、張灝先生的早年生涯

有關張灝先生在 1950—60 年間的經歷，在他所撰寫的〈我的學思歷程〉、〈幽暗意識的形成與反思〉，以及與崔衛平、陳建華所做的訪談之中曾經略為述及，然而並不詳細。[1] 最近在整理檔案時，我發現了幾筆與張灝先生及其父親張慶楨（1904—2005）先生相關的史料，這些記載或許可以幫助我們了解張灝先生早年的事蹟，可為來日作傳之參考。

在胡適檔案之中有幾筆關於張慶楨的材料。最早的一筆是 1930 年代初（可能是 1931 年），北京大學的理學院長劉樹杞（楚青，1890—1935）致胡適的一封信，信中他向胡適介紹即將歸國的張慶楨：

> 友人張慶楨君原係中國公學畢業，隨在東吳法科畢業，嗣往美留學，在芝加哥 North Western〔西北〕大學得 J.D.〔法律博士〕，其為人甚誠實和藹，而學識亦甚優超。現渠甚欲返中國公學母校服務，專此介紹。伏希吾兄賜予接洽，如有機遇，望設法提攜。

後來胡適與張慶楨見了面。他在這一封信上寫了張的專長「中國私法、英美法」，以及他的住處「張君住津浦路滁州源泰紗莊」。張慶楨應該是透過胡適的介紹，在中國公學任職。[2]

張慶楨於 1933 年 9 月受聘擔任廈門大學法學院法律學教授，先後開設課程有：海商法、勞工法、親屬法、保險法、刑法總則、物權法、

---

[1]　收入張灝著，任鋒編校，《轉型時代與幽暗意識：張灝自選集》（上海：上海人民出版社，2018）。

[2]　〈劉樹杞致胡適函〉，臺北：中央研究院近代史研究所胡適紀念館藏，北京檔館藏號：HS-JDSHSC-0939-008。

民事訴訟法等。1939 年 8 月他任監察院秘書，1940 年 7 月因病辭職。中央大學內遷重慶期間，張慶楨受聘擔任中央大學訓導長、法學院教授兼司法組主任。他還擔任過中國公學大學部董事會董事兼執行秘書、外事部門條約委員會委員、司法院法規整理委員會委員、監察院監察委員、監察院法規整理委員會主任委員等職。1945 年 8 月任國民政府監察院參事，不久出任敵偽產業清查團滬浙組委員。1947 年 3 月，張慶楨曾與何漢文、谷鳳翔、萬燦等監察委員聯名彈劾宋子文諸人，認為宋子文及中央銀行總裁貝祖詒實行財政金融政策不當，助長通貨膨脹，造成嚴重的社會動盪、從而迫使宋子文辭職。1948 年 5 月，張慶楨當選安徽省的立法委員。1949 年跟隨國民黨赴臺灣，歷任革命實踐研究院講座，國防研究院政治組首席講座，中國國民黨中央執行委員會設計考核委員會委員兼召集人，中國國民黨中央執行委員會政策委員會兼任委員，政治大學、東吳大學法學院教授、臺灣大學兼任教授，私立中國文化學院法律研究所主任等職。[3] 張灝説他與父親的關係是「很傳統的，他對我非常好」，可是在思想上，因為父親屬於「國民黨右派」、「對民主自由的觀念沒什麼接受」，而他則深受自由主義影響，兩人之間並無太多的溝通。[4]

　　張慶楨赴臺後曾多次拜訪胡適。1954 年胡適返臺參加國民大會選舉總統，3 月 16 日晚間張慶楨曾宴請胡適。[5]1958 年 4 月，胡適返臺之後，張慶楨去訪的次數更多。1958 年 11 月 12 日張慶楨曾去南港拜訪胡適。1959 年時兩人見面十分頻繁，而且他曾帶張灝同行。[6] 他去見

---

[3] 「張慶楨」，百度百科。網路資訊：https://baike.baidu.com/item/%E5%BC%A0%E5%BA%86%E6%A1%A2/3692485（檢索時間：2022 年 10 月 9 日）。

[4] 張灝著，任鋒編校《轉型時代與幽暗意識：張灝自選集》，頁 371。

[5] 胡適著，曹伯言整理：《胡適日記全集》（臺北：聯經出版公司，2004），第 9 冊，頁 50。

[6] 2019 年王汎森與張灝談話時，張先生曾説「父親對獨子寄望特深，所以經常帶他到處向長輩請教」，例如曾向程滄波請教「古文」。王汎森：〈流水四十年間〉，載中華民國南洋文化學會：《華人文化研究學報》，第 10 卷第 1 期（臺北，2022 年 6 月），頁 6—7。

胡適的時間有：3 月 16 日、4 月 3 日（探病）、4 月 7 日、4 月 10 日（探病）、4 月 21 日（帶張灝同行）、4 月 28 日、5 月 17 日、5 月 20 日（張灝自行前往訪問胡適。胡適説「他還未出去過，而英文能夠寫得這樣，已經很好了」）；6 月 21 日（張灝自行去訪）；6 月 29 日、10 月 30 日。1960 年 1 月 3 日；1 月 29 日（拜年）；3 月 6 日晚上，胡適參加張慶楨為王世杰慶祝生日的宴會（按：張慶楨與王世杰是好友，張慶楨晚年的事蹟，尤其是家庭方面的生活，如晚年續絃娶彭女士、兩人離婚、生病住院等，在王世杰日記中有一些記載）；[7] 3 月 14 日張慶楨、夏道平來訪；3 月 21 日；4 月 3 日（張慶楨夫婦同來）；10 月 23 日、11 月 28 日、12 月 17 日（祝壽）。1961 年 1 月 18 日（陪同林中行、邵幼軒【邵飄萍之女】夫婦去訪）；2 月 18 日（拜年）；2 月 26 日（探病）；3 月 1 日；3 月 6 日；3 月 10 日；7 月 22 日；11 月 6 日；11 月 28（探病）；12 月 8 日；12 月 13 日（探病）；12 月 16—18 日（祝壽）；1962 年 1 月 1 日、2 月 6 日等。[8]

　　從上面的紀錄可知張灝的父親與胡適一方面是安徽同鄉，另一方面也有長期的交往。1959 年張灝正在申請去美國讀書，張慶楨帶他去見胡適，應該是希望他能得到胡適的指點。5 月 20 日與 6 月 21 日張灝自行前往南港中研院，即帶了自己的英文作品（或許是研究計畫），請胡適指正。（當時張灝在成功中學與臺大的同學林毓生也曾拜訪胡適，請求指點。他在 1958 年 4 月 22 日與 1959 年 5 月 23 日兩度去訪，他後來在信中説「蒙您在百忙當中兩次指教，並承賜《留學日記》四冊。您對年青人的關懷與獎掖實在使人有如沐春風的感覺」。1959 年 12 月 3 日，林毓生也帶了自己所寫的「五四與新文化運動」英文研究計畫，請胡適指

[7]　王世杰著、林美莉編輯校訂：《王世杰日記》（臺北：中央研究院近代史研究所，2012）。如 1971 年 9 月 27 日、1975 年 12 月 25 日、1976 年 10 月 26 日、1978 年 9 月 23 日等均有記載。

[8]　參見胡頌平編著，《胡適之先生年譜長編初稿》（臺北：聯經出版公司，1984）；胡頌平編著，《胡適之先生年譜長編初稿補編》（臺北：聯經出版公司，2015）。

圖 91　1959 年，即
將遠赴美國留學的
張灝與父母親合影

正。張灝的情況應該與他類似）[9] 我們不確定胡適對張灝的文字提了什麼
意見，胡頌平只記載胡先生對張灝英文寫作能力留下很好的印象。

　　張灝後來申請了幾所美國的大學，最後決定去哈佛大學。1959 年
秋季，23 歲的張灝進入哈佛大學，「1961 年獲美國哈佛大學碩士學位。
1966 年獲得哈佛大學博士學位，導師為史華慈」，後任教於俄亥俄州立
大學、香港科技大學人文學部。[10] 張灝在 1957—1966 年間的經歷，相
關的記載並不多。他在訪談之中只簡單地談到幾次思想的轉變。不過在
郭廷以的日記、呂實強的回憶錄，以及楊聯陞的日記之中卻留下幾條有
趣的線索。

　　郭廷以與張慶楨夫婦是老友，他們在重慶中央大學時曾為同事，張

[9] 〈林毓生致胡適函〉，臺北：中央研究院近代史研究所胡適紀念館藏，南港檔館藏號：
　　HS-NK01-076-015。

[10] 「張灝(1937 年)」。維基百科。網路資源：https://zh.wikipedia.org/zh-tw/%E5%BC%B5%
　　E7%81%9D_(1937%E5%B9%B4)(檢索時間：2022 年 10 月 9 日)。

灝應該是因為父母的關係在重慶時即見過郭先生。[11] 郭廷以日記中最早的一條是 1957 年 12 月 30 日，有關張灝申請西雅圖華盛頓大學的事。郭廷以先生記載：

> 上午梅谷〔 Franz Michael 〕又約談合作計畫事，決定補助年每三個月匯臺一次，每年近史所完成資料三冊，每冊六至八百頁。余順便提及張灝、徐乃力、周瑞華三君向華大申請獎學金事。梅谷表示一至二人或有可能。〔 按：後來徐乃力於 1958 年初去華大讀書，1963 年再去哥大 〕[12]

1958 年 1 月 13 日、3 月 14 日，郭廷以接到張灝的來信；3 月 19 日，郭回了張灝的信。5 月 7 日郭廷以在哈佛訪問「接鄭憲函，謂書稿早已寄出，張灝申請華大獎學金事，仍有希望」(按：鄭憲當時在華大讀博士，研究同盟會，1962 年畢業)。2 月 27 日「張灝來談」。8 月 10 日「張灝君來談，謂哥倫比亞大學亦給予獎學金。勸其接受，以哥大史學教授圖書，均非華大所能比。」1959 年 9 月 10 日「臺大畢業生謝文孫、張偉仁由張灝介見，兩君均頗英俊，學術興緻亦佳。」

由此可見 1957—59 年間，張灝申請了西雅圖的華盛頓大學、哥倫比亞大學與哈佛大學，這三所大學應該都給他獎學金，後來他選擇了哈佛。1959 年秋天，張灝赴哈佛大學讀書。1961 年 8 月 25 日張灝又致信郭廷以，郭寫到：「張灝自哈佛大學來信，述近二年工作，並論西人研究中國史之長短，頗有見地。對於近史所工作，亦頗贊譽，並介紹張偉仁君。」此時張灝應該剛取得碩士學位。郭於 9 月 7 日回信給張灝。11 月 28 日，郭廷以接到謝文孫的來信，告知張灝曾與費正清談到資助郭廷以

---

[11] 1963 年 7 月 18 日郭廷以日記記載「晚應史坦福大學趙繼昌夫婦宴。晤張慶楨夫人及長女德蓉夫婦，均二十餘年前重慶沙坪壩石門村舊識也。」郭廷以，《郭量宇先生日記殘稿》(臺北：中央研究院近代史研究所，2012)，頁 423。

[12] 郭廷以，《郭量宇先生日記殘稿》，頁 28。

的《近代中國史事日誌》出版的事。

　　1962 年底，郭又接到謝文孫的來信，告知張灝「在哈佛參加博士資格考試失敗，郝延平則獲得通過」。後來郝延平決定以「買辦」為博士論文題目，郭先生勸他「縮小範圍，就有關人物處著手，唐廷樞、鄭觀應、徐潤等均值得注意」（1962.12.20）。[13] 博士資格考試的失敗對張灝來說無疑地是一個很大的挫折。郭廷以的反應是「張灝病在於浮，為學有欠切實」。這可能是說張灝在學術研究的功底上不夠紮實。[14] 墨子刻先生曾告訴我，張灝的失敗原因之一是因為他不很欣賞楊聯陞的治學路徑，而沒有修 Chinese Institutional History（中國制度史）的課，使楊不快。考試時楊聯陞認為張灝不夠認識「西方對中國歷史的研究成果」（Western scholarship on Chinese history）而判定他不及格。[15] 在楊聯陞的日記記載了這一次的考試。1962 年 10 月 10 日，「四時一刻，與 Fairbank、Hughes 考張灝上古史，奇劣，無法通過。（前年要考中古，最近又改上古，恐皆未認真準備）」。[16] 11 月 16 日「午飯後到校，整理書物，張灝來談」。1963 年 1 月 23 日墨子刻通過了資格考試，成績不錯。[17] 1963 年初，在與楊聯陞溝通並改善關係之後，張灝再次申請資格考試。3 月 12 日，楊聯陞記載「12 時，張灝來問口試事」。3—4 月間楊聯陞身體欠佳，入院開刀。4 月 3 日「張灝、陳啟雲、王業鍵來看，坐幾分鐘」。4 月 23 日「10 時，到 16 Dunster St. 考口試（張灝），Huber【Hughes】，余及 Fairbank（通過 good minus-fair plus）（以後史系免 Final）。Fairbank 勸

[13] 郭廷以，《郭量宇先生日記殘稿》，1962 年 12 月 20 日，頁 370。

[14] 郭廷以，《郭量宇先生日記殘稿》，1962 年 12 月 12 日，頁 368。

[15] 「墨子刻致黃克武電子郵件」，2022 年 10 月 5 日。

[16] 中央研究院歷史語言研究所藏，《楊聯陞日記》。墨子刻先生告知 H. Stuart Hughes 教授參加口試的原因是因為張灝曾選擇「現代歐洲思想史」（modern European intellectual history）為他的一個專業領域。

[17] 楊聯陞記載：「三時……與 Fairbank 及 Bellah 考 Metzger 成績 good plus」。《楊聯陞日記》，1963 年 1 月 23 日。

其做魏源論文」。[18] 張灝通過資格考試之後即開始寫博士論文，不過他
沒有接受費正清的建議。

　　1963 年春天，郭廷以去哈佛訪問，又見到張灝。4 月 22 日，郭抵
達劍橋之後，隨即參加了費正清的討論課，會後他與謝文孫、呂實強與
張灝等人聚餐，談到晚上 12 點：

> 下午二時半自紐約搭機赴波士頓，吳式燦相送機場，三時半到
> 達，沈元壤、謝文孫、呂實強來迎。四時出席哈佛大學費正清之
> 近代史討論班，主題為 1877—1890 新教徒在華之工作，就教育、
> 醫藥、救災三方論述。余建議應注意其文化學術活動，包括編
> 譯出版書刊等，並申論新教徒活動之意義。另一主題為 1913—
> 1914 孫中山在日本論。中山之改組中華革命黨及其與日人之聯
> 絡。余說明中山與反袁派之關係及日本之政策。會畢，反應頗
> 佳，均謂為哈佛近代中國史討論班從所未有之事。元壤、文孫約
> 晚飯，暢談至十二時，張灝、實強均在。[19]

　　呂實強的回憶錄也記載了當天他去接機，再與郭一起參加費正清的
討論課，以及課後的聚會：「6 時 40 分結束，仍由沈元壤開車，送郭先
生回所住 Brottel Inn，旋一起去 Window Shop 晚餐。回到其寓所，郭先
生精神很好，談了若干成名人物有關之事」。郭先生在哈佛訪問至 6 月
16 日才離開。[20]

　　在這一段期間，郭、張兩人多次見面，當時呂實強與張灝均住在
Cambridge Street 1673 號 2 樓，兩人為對門，常常一起與郭先生見面。
其中對張灝來說比較重要的一次會面是 1963 年 5 月 3 日：「張灝自哈佛

---

[18]《楊聯陞日記》，1963 年 3 月 12 日、4 月 3 日、4 月 23 日。

[19] 郭廷以，《郭量宇先生日記殘稿》，1963 年 4 月 22 日，頁 397。

[20] 呂實強，《如歌的行板——回顧平生八十年》（臺北：中央研究院近代史研究所，
　　 2007），頁 238、242。

來，商其論文題目，擬就梁任公之自由思想及張之洞之地方勢力決定其一，余主前者。」[21] 這是因為丁文江的《梁任公先生年譜長編初稿》在 1958 年出版，內容十分豐富，郭先生當時也鼓勵張朋園研究梁啟超，張朋園的《梁啟超與清季革命》在 1964 年春天出版（張灝的著作有徵引此書）。此一建議對張灝的學術發展十分重要，後來張灝決定以梁啟超為博士論文的題目（1964 年 6 月 2 日，張灝又去信請教郭先生「商梁任公研究有關資料」）。[22] 1963 年 5 月 31 日，當天的中午與晚上，郭先生均與張灝見面聚餐：

> 午在波士頓之 Durgin Park 用膳，心顏、誕麗及沈元壤、張灝均到，李琇琳女士作東。此飯店據云已有三百年之歷史，顧客須列隊等候，坐無隙地。晚飯在 Medford 東興樓，張灝作東。飯後與張灝談哈佛歷史教學。[23]

6 月 4 日，郭先生請張灝開列「哈佛所採用之近代史閱讀書目，以備選購」。[24] 6 月 9 日呂實強記載「上午郭先生與其長子倞闓一起來找張灝……順便也邀我一起到他們家去吃午飯」。[25] 6 月 11 日郭先生「晚約張灝、謝文孫、沈元壤、呂實強、馬寶琳共餐，談到夜深。張灝送來有關思想史、社會史西書目錄，擬全部購買。」[26]

　　從胡適、楊聯陞、郭廷以與呂實強的記載，我們大致可以了解張灝留學時期的情況。其中比較重要的是他與郭廷以先生的交往，以及郭先生勸他選擇梁啟超而非張之洞為博士論文的題目，影響了他一生

---

[21] 郭廷以，《郭量宇先生日記殘稿》，1963 年 5 月 3 日，頁 400。

[22] 郭廷以，《郭量宇先生日記殘稿》，1964 年 6 月 2 日，頁 496。

[23] 郭廷以，《郭量宇先生日記殘稿》，1963 年 5 月 31 日，頁 408。

[24] 郭廷以，《郭量宇先生日記殘稿》，1963 年 6 月 4 日，頁 409。

[25] 呂實強，《如歌的行板——回顧平生八十年》，頁 241。

[26] 郭廷以，《郭量宇先生日記殘稿》，1963 年 6 月 11 日，頁 411。

以中國近代思想史為專業領域。其次是他與楊聯陞的關係，他因未修楊聯陞的課，第一次博士資格考試挫敗，半年之後再度考試才通過。他的博士論文完成之後，在出版時受到挫折。張灝說他的書稿於 1969 年交給哈佛大學出版社，「出版社請列文森【Joseph Levenson】審稿，他對我的稿子很不以為然，壓了一年多，最後他寫了個評語，批評得很苛刻，說不能出版。後來班老師知道了，跟我說他會支持我，結果他和費正清商量了，各自給出版社寫了信，認真評價了一番」，出版社才接受此一書稿。[27] 他的 *Liang Ch'i-ch'ao and Intellectual Transition in China, 1890—1907* 一書於 1971 年出版，從此奠定了張灝在學界的地位。同時他與郭、呂的交往，也使他後來與中研院近史所有十分密切的學術合作。

三、張灝、墨子刻兩位先生與我的思想研究

在談我與張灝先生之前，要簡單介紹他與我的老師墨子刻的關係。因為墨先生的影響，我才會從事魏源的經世思想、梁啟超、嚴復等研究，而與張灝先生的學術興趣聯繫在一起。張灝先生在《梁啟超與中國思想的過渡（1890—1907）》一書的感謝詞之中，寫到：「在那些間接幫助我寫作的人中，我必須向墨子刻教授表示敬意。他熱情的友誼、對學術的執著，以及對歷史的想像力，一直是我思想激勵的不竭源泉」。[28] 2005 年張灝在臺大演講〈我的學思歷程〉時也提到他早年在思想上的轉折，從殷海光門下的五四信徒，開始受新儒家影響，認識到中國傳統的

---

[27] 張灝著，任鋒編校，《轉型時代與幽暗意識：張灝自選集》，頁 378。

[28] Hao Chang, "Acknowledgements," *Liang Ch'i-ch'ao and Intellectual Transition in China, 1890-1907*（Cambridge: Harvard University Press, 1971）.

複雜性。[29] 在此過程之中不但受到余英時、杜維明的影響，[30] 也受到史華慈與墨子刻的影響：

> 那時在美國，現代化的理論非常流行．它視現代性與傳統是二元對立，也因此認為傳統是現代化的主要障礙。史教授那時在美國漢學界幾乎是獨排眾議，他看到傳統思想內容的多元性、動態性和豐富性。在他看來傳統與現代的關係很複雜，不一定是對立不相容，因此不能很簡單地用二分法將之對立起來。墨子刻教授早年對宋明儒學思想內部的困境與緊張性的剖析，對我也產生影響。同樣重要的是，透過他的介紹，我開始接觸韋伯（Max Weber）有關現代性起源及比較文化的論著，從這些論著我也進一步認識傳統文化與現代性之間存在著傳承及發展的複雜關係，這些反映在我早年有關晚清思想的研究著作裡。[31]

在張灝的第二本書《危機中的中國知識分子》，他說：「墨子刻通過

---

[29] 張灝先生受新儒家作品的影響在梁啟超一書中已顯示出來，他在書中已徵引唐君毅、牟宗三、徐復觀、錢穆等人的作品。至 1970 年代他開始討論宋明理學中的經世觀念時，新儒的影響變得更為明顯。見 Hao Chang, "On the Ch'ing-shih Ideal in Neo-Confucianism," *Ching-shih wen-t'i*, 3: 1（1974），pp. 36—61.

[30] 墨子刻先生說：「1963 年左右，杜維明來到哈佛，向我們介紹了唐君毅、牟宗三和徐復觀的重要性，他們關於中國文化的思想到那時為止還完全被排除在哈佛大學關於中國的歷史學討論之外。正是杜氏的影響，使我和張氏都轉向了這些新儒家在中國思想史上的作用這一重大問題」。「墨子刻致黃克武電子郵件」，2022 年 10 月 6 日。

[31] 張灝著，任鋒編校，《轉型時代與幽暗意識：張灝自選集》，頁 383。張灝在教導學生時十分強調閱讀韋伯的著作。丘為君說「他認為韋伯在許多領域方面，例如比較宗教、官僚體系問題、資本主義與理性化問題等等，都具有過人的洞見與原創性。他強調我要學習韋伯的比較文明視角，去思考中國問題」。丘為君，〈追憶張灝先生早期的思想學術發展與生活點滴〉，《華人文化研究學報》，第 10 卷第 1 期，頁 12。他也建議王汎森要細讀韋伯的《宗教社會學》，王汎森，〈流水四十年間〉，《華人文化研究學報》，第 10 卷第 1 期，頁 4。

圖 92　在 2012 年 6 月
29 日的中研院近史所
學術諮詢委員會中，
參加者包括黃克武、
汪榮祖、張灝、夏伯
嘉、葉文心、方德萬、
張玉法、岸本美緒、
山田辰雄、齊錫生等

他在四分之一世紀以來為我提供的智力挑戰和刺激，為我制定本書所依
據的問題和想法做出了巨大貢獻」。[32] 如果從 1959—60 年開始算，兩
人的交往的確超過了四分之一個世紀。總之，在余英時、杜維明和墨子
刻等人的影響之下，張灝突破了「殷門」的侷限，認識到港臺新儒家的
重要性，他後來所寫的〈新儒家與當代中國的思想危機〉一文源於此。[33]

　　墨子刻先生在他的第一本書《清代官僚的內在組織》，也同樣感謝
張灝，「朋友、老師和知識界的盟友，張灝教授十多年來，一直在幫助

[32] Hao Chang, "Acknowledgements," *Chinese Intellectual in Crisis: Search for Order and Meaning, 1890-1911* (Berkeley: University of California Press, 1987).

[33] Hao Chang, "New Confucianism and the Intellectual Crisis of Contemporary China," Charlotte Furth ed., *The Limits of Change: Essays on Conservative Alternatives in Republican China* (Cambridge: Harvard University Press, 1976), pp. 276—302. 殷海光並不欣賞新儒家。余英時曾說他在《自由中國》發表過一篇〈平等概念的檢討〉，後來他又投了一篇文章，卻被殷海光退稿。余英時的文章主張自由民主與傳統文化能夠相容，「中國文化中接引民主政體的成分遠多於排斥它的成分」，因此追求自由民主不能放棄傳統文化。殷海光不贊成他的觀點，而退了余先生的稿子。雷震還因此寫信向余先生致歉。余先生被退的文章可能是〈自由與平等的文化基礎〉，後來收入他的《自由與平等之間》（香港：自由出版社，1955）第六章。參見余英時，《余英時回憶錄》（臺北：允晨出版社，2018），頁 123。王汎森，〈自由主義的傳統基礎：余英時先生的若干治學理路〉，《漢學研究通訊》，第 40 卷第 4 期（2021），頁 3。

我試圖獲得對中國歷史的深入認識。我對他的虧欠也是巨大的。」[34] 在
《擺脫困境：新儒學與中國政治文化的演進》中他又說：「我特別感謝張
灝教授再一次充當我的導師。……本書中的一些見解與兩部關於中國思
想轉向西方的最傑出的兩本書的觀點不一致，這兩部書是張灝對梁啟超
的研究和史華慈對嚴復的研究，但我受到這兩部作品的影響是顯而易見
的。」[35] 墨氏也同樣地感謝余英時與杜維明讓他注意到新儒家，尤其是
唐君毅的重要性。從上述的感謝辭可以看出墨先生與張灝之間「亦師亦
友」的深厚交情。在墨先生的影響下我先後從事魏源、梁啟超與嚴復的
研究。

（一）魏源經世思想的研究

　　1982—1983 年以及 1984—1985 年墨子刻先生受到李國祁（1926—
2016）先生的邀請，兩度到臺灣師範大學歷史研究所擔任客座教授。當
時我是碩士班的學生，修了他的「先秦政治思想史」與「明清制度史」的
課，也擔任他的計畫助理。第一年我在他的課堂上寫了一篇有關「顧炎
武的經世思想與明清的社會改變」的報告。他將這一個報告與其他學生
如賴惠敏、徐淑玲、詹素娟等人的報告整合在一起，完成了一篇會議
論文："Ching-shih Thought and the Societal Changes of the Late Ming and
Early Ch'ing Periods: Some Preliminary Considerations"（經世思想與明末
清初的社會變遷：一些初步的思考）提交給 1983 年夏天在中研院近史
所，由劉廣京（1921—2006）與陸寶千（1926—）先生召開的「近世中國
經世思想」研討會。這一次會議在八月時召開，墨先生因為在暑假要返

---

[34] Thomas A. Metzger, "Acknowledgements," *The Internal Organization of Ch'ing Bureaucracy: Legal, Normative, and Communication Aspects*（Cambridge, Mass.: Harvard University Press, 1973）, p. vii.

[35] Thomas A. Metzger, "Acknowledgements," *Escape from Predicament: Neo Confucianism and China's Evolving Political Culture*（New York: Columbia University Press, 1977）, p. vii.

回美國，在會上這一篇文章由我代為宣讀。這一次會議張灝先生也交了
文章，亦即〈宋明以來儒家經世思想試釋〉，不過他也未能與會。後來
出版會議論文集時，張灝的文章與墨先生的文章置於卷首，作為討論經
世思想的傳統背景。張先生從宋明儒學的內部及與其他文明比較的觀點
來討論經世思想的特徵。他認為宋明以來經世觀念至少有三層意義。首
先，經世觀念代表儒家所特有的一種基本價值取向，一種入世精神，它
與基督的天職觀念和印度的「入世修行」觀念都不同。其次，經世的第
二層意義是「治道」或「治體」，指一種「人格本位的政治觀」，即「內聖
外王」的觀念，主張將政治與道德聯繫在一起。經世的第三層意義是「治
法」，就是討論用以實現「治體」的客觀制度規章。墨先生則較注意到經
世思想如何回應明清社會的變化（如一條鞭法），並強調顧炎武的經世思
想具有轉化的特色，對現實政治的批判性較強，而幾社陳子龍（1608—
1647）等人的經世思想（表現在《皇明經世文編》）則傾向調適，主張小
規模的制度的革新。[36] 這兩篇文章在經世思想研究上具有重要的意義，
也對我產生很大的影響。

　　在此要略為說明劉廣京先生與墨、張兩人的關係。根據墨子刻先生
所述，當他們在哈佛大學讀書時劉廣京先生擔任費正清討論課的助理。
墨子刻在此課上寫了一篇「鹽法」的文章，1962 年登在 Harvard Papers
on China 之上。[37] 這一篇文章曾得到劉廣京的多方協助。大約從此時
開始張灝也很欣賞劉廣京，兩人建立起深厚的友誼。墨先生說：在 1970

[36] 張灝，〈宋明以來儒家經世思想試釋〉，收入中研院近代史研究所編，《近世中國經
　　 世思想研討會論文集》（臺北：中研院近代史研究所，1984），頁 3—19。Thomas
　　 A. Metzger, "Ching-shih Thought and the Societal Changes of the Late Ming and Early
　　 Ch'ing Periods: Some Preliminary Considerations,"《近世中國經世思想研討會論文集》，
　　 頁 21—38。

[37] Thomas A. Metzger, "T'ao Chu's Reform of the Huaipei Salt Monopoly," *Harvard Papers
　　 on China*, 16（1962）pp. 1–19. 此一雜誌是費正清用來刊登優秀的學生論文的刊物。墨
　　 先生說他只刊登了一篇，而 Alexander Woodside 則發表了三篇。不過後來 Alexander
　　 Woodside 返回加拿大教書，而沒有應費正清之邀留在哈佛。

年代，劉廣京、張灝與我是十分親近的朋友，我們都受益於劉廣京的博學與智慧。這是張灝與墨子刻參加近世中國經世思想研討會的源由。

　　1984 年，墨先生再度返臺客座，我跟他討論碩士論文的題目。他提到費正清曾建議張灝研究魏源的經世思想，但張灝沒有採納。墨先生認為這是一個值得研究的題目，他鼓勵我以魏源的《皇朝經世文編》（1826）為題撰寫碩士論文。這一套書墨先生在寫博士論文時曾接觸到，他覺得此書可以幫助我們認識鴉片戰爭前夕中國士大夫以「經世」為中心的價值取向。此時的思想尚未受到西力衝擊，因此也可以幫助我們了解張灝所謂中國從傳統到現代的思想轉型（intellectual transition）。後來我選擇了《皇朝經世文編》「學術」、「治體」的文章來作分析。這也是張灝所謂經世思想的第二層意義，「治體」的層面。[38]

　　經世思想的研究在 1980 年代的出現有其學術脈絡。其中最主要的因素是為了回應西方學者有關中國文化與近代化的看法。首先，從黑格爾到韋伯都認為中國文化是停滯的。十九世紀西方人所形成的「進步史觀」認為西方文明具有改革的動力，能夠不斷革新與進步，中國卻完全相反，是在儒家思想控制下長期處於停滯與靜止的狀態。費正清在此一傳統影響下提出「衝擊──反應」說，他將中國近代化主軸說成是對西力衝擊的被動回應（即鄧嗣禹所編之書的書名《中國對西方的回應》China's Response to the West）。芮瑪麗教授（Mary C. Wright）在她的 The Last Stand of Chinese Conservatism: The T'ung-chih Restoration, 1862-1874（《同治中興：中國保守主義的最後抵抗（1862─1874）》；中國社會科學出版社出版，2002 年）也認為中國儒家思想雖然是有其價值，但卻無法適應近代化。同治時代的儒家政治家，如曾國藩等，盡力推動中國的富強，但其結果是失敗的。Wright 教授的結論是：儒家傳統與制度中，沒有通往近代化之路。1980 年代之後，西方研究中國的典範逐漸轉移到

---

[38] 黃克武，〈《皇朝經世文編》學術、治體部分思想之分析〉（臺北：臺灣師範大學歷史研究所碩士論文，1985），326 頁。

「中國中心」說，經世思想所具有儒家改革的精神是反駁上述是儒家思想為停滯與被動的一個很好的例子，也證明儒家思想與近代化沒有矛盾。

　　我有關《皇朝經世文編》的碩士論文是以一個具體的個案深入了解道光時期經世思想的「治體」，亦即此書的「經世理論」。後來墨先生在討論中國「市民社會」的觀念時，還徵引我的研究說明魏源的《文編》反映這些經世思想家體認到某種類型的理想的、聖潔的、立基於宇宙論的道德秩序或「社區社會」（Gemeinschaft），而且相信此一理想在三代時曾經存在。這種具有烏托邦精神的經世思想具有很強的連續性，因而無法合法化「結社社會」（Gesellschaft）。在烏托邦精神的映照下，儒家士大夫看到現實世界的許多缺點，而認為需要以「兼內外」的精神以道德為基礎從事制度改革。在改革精神方面，清代官僚制度中流行「溫和現實主義」（moderate realism），道光時期經世思想家受此傳統影響，大多數關心地方性、小規模的改革，然而他們仍抱有《大學》「八綱目」中的「內聖外王」的理想。[39] 這一觀察與張灝先生的觀念是相配合的。

　　1985 年 10 月，我從師大碩士班畢業之後，因為呂實強（1927—2011）先生的推薦，進入中研院近史所。不久，黃俊傑先生邀請我參加由清華大學主辦的一個集體計畫，研究「中國思想史上的經世傳統」。他並交給我一篇張灝先生的英文論文："Three Conceptions of Statesmanship in the Ch'ien Chia Era"（乾嘉時代三種經世的觀念）要我翻譯為中文（此文似乎一直未發表），我在翻譯的過程注意到張先生討論到乾隆末年陸燿所編輯的《切問齋文鈔》（1776）一書。學界一般都將乾嘉時期視為考證興盛的時代，張灝先生認為此時經世思想並未消沉，仍在當時的思想光譜之內。例如陸燿的《切問齋文鈔》就是一套主張經世的書籍，並對魏源的《皇朝經世文編》有直接的影響。張灝認為此書是以程朱理學為

---

[39] Thomas A. Metzger, "The Western Concept of Civil Society in the Context of Chinese History," in Sudipta Kaviraj and Sunil Khilnani eds., *Civil Society: History and Possibilities* （Cambridge: Cambridge University Press, 2001）, pp. 204-231.

圖 93　在 1995 年
的法國 Garchy 會
議中，張灝與黃
克武合影

基本的意理架構，編者特別強調理學中重實際的一面，但反對玄思瞑想
的部分，書中認為理想社會的建立，一方面依靠禮儀、風俗的道德力
量，另一方面則依靠官僚組織的技術改革。這一篇文章引起了我研究
《切問齋文鈔》的興趣。後來我所撰寫的有關《切問齋文鈔》的兩篇文章
是在這一個脈絡之下發展出來的。其中一篇研究《切問齋文鈔》的學術
立場，另一篇則討論此書有關官僚制度改革的具體意見。[40]

　　有關《皇朝經世文編》與《切問齋文鈔》的研究是我在墨先生的指導
下所做的以原始史料為基礎的學術研究。在做這些研究時墨先生不但教
我細讀文本，也教我如何擬定「問題意識」，然後在問題與史料的對話之
中來撰寫論文（此一思路也受到史華慈影響）。這引發了我走向學術研
究的興趣。1984 年夏天，也是「經世思想」研討會的隔年，從 7 月 9 日
到 27 日，我終於有機會見到張灝先生。這是在中研院所舉辦的「中國思
想史暑期研討會」之上。梁其姿曾記載「為期三週的研討會在臺灣學術
界造成轟動，因為三位主講者均是重量級的資深學者，也是媒體高度關

[40] 黃克武，〈理學與經世：清初《切問齋文鈔》學術立場之分析〉，《中研院近代史研究
　　所所集刊》，第 16 期（臺北，1987），頁 37—65。黃克武，〈乾隆末年經世思想論清初
　　官僚行政：《切問齋文鈔》服官、選舉部分之分析〉，中研院近代史研究所編，《近代初
　　期歷史研討會論文集》（臺北：中研院近代史研究所，1989），下冊，頁 579—618。

注的人物。除林毓生先生外，就是余英時與張灝兩位先生。這個在南港炎夏中進行的講座系列，在三民所明亮、寬敞、有舒適冷氣設備的新蓋大樓會議廳舉行。我清楚記得講座那些天座無虛設，盛況空前，也有媒體採訪與廣泛報導」。[41] 我參加了這一次的活動，當時暑期班的講義我還保留下來，余、張、林三人的演講引發 1980 年代臺灣學界對思想史的興趣。

（二）晚清思想史的研究：梁啟超與嚴復

　　1990 年秋天，我進入史丹佛大學攻讀博士學位。我的學術路徑和張灝先生相反，他是從梁啟超開始，上溯到傳統儒學的義理結構與宋明以來的經世思想。我則是從清代經世思想的研究走向傳統與現代碰撞之下的晚清思想。1992 年在墨子刻先生的指導下，我開始研究梁啟超。從墨先生《擺脫困境》的感謝辭可知他 1970 年代開始就想要針對史華慈的嚴復與張灝的梁啟超，提出不同的詮釋。我的研究承接此一學術關懷。

　　我的重點是梁啟超思想中非常關鍵的一個文本《新民說》。1992 年中，我完成一篇大約 50 多頁的文章。墨先生看了不太滿意，要我更系統地分析二手研究的成果，以及梁氏思想內涵，再將梁啟超的調適思想與譚嗣同的轉化思想做一對比。於是我又花了將近一年的時間修改、擴充，在 1993 年初寫出《一個被放棄的選擇：梁啟超調適思想之研究》的初稿。在書中我指出：多數作品都強調梁氏思想國家主義的特質，其中張灝的意見很具代表性：

> 他認為梁氏雖醉心西方民主，但他並不了解以個人為基礎的自由主義，因為對梁氏來說「群」的觀念為其思想的核心，而群體比個人重要；換言之，張氏以為梁啟超所關切的並不是個人的權利，而是集體（中國）的權利。他的結論是：梁氏無疑地對民主制度在中國的實現有一使命感，但他似乎並未掌握西方自由主義

[41]　梁其姿，〈余英時先生的古人精神世界〉，《古今論衡》，第 37 期（臺北，2021），頁 14。

的精義。張灝強調在 1898 年流亡日本至 1907 年之間，梁氏是一個集體性的國家主義者（statist），而此一傾向的思想基礎主要是所謂「達爾文式的集體主義」（Darwinian collectivism）。[42]

有關梁氏思想與中國傳統的關係，張灝以為梁氏肯定傳統不完全是因為情感的因素，而且也是由於他認為固有文化有其價值，例如梁啟超仍然肯定來自儒家傳統的私德，不過張氏以為，梁啟超思想的重要部分，均已離開了中國傳統；他更進一步談到梁氏思想與五四反傳統運動的接軌。至於《新民說》在近代思想發展上的角色，張灝強調《新民說》之思想與共產主義運動之關聯。他以為梁氏的群體主義的民主觀，與毛澤東的看法類似，他尤其指出梁氏新民的理想，與中國共產思想中「雷鋒精神」，有思想上的連續性，兩者均要求群體利益的優先性，而個人應為群體而犧牲。[43]

　　我的看法與張灝先生不同。在群己關係上，我認為梁氏思想與奠基於個人主義的西方自由民主傳統（彌爾主義）不完全相同，但他的思想中的不少觀念，卻與彌爾主義十分類似（包括具有張灝所說的「幽暗意識」）。梁氏雖然不是一個西方意義下的個人主義者，但也絕不是「集體主義者」或「權威主義者」，他對個人自由與尊嚴有很根本重視，我們可以說他所強調的是：非彌爾主義式的個人自由（non-Millsian emphasis on individual liberty），這種個人自由仍是以保障個人為基礎，但同時以為個人與群體有密不可分的關係，因此有時強調以保障群體價值，作為保障個人自由的方法。

　　其次，我強調梁氏思想深受中國傳統影響。而且梁氏上述對「非彌爾主義式個人自由之強調」，與他源於傳統的思想模式是結合在一起的。換言之，儒家傳統對個人的尊重，尤其是王陽明的良知觀念，是梁氏非

[42] 黃克武，《一個被放棄的選擇：梁啟超調適思想之研究》（臺北：中研院近史所，2006），頁 23。

[43] 黃克武，《一個被放棄的選擇：梁啟超調適思想之研究》，頁 24—25。

彌爾主義式的個人自由觀之基礎。因此他對文化修改的看法與張之洞的
「中體西用」，以及五四反傳統思想，都不相同，是一種「繼往開來」的
精神，在這方面他的觀點與新儒家比較接近。[44]

　　書稿寫完之後，我寄給兩位我很尊敬的梁啟超專家指正，一位是張
灝先生，一位是張朋園先生。後來兩位張先生都給我回了信。張灝先生
大體贊成我的觀點，但他信中特別強調梁任公思想中民族主義的一面。
他說：我們這一代中國知識分子都具有強烈的中國情懷，反對帝國主
義，關心「中國往何處去」，梁啟超那一代更是如此。後來我看他的作品
與訪談才更為了解此一情懷。1959年張先生到美國之後，閱讀了中國
30年代的作品，「發現了中國和作中國人的意義」。在1960年代寫作博
士論文期間，他出於強烈的「民族情感」而左傾，終於「在海外找到了中
國的民族主義」，「我不知不覺地進入1930年代中國知識分子的心境。
一旦發現了群體的大我，個人小我也無所謂了」。[45]從這個角度他回觀
歷史，而看到轉型時期是民族主義透過新的制度媒介在中國廣為散播的
一個時代。張先生的梁啟超研究與此一心境有密切的關係。他斷言：「早
期的改革者因而開啟了一個趨勢，這個趨勢在後來的中國知識分子中變
得更明朗，就是他們把民主融化在民族主義中，而看民主不過是民族主
義中的一項要素」。[46]張灝先生此一想法深受史華慈的影響，至1980年
代他開始思索「幽暗意識」的問題後，才逐漸轉有所改變。[47]

　　不過或許因為張先生也受到杜維明等人的影響，了解新儒家的重要
性與傳統的複雜性，因而比較能夠接受我從新儒角度所詮釋的梁啟超。
我在書中指出：

---

[44] 黃克武，《一個被放棄的選擇：梁啟超調適思想之研究》，頁32—34。

[45] 張灝，〈幽暗意識的形成與反思〉，收入張灝著，任鋒編校，《轉型時代與幽暗意識：
　　 張灝自選集》，頁59—60。

[46] 張灝，〈思想的轉變和改革運動（1890—1898）〉，收入張灝著，任鋒編校，《轉型時
　　 代與幽暗意識：張灝自選集》，頁168。

[47] 張灝，〈幽暗意識的形成與反思〉，頁61。

〔我〕認為儒家傳統，尤其是王陽明學派的思想傳統，對個人的尊重，是梁氏個人自由觀之基礎。這一看法涉及對「儒家傳統」的解釋，當然儒家傳統並非單一的概念，而是包含了許多複雜的成分，與多元的變遷，但有些學者以為其中具有核心的觀念，可以綜而論之。目前對此一課題大致有兩種不同的意見。第一種意見源於譚嗣同與許多五四時期的思想家，他們以為儒家傳統是一種集體主義與權威主義思想，是壓迫個人的，巴金的小說《家》，即充分反映此一觀點，西方學者不少如史華慈與 Donald J. Munro 等人，較傾向此一看法。第二種意見則反對上述的看法，以為儒家傳統中對於個人的尊嚴與自主性有很根本的強調，此一看法最早由當代新儒家如熊十力、唐君毅、牟宗三，以及其他一些反五四運動者，如錢穆等人所提出，在當代學者中張灝、狄百瑞、余英時與杜維明等人，都有類似的意見。作者較不接受第一種觀點，一方面是由於其中有些人僅強調經過歷代統治者「意識型態化」之後的「以三綱為代表的儒家思想」，而忽略了儒家傳統中「從道不從君，從義不從父」（《荀子·子道》）與「不以孔子之是非為是非」的精神，與其他可與現代生活結合的精神資源；另一方面，如果從第一種解釋來看，梁氏強調個人以及個人與群體調合的思想，顯然與「儒家傳統」中所謂的集體主義與權威主義不同，但他又與西方的集體主義或個人主義的傳統也不一樣，因此這一看法無法解釋梁氏尊敬個人之精神的來源，只能說這出於梁氏的創見，但這樣的說法很值得懷疑。作者以為從第二種觀點來看，卻可以澄清梁氏思想的來源問題，亦即儒家傳統中對個人的尊重，使梁氏以個人自由為基礎，來尋求個人與群體之間的平衡，對於熟稔中國傳統文化的梁氏來說，作者認為這是一個比較可以接受的解釋。[48]

---

[48] 黃克武，《一個被放棄的選擇：梁啟超調適思想之研究》，頁 183—184。

張灝先生雖不盡同意我對梁任公思想中民族主義之角色的解釋，不過後來中研院近史所請他審查我的書稿時，他還是表示支持此一書稿的出版。

張朋園先生（1926—2022）也在 1993 年兩度回我的信，他比較肯定我的著作，原因可能是他和李澤厚一樣都反對「革命典範」。[49] 他說「你談近年來對梁啟超的研究，我讀了有進一步的體會，我很高興你也對梁有興趣⋯⋯我們對梁的了解尚不夠全面性，他寫的東西太多了⋯⋯」。他又說：

> 你的大文《梁啟超調適思想之研究》我拜讀了一遍。正好出版委員會要我審閱，我就先睹為快了。我非常細心地讀你的大著，告訴老兄，我完全被你說服了，我同意你的看法。回想我三十年前討論梁的思想，那時受的訓練不夠，思想史的研究方法也沒有今天那麼周密，加上當時的研究環境十分簡陋，我自己的見解，想起來就汗顏，你不批評我，反而使我不好意思⋯⋯。[50]

在兩位張先生的支持下，拙作在 1994 年 2 月問世。這一本書出版之後，我立即開始有關嚴復的研究計畫。這一計畫所針對的是史華慈的《尋求富強：嚴復與西方》（*In Search of Wealth and Power: Yen Fu and the West, Cambridge: Harvard University Press, 1964*）。我很清楚要反駁張灝的民族主義的觀點，必須要能夠反駁史華慈，因為張灝的很多觀點是從史華慈而來。我花了近十年的時間來從事這一個研究，2001 年我完成了博士論文。2008 年我的英文書 *The Meaning of Freedom: Yan Fu and the Origins of Chinese Liberalism* 在香港中文大學出版。[51]

這篇論文以嚴復翻譯彌爾的《群己權界論》為基本史料，分析嚴復

---

[49] 黃克武，〈論李澤厚思想的新動向：兼談近年來對李澤厚思想的討論〉，《中研院近史所集刊》，第 25 期（1996），頁 425—460。

[50] 「張朋園致黃克武函」，1993 年 3 月 3 日、1993 年 4 月 4 日。

[51] Max K. W. Huang, *The Meaning of Freedom: Yan Fu and the Origins of Chinese Liberalism*（Hong Kong: The Chinese University Press, 2008），408 pp.

如何譯介西方自由主義到中國思想界。我指出嚴復部分地掌握彌爾思想，部分地誤解彌爾思想，又部分地批判或抵制彌爾的自由主義。他的翻譯與主觀的詮釋與批判結合在一起。嚴復雖受社會達爾文主義影響，然而他卻沒有將西方自由主義做為實現民族主義目的的一個工具，而是開創了一個獨特的中國自由主義傳統。此一傳統是中國現代政治文化的一個重要的組成部分。

史華慈關於嚴復的經典著作將他描述成一位以國家富強為首要目標的思想家。我的結論有所不同。我認為嚴復從儒家的立場能夠肯定彌爾對個人自由、尊嚴和終極價值的強調。然而，他確實沒有欣賞甚至理解彌爾自由主義的其他面向。例如彌爾的「悲觀主義的認識論」，他對人性和歷史的悲觀主義（即「幽暗意識」），以及他對伯林（Isaiah Berlin）所謂「消極自由」的強調。因此，在討論西方自由主義為何不容易在中國紮根時，應該考慮到嚴復的失敗，這也是中國人對彌爾自由主義的典型理解。

我的英文書出版後，Paul A. Cohen、Philip A. Kuhn 與 Guy Alitto 等三位教授曾撰寫書評，[52] 他們並沒有對我的核心論點提出挑戰，或許此一論點可以立足。我最感謝的是墨子刻先生，他不但為我的這兩本書撰寫序言，大力推薦，而且有一次他跟我說：「你的梁啟超的書寫得比張灝好，你的嚴復的書寫得比史華慈要好。我很為你感到驕傲」。這可能是恩師對我的溢美之辭。不過我真的很感謝他過去二、三十年來對我的幫助。我有關晚清思想史的研究繼承了墨先生在《擺脫困境》一書的理念，嘗試提出一個與史華慈、張灝等兩位近代思想史名著的一個不同的解釋。

---

[52] Paul A. Cohen "Review: *The Meaning of Freedom: Yan Fu and the Origins of Chinese Liberalism* by Max Ko-wu Huang," The American Historical Review, Vol. 114, No. 3（Jun., 2009）, pp. 734-735. Philip A. Kuhn, "Book Reviews: *The Meaning of Freedom: Yan Fu and the Origins of Chinese Liberalism* by Max Ko-wu Huang,"《中國文化研究所學報》No. 49（Hong Kong, 2009）, pp. 519-524. Guy Alitto, "Review: *The Meaning of Freedom: Yan Fu and the Origins of Chinese Liberalism* by Max Ko-wu Huang," China Review International, Vol. 18, No. 2（2011）, pp. 194-199.

四、餘論： 薪盡火傳

　　拙著 *The Meaning of Freedom* 出版之後，我仍繼續從事嚴復與晚清思想研究。1995 年秋天（9 月 13—16 日），法國的巴斯蒂教授在 Garchy 召開了歐洲思想對 20 世紀初年中國精英份子之影響研討會。我和張灝先生都應邀參加，在美酒、美食的陪伴下討論歐洲思想對中國的影響。（附照片兩張）張先生提交的是〈轉型時代在中國近代思想史與文化史上的重要性〉的文章，我所提交的是有關嚴復翻譯彌爾的研究。這一次會議島田虔次、狹間直樹、森時彥、佐藤慎一、石川禎浩等日本學者也參加，為一場盛會。[53] 張先生的文章後來在香港《二十一世紀》52 期刊出（1999）。此文為 1895—1925 年的研究提供一個重要的架構。2007 年為了向張灝先生致敬，在王汎森兄的邀約之下，十多位朋友共同撰寫了一本書，來發揮張先生的想法。我撰寫了〈近代中國轉型時代的民主觀念〉，收入王汎森等著，《中國近代思想史的轉型時代：張灝院士七秩祝壽論文集》。[54] 2010 年我又出版了《惟適之安：嚴復與近代中國的文化轉型》。這些文章都以張灝先生所提出的「轉型時代」的觀念為中心，探

---

[53] 參見黃克武，〈歐洲思想與二十世紀初年中國的精英文化研討會〉，《近代中國史研究通訊》，第 21 期（臺北，1996），頁 36—45。

[54] 這一本書出版之後我寄了一本給墨先生。不久墨先生來信指出我所描寫的張先生所說「轉型時代的知識分子以歷史潮流代替天意，同時保留了傳統對心的信念，其結果是一種近乎主觀意識決定論的觀念。我們可稱之為意識本位的歷史發展論」（引自張灝，〈中國近代思想史的轉型時代〉，《時代的探索》，臺北：聯經出版公司、中央研究院，2004，頁 60；《中國近代思想史的轉型時代》，頁 372），此一「意識本位的歷史發展論」受到他的作品的影響。墨先生並說：在 1980 年 JAS 的 "Review Symposium: Thmar A. Metzger's Escape from Predicament" 張灝曾反駁他，但後來又提出此一觀念，並說是他在 *Chinese Intellectual in Crisis* 已有此一觀念，是自行發展出來的。在 2008 年五至六月，兩人對此有多次信件來往，討論此一議題。墨先生對兩人思想交涉之描寫，參見 Thomas A. Metzger, *The Ivory Tower and the Marble Citadel: Essays on Political Philosophy in Our Modern Era of Interacting Cultures*（Hong Kong: The Chinese University Press, 2012）, pp. 207-214.

圖 94—95　（左圖）1995 年法國 Garchy 會議全體合影。（右圖）1995 年法國 Gar-chy 會議聚餐，巴斯蒂教授（中）旁為張灝、Don Price、黃克武、李華興

討晚清時中國與西方、傳統與現代相互激盪的時代特色。

　　在上述的研究中，我提及兩組重要的分析架構，此一手法可以看出我受到墨先生與張灝先生思想的影響（背後的淵源則是韋伯的方法論）。第一個分析架構是將西方民主傳統分為兩種，並分析兩種傳統在近代中國所造成的不同影響。第一種墨先生與我稱為「盧梭、黑格爾與馬克思的民主傳統」，張灝先生稱為「高調的民主觀」；第二種墨先生與我稱為「彌爾主義的民主傳統」，張灝先生稱為「低調的民主觀」。第二個重要的分析架構強調當我們在比較西方自由主義與中國自由主義時，必須要注意雙方在「人性論」與「知識論」上有不同的預設。西方的自由主義以張灝先生所說的「幽暗意識」（即「悲觀主義的人性論」），以及墨先生所說的「悲觀主義的認識論」（即「懷疑主義」）為預設，而中國的自由主義不但缺乏幽暗意識，而且常常奠基在「樂觀主義的認識論」之上。我有關嚴復的嚴復自由思想的研究與近代中國民主觀念的分析即以上述兩組分析架構來討論清末民初中國思想的演變。

　　《惟適之安》一書出版後，我寄了一本給張灝先生，請他指正。2011年 1 月 26 日收到他的回信。他說：

由外埠回來，收到大作《惟適之安》以及你的賀年卡，非常感謝你的盛意，俟安頓後一定仔細拜讀。寄上拙文〈殷海光先生的理想主義道路〉。這是我兩年前在臺北做的一篇演講，不知你看過否，請你指正。去年十一月底，因赴香港中大作預約之演講，不能去參加貴所諮詢委員會之會議，也請鑒諒。

我收到信後仔細閱讀他送給我的〈殷海光先生的理想主義道路〉。我發現張先生在分析殷海光思想時所採用的手法正是上述兩組的分析架構。他說殷先生的思想是以英國的自由主義傳統為主要背景，「英國自由主義，由於他們雙重的悲觀論──知識的悲觀論與人性的悲觀論，對政治秩序以及隨之而來的權力的行使，不敢抱奢望，不敢存幻想，與高調自由主義對政治秩序的樂觀態度及其相信政治有創造性地想法，適成鮮明的對照。」張先生又將上述的兩組架構與「建構型的烏托邦主義」與「指標型或方向型的烏托邦意識」結合起來，分析殷海光思想的變化，並指出殷先生思想之中，英國自由主義的反烏托邦傾向與具有理想主義性格的指標型的烏托邦意識是兩種重要的思想資源。上述張先生對「悲觀主義認識論」強調應該是受到墨先生作品的影響。[55]

墨先生也非常欣賞張先生所提出「幽暗意識」的觀念。在我所編的《政治批評、哲學與文化：墨子刻先生中文論文集》之中，[56] 他從「幽暗意識」的缺乏與「樂觀主義的認識論」兩方面來討論從孔子思想到當代中國思想界「烏托邦主義」。在書中，墨先生指出張灝的〈幽暗意識與民主傳統〉，是深入討論民主問題的文章，而他的貢獻十分例外。這種幽暗意識跟所謂「悲觀主義認識論」有關係，是西方自由主義中「容忍精神」的重要基礎。當代中國知識分子對民主的看法多半都缺乏幽暗意識，而樂

[55] 張灝，〈殷海光先生的理想主義道路：從公共知識分子談起〉，《思想》，第 14 期（2010），頁 1—18。

[56] 黃克武編，《政治批評、哲學與文化：墨子刻先生中文論文集》（臺北：華藝數位，2021）。

觀地認為民主「不會引起道德共識或思想紛紜的危機」。這個現象有深厚的傳統的根基。儒學強調「內聖外王」，主張「王道」、反對「霸道」，它沒有像西方思想主流那樣把正常的政治活動放在一種「幽暗意識」的前後關係中，而沒有偏到「悲觀主義的認識論」。墨先生語重心長地指出這是中國民主發展過程之中很值得反思之處。

　　從張先生與墨先生的文章中可以看出來兩人長期論學，而使他們的治學方法與思想內涵產生相互的激盪與影響。從韋伯理論汲取中國研究的思想資源；從人性論、知識論的角度分析儒學傳統、現代中國的烏托邦思想，以及從傳統思維模式與當代思想之間的連續性與非連續性，來反思自由民主在近代中國的歷程等議題，是 1960 年代以來墨、張兩人跟隨費正清、史華慈等哈佛老師學習而逐步建立的一個學術傳承。我從 1980 年代開始的學術生涯正是延續此一學術脈絡。我想從這個角度，我們或許可以更能體會墨先生在聽到張灝先生過世的消息時，很感慨地說：「張灝有他的偉大！張灝有他的偉大！」

圖 96　在 2010 年，張灝主持「第三屆余英時先生講座」

追念張灝先生：警覺人世與人性之惡

許紀霖

華東師範大學歷史系教授

2022 年 4 月 20 日，張灝先生，離我們遠去了。

在張先生生命的最後時光，遍目所及看到的世界，俄烏戰爭的殘暴、新冠疫情的肆虐、海峽兩岸上空沉重的烏雲，一定讓他傷心絕望。這世界不再令人著迷，甚至不再令人期待。瞭解他內心的朋友都知道，張先生的性格是外冷內熱，表面看來，是純粹的學人，淡泊節制，對人與事都保持一段審慎的距離。其實，他的內心是熾熱的，對國家和世界的命運有著深切的關懷。特別是他揮之不去的大中華情懷，更是刻骨銘心，只是不為一般人知曉而已。

我最後一次與張先生通電話，問：「先生最近在研究什麼問題？」他

圖 97　在 2005 年的榮休講座上，張灝教授與許紀霖教授合影

緩緩地回答：「我正在思考，為什麼在中國，人會被神化？」我不知道，他在生命的最後時光，是否找到了答案。但是，人的神化，正在現實中發生，這個「人」，既是抽象的、整體的「人」，也是具體的、肉身的「人」。相信人定勝天，人可以憑藉現代高科技、大資料和生命科學，再加上人的創造性意志，能夠戰勝大自然，包括各種瘟疫和病毒。

然而，被神化了的人真的能創造戰勝自然的奇跡嗎？張先生的老師史華慈教授是不信的，張先生更不會相信，現實中發生的一切也證明了人的虛妄。張先生一生以研究人的「幽暗意識」而著稱，人之所以無法成為無所不知、無所不能的上帝，無法成為大自然的主宰者，最重要的，乃是人性中有著無法克服和消解的「幽暗」與「惡」。

在張先生留下的文集當中，有一篇少有的慷慨激昂短文〈不要忘掉二十世紀！〉。二十世紀有兩場大的人類劫難，一個是慘絕人寰的兩次

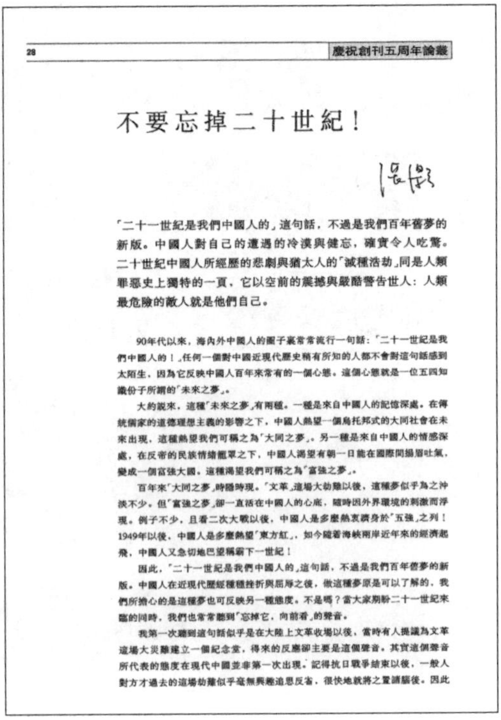
28　慶祝創刊五周年論叢

不要忘掉二十世紀！

「二十一世紀是我們中國人的」這句話，不過是我們百年舊夢的新版。中國人對自己的遭遇的冷漠與健忘，確實令人吃驚。二十世紀中國人所經歷的悲劇與猶太人的「滅種浩劫」同是人類罪惡史上獨特的一頁，它以空前的震撼與嚴酷警告世人：人類最危險的敵人就是他們自己。

90年代以來，海內外中國人的圈子裏常常流行一句話：「二十一世紀是我們中國人的！」任何一個對中國近現代歷史稍有所知的人都不會對這句話感到太陌生，因為它反映中國人百年來常有的一個心態。這個心態就是一位五四知識份子所謂的「未來之夢」。

大約說來，這種「未來之夢」有兩種。一種是來自中國人的記憶深處。在傳統儒家的道德理想主義的影響之下，中國人熱望一個烏托邦式的大同社會在未來出現，這種熱望我們可稱之為「大同之夢」。另一種是來自中國人的情感深處，在反帝的民族情緒籠罩之下，中國人渴望有朝一日能在國際間揚眉吐氣，變成一個富強大國。這種渴望我們可稱之為「富強之夢」。

百年來「大同之夢」時隱時現。「文革」這場大劫難以後，這種夢似乎為之沖淡不少。但「富強之夢」卻一直活在中國人的心底，隨時因外界環境的刺激而浮現。例子不少，且看二次大戰以後，中國人是多麼熱衷躋身於「五強」之列！1949年以後，中國人是多麼熱望「東方紅」，如今隨着海峽兩岸近年來的經濟起飛，中國人又急切地巴望稱霸下一世紀！

因此，「二十一世紀是我們中國人的」這句話，不過是我們百年舊夢的新版。中國人在近現代歷經種種挫折與屈辱之後，做這種夢原是可以了解的，我們所擔心的是這種夢也可反映另一種態度。不是嗎？當大家期盼二十一世紀來臨的同時，我們也常常聽到「忘掉它，向前看」的聲音。

我第一次聽到這句話似乎是在大陸上文革收場以後，當時有人提議為文革這場大災難建立一個紀念堂，得來的反應卻主要是這個聲音。其實這個聲音所代表的態度在現代中國並非第一次出現。記得抗日戰爭結束以後，一般人對方才過去的這場劫難似乎毫無興趣追思反省，很快地就將之置諸腦後。因此

圖 98　張灝的〈不要忘掉二十世紀！〉（第 31 期，1995 年 10 月）一文在慶祝《二十一世紀》創刊五周年發表

圖 99　在 2002 年的科大人文學部研討會，出席者包括廖迪生、高辛勇、許紀霖、張灝等教授及學部學生

世界大戰，另一個是從蘇俄革命開始到中國「文革」終結的烏托邦實驗。這兩場劫難，奪去了幾千萬人的生命，為世界留下了物理與精神的黑暗廢墟。張先生引用慕尼克猶太人紀念碑上鐫刻的名言：「忘掉歷史的人，勢將重蹈覆轍」，他說：「中國人能從兩次浩劫中活過來，能從無數災難中走過來，這就是希望，但這希望必須是經過苦難提煉的，必須是由憂患感昇華的」。[1]

　　然而，在二十一世紀生活了二十一年的張先生，目睹新世紀中種種的倒退、逆轉和頹敗，他一定很寒心地發現，世界可以變化，科技可以進步，但人性是永遠不會變的。幽暗與生俱來，而人性中的惡伴隨著系統的惡，在這個世界上無所不在。

　　在世界正處於惡之花到處泛濫的風雨飄搖之際，我想重溫一下他留下的文字之中，對人性中的幽暗意識、人如何被神化以及晚年對人性和人境（condition）中「惡」的思考，以此作為對張先生的追念，以回應這

[1]　張灝：〈不要忘掉二十世紀！〉，收入張灝：《時代的探索》，中央研究院、聯經出版公司（臺北）2004 年版，第 35 頁。

個時代所面臨的大問題、大疑惑。

張先生所說的幽暗，並非一般意義上的性格弱點，而是本體論意義上的宇宙與人性的內在本性。「所謂幽暗意識是發自對人性中與宇宙中與世俱來的種種黑暗勢力的正視和省悟」。[2] 但張先生特別補充，這種意識並非對本體論意義上的幽暗在價值上的認可，相反，與中國傳統中的法家、歐洲的馬基雅維利和霍布斯關於人性本惡的觀點不同，幽暗意識的背後，有著強烈的道德感，對幽暗保持一份警惕、反思和疏離。他在哈佛求學期間深受史華慈教授和尼布爾教授的影響，堅信基督教的人性二元論，人性中具有神性和幽暗性兩面，即有自我超越與昇華的神性，也有向下墮落的幽暗性。「人是生存在兩級之間的動物，一方面是理想，一方面是陰暗；一方面是神性，一方面是魔性；一方面是無限，一方面是有限。人的生命就是在這神魔混雜的兩級之間掙扎與摸索的過程」。[3] 張先生晚年日益堅信的對人性的看法，既不陷入淺薄的樂觀主義，也警惕法家、霍布斯式的冷酷，在理想主義與幽暗意識之間保持適當的平衡，不錯，無論從日常生活，還是在苦難歲月，我們都可以看到人性的這種內在張力。

然而，張先生終生思考的問題重心，乃是為什麼現代中國人缺乏這種必要的幽暗意識，以至於出現人的自我神化？以我的閱讀經驗，發現張先生是從兩個源頭來分析展開：古代儒家的道德理想主義和近代由啟蒙到馬克思的歷史理想主義。

先說儒家的道德理想主義。儒家乃是成仁成聖哲學，從孟子到宋明理學，都相信人性本善。雖然朱熹之後，受到佛教的影響，也深刻意識到人性中的「無明」，憂慮受欲望支配的生命中「小體」或「賤體」，有向下墮落的可能，然而，對人性持樂觀主義的儒家，依然相信生命中的陰

---

[2]　張灝：〈幽暗意識與民主傳統〉，收入張灝：《幽暗意識與民主傳統》，聯經出版公司（臺北）1989 年版，第 4 頁。

[3]　張灝：〈幽暗意識的形成與反思〉，收入《時代的探索》，第 236 頁。

暗面，是可以通過個人的道德修養加以根本性消除的，聖人與聖王不僅是可能的，也是必要的，這個世界應該由道德完善的個人由聖而王，實現理想之治。而源自於基督教觀念的幽暗意識，堅信人性中的陰暗面永遠無法根除，人神之間有著不可逾越的鴻溝，凡人不可能達到至善，也不會有「完人」的神性化統治。

　　張先生發現，不僅儒家有迷戀聖王的道德理想主義，而且中國思想的三大主流傳統儒道佛，都有一個共通的觀念：「人類的內在自我含有神性，而且經由道德或精神修為，人可彰顯天賦的神性，進而神格化。此一信念是以『天人合一』的精神觀作為基礎，而此一精神觀則是儒道二家思想的核心，雖然原始佛教教義並不標舉此一信念，可是大乘佛教在中國發展之後，它的核心思想卻與此信念頗有類同之處」。[4] 一般學者對道德理想主義的考察，只是到儒道佛三家為止，然而，思考深邃的張先生不滿足於此，他要追蹤「人類自我的內在神性」究竟淵源何處？

　　張先生從古老的「軸心文明」那裡找到了這個源頭。史華慈教授沿著雅思貝爾斯提出的「軸心文明」理論，曾經發起過「軸心時代」的討論。張先生循著老師的思路，進一步探索「軸心時代」中的「人的自我神化」秘密。之前關於「軸心文明」的研究，都指出各大「軸心文明」都以各自的方式，產生了「超越意識」，即在現實世界之上，建構了另一個超越的世界。這就是帕森斯所說的「文明的突破」。然而，張先生在前輩學者基礎上，偏偏多想了一點點，他發現：「要認識『軸心時代』的思想特徵，不能只限於超越意識，而需要進一步看到由超越意識衍生的原人意識，後者才是『軸心時代』真正的思想創新」。[5] 所謂的「原人意識」，指的是「超越意識」的內在化，內化為個人的自身生命，上帝、自然或者天命的超越意志，嵌印在人的內心。個人的內在心靈可以與超越意志相通，因此「在原人意識中，人的生命發展有其無限性、終極性與完美

---

[4]　張灝：〈扮演上帝：二十世紀中國激進思想中人的神化〉，收入《時代的探索》第 142 頁。

[5]　張灝：〈世界人文傳統中的軸心時代〉，收入《時代的探索》，第 11 頁。

性」。[6] 這些擔負著上帝意志或天命的心靈，即所謂的「先知」人物，「代表一種以聖賢英雄為企向的精神倫理，這種倫理我們稱之為『超凡倫理』或者『非常倫理』，以別於在近現代世界日益普及的世俗倫理」。[7] 這些擔當超越意志的精神先知，同樣秉承天命，他們與世俗王權構成了雙重權威，在張先生看來，啟蒙運動之後雖然超越世界消解了，但替代上帝或天命、擔當了普遍正義的啟蒙知識份子和公共知識份子，其精神氣質依然在「軸心時代」先知們的歷史延長線上。

後來，張先生將這種從「軸心時代」先知到近代啟蒙知識份子的精神氣質，稱之為「人極意識」（radical anthropocentrism），即相信人是世間萬物生靈中的特殊存在，是世界的立法者，可以代表普遍、永恆與絕對的價值。不過，張先生也指出，「軸心時代的」「人極意識」與啟蒙運動之後的「人極意識」畢竟不同，前者「在超越意識的籠罩之下，對人的限制是有自知之明，其與近現代人本中心主義所展現的人可能取神而代之的狂傲是不能同日而語的」。近代以還的「人極意識」，「認為人是首出萬物，唯我獨尊，有能力對宇宙任憑己意加以宰製利用」。[8]

在張先生的分析架構之中，既看到了「軸心時代」與啟蒙時代的歷史延續，又區分了二者「人極意識」的時代差異，可謂細微精到。張先生的思想史研究，打通古今中西，他的內心真正所關懷的，依然是當下：在二十世紀的世界與中國，啟蒙運動以來的「人極意識」，是如何被時代潮流所激化，蛻變為人的自我神化？這就要轉到他對「幽暗意識」的第二個源頭：從啟蒙到馬克思的歷史理想主義之研究。

張先生曾經說過：「我近十多年來對儒家的理想主義與馬克思的歷史理想主義，在同情瞭解的同時，也保持批判的距離」。[9] 所謂的歷史

---

[6]　張灝：〈世界人文傳統中的軸心時代〉，收入《時代的探索》，第 16 頁。

[7]　張灝：〈世界人文傳統中的軸心時代〉，收入《時代的探索》，第 18 頁。

[8]　張灝：〈重訪軸心時代的思想突破〉，收入張灝著、任鋒編：《轉型時代與幽暗意識》，上海人民出版社 2018 年版，第 39 頁。

[9]　張灝：〈幽暗意識的形成與反思〉，收入《時代的探索》，第 235 頁。

理想主義，那是 18 世紀啟蒙運動以後形成的單向直線發展歷史觀，其擺脫了傳統的歷史循環論，是基督教末世論的世俗翻版，相信歷史是由過去通向理想的未來之有目的的進步。到了 19 世紀，歷史理想主義通過無政府主義和馬克思主義得以激化，認定當前時代是歷史轉變的關鍵時刻，有一種強烈的危機意識，未來是光明的，現實是黑暗的，但是危難時刻孕育著復活新生的契機，從苦難的此世向得救的彼岸之間的跨越，取決於人的精神意志和激進的社會行動。二十世紀中國的三次大革命：晚清的反滿革命、國民大革命和中共革命，都充滿了這種來自無政府主義和馬克思主義的歷史理想主義精神。[10]

　　近代的歷史理想主義激化了傳統的儒家道德理想主義，在二者的相互融合之中，進一步催化刺激了「人的自我神化」。張先生有一篇非常重要的文章：〈扮演上帝：二十世紀中國激進思想中人的神化〉，初步闡述了他晚年想深入而未竟的問題。他從胡適、傅斯年、毛澤東、郭沫若等人身上，發現了近代中國知識份子從溫和的自由主義者到激進的共產主義者，都有一種源自於儒家傳統和啟蒙精神的「人的神化」的趨勢：「人的神化理念不但深植於中國傳統，而且也深植於近代思想中，五四知識階層同時承接這些固有及外來的觀念並以獨特的方式，將這些觀念一併陶鑄成當代中國激進的人極意識」。[11]人的自我神話，其中的「人」，有雙重內涵，一個是整體的、集體意志的人民，另一個是代表人民整體意志的英雄豪傑。張先生在文章之中，特別分析了青年毛澤東思想中「人的自我神化」，毛說：「服從神何不服從己，己即神也，己以外尚有所謂神乎？」[12]啟蒙運動之後，當傳統的「人極意識」失去了外在的天命羈絆，人成為「無法無天」的宇宙主人，人的自我神化被進一步激化。儒家的個體道德自主性放大為民族的集體之我，而集體自我最終又落實為

---

[10]　張灝：〈中國近百年來的革命思想道路〉，收入《時代的探索》，第 214—215 頁。

[11]　張灝：〈扮演上帝：二十世紀中國激進思想中人的神化〉，收入《時代的探索》，第 159—160 頁。

[12]　中共中央文獻研究室編：《毛澤東早期文稿》，湖南出版社（長沙）1990 年版，第 230 頁。

領袖的個人決斷。張先生在文章當中特別注意到五四時期的傅斯年和毛澤東在中共七大上對「愚公移山」這則寓言的闡述。愚公對子子孫孫挖下去的信心，在傅斯年那裡展示了對集體自我的樂觀信心，而在毛澤東這裡昇華為代表人民的黨之意志，最終將會感動人民這尊天神，實現革命的終極目標。

此刻重讀張先生文章之時，整個世界再次處於某種樂觀的亢奮之中，人工智慧的出現、大資料和互聯網的發展、生命科學的進步以及即將誕生的元宇宙，讓很多人都重新迷戀人類發明的技術之偉大神魅，想像一個無比美好的技術烏托邦世界。青年毛澤東曾經堅信人定勝天，人的意志力量和創造力最終將戰勝大自然，並且享受與大自然鬥爭的極端樂趣：「與天爭，其樂無窮。與地爭，其樂無窮。與人爭，其樂無窮」。[13] 然而，其樂無窮的鬥爭，要不要付代價？誰在付代價？縱然科技無限發展進步，能夠改變得了人性嗎？張先生所憂患的人性中的「幽暗」會因此改變或減少嗎？近十年來中國與世界的狀況無情地告訴我們，章太炎在晚清提出的「俱分進化論」是很睿智的，道高一尺，魔高一丈，善在進化，惡亦進化，人性中的惡不僅沒有減少，反而如跳出潘朵拉盒子的魔鬼一樣，借助高科技的魔力，以前所未有的速度在放大作惡。這就是我們今天所看到的嚴酷現實。

我注意到，晚年的張先生開始注意到「惡」的問題。他所說的「惡」，有兩個層面，一個是人性中的「惡」，另一個是人境（condition）中的「惡」。人性中的「惡」，來自與生俱來、無法消除的人性之幽暗面，但幽暗只是人性脆弱的一部分，指的是凡人都有在道德上墮落的可能性。但人性中的「惡」不同，並非每個人都有可能犯的道德小錯，乃是公共正義層次上的不正當之惡，張先生受到漢娜·阿倫特的啟發，將人性中的「惡」分為「極惡」和「常惡」兩種。「極惡」來自於人性中的極端的魔性，有著邪惡的動機。但吊詭的是，最邪惡的動機和最殘暴的行為，往往是

---

[13] 李銳：《毛澤東的早年與晚年》，貴州人民出版社（貴陽）1992年版，第256頁。

圖100　2005年，許紀霖、張隆溪、張灝、李歐梵、陳方正等教授在榮退學術座談會上

以善的名義進行的。以惡行惡，惡是有限度的，因為行惡者明白違背了內心的良知；但以善行惡，惡的行為上不封頂，下無底線，行惡者自以為代表天命，代表人民的整體意志，內心沒有絲毫的敬畏，任何難以想像的傷天害理之事，都可以大打出手，無所顧忌。從法國大革命時期的雅各賓專政到史達林時期的大清洗，都是以善行惡的極端案例。

　　張先生雖然沒有直接研究「極惡」，但他從思想史的角度探究了「極惡」的一個重要源頭：以追求至善為終極目的近代中國的烏托邦主義，特別是二十世紀三大革命高潮中呈現的剛性烏托邦主義，[14] 他還特別注意到，這種剛性烏托邦主義，與他稱之為的「高調的民主觀」有關，這種從盧梭開始並由馬克思所繼承發展了的民主觀，「是以集體主義為基調而又非常理想化的；在民主共和政治之下，不但人人自由，而且個人自

[14]　張灝：〈轉型時代中國烏托邦主義的興起〉，收入《時代的探索》，第161—208頁。

由的歸趨是一個和諧無私的社會，這是一種接近烏托邦的民主觀念」。[15]
晚清以後，中國知識份子所接受的民主觀，基本上就是這種類型的與民
族主義、民粹主義內在結合的「高調的民主觀」。歷史上許多「極惡」的
暴行，背後都有一種美麗烏托邦的理想、包括直接展示人民意志的「大
民主」作為背書。經歷苦難之後的中國人是健忘的，從歷史中得到的唯
一教訓就是，人們不能從歷史中得到任何教訓。

　　與「極惡」相對的，是張先生所說的「常惡」，即漢娜‧阿倫特所說
的「惡之庸常性」（banality of evil）。「常惡」來自於人性中的幽暗，雖然
沒有罪惡的動機，只是被動地執行上級的指令，但因為缺乏內心的獨立
思考和良知喪失，就像阿倫特所分析過的納粹分子艾希曼那樣，封閉在
自我狹小的認知世界之中，不能從他人的感受中換位思考，也從不顧及
行為的後果，既缺乏馬克斯‧韋伯所說的「信念倫理」，更匱乏對行為結
果擔當的「責任倫理」，即使有「槍口抬高一寸」的彈性空間，也像機器
人一般無動於衷，自願成為行政機器上的殺人工具。著名的米爾葛蘭實
驗，也證明了「常惡」在凡人中普遍存在的可能性，對命令的被動服從
性要遠遠超過對施暴物件的同情憐憫心。有著邪惡動機的希特勒是很少
的，但每個人內心都有一個艾希曼，「常惡」普遍於幽暗的人性之中。

　　張先生非常感慨地說：「阿倫特對『罪惡的庸常性』觀察，使我看到
人世間黑暗與邪惡的出沒無常，無所不在，不僅需要審查人的內在動
機，有時也需要把邪惡與人的動機分開，在人的內心以外去尋找。這
裡我要特別強調人世陰暗的兩個外在源頭：制度與文化習俗或思想範
圍」。[16] 由此張先生轉向了對「人境」中的惡的重視。雖然他作為思想
史家，對此著墨不多，也並非其研究重心所在，然而，我想借助這篇短
文，與張先生的在天之靈有所討論。我覺得，張先生在研究二十世紀中
國悲劇性源頭的時候，過於重視儒道佛三家中由於對人性樂觀期待、而

---

[15] 張灝：〈中國近代轉型時期的民主觀念〉，收入《時代的探索》，第 64 頁。

[16] 張灝：〈我的學思歷程〉，收入《轉型時代與幽暗意識》，第 393 頁。

匱乏基督教的「幽暗意識」，相比之下，他對中國傳統中的法家在現代中國投下的巨大陰影似乎缺乏重視。與歐洲的馬基雅維利和霍布斯一樣，法家思想對人性的看法是非常陰暗的，利用人性中的幽暗，那種自我保存的本能以及對失序的恐懼感，建立利維坦式的大一統絕對專制。王元化先生在「文革」期間曾經對法家的性惡論有尖銳的批判：「倘使人性中沒有潛在的善的基因，不管強制性的外在力量多大，化惡為善是不能的」。王先生對韓非利用人性之惡借助君主的絕對專制控制社會的理論深惡痛絕：「過去我只對韓非的法、術、勢深覺反感，一旦我弄清楚了性惡論的實質，我不禁對這種殘苛理論感到毛骨悚然。它給天下蒼生帶來多少苦難！」[17] 我相信，張先生一定會同意王先生的看法，他後來再三說明，與法家、馬基雅維利、霍布斯對人性的看法截然不同，幽暗意識「仍然假定理想性與道德意識是人之所以為人不可少的一部分，唯其如此，才能以理想與價值反照出人性與人世的陰暗面，但這並不代表它在價值上認可或接受這陰陽面」。[18]

　　與二十世紀的革命年代不同，二十一世紀的「人境」發生了很大的變化，互聯網和高科技使得人的自由獲得了足以周旋的巨大空間，同時也為全能主義（totalism）對社會的控制擁有了更有效的技術手段。史華慈教授在〈盧梭在當代世界的迴響〉一文中，曾經天才地提出過兩種烏托邦的全盤社會改造工程：盧梭式的致力於人性改造的道德工程和笛卡爾式的致力於理性控制的技術工程。史華慈認為，毛澤東的烏托邦主義更多地體現為盧梭式的塑造社會主義新人的道德工程，「由於毛澤東的去世，中國引人注目地轉向了我所說的工程—技術取向」。史華慈認為，工程—技術的烏托邦模式是建立在霍布斯自我保存的人性觀上：「就像工程師要求基本的原材料成為適於其目的的道具一樣，工程—技術取向在處理複雜的人類社會問題時也依賴與高度的簡化，它將人（或者大

[17]　王元化《思想發微序》，王元化：《清園論學集》，上海古籍出版社 1994 年版，第 557 頁。
[18]　張灝：〈幽暗意識的形成與反思〉，收入《時代的探索》，第 236 頁。

圖 101　於 2005 年，
孔令琴女士、張灝教
授、王汎森教授及許
紀霖教授在張灝教授
科大寓所中留影

多數的人）塞進一個可預測的模式中，還強調人對安全的需求和生理需求─趨樂避苦─的滿足。」[19] 這種工程─技術取向，在技術上達到了爐火純青的地步。付諸於執行的行政系統，如同丸山真男所說，是一個「無責任的體系」，每一層級的官僚，都宣稱自己只是執行上級的指令，不擔當道德和法律責任，不對行為的結果負責，漠視人的生命與尊嚴。而處於生死邊緣的民眾，又是如綿羊般順從，互相妒忌，相互傾軋，以自我保全為唯一的生存之道，人人陷在囚徒困境之中而不能自拔。

　　人境中的惡，歸根結底來自於人性中的惡。人性中的惡，是如何建制化，剝離了責任倫理，去政治化，去倫理化，形成一套「無責任的體系」？關於這些問題，張先生一定有思考，可惜沒有留下文字。他晚年在回憶自己一生心路歷程的時候，有一段很沉痛的話：「我從二十世紀七十年代末期以來，結合了基督教的罪孽意識與我在二十世紀歷史再認的過程中，對空前慘烈的人禍長達二十年的觀察、審視與反思，形成我對人世與人性中的黑暗的高度警覺。一方面警覺它們是無所不在，到處

---

[19] 史華慈：〈盧梭在當代世界的迴響〉，收入許紀霖、宋宏編：《史華慈論中國》，新星出版社（北京）2006 年版，第 110、95—96 頁。

隱伏，既內在於人性，又出沒於人境。另一方面也警覺這陰暗面，在人類歷史裡層出不窮、變化多端，令人無法預測它在未來會以什麼形式出現。只有靠我們不斷的今天，才能在人世對它作不斷的抗拒、繩範和防堵，這就是我的幽暗意識」。[20]

在互聯網和高科技凱旋高歌的二十一世紀，善良的人們對未來過於樂觀了，真的以為人類依靠技術的力量，可以創造一個美麗的、符合人性的新世界。然而，他們忘卻了人性中另有幽暗一面，還有潛伏在幽暗之中的各種「惡」。在這樣的時刻，重讀張灝先生的文章，不啻是一劑醍醐灌頂的清醒劑。

這讓我想起，反法西斯主義的捷克作家伏契克在臨上絞刑架之前，留下的最後一句話是：「善良的人們，我是愛你們的，你們要警惕啊！」

圖 102　張灝著、任鋒編：《轉型時代與幽暗意識》（上海人民出版社，2018 年）書影

---

[20] 張灝：〈我的學思歷程與幽暗意識〉，收入《轉型時代》，第 394 頁。

追憶張灝先生早期的思想學術發展與生活點滴

丘為君

臺灣東海大學歷史系教授

感謝任鋒召集這個會議，讓大家能夠聚集在一起來紀念張灝先生在學術研究上的卓越貢獻，也非常感謝許紀霖教授長期在學術上，推廣張灝先生的思想在中國大陸的傳播。張老師很多學術思想的精華，剛剛紀霖兄都已經做了精要的說明。將來如果有機會，我們可以召開一個關於張灝先生學術方面的會議。今天因為時間關係，不太可能在這裡進行專題式的學術研討會，我就把張先生早期的思想變化跟生活點滴，向大家做一個報告。

關於張先生的早期思想發展，華人世界認識他的人沒有那麼多，主要是與他早期的著作偏向英文書寫的緣故。為什麼這樣講？因為當時在俄亥俄州大還有一位教中國史的先生，他是 Samuel C. Chu（朱昌峻，1929—2013）。朱先生的專業是研究張謇，但是我們跟他的接觸比較少。他在美國長大，中文講的也還好，但是華人學術圈認識他的人就比較少，主要便是他中文著作量不多的緣故。

張老師為什麼會有開始用中文書寫這樣的轉變，我的觀察有幾點。首先是他可以用流利的中文跟大家溝通，而且這點得以實現，主要還是需要有一些機緣。我大概是在 1980 年代的中期來到俄亥俄州大跟張老師學習。從現在來看，這個時候張先生已經具備了可以用中文書寫的客觀條件。因為大概在 1975 年前後，他那時候 38 歲，已經是正教授了，可以不需要再用英文寫作來滿足美國學院派的要求。一般我們在 38 歲，對很多人來講才剛剛起步而已。但是他那麼早就已經在研究壓力極大的

美國學術界站穩，算是在學術思想上非常早熟的。

在 1975 年蔣介石（1887—1975）過世之後，華人學術界裡發生了一個重大變化，這個變化主要是由余英時（1930—2021）先生所啟動的。余先生那篇在《聯合報》副刊連載的〈反智論〉的文章，在臺灣與華人世界引起了廣泛的迴響，後來這篇長文收入了 1976 出版的《歷史與思想》一書。《歷史與思想》獲得了社會上熱烈的回應後，余先生便開始鼓勵跟他比較熟的幾位研究中國思想史的朋友，包括林毓生（1934—2022）、張灝、杜維明（1940—）等先生，希望他們能多用中文書寫，回饋中文世界的年輕讀者。

這個華人學術圈細緻的變化，在 1975 年之後慢慢出現，由於張老師本身已經沒有升等壓力，便可以在這個機緣下，開始使用中文書寫，與中文世界接觸。在這方面，他有幾個具體的成果。例如他 1982 年在臺灣《中國時報》副刊上面就刊登了大家很熟悉的，後來非常重要的文章〈幽暗意識與民主傳統〉。一個報紙副刊上面出版這樣嚴肅的文章，是非常罕見的，主要是跟當時的副刊主編高信疆（1944—2009）先生有關係。高先生所主持的紅遍海內外的《中時》副刊，一直很重視文化與

圖 103　在「第三屆余英時先生講座」上，張灝教授主講了〈傳統儒家思想中的政教關係：一個歷史的考察〉

思想議題，他也長期跟張灝老師保持友好關係。後來在 1980 年代後期，卸下《中時》副刊工作，來到美國威斯康辛州大學（麥迪遜 Madison）進修的高先生，和兩位年輕作家朋友古蒙仁（1951—）羅智成（1955—），也來到過俄亥俄州哥倫布市（Columbus, Ohio）作客，我接待了他們，並安排他們跟張老師見面。

在中文寫作方面，除了〈幽暗意識與民主傳統〉，另外在 1984 年中研院近史所開的一個關於經世思想會議上，張老師也提了一篇叫〈宋明以來儒家經世思想試釋〉的文章。這篇文章當時注意的人比較少，但是它的厚度其實不亞於〈幽暗意識與民主傳統〉。

張灝先生的自由民主問題思考與儒學問題研究，看起來好像是兩條不同的路線，其實這當中是有內在聯繫的。〈幽暗意識與民主傳統〉初讀好像是關於西學的問題，但是在這個西學的提問當中，他卻又連接到中國儒學中最深沉的思想裡面去了。要瞭解〈幽暗意識與民主傳統〉這篇文章為何能夠出現，簡略地對當時臺灣政治社會背景的說明，是有幫助的。

在 80 年代初期，臺灣有這兩種很微妙的趨勢在開展：當局持續的政治高壓與民間蓬勃發展的民主運動。臺灣從 70 年代開始，不論是權力精英或知識精英，都一直在持續討論民主轉型問題，到了 80 年代前期，大學校園內外各種關於自由主義和民主制度的座談會，如雨後春筍般。必須指出的是，那時候無論在後蔣介石時代（1975—1978）或在蔣經國主政時代（1978—1988），臺灣的政治氣氛都還是非常肅殺緊張的；但是另一方面，民主呼籲包括批判當局的黨外雜誌或衝撞黨國體制的黨外運動等等，都一直在推動當中。

臺灣於 70 至 80 年代討論自由民主問題，多半用西方社會科學方式來處理，但是張灝老師他走出一條蠻奇特的路徑。他既不是完全套用西方社會科學的路徑，也不是用新儒家的代表性思維方式（民主開出論）。他自己摸索開出一條路徑，就是從西方政治理念當中，找出其民主傳統的內在根源，然後跟中國宋明理學傳統（特別是內聖方面）來連接——即是用幽暗意識與民主傳統來處理這個問題。在這樣的框架中，如果是處

理幽暗意識與民主傳統，那麼新儒家當中，徐復觀（1904—1982）先生在這個議題上是曾經用心探索過的。但可惜沒有系統地開展出來。對這個問題有興趣的朋友，可以以後慢慢再去探討。

新儒家曾經從「憂患意識」去思考民主這個問題。但是，憂患意識在本質上不是一種宗教意識，而是人文意識。在宗教意識裡，人透過政治社會現實的反射，而暴露出自我的本質，其實是由永無止境的欲望所構造的。這種明顯的缺陷性，以及與之相伴而來的脆弱性，適與無所不能但又慈愛的神，成強烈的對比。對照來看，張灝先生的「幽暗意識」理論，主要是從西方的基督教傳統或者說是基督教神學中推出來的，並企圖跟中國傳統（尤其是宋明理學傳統）裡的苦行理論（asceticism）——即是天理人欲二元論述，來相連接。就這點而言，幽暗意識它是具有非常濃郁的宗教特徵，尤其是在基督教的原罪（sin）傳統裡面。

值得注意的是，張灝先生關於幽暗意識與民主傳統的思想體系，大概在 1975 到 1985 年這十年當中，基本上已經發展起來了，而且建立的相當完整；之後都只是做一些修補而已。這裡必須一提的是，他之所以會持續關注、思考自由民主問題，與他臺大啟蒙師殷海光（1919—1969）先生的長期通信與討論自由主義問題，有很大的關係。但這裡限於篇幅我們就不展開了。

張灝先生雖然思索與關注大問題，但是他的生活則是極為簡單低調。例如他很早就擔任一個大學講座（42 歲起），卻很少向人提及。我有一次曾經向他提問這個講座的性質與背景，他也輕輕帶過。大概從 1979 年到 1985 年，他在俄亥俄州大學擔任 Wiant Professor of Chinese History and Culture，因為很低調，大多數與他接近的華裔留學生，都不知道有這件事。

1984 年張灝先生最開心的事情之一，莫過於他哈佛指導教授史華慈（Benjamin Schwartz,1916—1999）先生與其夫人一起來訪。對他們這兩位師徒而言，這應該是一件比較罕見的事情，而此行也可能是名滿天下的史華慈教授第一次來訪俄亥俄州大學。史華慈教授那時候 68 歲，已

圖 104　1984 年，丘為君、史華慈教授夫婦（Prof. Benjamin Schwartz）及張灝在俄亥俄州州立大學校園內合影

經退休了；他大概看他的學生們都已經在各重要學術機構站穩了，所以特別遠道過來看這位得其心傳的傑出學生。總的來看，1984 年這一年當中，張老師那時候 47 歲，在各方面，無論是在體能或者學術思想上，他都是處於巔峰狀態。

我在 1984 這一年來向先生學習並且擔任他的研究助理（RA），主要工作就是協助他完成其代表作 *Chinese Intellectuals in Crisis: Search for Order and Meaning, 1890—1911*（《危機中的中國知識份子》）的出版。這本佈局非常龐大、論述結構極其浩繁的論著，基本已經是完稿階段。我的主要工作是幫他找書借書，做部分稿件修訂，以及打字、校對排版等等工作。

1980 年代初期，大多數的研究人員都還是用電動打字機打字，那時候電腦剛要出現而已，市場很混亂，基本上是三強鼎立局面：Apple II，IBM PC，還有一個大家現在很少聽過的，叫王安電腦（Wang Computer）。所以張老師的手稿《危機中的中國知識份子》，扣除導論與結論前後兩章，內容主要有四章，基本上就是用這三種不同的電腦來打的。因為老師自己不會打字，也不懂電腦這些東西，當時我受命幫他打這些書稿，直接對他負責，有秘書工作的性質，對他來說，行政程式上也比較簡化。但是歷史系安排給我的電腦，卻是這三種不同的機器，（如今回想，可能在我接手打字之前，已經有若干書稿章節，分別交給歷史

系裡的不同行政工作人員，用這三種不同的電腦打字）。令我頭痛的事，這三種機器是不相同的輸入與指令系統，而且 Word Processing 才剛剛面世、開始流行，當時也還沒有出現 WWW 這種可以上網查資料的互聯網，因此電腦使用者都必須參考厚厚一本的使用手冊，大概有 500—800頁這麼厚。這樣，結果大概就可以想像了。因為打完後要整合，整合的時候要將三種不同系統整合為一種，稿件就大亂了。亂了以後就苦了師母廖融融（1941—2019）女士，因為最後師母要把我打出來的東西，重新校對。其實打出來的每一章節，機器是沒有問題的，但是每次整合在一起就大亂，師母就必須重頭去看到底文稿哪一部分又出了什麼問題，這樣她的工作就加重。

　　這個工作大概進行三年時間，《危機中的中國知識份子》大概在1987 年完成出版。這本書是張老師一生最重要的英文著作，以後他大部分的作品，主要多半是用中文來書寫。這樣看來，1987 年可以說是他寫作生涯的一個分水嶺。例如這當中，隔年也就是 1988 年，他就出版了討論譚嗣同思想的那本書《烈士精神與批判意識》；這本書基本上是從《危機中的中國知識份子》裡面分出來的，因為他有一些想法，在那本書裡面寫不進去，於是就把它拿出來獨立成冊。

　　後來張老師繼續對幽暗意識有一些新的反省與想法，提出了超越意識的問題，他再次回到那個幽暗意識的框架裡面去。這些反省與想法，具體在他 1989 年寫出的〈超越意識與幽暗意識——儒家內聖外王思想之再認與反省〉這篇文章中。這篇文章可以跟 1984 年〈宋明以來儒家經世思想試釋〉一起看。在此之前，多數的張灝先生讀者，主要多半看重他在近代中國的轉型時代這個議題，比較少人去注意到他對儒家問題方面非常具有原創性的思考。也就是說，如果不瞭解他對儒學問題的研究，就不容易深刻體會〈幽暗意識與民主傳統〉的核心議題。

　　大概在 1989 年，張先生的思想發展進入到另一個階段，這個時候他大概在 52 歲左右。這一年中國發生了大型學生運動，那時候他作為象牙塔裡的書生，在時代的刺激下，竟然也走出了書齋，在俄亥俄州大校園中

也參加了一些遊行與抗議活動等。89 年這件事發生後，他的思考就更傾向以中文來書寫與表達，所關心的課題就是像百年來中國的革命運動、民主運動、烏托邦運動、共產主義運動，和民主主義跟民族主義問題，以及還有更為根源性議題的軸心時代等宏大的、與時代休戚相關的議題。

最後我想花一點點時間，來稍微說明一下張先生對我的學術訓練，跟他生活中的若干點滴。在學術訓練方面，在我一開始接觸張老師的時候，他是要我先讀韋伯的著作，而不是先讀近代中國方面的研究。這是私下的師徒制訓練，不是正式課堂上的要求；大約每一兩個禮拜，我就要必須跟他報告我讀韋伯的進度與心得等等。他認為韋伯在許多領域方面，例如比較宗教、官僚體系問題、資本主義與理性化問題等等，都具有過人的洞見與原創性。他強調我要學習韋伯的比較文明視角，去思考中國問題。從這個角度來看，他便要我去上中東史課程。由於我是在歷史系，不是在偏重漢學訓練的東亞所，所以世界史方面的課程很多。

上完中東史之後，我也修過日本史與接受東南亞研究方面的訓練。東南亞方面課程不在歷史系而是在政治系，比較偏重在社會科學方面的訓練。當時我的主修（major）在歷史系，輔修（minor）則在社會科學，特別是政治學與社會學這兩個領域。在中國史方面，我主要就是跟張老師學習，另外也上過朱昌峻先生一門課。回想起來，當時張老師要我學習很多西方社會科學與人類學相關課程，而我自己也從這些訓練中獲得無限的知識趣味，例如 Robert Bellah, Clifford Geertz 的作品，都是與張老師私下討論的談資。

這是在學術訓練方面，他的生活點滴我也稍微介紹一下。張灝先生作為一位傑出的思想家與學問家，他的思想世界則跟他的生活是相關的。比如說大家都注意到，他看起來是一位嚴肅的教授，其實他的性格非常的溫和。你看他的思想世界的非常西化的，他的思想運作模式也是西式的，事實上從他的整個生命價值來講，卻是非常注重中國（儒家）傳統的。他有一句話讓我非常印象深刻，也一直謹記在心，就是強調我們做人要講究人情義理。當時我不太懂，後來我仔細觀察他跟人的交

往，才瞭解到所謂的人情義理，大概是怎麼樣的運作模式。

　　試舉一例說明。在北卡（North Carolina）那邊有一位年輕的美國教授寫了一封信給他，說他的研究跟張老師的領域有一點重疊，希望不會冒犯。張老師就寫了一封短信回覆他，寫的非常慎重，而且改了好幾遍，讓我幫他打字。一般人今天可能用一兩分鐘就以電子郵件回復了。但是，他這封信就改了一兩天，文詞用的非常優雅，說我們是在各種不同的跑道上奔馳，大家都有權利與資格這樣努力。在這些方面，他是非常注重這些小節的。

　　對於現實生活，雖然他在美國已經居留數十年年，但還是不太會處理美式生活裡的基本運作，比如說他不會打字、不會用電腦。對一些美國生活上面最關鍵的項目之一，例如汽車，他也不太認識。有一次他開車載我去吃飯，開到半路上，車子竟然壞了，我非常著急，當時還沒有手機那樣的東西可以做緊急聯絡。我先將汽車引擎蓋打開來看，發現水箱裡一滴水都沒有了。我說老師你這個車子都沒注意保養就這樣開，是有危險性的。車子故障停在馬路邊，但張老師似乎並不著急處理車子故障問題。我們兩人在馬路邊，我一邊處理汽車，他則開始跟我大談韋伯的問題。一般人出行碰到這種車子拋錨的情況，應該都會非常著急。但是他就是一位這樣活在他思想世界裡面的學者。

　　另外還有一個他告訴我的故事，也頗能反映他的學術生活狀況。他跟加州大學（UC Davis）歷史系劉廣京（1921—2006）教授一向友好，計劃一起去洛杉磯開會。張老師是從美國中西部搭機到西岸，先跟劉先生會合後，再一起從北加州的舊金山灣區，開車到南加州的洛杉磯。他們兩個人在高速公路上開車時，大概在爭論學術問題時過於專注與激烈，而就忘了車速，結果超速了被警員給攔下。美國警員說，你們兩人看起來年紀都不小了，為什麼還開快車超速？劉廣京先生就跟員警說，因為他們在討論學術問題，可能爭論太激烈了忘了注意車速。警員一看，這兩人一眼望去就像是象牙塔裡充滿書卷氣的教授模樣，於是就放他們一馬，沒有開罰金。他們就是這樣，完全生活在思考的世界裡。

　　張老師的日常生活確實非常單純樸實。有一次他要我替他處理一個小問題。這個小故事也充分反映了他的行事風格。事情是這樣的。臺灣南部有一份報紙，忽然不請自來寄了一筆還算優渥的稿費支票，說慕名而來請他幫報紙寫稿子。張老師為此頗感困擾，最後決定將稿費退回。我知道他不是收入很豐厚的那種學者，就建議說稿費不妨先收下，稿件日後可以慢慢再寫。他說他大概沒有什麼時間，於是給報社回了一封信，說將來若有機會再替報社寫稿，現在先把稿費退回。由此可見，他對物質的欲望不高。另一方面，他的寫作也不是屬於那種作家型態的創作。

　　1992 年是張老師與我都是開心的一年。我是在 1992 年 6 月從俄亥俄州大學歷史系完成學業畢業，在這裡追隨先生學習 8 年有餘。這 8 年多是我生命中最豐收也是最快樂的時光。這一年，張灝老師 55 歲，榮獲中研院院士殊榮。在他獲得院士殊榮之前，他的學術成就，不論是他兩本英文學術專著，或者是近代中國轉型期概念，或者幽暗意識與民主問題，或者是宋明理學研究中提出的原創性見解，基本上都已經被世界學術界所肯定了。我是在這一年辭別了先生。之後跟老師接觸就比較少了，因為回到臺灣到大學任教，帶著家庭開始一個全新的生活和完全不同的挑戰。

　　張灝老師是在 1998 年從俄亥俄州大正式退休，在此任教長達 30 年（1968—1998），然後轉到亞洲來，應聘去香港科技大學任教。我在 1996 年—1997 年當中，剛好有機會在舊金山灣區的加州大學做一年的訪問學者。這段期間，大約在 1997 年春夏之際，我飛到哥城探訪老師，那時候他已經決定接受香港科大的邀請。我過去俄州那邊，主要是幫他整理、打包研究室的書籍。而這變成了我與他在美國的最後相聚。從他 1998 年到香港任教之後，到 2005 年退休，這七年當中與他見面的機會就比較少，只有趁著他來南港開院士會議之便，可望見他一面請益學術問題。2005 年張先生離開亞洲返美定居之後，就更少有他的音訊了。

　　我記得有一次跟紀霖兄討論，是否讓退休的張老師能夠回到亞洲來做短期講學，希望能在東海大學跟華東師範大學做個講座，這樣可以跟大家再次相聚。那時候，紀霖認為張老師年紀很大了，需要請師母一起

來好照應。這件事情我在電話中跟在美東定居的張老師討論過，雖然他表現出興趣，但是又好像覺得還有點困難，沒有完全答應。這件事情最終並沒有實現，是一件蠻可惜的事情。

　　剛剛紀霖兄的發言說，張先生其實沒有什麼特別嚴重的疾病，我也是持這樣的看法。我原先跟廣欣師弟商量，一起去西岸跟老師做一個口述歷史錄影。我在設備與技術問題上基本上都準備好了，但因為疫情關係遲遲無法成行。而且即便去到那邊，張老師住在安養院裡面，可能也沒辦法在疫情時期讓他接待外面的訪問者。所以這件事情我們一直在等待好的時機，因為主要是樂觀地認為，張老師並沒有罹患癌症等惡疾。另外，美國有非常豐富的醫療資源，估計他應該很快就可以恢復健康。所以不幸聽到老師過世的噩耗，簡直是晴天霹靂，在精神上一時無法接受。在最後這告別的時刻，我們在這裡要真誠地祝福張老師在天堂裡，或者在他平靜沒有苦痛的世界裡，跟師母在那邊永遠甜蜜團聚。我的報告就先到這裡，謝謝大家。

圖 105　在 2010 年的「第三屆余英時先生講座」上，廣受校內外師生歡迎。（左起）信廣來教授、梁元生教授、黃乃正教授、張灝教授伉儷、熊秉真教授、溫有恆教授、游吳慧蓮女士

大轉型的光與影之子

任鋒

中國人民大學政治系教授

科大的路盤旋婉轉，自上而下連接起了坐落於山坡上的層層校園。不時地，我繞開電梯，沿路曲曲折折一直下到清水灣的海邊。路上幽閒，各式實驗場的轟鳴似乎暗然了，可以駐足觀望路橋邊的叢叢杜鵑，遠眺長卷般靜謐的牛尾海面。行人少見，有幾次竟然偶遇張灝先生，才知道導師有散步的習慣。

教授校舍在山下方，研究生的在上面，一個攀山，一個探海，就這樣碰上了。我們都不善於寒暄，一起散步就好像每週的辦公室座談搬到了戶外。老師漫談思考的心路往事，我並不都理會得。記得有次辨析港臺新儒家的內在超越說與他提出的超越內化，先生傾注心神之凝深令人感佩，不知不覺走到他家樓下，仍意猶未盡。

世紀之交的六七年，在老師那間望得見海景的辦公室，我從每次個把鐘頭的問答中逐漸瞭解到廣闊的學術世界：史華慈、墨子刻（Thomas A. Metzger, 1933—）、錢穆（1895—1990）、余英時（1930—2021）、沃格林、尼布爾、田立克（Paul Tillich, 1886—1965）……和老師問答與讀他的作品一樣，少有閒話套話，偶涉學林掌故，大都緊扣問題，抽絲剝繭。有些耳提面命至今餘音不絕：「學『問』，學『問』，學會發問比讀書重要」、「要懂得佛家破理障的意思」、「博雅可求也，而深思難得」、「cogent，扣緊實相，不要跟風去 playing tricks，不要枝蔓四溢」……。

二零零五年我博士畢業，我們先後離開了香港。惟有二零零六年，華東師大召開紀念史華慈先生的國際研討會，我們聚過一次。老師基本

在美國，不用電腦，也不用手機，散步和座談只能轉為跨洋的隔空通話
了。每次電話，除了詢問我的工作和家庭，間或議及時政，深遠遼闊的
思想學術議題，仍是他念茲在茲的關切。期間有些年，通話猶如辦公室
答疑，個把鐘頭下來，我的電話卡沒錢了，討論戛然而止，下次接著聊。

　　他常常自嘲「孤懸海外」，遺世獨立，不與世聞，憧憬未來有機會再
續在香港講學的緣分。過去幾年，電話裡多了對師母身體狀況的憂慮。
後來，師母不幸早去，疫情大起，他搬去了加州女兒那裡。我們的通話
相對少了，有時候會談論起他的親友與環境。也許是大半生在海外，老
師並不多談一己私事。歲末年初，在一段時間的失聯後，我終於又聽到
他熟悉的聲音。老師的氣力聽起來還足，記憶力卻有些衰退了，不到十
分鐘的聊天，感受頗深的是老人家對師母深深的眷戀和對女兒孝養的欣
慰。老師一生經歷幾次大病，晚年身體還不錯，學生輩私議，鮐背之壽
當可期。不想，這次通話後三個多月，老師就離我們遠去了。

　　一九三零年代的知識份子年來漸漸退場，造就張先生其人其學的大
時代遭際恐亦難以複製了。生於抗日戰爭期間的中國，遭受日軍空襲的

圖 106　2006 年，張灝教
授與任鋒在華東師大召開
紀念史華慈先生國際研討
會合影

恐懼夢魘伴隨其一生，歡送青年學生從軍的振奮與抗戰勝利的狂喜令他記憶深刻，國共內戰導致的民眾流離、家國播遷加重了他的時代風暴感。大陸是他的根，「環滁皆山也」雖非實況，卻是抹不去的故鄉印記。有一次他動情地說，「我是中國人，身上流淌著的是中國人的血液」。他在回憶中提到共和國開國大典、初期建設對他的激勵，革命運動狂飆讓他觸目驚心、感同身受，近幾十年的大國崛起令人鼓舞，身為中國人，其情其感是誠摯懇切的。

另一面，他有在臺港長期生活的經驗，臺灣五十年代的白色恐怖、殷門情結以及世紀之交的民主轉型，他有不同形式的參與體驗。他開始轉向中文寫作時的幾篇重頭文章（如「幽暗意識」論），八十年代初陸續發表在臺灣報刊上，影響了那個時代開啟的社會轉型。記得他案頭常放著幾份《中國時報》，九九年世紀大地震，隨後是兩千年大選，當時都曾與我們一起緊密關注。記得有次他參加紀念殷海光先生的活動，回來後特別提到領導人馬英九先生代表當局向殷先生家人深致歉意，差可告慰先賢在天之靈。而民主轉型過程中的族群撕裂、黨爭惡鬥、去中國化、教育扭曲，則引發他的憂慮不滿。2005 年臺大演講結束，他回顧大半生漂泊經歷，向聽眾提出海內外華人應該拋開狹隘的族群意識，和平共存，這是中國必須走的路。我們曾見證剛剛回歸不久的香港，後來也面臨嚴峻挑戰。在偶有論及之時，老師對於「民主化」大旗下的運動潮流顯示出審慎節制的態度，也與他對高調民主的長期反思有關。

張先生在一九五零年代末赴美，開啟了漫長的留學和工作生活，這使他可以在一個比較的視野中理解中國、從相對超然的距離觀察中國。遠離大陸和臺灣，也為反思局中人的政治和文化立場提供了難得視角。比如對於錢穆和港臺新儒家，在臺期間視其為殷門禁忌，在哈佛期間方有同情瞭解。後來，老師返臺訪問故舊，逐漸促進了殷海光與徐復觀（1904—1982）二者代表的自由主義與新儒家傳統之間的諒解包容。大陸同輩治思想史者，這種同情瞭解往往在八十年代以後，甚或終身不能反省革命意識形態的反傳統病灶。在哈佛費正清、列文森（Joseph

Levenson, 1920—1969）形成「衝擊—回應」模式後，他在史華慈先生指導下沉潛到晚清史界寫出了思想史研究的典範之作。關於梁啟超的專著挑戰列文森舊説，結果受到後者排斥，遲遲不得出版，最後是史、費兩位鼎力推薦，方才問世，並成為柯文所謂「在中國發現歷史」的代表作品。後來寫《危機中的知識份子》，是要挑戰導師的《尋求富強》，原命名《超越富強》，鬥志十足，後經劉廣京先生（1921—2006）建議採取了現在的書名。這本書是老師的巔峰之作，出版不久就得到同輩學人（如李澤厚先生）的積極推重，在大陸很快推出了中譯本，深刻重塑了一代思想史研究者的視野和旨趣。張先生戲稱自己是「殷門餘孽，班門弄斧」，他推崇「班老師」（史華慈）的博學深思、淡泊名位，稱自己只能在某些地方嘗試突破、超越老師。在思想史研究的旨趣、方法和意境上，我們可以感受到他二人的深刻聯繫。

　　張灝先生透過艾森施塔特（Shmuel Eisenstadt, 1923—2010）、墨子刻等人受到韋伯（Max Weber, 1864—1920）一路社會理論的影響，曾邀請前者到科大講學，並讓學生們向其當面請教。他與後者則是一生的諍友，當年向我們隆重推薦《擺脱困境》，著實大開眼界，後來還贈我一本作者的新著（*A Cloud Across the Pacific*）。另外，尼布爾危機神學（*Christianity and Crisis*）對他的影響不必多説，他在俄亥俄州立大學長期講授一門比較宗教文明的課程，為其樞軸時代研究奠定了深厚根基。他在西方政治思想領域浸淫頗深，這一點在同輩學人中實屬難得，比如對於中國儒學傳統的研究在在可見沃格林的影響。當年讀博，我曾建議他開設「西方政治思想史」，他非常謙虛，説並非專業所攻，只是向我推薦研讀沃格林、卡爾·弗里德里希（Carl Friedrich, 1901—1984）、謝爾敦·沃林（Sheldon Wolin, 1922—2015）、施特勞斯（Leo Stauss, 1899—1973）等人的著作。他對西方學人的西方文明中心論不以為然，因此對雅斯貝爾斯開啟的樞軸時代論題十分用心，積累一生學力提出新闡釋，對古希臘、埃及、印度、兩河文明的思想智慧多方探求，致力於在一個比較文明的架構中揭示中國古典思想的精義。邀請艾森施塔特前後，他也曾計

劃約請薩義德（Edward Said, 1935—2003），眉目已定，不想這位東方學（Orientalism）反思者很快謝世了。

張先生是思想者氣質濃郁的史家，也顯示出有機型知識份子的公共面向。其學思歷時七十多載，在華人中文世界的兩岸多地頗具影響，而各地的吸收回饋也不盡相同，這本身就折射出學人與時代交涉的多重面向。現在尚未到蓋棺論定之際，不過，我們可以在講學傳統的意義上追問，其學術宗旨是什麼？或者如先生曾言及，其學思「統序」在哪裡？

「幽暗意識」、「轉型時代」、「烈士精神」與革命道路、「超越意識」和經世觀念，都曾經吸引不同學人群體的矚目深思。我在四五年前為老師編訂出版文集，經其認可取名為《轉型時代與幽暗意識》，除了Playing God（論人的神化），大體將他的單篇論文薈萃一冊，足本仍有待未來。如今撫書再思，有新的體會，不妨將大轉型視為張灝先生的講學宗旨，來統攝他學思的古今兩翼。

「轉型時代」是他研治晚清民初思想史的原創史識，這個看法使得我們超越以新文化運動為現代開端的既往視角，得以認知到現代中國肇始所依託的更為豐厚與深邃的思想精神世界。張先生的時代風暴體驗驅使他在1895以降的三十年階段裡檢索巨變的發起信源，他眼中的二十世紀自這裡開啟，現代大革命的道路也源生自茲。「後五四之子」未能突破新文化運動的格局，張灝先生則自認為二十世紀之子，1999年在《二十一世紀》刊文〈不要忘掉二十世紀！〉，其學思精神的基盤落在了轉型主題上。當然，這個轉型不是五個社會形態的階段躍升，也不是現代化理論視域的西化轉軌，而是作為樞軸文明古國的政治和文化大轉型。我更願意在義理架構而非單純的歷史時代意義上來界定大轉型的蘊涵。

這個大轉型需要我們對其聯結的古今兩翼都有廣遠深入的探討。

在大轉型指向的現代一面，張先生的研究揭示出過渡時期的梁啟超如何調用傳統內部的多樣資源以結合現代西學來疾呼「新民」、康有為、章太炎、譚嗣同等人的思想世界在維新、立憲、革命、民族主義之外如何顯示出世界主義、至善主義等精神—道德世界觀的範式重構、五四精

神的深刻兩歧性何以生成、現代大革命的思想道路如何展開……我們這代學人，雖是改革開放時期成長起來，心智底子仍然是五四與革命教育塑造的。在海外漫天飛舞的多種資訊中，對於現代革命轉型道路的控訴和否定不少，九十年代初《二十一世紀》爆發過對於革命與改革的爭論，還有「告別革命」代表的反思呼籲。多年觀察下來，張先生注重同情式理解的思想史解讀更能切中這個現代道路的精神命脈，精神史、心靈史的浸入幫助人們擺脫妖魔化、權鬥化的成見，在大轉型架構中理解個體和群體激化的歷史理性與經驗教訓。記得老師曾與我剖析毛澤東青年時期《倫理學原理》批註、1961年〈卜算子‧詠梅〉中的革命宗教意味，革命狂飆的精神根源仍然需要回溯到轉型時代的烏托邦基要意識（Utopian Fundamentalism）。要理解現代共和立國，轉型時代的政治和文化秩序危機是需要充分把握的，錢穆先生曾在辛亥革命——甲子之際做山過相近的歷史精神反思，都提示我們注重現代中國立國精神的烏托邦胎記。

　　在轉型時代開啟的現代道路中來看待政治意識形態的風雲詭譎，才能領會「幽暗意識」的深邃意味。張灝先生曾談及這個概念有多重指向，其核心指向對於人在德性、知性等精神維度上天生有限性的警悚自察。狹義上，它指向立憲主義的德性與政制關聯，這一點最受民主人士的關注。需要指出，這個概念的提出更多關切的是反省上述烏托邦基要意識孵化出的高調民主觀之樂觀浪漫主義，其思想史對治的意義大於純粹學理性的考察。張灝先生的運思方式，頗有韋伯論述新教倫理與資本主義精神的理想類型意味，強調現代立憲主義政治與其宗教人性論之間的理念關聯，引導人們思考民主觀的低調面向。

　　幽暗意識廣義上的蘊涵，尚有待我們發掘。其德性面向之一是對於各類信念體系和宗教觀的吸收、辨析與推進，如儒家憂患意識、基督教罪惡觀、馬克思的異化觀、韋伯的理性化論調。他特別指出各種意識形態極端政治驅動下有別於常惡的極惡現象，使得作惡、尤其是群體作惡逾越人道底線而麻木不仁。二十世紀的罪惡在他看來充分暴露了所謂文明進步的人性危機。有如春秋良史，張先生秉筆燭照現代性的人義問

圖 107　張灝教授
在中大「第三屆余
英時先生講座」上
發言

題。陰暗與光明難分不離，作為二十世紀之子無法逃避，「幽暗意識」或
許可以提供一些拯救之機。這個維度上，他是驅魔人。

　　「幽暗意識」因此立足於德性與政治的關聯之維，可指向政治社會經
濟機制的考察（如他對馬克思資本主義批判洞見的認可），也指向人類悠
久文明信念傳統的清理。

　　其廣義知性蘊涵之一是對於各種政治意識形態的反省檢討。現代世
界，各種主義的「意底牢結」編制得深深重重，大變遷中的人們渴望尋
覓到一套可以完滿解釋人生與世界的言說，執一見而破百惑。張先生從
五四啟蒙主義中成長起來，因緣會合，得以出入於新儒家、馬克思主義、
自由主義等各種立場，沉思於樞軸時代幾大文明傳統之間。他對於某種
主義立場能從歷史和學理的雙重視角加以同情理解與最大程度的公允反
思，其多篇長文（論新儒家、大革命道路、民主觀、民族主義）獲得學界
多方認可，其超越意識形態束縛的潛能值得繼續闡發。如果說現代知識
人有「學士」、「教士」之別，那麼，意識型態訴求之下，往往是學士難求，
而教士易興。張先生是大革命的守望人、新儒家的諍友、自由主義的內
自省者。他的「道統」承擔能得其「學統」的有力滋養，引導其將歷史時
代中的精神感知轉化為蓬勃豐厚的學養探索，用後者馴化並昇華前者，
不陷於單一意識形態籠罩的立場先行牢籠中。這是一種認知德性論上的

幽暗意識，先生講學中時有觸及，然而未有專門闡發。我認為對於意識形態分裂嚴重的知識界，這一點經驗智慧值得我們認真汲取。

大轉型更為重要的一面是古典與傳統。他對思想與時代的考察，接續上了中國大傳統，不只是一個錢穆所言的時代中人，而成為文明的傳燈者。從晚清到現代再回溯傳統，這樣的治學軌跡似乎在當世幾位思想史大家身上都有體現，如李澤厚，如史華慈。張先生對於樞軸文明、超越意識和幽暗意識、經世傳統的探討相對轉型時代研究，並未形成專著，卻為我們留下了濃度極高的數篇專論。也可以說，他是從轉型時代的問題意識出發，回溯到數千年傳統中進行了具有重建意義的探訪。對於經世觀念的探討在八十年代前期提出，四十年來不斷得到學人的認可與拓展，獲得國際同行的高度評價。張先生糾正了海外以 statecraft 來狹隘理解經世傳統的看法，在宏觀而深遠的視域中對於傳統政治提出了精微廣大的詮解。我也正是在這個研究架構的啟發下，多年來逐漸形成關於治體論的政治思想史與理論解釋框架。

張灝先生晚年常常和我講，幽暗意識與人極意識是他最為關心的兩個點。這是其張力型（tension）思想史意識的典型體現，令人著迷。世人容易將幽暗意識誤解為黑暗意識、性惡論，忽視幽暗意識得以立論的人性光明一面。借用尼布爾的語言，黑暗之子是透過與光明之子的對照映現出來的，人心的墮落性與良知永遠在交戰。有一年，抗戰時期的侵華老兵東史郎在香港中文大學依據其日記撰書，公開發表懺悔。活動結束，數千人大講堂轟隆隆散場。我發現張灝先生與劉述先先生走到台前與司儀有些激動地講些什麼。原來，他認為應該對這樣的懺悔回致敬意，以表尊重，而非像尋常演講一樣，曲終人散，呼喇喇草草收場。

張先生回到樞軸時代，闡發超越的原人意識，辨析超越內化的凌駕和架空，由此解釋周秦漢宋以來的政治思想，並將幽暗意識的反思內置其間，的確是斡旋天地、重整乾坤的大手筆。而關於政教關係的晚年發覆，凝結了這一理路的心血。還記得與他多次探討這個問題，他慨歎，中國人的政治觀念，與道德精神結合得如此深密；同時，這樣的結合又

有著必須深刻檢討的大缺陷。與其他民族相比，對於二十世紀的苦難反思，他覺得知識份子幾乎交了白卷。有一次，電話那頭，他不由得大呼三聲：「大困境、大困境、大困境」，聲猶在耳！

　　老師當年的榮休晚宴，我忘了什麼緣故沒有參加，他後來極少見地責備我不懂人情事理。今年初老師向臺北的捐書儀式，我又沒有見證。除了技術原因，心裡總覺得這有些烈士暮年解甲歸田的淒涼，不忍觀摩。後來看到網上照片，老師已不復當年海邊小路上的樣子了，卻如赤子般，神色依舊寧靜。萬水千山行已遍，歸來認得自家身！在大轉型的光與影中穿行一生，負陰抱陽，張灝先生以其特有的體驗、睿智與溫厚遺留下了關於歷史與人性的無盡回味。

圖 108　大轉型的光與影之子

新啟蒙與張灝先生的中國思想史研究

高力克

浙江大學社會學系教授

我接著許紀霖、丘為君、潘光哲三位教授，談一下張灝先生的學術對我的影響。我有幸作為張先生英文著作的第一個譯者，翻譯了《危機中的中國知識份子——尋求秩序與意義》。1988 年，我在北師大念博士，有一次去看劉東，劉東談起他開始編「海外中國研究叢書」，我問有沒有好的思想史著作讓我翻譯。劉東說有一本好書，是他導師李澤厚先生推薦的張灝先生 1987 年的新著《危機中的中國知識份子》。我按劉東指點，去北圖外文新書館裡複印了張先生這本英文書，約了同學王躍等開始翻譯。不久我們北師大和人民大學幾個博士生同學和青年學者為紀念 1989 年「五四」七十周年籌畫出一套五四叢書，想收入這本《危機中的中國知識份子》。我就跟劉東商量，張先生這本書撤出海外中國研究叢書，改由山西人民出版社的五四叢書出版。劉東很大度地同意了。後來我們三個博士生同學就開始翻譯這本書，全書四章加前言、結論，我翻譯了前言、結論和康有為譚嗣同兩章。

這本書是張先生思想史研究的巔峰之作，翻譯起來很難。特別是章太炎這一章，是由白壽彝先生的古代史博士生許殿才翻譯的，他說簡直是天書，特別是佛學部分。我們那時候也是初生牛犢不怕虎，其實我當時學思想史還沒有入門，讀了張先生這本書深受啟發，可以說是震撼性的。在大陸思想史的著作當中，沒有這樣的寫法。張先生寫《危機中的中國知識份子》，他所謂危機，指清末西力東侵所造成的皇權崩解的秩序危機，以及相連帶的中國文化之價值失範的意義危機。張先生的研究

用了歷史情境與存在情境的分析範式，即晚清知識份子作為中國人所處的歷史情境，這就是面臨皇權崩解的秩序危機；另一個維度，是知識份子作為人類的一員所處的存在情境，即中國文化的意義危機。清末知識份子在這秩序危機和意義危機中，在中西文化的激盪中重構他們的世界觀和人生觀。張先生選了四個人物，康有為、譚嗣同、章太炎、劉師培，他打破了當時學術界流行的改良主義和革命主義兩分法，而區分了兩種知識份子的思想類型：一種類型以道德性主題為主，所謂「至善過程」的道德性主題，如改良派的康有為和革命派的劉師培。另一種類型以精神性主題為主，追求「無我同一」的主題，如改良派的譚嗣同和革命派的章太炎。兩種類型挑戰了革命和改良二分法，我覺得在80年代學術語境當中，我們剛剛走出意識形態學術的荒原，處在新啟蒙的亢奮當中。張先生這種研究範式獨樹一幟，令人耳目一新。翻譯張先生的著作，使我這個思想史的初學者獲益良多。

《危機中的中國知識份子》是張先生最後一部英文專著，可以說是他的巔峰之作，後來的《烈士精神與批判意識》是這本《危機中的中國知識份子》的副產品，因為他寫譚嗣同意猶未盡，然後就寫了一本譚嗣同的小書。我們這些博士生水準有限，翻譯很粗糙，有不少錯誤，想起來很慚愧。當時也沒有版權意識，拿來就翻，趕在五四出版。1989年中國社科院舉行紀念「五四」七十周年大會，我們幾個博士生拿著剛出版的新書去會場賣書，見到林毓生先生，送給林先生一本，並請林先生帶給張先生一本。

張先生思想史研究的特點，除了剛才許紀霖教授講的以問題史為中心的史華慈傳統的思想史研究方法，還有注重歷史情境和存在情境的研究範式，中西之間跨文化的宏闊學術視野。還有張先生主張的以傳統批判現代化、以現代化批判傳統的辯證批判精神。無論80年代的新啟蒙的激進思潮，還是90年代保守主義的興起，我覺得國內學術界都難脫意識形態的色彩。張先生的思想史研究可以說是完全超脫了這種意識形態學術，這也是張先生的作品思想深刻和雋永的原因。

　　説到張先生提倡的以傳統批判現代化、以現代化批判傳統的辯證批判精神，我在 2019 年出了啟蒙三書，其中有一本《新啟蒙：從歐化到再生》，我對「新啟蒙」的定義不是福柯（Michel Foucault, 1926—1984）批判理性主義的新啟蒙，歐洲啟蒙運動的核心主題是理性與信仰，而中國啟蒙運動的核心主題是傳統和現代性，我定義的中國新啟蒙不僅是以現代性批判傳統，而且是以傳統批判現代性，這種對現代性批判的新批判精神，我追溯到章太炎以老莊和佛學批判黑格爾的進步論，還有魯迅以尼采批判「物質」和「眾數」等等。我覺得中國具有批判現代性之維的新啟蒙思潮，其實遠遠早於梁啟超 1920 年的《歐遊心影錄》。早在 20 世紀初，章太炎、魯迅就開始反思批判現代性，我把它作為中國新啟蒙的興起，這是受到張先生的思想啟發。

　　1999 年我在香港中文大學中國文化研究所訪問期間，曾隨在中大工作的許紀霖教授赴清水灣的香港科技大學拜訪張灝先生，這是我第一次見到張先生。先生儒雅謙和，平易近人，言談中充滿智慧，炯炯目光中透出思想者的深邃，給我留下了深刻的印象。

張灝先生研究「超越意識」的價值和意義

蕭延中

華東師範大學政治學系教授

我想用最簡短的方式談一談張灝先生對我個人學術研究過程的影響。

無論從哪個角度講，1989 年對我來說都是一個大坎。那一年是「五四」運動 70 周年，在高力克教授等主持下，出版了「五四與現代中國」叢書，我也是編委之一。張灝先生的《危機中的中國知識分子：尋求秩序與意義》，是這套叢書中學術份量最重的書，以至於自 1980 年代以降的 30 多年中，這部著作的學術影響力經久不衰。正是這部著作使我第一次知曉了張灝這個名字。

從 1980 年代走過來的學人都能體味到，那是一個激情盎然，學術進路面臨深化的轉折時刻。張灝先生，還包括林毓生先生和余英時先生的書，使我們這些當年的青年學子茅塞頓開。印象特別深刻的是，記得當年讀到《危機中的中國知識份子》一書「導論」中關於「東方符號系統」及其對「宇宙論王權」的論述時，整個腦子都始終處於熱乎乎的狀態，這些前所未聞的思想意識似乎一下子滲透進了靈魂。還有，「導論」中提及「五四」新文化運動中出現的「諸子」再現和「佛學」復興，以及後來才知道的當時把墨子比作基督的論述，這些都大大開拓了我們的研究視域和思想境界。有了這一「導論」的統領，再讀後面我們相對比較熟悉的康有為、譚嗣同、章炳麟、劉師培，就能感知到張灝先生的分析與其他先生的分析有什麼不同，獨特性在哪裡。

對我影響更加巨大的自然是張灝先生另一部大名鼎鼎的著作《幽暗

意識與民主傳統》。如果說，《危機中的中國知識份子》對我的影響更多的是知識性的，那麼，《幽暗意識與民主傳統》對我的影響則更多的是信念上的，遠遠超出了純粹學術的範圍。雖然此前我已對基督教新教的義理也有一定的理解，但當張灝先生直接把人之無可避免的「原罪」（sin）理念與西方現代政治思想和政治制度聯繫在一起時，他又在我個人比較熟悉的專業角度上對此進行解讀，使我自己體味深切，感同身受。

我個人體會，思想史研究方面，特別是政治思想史研究方面，其評判之最為基礎的預設應當就是對「人性」的透視。所謂「幽暗意識」與「憂患意識」之最實質的不同，就在於前者所講的人之「幽暗」不是一種道德意義上「憂患」，也不是一種社會意義上的「責任」，而是一種超越了，同時也涵蓋了「人道」的實質性「存在」。用通俗的話說，任何人（包括古今中外、曾經與當下的每一個人）都是集「善」「惡」兩面於一體的混合物，用史華慈（Benjamin I. Schwartz）教授的話說，就是「卑燦交加的人類境況」（both wretchedness and grandeur of the human condition）。這種人性境況是與天俱來的，更為關鍵的是，它是無法改變的。

基於這樣一種對「人性」本質的信念，就顯現出了一整套分析人類思想的認知路徑，就產生了一整套學術分析的理路。我個人認為，這種直面「幽暗意識」的中國思想史研究，是張灝先生最重大的學術貢獻之一，也是對我本人影響鉅大，啟迪甚深的關鍵之所在。

緊跟著更為要害的問題是，這種根深柢固，滲入骨髓的「幽暗意識」是從何而來的？「人」又為何必當如此（既是「應然」，也是「實然」）？這就牽扯到張灝先生晚年關於「軸心文明」的論述。一般認為，「軸心文明」之所以可稱之為「文明」，其核心的「突破」要素是「人」反思自我及其對自我處境的意識和能力。各大文明體系，希臘的蘇格拉底，希伯來的摩西，印度的釋迦摩尼，中國的孔、老聖人等等，都已通過各種方式表達了存在著一個「人」所無法企及，乃至無法理解，甚至無法言說的層面，如果硬要給這個層面起個名字，那就姑且就叫「超越」

（transcendence）。有了這個「無言之聲」和「大象無形」之絕對真理的存在，「人」自身除了光輝璀璨的一面以外，其無法擺脫的局限性才能被彰顯出來，「人」才知有所「敬畏」，「慎戒」才能成為必要。否則，按照笛卡爾「我思故我在」之絕對理性主義的思路發展，「人」就成了可能依據自己的願望、意志和能力去改造一切，甚至主宰宇宙，進而成為替代「超越」（無論怎樣定義「超越」的詞義和意義）的「中心」。張灝先生遵循史華慈教授和尼布爾（Reinhold Niebuhr）教授的思路，進一步界定所謂超越意識是指相信在這個經驗世界之外，還有一與此世界有著基本性格上不同的、真實的存在。因此，它是一個經驗世界所用的語言與意識很難狀述與表達的存在。當現實世界的人想到這超越的真實，常有三種感覺：一種是「終極感」。也即超越被認為是經驗世界的萬事萬物的終極源頭；其次是「無限感」。經驗世界的萬事萬物都是具體有限的，而超越則是無限的；再其次是「神聖感」。當人們想到超越的時候，總是帶有崇高敬畏的感覺。

關於史華慈先生和張灝先生的詳細論述，這裡無法展開，但這些重要論述對我具有重大的啟迪，我甚至冒昧地推想，能否把有沒有「超越意識」，當作衡量某種思想體系和思想家深度的準則之一，因為它標誌著某種穿透世俗世界之種種幻象的洞見和能力。

非常自然，以這樣的視角去觀察二十世紀之中國思想現象，張灝先生的名作〈扮演上帝：20世紀中國激進思想中人的神化〉就相當中肯和深刻地凸顯出了問題的結癥之所在。他把當代中國種種不可思議的狂妄和愚昧之舉，稱之為「人極意識」，亦即喪失，那怕是淡漠了「超越意識」之後，所必然釀成（Making）的人禍。我後來也進一步認為，關於由誰來「扮演上帝」的問題，還不止於當權者、聖人、精英等等層面，普通大眾其實也有一個期待「人間上帝」之功利主義的安全感和幸福觀問題。一方面，是大眾腦子裡期待的那個「應當所是的領袖」；另一方面，是領袖心目中幻想的那些「應當所是的人民」。姑且不談那些極端自私的個

人野心和無限膨脹的權力支配欲，僅就這兩種遮罩了「超越意識」限制的「應然幻象」拼湊在一起，在一個「實然」的世俗世界中，其真理的貌然意向，其動能的破壞衝力，其心靈的滲透程度，其影響的深遠範圍，都不是一般學術意義上靜態的理性分析可以穿透的，它只能被置入「超越意識」的維度才能予以澄清。我個人以為，這正是張灝先生晚年深入討論「超越意識」這一「無用之用」的重大歷史、理論和現實的意義之所在。

　　張灝先生仙逝，內心悲傷的情感是當然的，但這也是「超越意識」之無可回避的規定之一。值得慶幸的是，有張灝先生的著述在，它會影響一代又一代的思想者和學術人。誰也無法預判和想像他的這些珍貴思想將來會在中國大地上激發出怎樣的豐碩結果。

沃格林與張灝先生的中國思想史研究

唐文明

清華大學哲學系教授

感謝任鋒組織這樣一個活動並邀請我，讓我有機會表達我對張灝先生的追思。我跟張灝先生沒有具體的交往，但是近年來越來越意識到他的思想的重要性。所以我主要談一談我對張灝先生的中國思想史研究的一個認知過程。

我第一次瞭解到或者說注意到張灝先生大概是在 1995 年後我在北大讀研究生期間。當時和一些同學討論到張灝先生的「幽暗意識」概念。當時我們的看法基本是以一種比較粗疏的形式表達出來的，即從中西差異來看，認為作為中國文化的主流的儒家文化，更強調人性善因而更缺乏幽暗意識，而作為西方文化的主流的基督教文化，更強調人有原罪因而表現出明顯的幽暗意識。這一理解當然就是來自張灝先生的看法，但感覺到也只能到此為止，無法引申出更多的結論，或者也不願意順著這個思路往下想，雖然覺得「幽暗意識」的概念有一定的吸引力。從現在的角度來看，那當然是因為當時的理解不夠深，或者說並沒有真正理解張灝先生提出幽暗意識這一論題背後的理論意圖，包括他的一些更具體的論述，也都沒有仔細看。但幽暗意識的概念的確在我心中留下了比較深刻的印象，因此後來張灝先生的書只要在大陸出版，我都會留意，都會翻開看一看。每次也都覺得張灝先生的論述很是特別，但也說不上為什麼特別，也不知道該怎麼看待他的那些論述。試圖順著他的思路往下想的時候也往往停頓在某個地方，感覺不到有認識上的前景，更不會有豁然開朗的感覺。現在看來還是因為太年輕，而且從一開始就沾染了某

種時代的習氣，對於那些看起來不夠激進、低調的思想傾向不太感冒，甚至感到無趣。

　　我真正認識到張灝先生的思想的重要性，大概是在 2014 年之後。2014 年，我在《讀書》雜誌發表了三篇關於新文化運動的文章，第一篇是〈夭折的啟蒙還是啟蒙的破產？〉，對自由主義和新左派的看法都提出了批評，發表以後也聽到了來自自由主義和新左派陣營對我的批評。當時我自己的觀點也在逐漸明晰化的過程中，於是就在思考我能夠如何回應那些批評。與此同時，我那段時間也已經開始在看沃格林（Erich Vögelin, 1901—1985）的著作，對沃格林的思想有了一些初步的瞭解，尤其是注意到他對現代性的批評方式和力度與眾不同。有一天我突然想起了張灝先生的一些論述，意識到我將自由主義與新左派都看作是啟蒙籌畫的理論形態而將他們的觀點打包在一起加以批判，與張灝先生對中國現代思潮中的烏托邦主義的分析在基本傾向上頗有類似之處——當時想到的另一個中國現代思想史研究者是與張灝先生同為殷門弟子的林毓生先生，雖然我對他所謂的「借思想文化解決問題」的論調很不贊同，但我注意到他明確提出了「新文化運動」與「文化大革命」之間的思想關聯。於是我馬上把張灝先生的著作找來重讀，重讀之後才覺得自己這次算是對張灝先生的思想有了真正的理解。

　　張灝先生對中國現代思想史的研究，深受尼布爾（Reinhold Niebuhr, 1892—1971）的影響，而他對中國古代思想史的研究則深受史華慈的影響，這個剛才好幾位老師都提到了。但還有一位我認為必須提出，即沃格林對他的影響。這些思想來源和他的研究方向或者說問題意識是緊密相關的。沃格林認為現代性是「沒有約束的」，張灝先生對現代性的態度雖然不同於沃格林，但他對現代烏托邦主義的警惕深受沃格林的影響。也正是這樣的影響使得張灝先生的中國現代思想史研究，某種意義上能夠從一個超越意識形態對立的進路展開。而且，在追溯儒家傳統對中國現代烏托邦主義的影響時，張灝的看法也與沃格林的思路有密切關係。

　　這裡就要說到另一個思想史研究領域中的重要現象了，即在一些思

想史研究者那裡，對現代思想史的研究往往會帶動他們對古代思想史的認知方向。或者說，對於一個跨越古代與現代的中國思想史研究者而言，他對現代性的看法——往往清晰地呈現於他對中國現代思想史的研究中——往往會規定他對中國古代思想史的研究方向。一個明顯的例子是去年剛剛離世的李澤厚（1930—2021）先生。在李澤厚先生的中國思想史論三部曲裡面，他是首先寫了《中國近代思想史論》，然後是《中國現代思想史論》，最後是《中國古代思想史論》。這個寫作次序是很有意思的，意味著說，三部曲裡面真正重要的是他的《中國近代思想史論》，是其核心觀點的確立處，而他的《中國現代思想史論》則是前者的一種延續，他的《中國古代思想史論》則是基於前二者的一種回溯性論述。換言之，以古代與現代的二分而言，對古代的研究取決於對現代的看法。比如說李澤厚先生以「實用理性」來概括中國古代文化的特質，這一點其實是從他的近、現代思想史論中轉出來的。我們在張灝先生這裡也看到類似的現象。非常明顯，他的中國現代思想史研究帶動了他的中國古代思想史研究。剛才幾位老師都提到了張灝先生對宋明理學以及中國的軸心時代的研究，不難看到，張灝先生將中國現代造神運動的根源追溯到宋明理學，又將宋明理學追溯到中國軸心時代的思想，不論他的觀點是否有可商榷之處，這個基於對現代性的理解而把握古代思想史的做法是非常清楚的。

　　這就要說到張灝先生對中國軸心時代的研究了。這也是我非常關心的一個課題。我的一個判斷是，關於中國的軸心時代，史華慈是所有海外漢學家裡面做得最好的。張灝先生基本上是站在史華慈的思路以及開拓的觀點上，做進一步的闡發。具體來說，史華慈講超越的突破，而張灝先生則進一步闡發超越的突破裡的人的意識突破，他叫做「超越的原人意識」，這當然是一脈相承的。史華慈將中國的軸心時代的突破形式刻畫為「超越內化」，而張灝先生則順此進行了進一步的論述，尤其是順此對宋明理學的聖人觀念進行了獨特的刻畫。當然，我認為張灝先生有一個混淆，即他把史華慈的超越內化與現代新儒家的內在超越等同了，

其實後者是從內在到超越，前者是從超越到內在，有根本的不同。而這一點也影響了張灝先生對宋明理學的理解，特別是從現代新儒家的角度理解宋明理學，從而將中國現代的造神運動的根源追溯到宋明理學。我認為這不是沒有問題的。

當我準備將我研究新文化運動的三篇論文擴展為一個關於中國現代思想史研究的專著時，我意識到我應當寫一篇與張灝先生的研究有關的文章，其實也有以此向他致敬的意思在。這就是〈聖王史識中的絕對民主制時代〉一文。這篇文章的前半部分就是評論張灝先生的中國思想史研究的，曾以〈烏托邦主義與古今儒學〉為題發表在《讀書》雜誌上，全文則發表在洪濤主持的《復旦政治思想評論》上，也曾在許紀霖老師組織的會議上宣讀過一次。前面許紀霖老師説到張灝先生的寫作非常濃縮，他的著作並不算多但內容非常深，需要認真研讀，我完全贊同。在政治立場上，張灝先生持一種低調的自由民主觀，這就與一般自由主義的盲目樂觀非常不同，用他的術語來説，他對現代性的肯定是在對人性的幽暗意識有深度把握的基礎之上的一種非常低調的肯定。如果我們拿張灝先生與李澤厚先生相比，不難看到，他們倆人在政治立場上可能是一致的，但立論基礎很不一樣。張灝先生的思路顯然更為深厚，其思想立場顯然也更為保守或者説更為低調，我覺得在這一點上他是超過了李澤厚先生的。因此我願意認為，張灝先生的中國現代思想史研究可能是前輩學者的已有研究中最出色的，他的著作應當成為這個領域的必讀書目。

總而言之，我認為張灝先生的研究達到了一個尚未被很多人意識到的深度。儘管他的主要著作在大陸都出版了，但左右兩種意識形態的錯誤引導使得大家不太容易真正理解張灝先生的研究的意義。相信隨著學術不斷發展深化，這種狀況會慢慢改變。剛才幾位老師也提到以後要開一些學術性會議，以便對張灝先生的研究做出總結，我認為這樣的提議非常好。另外我還有一個建議，就是希望各位老師，特別是張灝先生的弟子們，應該組織推動張灝先生全集的編輯與出版。儘管張灝先生的主要著作不難獲得，但如能出版全集還是很有意義的，至少能夠讓更多的

人、更系統地瞭解張灝先生的學問成就。

　　在我寫完〈聖王史識中的絕對民主制時代〉一文後，我曾專門跟任鋒、翁賀凱、范廣欣等幾位張灝先生的弟子交流過。當時我還有一個願望，就是以後有機會能夠向張灝先生當面請教。但是前幾天在一次工作晚宴上聽到了張灝先生去世的消息，我深感震驚與悲傷，也覺得特別遺憾。向他當面請教的機會不可能有了！張灝先生與我所在的清華大學哲學系還有一個淵源，這也是我早已留意到並特別珍視的。張灝先生是殷海光先生的弟子，而殷海光先生在西南聯大本科畢業後進入清華大學哲學研究所，師從金岳霖先生。所以我想，以後有關張灝先生的紀念活動和學術活動，我都願意發揮清華大學哲學系的學術資源，盡心盡力地推動。

圖 109　張灝晚年時的照片

尋求近代中國的意義世界

王東傑

清華大學人文學院歷史系教授

　　剛剛聽過賀凱兄聲情並茂的回顧，特別感動。感謝張先生的弟子們給我這樣一個對張先生表達敬意的機會。我從來沒有見過張先生，只是他的一個讀者，因此我從讀者的角度來討論一下自己的閱讀感受。

　　幾天前，得知張先生去世的消息，特別突然，有很多想法在腦子裡混作一團，很難在一下子釐清。這兩年來，好像一個時代在慢慢與我們告別。特別是去年以來，何兆武先生（1921—2021）、余英時先生、李澤厚先生先後辭世，現在張灝先生又離開了。他們都是我從大學時代開始不斷閱讀的作者，在很長一段時間裡，不管是在學問上，還是在處世上，我都受到他們著作的引領，從中獲得啟迪。所以，當這些先生集體離開這個世界的時候，突然產生一時無所適從的感覺。

　　我對張先生的著作接觸很早。讀碩士研究生的時候，就讀到他那部研究梁啟超的著作，這本書是我進入中國近代思想史研究的重要引領之一。不過當時讀張先生的書，好像總有一些感受，是不太能夠說得清楚的，這種感覺是什麼，我待會兒還會回來重新討論。後來，對我的研究和教學有最重要影響的，就是那篇關於「中國近代思想轉型時期」的文章。剛才許紀霖老師也談到過，說這是一個有待後人不斷去豐富、去填補的大綱。我覺得這是一個非常準確的評判。這篇文章彷彿一個藍圖，一個可供我們在不同的層面進一步探索的指南。

　　另外，剛才很多老師都談到了《危機中的中國知識份子》這本書，這也是一本特別重要的著作。它跟中國現代思想史研究的另一本名著也

就是史華慈的《尋求富強》形成了一個對話關係，既有對史華慈著作的深化，也有對它的補充和昇華。19世紀晚期以後，追求富強成為中國人關懷的核心主題，到今天我們還籠罩在這個思路的氛圍之下。前些年提出的「社會主義核心價值觀」，第一個就是「富強」，給我留下特別深刻的印象。但是，在「富強」之外，我們是不是還有其他目標？假如把「富強」當作中國近代思想史的唯一主題，可能會遮蔽掉20世紀中國人在其他方面的追求，使歷史敘事變得更加單薄，也削弱了現代中國的精神深度，造成嚴重的認同危機。因此，我覺得張先生提出尋求秩序和意義，特別是尋求意義這樣一個命題，是對「尋求富強」命題的一個關鍵性的補充。事實上，今天，我們在很大程度上仍然深陷在意義危機裡，儘管在富強方面我們已經有了很大的提升，可是這不足以解決意義的困惑。我想，張先生這個研究本身，大概就是尋求意義的一種努力。

自19世紀晚期以來，中國人一直在歷史的洪流裡掙扎，到今天似乎還沒有找到一塊可以棲息的地方，無法上岸。傳統的意義體系崩解了，我們的生命（包括個人的生命和民族、文化的生命）拿什麼東西來支撐？我們要抓住點什麼東西，來拯救自己的精神生命？怎樣清理我們的家當，通過對傳統的選擇和轉化，使其於外來的新秩序相匹配，以整合、創生或更新一種切中中國人精神肌理的理想或意義？這縈繞在所有中國人的腦海中，決定了我們的生活和思考。我覺得張先生的著作始終在以一種很學術的方式回應這種歷史的漂泊感，展現出現實世界跟書齋世界的濃烈對流。思想史對他來說，是一種高度反省的方式。他回到晚清、宋明，甚至更早的軸心時代，來理解近代中國人意義世界的緊張。這種緊張感一直沒有消失，從他這一代人，到今天的我們這一點，始終無法逃脫這種現實的考量，無法把它從學術裡驅除掉。

張先生討論儒學觀念裡的幽暗意識，也是受到同一個問題的驅動。他的討論似乎是從西方自由主義的情境出發，注意到其中對人性的樂觀和悲觀的緊張跟互動，並由此情境切入儒學觀念的複雜性，試圖改變過去人們對儒家觀念的誤解，即似乎儒家只是相信人性之善，彌漫著一種

天真的樂觀主義情緒，而缺乏具有內在張力的深度。我想，在張先生拈出儒家的幽暗意識之後，這樣一種膚淺的看法是可以終結了。

剛才，我談到在我剛開始閱讀張先生文章的時候，常常會產生一種不知所措的感覺，這種感覺到底是什麼？我那時不大能說得清楚。只是在這幾年中，隨著自己逐漸逃脫一些過去的束縛，才開始能夠更準確的描述它了。從讀碩士開始，我就一直被教導思想史的史學特性，它跟純粹的哲學史討論不同，思想史研究必須回到歷史的脈絡裡看，要考察的是觀念和社會之間的互動關係，而不是純粹的哲學命題和概念的歷史。這當然是非常正確的，對我的影響非常大。但是，在這種觀念的驅使之下，我在很長一段時間裡邊，開始有意識地抑制頭腦中一些看起來更「哲學」的問題。老實說，我對中國思想文化史產生興趣，在很大程度上是因為找對一些相對抽象的問題有濃厚的興趣。可是，也許是出於「矯枉過正」的心態，進入學科以後所受到的訓練，使我對比較「形而上」的東西產生了自覺的排斥感。

其實，一個思想家是同時生活在幾個世界裡的。一個是生活世界，由物質、制度、習俗這些東西構成。另外，有一個是由思想言論組成的世界，可能是文字性的，有可能是語言的。這是過去的思想史研究主要關注的領域。受其影響，在很長一段時間裡邊，我致力於討論觀念世界跟生活世界的互動關係。但是，我們無論如何也很難回避第三個世界，也就是人生中的「存在」的維度，或者說純粹的心靈和精神的面相。我其實不太知道該怎麼把這個維度引入到對思想史的討論裡來，怎樣安排它的位置。所以，張先生的一些論述所涉及的概念，比如「烈士精神」、「烏托邦主義」以及「人的神化」等，對我有特別的影響力，但也讓我無所適從，只有用抑制的方式來對待它。但後來我逐漸意識到，存在或者精神的維度是客觀存在的，我們的生活是不能迴避它的。它不能被化約為單純的觀念或言論，更不能化約為制度或風俗，它和意義感直接聯繫在一起。只有正視它，我們才能溝通思想史的不同層次，使其具有更大

的包容性。所以，再回到轉型時代的那篇文章，我覺得張先生做的特別
重要的一件事就是把精神的層次、觀念的層次以及社會生活的層次同
時提了出來。由此，怎麼在前輩奠定的基礎上，透過我們自身的努力，
去推動這個藍圖，讓它變成一個更宏偉的大廈，這是我們後學努力的方
向。我就拉拉雜雜講這麼多，因為沒有實際接觸，完全只是一個讀者的
印象。謝謝各位。

圖 110　在榮退晚宴上的張灝教授

從幽暗看無明：懷念張灝教授

劉宇光 [1]

加拿大麥基爾大學宗教學院沼田基金客座教授

　　嚴格來說，我說不上是張灝教授的學生，如果「學生」是專指研究生，尤其是博士生，其學位論文是由某位教授指導的話。如果仍可在一般意義下聲稱自己是張教授的學生，那是因為 1999 年秋季學期在香港科技大學人文學部修過張灝教授所授，題為「近代中國思想史」的研究生課。除此之外，無論是在課堂之後，或是畢業開始在學界工作之後，均沒有機緣與張教授再有學術上的個人互動或聯絡。個人的研究範圍甚至亦與張教授專研的領域沒有太大重疊，當時的研究集中在偏印度的佛教哲學大乘識論（vijñānavāda），即唯識學。

　　然而，月前先從學界的前輩，再從科大人文學部的校友得悉張教授辭世的消息，內心卻生起持續多日，雖不強烈但一直都沒有散去的歎息、惋惜及懷念。作為學界的晚輩，與前輩師長之間的連繫，有時雖不是親身與個人的，而只是透過文字與觀念，但其間的觸動、啟迪及共鳴，仍然是持久而深遠。張教授成長、求學及開始授業解惑的年代，是現代中國歷史上政治、社會及價值觀變化最劇烈的年代，他的研究亦是從這個背景出發來探討中國現代思想史。

　　在張教授提出的諸多議題與洞察中，又以「幽暗意識」一說最為標誌性。這是始於他對傳統儒家思想、馬列共產主義及西方自由主義的閱讀與思考，尤其是在政治制度與公共生活脈絡下對人性的思考，即應該

---

[1]　編者按：劉宇光是 2005 年畢業生，是 1998—2005 年期間就讀科大人文學部哲學組，
　　是我們的大師兄。

據什麼人性觀為前提來設計公共制度才是對社會最有利，或壞處最少的安排，從而提出了著名的「幽暗意識」一說。這是指對人性在道德上的內在脆弱性的戒慎恐懼，必須放置在一切公共討論的前面，即對一切公共制度的探討與設定均需以對此的考慮作為基礎。這並不表示張教授的人性觀是徹底的悲觀主義或現實主義，「幽暗意識」既不否定傳統儒家講的進德修業，亦不接受無論是法家、霍布士（Thomas Hobbes），或馬基維利（Nicolò Michiavelli）所主張人性純粹自私是唯一事實。換言之，「幽暗意識」一說並不見得是對人性完全欠缺希望，但是應該首先以防人性之惡或脆弱與權力的無限制掛鈎，作為討論公共生活及其制度時的基本底線，所以「幽暗意識」要強調的是從公共制度的層面，制定預防在權力與行為上不受制約的政治機制。傳統中國的儒家，無論是孔孟或宋明理學並非完全沒有「幽暗意識」，但他們卻以個人人格上的成聖成賢的道德修養，而不是循公共生活與政治制度的設定來回應這個問題，背後的預設難免還是將個體品德的可趨善良與群體制度的基本防線混為一談，或是以前者吞噬掉後者在問題性質上不可化約的獨特性。

現代性的其中一個特質是世俗化（secularize），對此的定義各有不同。而在回應西方啟蒙觀念衝擊之脈絡下，在現代所形成的中國哲學界往往堅決否認儒家是宗教。但無論如何，對理想人格或理想社會可實現性之信仰，與公共體制人性設定之間的制度性脫勾，這正是世俗化的基本特質。而張灝教授的「幽暗意識」一說，其實就是從思想與學理上指出傳統儒家「內聖外王」的理想在現代同樣需要「世俗化」。

上張灝教授的課已經是快 23 年之前的事。我是一個佛教學者，這廿多年來，個人的研究從單純的古典佛教哲學，伸延到在現代價值的衝擊下，佛教文明如何在政治—宗教關係和僧侶教育之議題上作出其現代回應；而在所研究的佛教傳統上，亦由尚在博士班期間的華梵案例（有相識論），伸延到印—藏（尤其格魯派，Gelugpa）和上座部（Theravāda，尤其泰國）佛教。

造成研究領域的這些伸延原因很多，但從觀念上來說，起碼其中一

圖 111　2005 年，人文學部教授張洪年、陳國球、張灝、鄭樹森等與畢業生合影

個學理考慮是南亞佛教哲學對眾生的陰暗面與局限的坦然承認。這反映在其行者需以億萬年的極漫長時間來消除無明（avidyā）之大乘修道敍事中，而不是在中國受儒家樂觀的人性論影響，成為隋唐定型後漢傳佛教樂觀得驚人的佛性論。但另一方面，南亞佛教教理將人類文明過程中所塑造的意識形態之惡（分別起，parikalpita），視作較每一眾生個體與生俱來，不學而會且不擇手段的自我中心之惡（俱生起，sahaja）來得輕，前者從而遠為表淺而易於被消除（此說見於大乘佛教識論五道位修道說的斷障進階之敍事）。但個人對於大乘識論認為意識形態之惡為禍較淺一說難以苟同，當初對此的不滿亦為近十餘年兼而從事左翼佛教（Le Bouddhisme engagé）的學理與個案研究埋下最早的伏筆。

　　而上述兩點若溯其源，實皆受張灝教授「幽暗意識」一說的啟迪所影響，所以當年博士論文的副標題是大乘識論對「無明」的闡釋，而正標題則是大乘佛學的「幽暗」觀，所以是借助張教授「幽暗意識」之觀念，來審視大乘佛教的無明學說。雖然個人與張灝教授沒有太多親身的請益或後續的聯繫，但對張教授的啟迪一直深有感念，以此為記以表謝意與懷念。

需要澄明的幽暗意識——在張灝先生追思會上的發言

白彤東

復旦大學哲學學院教授

　　各位好！感謝任鋒兄來邀請我參加這個會議，但其實我參加會議的資格應該是很缺乏的。我想今天參加這個紀念張灝先生會議的人，很多跟他都有過接觸，甚至很廣泛和深入的接觸。他的弟子肯定絕大多數都在做思想史，其他的朋友包括廣義的學生、精神上的追隨者，可能也都是在做思想史。而我不但在個人上與張灝先生沒有任何交集，並且在自己的學術訓練背景與學術研究上，也與張先生的關注不太一樣。我上本科學核子物理，後來研究生碩士、博士都是在學哲學，現在是復旦大學哲學學院的教授。做哲學，我更關心的是哲學的問題，規範的問題，而不是思想史的問題、描述的問題。當然，我關心的哲學話題，尤其是對所謂政治儒學做的一些辯護，一些建構性的東西，跟張先生所關心的主題是有關係的。雖然我自己不做思想史，但畢竟自己生活在歷史中，也有自己的立場。這是一個大致的背景。

　　我自己是 1970 年生人，80 年代是自己成長的時期，而 80 年代大概又是中國大陸比較激烈地反傳統、擁抱西方的這麼一個時期。直到現在，中國的絕大多數自由主義者是反傳統的人，似乎只有反傳統才能擁抱自由主義。或者要擁抱自由主義，必須要反傳統。這是新文化與五四運動形成的百多年的主流想法。但是，能不能有喜歡傳統的自由主義者？甚至更激進地講，是不是保守傳統，才能擁抱自由？不是傳統和自由二選一，而是新文化與五四和自由二選一？這些問題，既是理論問

題，也是思想史問題。這些大概也都是張先生的研究背後關心的問題，也是我自己寫了討論張先生思想的那篇文章的一個深層原因。

參加這個追思會，我回想了半天，我 2016 年寫〈「幽暗意識與民主傳統」之幽暗〉這篇文章的直接引子是什麼？我想應該是跟任鋒兄的交流，或者是跟許紀霖老師的交流，大概是跟他們一起在什麼會上談起來，然後萌生了這個念頭。我自己查了一下，我只在臺灣東海大學的一個會議上宣讀過這篇論文，之後就正式發表了（《社會科學》2016 年第 10 期，頁 124—132）。我寫這篇文章之前，坦率講是處於一種對張先生的說法無知的狀態。「幽暗意識」的說法在大陸很流行，基本上跟 80 年代以來的反傳統一直連在一塊。很多人理解「幽暗意識」是說，中國傳統是樂觀的，認為每個人都可以成聖成賢；而西方之所以能發展出憲政民主，是因為有一個「幽暗意識」，即相信人性的黑暗，因而要用制度去防範與制衡。中國為什麼沒有民主就是因為沒有這種「幽暗意識」。那麼中國要擁抱民主的話，就要發展出「幽暗意識」。如果傳統沒有也沒法有幽暗意識的話，那只好跟傳統去決裂。所以從 80 年代甚至到現在，都還有人說，中國要擁抱基督教才能擁抱西方的一套東西。而像蔣慶，這樣很保守的當代政治儒學的一個代言人，他看似是對這種說法的反動，但他骨子裡其實接受這樣的想法，認為要接受一種基督教的東西才能接受自由民主。只是他會說，中國傳統不是一套基督教的東西，所以我們要有自己的一套東西，即他說的所謂儒家憲政。這種說法看似與 80 年代的西化派不同，但其實有共同的理論底色。所以當時我寫這篇文章的時候，我是準備去批評一下這種錯誤和膚淺的幽暗意識的說法。而這種錯誤想法，我以為是以張灝先生這篇文章做代表的。我只是道聽塗說，但因為自己不做思想史沒有真的看過張先生這篇文章。後來因為不知道什麼引子要寫我的文章，真的去讀張先生的文章才發現，自己對張灝先生的思想的瞭解才是錯誤和膚淺的。

剛才前面許（紀霖）老師和翁賀凱好像都提到，史華慈（Benjamin Schwartz）是有一個「另一面先生」這樣一個稱號，而張灝先生也有這樣

的一面。當我真的去讀他「幽暗意識」和其他相關文章的時候，可以很明確的感到，他的立場是很難用一兩句話總結出來的。他說完一句話以後，常常會說另一方面如何如何。所以他的文章實際上層次非常豐富，立場也非常微妙。他的幽暗意識說，並不是簡簡單單的「西方性惡」、「中國性善」，因此西方有自由憲政，而中國沒有。他根本不是這樣的一個立場。準確說，這是他要批評的立場之一。在讀這篇文章和張灝先生的一些相關文章的時候，我也讀了一些批評文章。其中我覺得李明輝教授文章裡的有些說法是挺有道理的。他說，第一代中國的自由主義者，即五四那一代，是徹底的全盤西化反傳統的。第二代是張先生的老師殷海光先生這一代。他們的立場雖然溫和了一些，但他們關注的還是傳統如何阻礙了民主政治的建立和發展。而到了張先生，他的立場有了一些微妙的變化。他並不是完全把傳統當成一個絆腳石，並且他對傳統的理解更加豐富。但是最終他還是認為中國的傳統缺了一點什麼，所以他希望把這個缺的東西補上，這樣才能去徹底擁抱現代的東西。同時，他也承認傳統有正面的東西。

我想今天在座的各位肯定都是讀過這篇文章的，不需要我再去講解這篇文章。前邊王東傑教授說，張先生這篇文章終結了這種膚淺層面的討論。但是坦率地講，我沒有王教授這麼樂觀。直到現在，我想很多說「幽暗意識」的人，持的還是那種其實張先生並不同意的膚淺的立場。臺灣經過了幾代自由主義的演變，臺灣內部的自由主義也很多元，既有歐陸傳統，以港臺新儒家為代表，也有英美傳統，比如像殷海光和他的追隨者們。不同傳統之間也有交鋒和發展。而中國大陸有不同的經歷。到80年代的時候，實際上又恢復了第一代的自由主義或者反傳統的自由主義這樣一種狀態。這樣來講，在大陸的自由主義一直沒有像臺灣那樣充分地發展出第二代或第三代自由主義。當代大陸的很多自由主義者還是一百多年來中國第一代自由主義者的觀點，甚至還沒有達到殷海光先生晚年的一個相對溫和的立場，更沒有達到張先生這樣一個立場。

最近幾年，大陸的自由主義學者幾乎是銷聲匿跡了。當然這與他們

很多人還持第一代自由主義的立場沒什麼太大關係。不過，如果他們能去好好讀讀、研究一下這種第二代自由主義者，甚至第三代自由主義的立場，提高一下自己，那不也是應該的事情和好的事情嗎？在這種情況下，我覺得讀張先生的這些文章和著作還是特別重要的。剛才（唐）文明兄講，他把張先生一些著作當成必讀的書目。這確實是重要的。無論你支持或者反對也好，讀它都是個必要的過程。我想在這一點上，張先生的著作思想是值得研讀的。提高自己，影響學生，星星之火可以燎原。

還有一點前面很多人講到，張先生對多元現代性、軸心時代的理解，包括中國現在的地位，是在反擊從韋伯到現在的西方中心的現代觀念。雖然張先生最終還是站在一個西式的自由派，還是有些更偏西方的立場，但畢竟他對中國的理解要更深刻得多。所以通過張先生的研究，張先生的思想，我們可以加深理解中國。這是第二步，理解中國思想與政治在世界上的地位。

圖 112　2005 年，張灝教授伉儷在科大榮退學術講座上留影

　　當然還有最高的一步，就是看看是否中國傳統能對整個世界文明的思想做貢獻。我想這也是大陸的自由主義衰敗的一個內在原因。它沒法兒吸引一些非常聰明的學生，讓他們的創造性有伸展的途徑。因為大陸的自由主義者更多是在講西方的東西，在傳播西方東西，而沒有給西方的東西做出一些批判性的、建設性的思考。其實張先生已經做了一些這方面的努力。而大陸的一些西方意義上的左派也好，儒家意義上的保守派也好，都還是有提供一些不同的東西的。當然這裡面很多人蛻化成了一種義和團心態，那當然很糟糕。但我想，一個有追求的學生或者學人，總會想他能去為這個世界貢獻點什麼東西，正面和建設性地貢獻點什麼東西，而不只是去傳播別人的思想。張先生已經在開始做這樣的工作。這種情況下我們如果不能做其他事情，不如就好好讀讀張先生的書。也許我們未來有機會的時候，能為世界文明的豐富與深刻做出一些貢獻。

　　這就是我的一些想法。謝謝大家，特別是謝謝任鋒兄！

追憶張灝先生——思想史研究的哲人

唐小兵

華東師範大學歷史系教授

　　有機會參加張灝教授的追思會，我內心也是特別有感觸。因為我自己是跟隨許老師讀書，許老師受張灝先生影響很大，所以我從 2003 年秋天一到上海華東師範大學讀研究生就開始接觸張灝先生的一些著作，包括他的一些文章。我第一次見到張灝先生是在 2006 年紀念史華慈的會議，那時候我在讀博士。當時史華慈的紀念會議，我是擔任會務之一，所以能夠有幸見到張灝先生，給我留下的印象是非常的清朗謙和，倒不會覺得有一種特別的威嚴感，但是仍然感覺蠻親切的。所以當時跟他也稍微交談一下，但沒有特別多的一些交流。今天參加這個追思會的老師更多的是前輩，包括一些同輩，我可能是比較幸運，還能夠在 2019 年疫情爆發之前見到張先生的學人。2018 年的時候，我在美國哈佛燕京學社訪學，當時 3 月份下旬去華盛頓旁聽 AAS 會議。當時我就有一個機會跟同樣與會的 UBC 的丘慧芬教授（林毓生先生的學生）和他的先生杜邁克教授，我們三位去雷克頓拜訪了張灝先生，之前也是托余英時先生跟張灝先生打了招呼。張先生其實晚年基本不大接待訪客，因為他的夫人身體也不太好。那次能夠答應讓丘老師夫婦和我去拜訪他，我們也是非常地高興。所以我們當時打車大概一個半小時，從華盛頓到了張灝先生家，那是非常安靜的一個社區，在他家大概從 3 點談到 5 點吧。他們家也有一個傭人在照顧師母，那天我很有印象，現在回想起來，整個場景就在我眼前浮現，就是因為當時本來說張先生的太太身體不太好，所以張先生跟我們在他的客廳一個桌子邊坐下來一起聊天。但那天

張先生的太太精神特別愉快，經常跑過來跟我們坐在一起聽我們談話，有時候也說幾句話。所以當時談了很多關於民族主義和中國往何處去的問題。我記得張灝先生談到李敖先生去世，問我為什麼中國大陸這麼多人尤其在民間社會對李敖的評價這麼高等這樣一些話題。他當時還送我他的一本那時候好像出版沒多久的一本新書，就是在廣東人民出版社出版的《幽暗意識與時代探索》，送了我一個簽名版，還托我帶了一本書回來給許老師，這些細節今天回想起來都讓人感覺特別溫暖。

追溯了一些最基本的交往之後，我很簡單地談一點對他的學術的一些理解，希望以後有機會能夠專門寫文章。問題導向的思想史研究這個學術傳統，是從史華慈到張灝先生到許老師再到我們學生一代進行傳承。我們基本上在這樣一個學術的脈絡裡面，汲取一些學術的營養來成長。我自己給研究生講授中國文化史專題研究和史學論文寫作等一些課程，也會讓學生來讀張灝先生的著作或論文。我有時總在想張灝先生的思想史作品，讀起來特別地有一種共鳴，也有一種深受啟發的感受。一方面它是高度濃縮的，我覺得張灝先生對核心概念（就是王汎森老師所講的統攝性概念）創發的能力非常強，比如像轉型時代也好，低調民

圖 113　張灝著：《幽暗意識與時代探索》（廣東人民出版社，2016 年）書影

主也好，幽暗意識也好等等，那麼這些我們前面很多老師都談到了，我就不多說了。我在想為什麼他的思想史研究對於特別關切近代中國歷史命運展開的學者和學生而言，讀起來有一種強烈和深邃的感同身受的感覺。我覺得張灝先生的思想史背後有非常強烈的精神史的特質，就是他是把精神史濃縮在思想史中間。所以這種思想史不是概念史、知識史那種研究路徑，不是那樣一種對觀念本身的高度凝練，而是有一種民族的精神史的底色。

無論是張灝先生對於譚嗣同烈士精神和批判意識的研究也好，還是對於近代中國的民族主義、無政府主義、轉型時代的烏托邦主義（包括軟性和硬性的烏托邦主義），包括他所談到的歷史的理想主義與激進的理想主義等等這些觀念，背後都有著強烈的精神史取向。以前許老師經常跟我們談到張灝先生他其實在日常生活上非常地遠離人群，跟余先生是不太一樣的。余英時先生家裡訪客如雲，他也喜歡跟人聊天，但張灝先生基本上有點遺世獨立，就是跟余先生那種和光同塵讓人如沐春風的狀態不太一樣，他基本上是閉門離群索居然後深思，經常發呆思考。但其實如果只是讀張灝先生的文章，包括他對儒家政教關係的論述、經世思想等等，你會看到他其實背後對於中國的文化、歷史和政治走向等都有非常深切的關懷。這個關懷我覺得可以概括為他對近代中國歷史走向中精神的歷程有非常深刻的把握。我覺得這是我讀起來特別讓我感觸很深的，這是第一點，就是我覺得是有精神史作為底色的思想史，所以他的思想史是能夠有一種巨大的歷史的感性力量。它不是簡單的理性認識，而是感性與理性兩者非常充分地融合的一個狀態。

第二點我覺得就是說我在讀張灝先生著作的時候，覺得他深受史華慈教授的影響，也可以說是史華慈教授學術傳統非常重要的傳人。我們可以看到張灝先生的很多研究，包括低調與高調民主觀也好，軟性與硬性的烏托邦主義也好等等的方方面面，包括它對民族主義的區分，比如說有有機式的民族主義與公民式的民族主義等等，也包括非常經典的文章，談論五四思想的兩歧性，關於世界主義與民族主義，破除宗教與新

的偶像崇拜、理性主義與浪漫主義等等，那你會看到這種兩分的方式，
同時注意兩者之間的複雜勾連，這種認知方式其實也是深受史華慈教授
運思方式的影響。我覺得其實展現出來的，就是當我們去認知、瞭解和
書寫近代中國的思想史，有時候我們總是會按照相對比較單一的方式去
把握思想的世界，但是張灝先生給我們所呈現的這樣一種兩分，這種兩
分又不是一種簡單的兩分，而是作為一種悖論性的思考方式，兩者之間
既有一種理想類型的區分，同時又是互相交錯的一種糾纏狀況。我覺得
這也是讓我深受啟發的，就是怎麼樣認識近代中國在這樣一個急劇壓縮
的時代裡各種思潮的相互碰撞，比如從轉型時代的多元走向主義時代的
一元等。

　　第三點就是我自己這些年關於左翼文化與中國革命的研究也深受張
灝教授影響，所以我覺得張灝先生對於中國革命的一些討論，關於中國
革命的道路，關於烏托邦主義，包括後來他在臺灣的一個演講，發表在
中研院近代史集刊的關於五四與中共革命的研究，討論五四新文化運動
與中國革命、中共革命的關係，人的神化的研究和偶像崇拜研究等等，
其實對我的研究也是非常有啟發的。我們以前很多研究更多地關注比如
中共面對工農的動員這樣一些層面，但是我覺得張灝先生對於中國革命
的理解，比如中國儒家文化的烏托邦主義等源流的探討和挖掘是非常深
邃的。這些年有很多學者做新革命史研究，但我覺得新革命史研究如果
不能在精神史，不能在張灝先生研究的層面上來討論，就沒有辦法理解
整個二十世紀中國共產革命狂飆突進背後整個的精神脈絡到底是怎樣
的。這方面我覺得張灝先生也是給我們開闢了很多的一些思維，打開了
很多的空間。張灝先生跟余先生自從哈佛求學時期訂交長達數十年的摯
友，他跟余先生的關係，我覺得也很有意思。余英時先生講廢科舉之後
中國知識份子的邊緣化，張灝先生在《中國近代思想史的轉型時代》講
知識份子一方面確實邊緣化了，跟政治權力關係疏離了，但另外一方面
因為新式傳播媒介、新式學校和新式學會，新式知識份子的社會影響力
擴大了，那這方面也特別讓我們感覺到老一代思想史學者他們之間和而

不同的學術品格，對我們來說也是特別有啟發。我們怎麼樣包容意見，然後又互相切磋，這些也是特別讓人有所感觸。美國的中國思想史研究三傑余英時先生、張灝先生、林毓生先生無論在學術還是在人格方面都給我們做思想史研究的年輕一代留下了一些重要的影響，儘管余先生和張先生在新冠疫情中都先後離開我們，但他們的學術與人格早已進入歷史，我覺得我們這一代人，70後、80後從事思想史研究的學人要沿著這個路繼續往前走下去，要很好地傳承這個傳統並發揚光大，這是中國思想史研究最具有生命力和活力的傳統，只有守先待後，才能吾道不孤。

Academician Hao Chang 張灝院士

圖 114　張灝教授喜歡坐在沙發上看書

追思張灝先生——思想史研究的典範

成慶

上海大學文學院副教授

謝謝任鋒兄！謝謝這次能夠邀請我來參加張灝先生的追思會。

前面小兵也說了，不過我比小兵稍微早一點，我是在 2002 年的時候就跟著許紀霖老師讀書，做思想史的研究。那時候我印象很深刻的是，張灝先生第一次來華東師範大學思想所做了一場關於梁啟超的報告——那是我第一次見到張灝先生。後來我們學習與研究思想史，我記得我讀了他的第一篇文章是〈重訪五四——論五四思想的兩歧性〉。當時剛開始讀張灝先生這篇文章，是覺得它提供了一個我們很好理解近代思想的一個框架。到後來，2002 年許（紀霖）老師編了那本《張灝自選集》，再結合我當時正在做的一些學術訓練，於是就寫了一篇書評發表在 2002 年香港《二十一世紀》雜誌上。那是最早跟張灝先生的結緣。我們就是以他為做思想史研究的一個範本與典範。後來雖然我的思想也有很多的一些變化，但我學術研究的範式仍然沿著這條路。

我還記得 2006 年我碩士論文答辯的時候，當時我們系裡的老師，認為我寫的張君勱研究的論文不像是歷史學研究。我想這也是思想史研究在當時那個環境下的一些困境的體現，當然現在這種問題可能會稍好一點了。在 2006 年前後，我思想上也有一個大的轉變，當時沃格林的一位學生來我們華東師大跟北大做講座，我跟他有很親密的交流。所以後來一段時間我便就轉向了對沃格林思想的閱讀，還翻譯了一本關於沃格林的書（按：尤金・韋伯（Eugene Webb, 1938—）《沃格林：歷史哲學家》）。那也讓我重新反過來有機會去瞭解張灝先生的思想來源，也就是

史華慈。雖然很早我也讀了很多史華慈的東西，但那個時候我才意識到沃格林、史華慈他們思想的一些共同性。所以到 2008 年我去美國之後，有機緣跟著林同奇先生讀史華慈的先秦中國的思想（《古代中國的思想世界》），我才開始意識到，原來像張灝先生、林同奇先生，他們背後研究中國思想史背後的一些共同的思想來源，包括像沃格林、尼布爾這些。

　　2008 年當時經林同奇先生介紹，我曾專門去到 D.C（華盛頓特區）拜訪張灝先生。前幾天許（紀霖）老師跟我講起張灝先生去世的消息，當年那些細節一下就都浮現出來了，非常非常感人。當時我就覺得很感動，為什麼呢？因為當時張灝先生年紀也不小了，那時候我跟我的同門宋宏兩個人去的時候，在美國那種汽車環境下沒有什麼交通運輸的能力，所以張先生親自開車到機場接我們兩個，接到他在 D.C 的家裡面。現在想想，張先生對我們年輕人的那種平易近人，真的很令人感動。那天的活動還蠻豐富，我印象很清楚，當時張灝先生跟師母還帶我們去了一個川菜館。今天聽其他的老師分享，大概他們是真的很喜歡吃辣。然後我們一邊吃飯一邊聊天，聊得很開心。那天張先生和師母都非常開心，應該是看到我們年輕人好不容易遠道而來。

　　我們在他家裡面也談了很多關於思想史研究的一些話題，我有幾個點我印象非常深刻。一個是張師母說張先生每天在房間裡活動的細節，說他一天到晚就坐在沙發上思考。可見張灝先生做思想史研究，有一點哲人性的特色，帶有哲學家的沉思性。他並不是每天都在埋頭讀書，他可能有大量的時間都在那裡思考。這一點是我通過張師母一不小心透露出來的資訊得到的，反映出他每天其實很多時間都是用來思考的。另外一個細節是，我們臨走的時候他對我們說了一句話，說「中國思想史研究要也要清理門戶」。從我對當代中國思想史研究的一些理解來講，我當然能夠瞭解到背後的一些弦外之音。因為有可能當時的中國思想史研究有非常嚴重的意識型態化的傾向，很多的爭論其實並沒有回到基本的思想的源頭議題。另外，今天我還翻出來當時我跟張先生的合影，背後是他家裡的客廳，掛了一幅于右任的書法。那個書法我查了一下，是于

圖 115　張灝教授與師母
廖融融

右任在 1945 年寫的一組抗戰的組詩。當然于右任先生的作品本來是非常珍貴的，另外也顯示出張灝先生對中國的一種認同情懷，對中國文化的感情是非常深的。這一點是那一代的臺灣知識份子學者普遍的共性，見到我們從大陸來的一些年輕人，他也會感覺非常親切。

　　後來我回到國內翻譯了一本沃格林的傳記。雖然翻譯得也不怎麼樣，但因為跟張灝先生談過沃格林，他也表示他非常關注，所以後來也寄給了他一本。回國之後我的個人的學術研究轉向了佛教思想史，但我不斷再回過頭來看，其實我研究佛教也是跟張灝先生、史華慈，包括林同奇先生當初通過研究與耳聽面命分不開的。我在波士頓跟林同奇先生也一起讀過史華慈，林同奇先生也是一見面就談學術，直接拿個英文本就拋給你，就現場讀，看你怎麼理解。他們那代人有一個共同特點，對思想性的源初性的問題，比如對中國文明、中國思想的一些源初性的問題和基本的問題，他們有著非常多的思考。上個學期我帶學生讀近代佛教思想的一個研究生課，我推薦的要讀的文章跟書，反而是余英時先生的《論天人之際》，還有張灝先生一些早年的文章〈重訪軸心時代的思想突破〉，還有 2013 年在臺灣《思想》雜誌上發表的〈政教一元還是政教二

元？──傳統儒家思想中的政教關係〉的那些文章。所以說我覺得我雖然做佛教思想史，但其實回應的問題還是跟張灝先生、史華慈，包括林同奇先生這些老先生的思想研究的趣味是一脈的。因為我對人類基本的生命存在的意義問題，有著更濃厚的興趣。雖然張灝先生討論了很多關於政治思想的問題，但我隱約感覺到他對人的生命的存在性的那種關懷是呼之欲出的，更不用說史華慈教授。從學術研究的角度來說，好像我這麼多年很少寫我們傳統意義上的近代思想史的文章，更多的時間是在寫禪宗與佛教，但是我覺得我關注的問題的源頭仍然來自於這些學者前輩，來自於曾經給我很多教益的老先生。而且我研究佛教其實也與我在研究思想史過程當中的困惑有關係。比如我的博士論文其實就跟張灝先生在《危機中的中國知識份子》裡面曾談到章太炎的佛教的元素有關係。只是當初的我還沒有能力處理這個問題啊，後來也花了很多時間。這些問題都跟張灝先生在他的研究當中所開啟的很多問題的論域有關係。所以後來我做的太虛研究，包括太虛對嚴復（1854—1921）的回應，其實多少還是在這個學術脈絡下做的一點工作。

所以有時候想想，當時我在他的那個房間跟他交流大概前後有六七個小時，待的時間好像還蠻長。就那樣的驚鴻一瞥，其實對我而言有蠻大的影響。因為直接去親近一位思想者──我認為張灝先生稱得上是一位思想者，他的那種每天坐在那裡思考的生活方式，在某個方面我也蠻傾慕，我個人也有這樣類似的一些傾向，就是有時候思考的多一點，反而讀的東西相對來說少一點。所以他對我們的影響，我突然間有時候能在他身上找到未來的一些，作為學者也好，作為一個老師也好，作為一個純粹的思想者也好，他所表現出的一種典範性的作用。今天想一想，當時在美國遇到的林同奇先生跟張灝先生，現在都去世了。我知道蕭延中老師其實是在延續著林同奇先生的一些工作，相比之下我很慚愧。但是我希望以後有機會重新從佛教的角度，去對張灝先生他們所提出的很多近代思想史的問題，做一些思想史的回應。這也是我們今天能做到的地方。

我就簡單地分享這麼一點，謝謝大家！謝謝任鋒兄！

幽暗意識與儒家思想的新展開

徐波

復旦大學哲學學院副教授

各位老師好！首先非常感謝任鋒老師的邀請。我是徐波，現在是復旦大學副教授。很榮幸能夠參加這次向張灝先生致敬的追思會！

我博士階段就讀於香港科技大學，導師是黃敏浩老師和陳榮開老師。我去香港科大的時候已經是 2010 年了，那時候張灝先生已經退休四五年了，所以不像之前幾位學長學姐那樣有幸親炙於張灝先生。但張灝先生的影響其實一直還在，香港科大的一些老師上課時會提起他。而且也正因為張灝先生的因緣，我在 2010 年有幸聽了林毓生先生的課，當時林先生來香港科大客座了一整個學期——這段時間上海疫情，我在家還翻到了一些當時聽課的老照片。

真正跟張灝先生結緣是非常偶然的一個機會。我在港科大第一年的 Temporary Advisor（臨時導師）是陳榮開老師。我做他 RA（Research Assistant，即研究助理）的時候，工作剛好就是整理張灝先生的 bibliography（書目）。這個工作本來是不要求去讀那些書的，但是陳榮開老師希望我盡可能去把那些論文和書中篇章都找到，所以自己也花了很多工夫去各種圖書館翻書、文獻傳遞以及掃描等等。最後搜集完成之後，相當於自己面前有一場非常豐盛的大餐，會情不自禁地想著要去品嘗。可能就是緣分吧！於是在某天晚上我就開始讀張灝先生的書，也正像前面幾位老師所説的，只要一讀張灝先生的書，就會被張先生所吸引住，大受震撼，大受啟發。這些閱讀經歷也直接影響了我後續思考，包括我做博士論文的一些思路。讀書，有時真的很講緣分。差不多在這前

後的時期，我還讀了余英時先生的一些書，特別是《朱熹的歷史世界》，基本上是一頁一頁非常仔細的讀法。雖然都是廣義的思想史研究，但是余先生的書我讀了之後，當時就覺得不大滿足，不大過癮，後來還年少輕狂寫了一篇批評的文章。

我自己的學術進路是哲學的，主要是中國哲學的進路，特別是受到現當代新儒學的影響。我在香港科技大學做的博士論文是牟宗三先生的天臺佛學思想。這幾年又擴展到了熊十力先生。我寫過一篇關於張灝先生的文章〈劉蕺山《人譜》中的「幽暗意識」探原〉。在《幽暗意識與民主傳統》一書中，張灝先生有提到劉蕺山《人譜》裡面的幽暗意識，但是他沒有具體展開。剛才也很高興聽到前邊幾位老師提到張灝先生對宋明理學的用力，接下來我就大概講一講我的這篇文章的內容。這篇文章在臺灣的《哲學與文化》月刊發表之後，當時也托陳榮開老師帶給張灝先生，但可能跟翁賀凱學長類似的客觀原因，可能未必有收到。

我想今天借這個機會，謹以此文向張灝先生做一個致敬。這篇文章也是我 2019 年的一本小書《由湍水之喻到幽暗意識：理學視域下的人性善惡論新探》的其中一章。大家從題目當中可以看到，我是從一個哲學的角度，希望把孟子的性善論，跟張灝先生「幽暗意識」的洞見，放置到整個儒家哲學的思想當中，對於人性善惡的討論進行一個梳理。關於張灝先生那一章，就在書的第六章「劉蕺山《人譜》中的『幽暗意識』與『超越意識』」。之前張灝先生在《幽暗意識與民主傳統》裡面講蕺山大概只有兩三句話，而我自己對劉蕺山比較感興趣，包括我在香港科技大學的導師黃敏浩老師是蕺山學的專家。所以我把在香港科技大學所學到的一些內容，融合起來，同時把牟宗三的一些背景知識也納入了其中。牟宗三特別推崇所謂的「五峰─蕺山系」，重新劃分了「三系論」，所以我都進行了一個綜合。

在這篇文章裡面，我首先對「幽暗意識」的概念做了一些澄清。就像剛才白彤東老師所說，現在大家對於張灝先生所提出來「幽暗意識」概念，其實有很多誤讀。我試圖通過張灝先生的「幽暗意識」作為引子，

對劉蕺山思想進行進一步的思考，也對「幽暗意識」的思想史意義進行進一步的發掘，同時對儒家在現代社會的價值與作用進行更進一步的思考。《人譜》是張灝先生特別強調的一本書。他認為宋明理學發展到晚明，特別是在劉蕺山的《人譜》中對惡的重視，已經和西方基督傳統非常類似而可相提並論了。我思考的一個大的問題，是張灝先生反復提醒的，他覺得傳統儒家思想雖然會包含有一些憲政民主的積極因素，但為什麼始終有一些掣肘？由殷海光先生到張灝先生、林毓生先生，以及徐復觀、牟宗三他們，這些現代新儒家跟現代中國自由主義者們的爭論，到底是否有融合的可能？我們知道，張灝先生關於殷海光先生最後日子的回憶〈一條沒有走完的路〉中有提到，其實是他促成了徐復觀先生與殷海光先生的和解。所以在這個意義上，我個人是把張灝先生視為新儒學的同盟軍。

關於「幽暗意識」，我在文中也提出，它並不是一種狹義韋伯式的文化決定論，張灝先生強調它在西方、中國和印度都有。我是做新儒學的，因此也特別強調張灝先生對徐復觀先生的致敬與回應。他的「幽暗意識」，包括剛才很多老師也有提到，當然是有基督神學的背景，在《張灝自選集》的序裡，張灝先生自己講得很清楚，「幽暗意識」有三個來源：一個是徐復觀先生的憂患意識，一個是尼布爾的神學，另外一個是馬克思主義的異化理論。我這篇文章比較側重於對徐復觀先生的致敬與回應。張灝先生特別強調一點，是宋明儒學當中一直以來對「幽暗意識」有一以貫之的的發展。包括劉子健先生、余英時先生，他們都講到「中國轉向內在」的現象，這在宋明理學裡面是有很直接的體現，特別是受到大乘佛學的影響，而《人譜》就是這方面的一個直接的體現。

我自己覺得特別需要強調或者說張灝先生特別容易被誤解的地方，在於大家往往只注重《幽暗意識與民主傳統》那本書裡面的某篇文章，他的其他文章包括〈超越意識與幽暗意識〉、〈儒家經世理念的思想傳統〉等則重視不夠，特別是沒有足夠重視〈超越意識與幽暗意識〉一文中對儒學的分析。如果我們把這些文章結合在一起來看的話，就會發現張灝

先生不僅是現代新儒學的一個同盟軍，他還跟宋明理學的思路有著直接的聯繫。像《人譜》這本書，張灝先生提得很高，認為這是宋明理學發展到對惡的重視的一個巔峰。但是四庫館臣在編《四庫》的時候認為《人譜》這本書只是對中人以下說的，評價並不高。包括黃宗羲編《明儒學案》時，他居然沒把這本書放到他自己親老師的《學案》裡面，根本就沒提這本書。可見對《人譜》一書其實是一直存在著很大的分歧。

張灝先生的洞見，超越了黃宗羲《明儒學案》、四庫館臣以及其他大部分的宋明理學研究者，因為他們都忽略了劉蕺山一方面特別重視《人譜》當中的惡，另一方面在超越層面也有一個立論的基礎，即一個「立人極」的基礎。這跟張灝先生所強調的「幽暗意識」必須結合「超越意識」來看，其實是有異曲同工之妙。如果從這個角度去看，現代新儒學內部對於張灝先生的一些批評是站不住腳的。

我這篇文章曾在臺灣的學術研討會上宣讀過，當時林月惠老師等幾位老師都跟我說，他們對「幽暗意識」的印象，大都和李明輝老師對張灝先生的批評類似：「幽暗意識」太注重「性惡」，跟儒學的「性善論」傳統有所違背。所以我文章後面站在張灝先生的立場上，對類似批評做了一個比較詳細的回應。我對李明輝老師的論著還是比較熟的，所以比較有意思的是，我舉了他寫《儒家與康德》的例子。康德也是談「根本惡」的，李明輝老師在談儒家跟康德的時候，也是同意康德的「根本惡」思想並不影響康德本身與性善論傳統之間的融合。同樣的思路，我們並不能因為張灝先生的幽暗意識講到了一種本質的惡，就下結論說與儒家的性善論傳統直接矛盾。而且，張灝先生還特別強調了幽暗意識跟超越意識是需要結合在一起的。這個超越意識，劉蕺山那邊有一個很明顯的體現，他仿照《太極圖》作了一個《人極圖》。唐君毅先生對劉蕺山有一個非常高的評價，說宋明理學是以《太極圖說》始而以《人極圖說》終，原話是：「宋明理學以濂溪之為太極圖說，以人之主靜立人極以合太極始，而以蕺山之人極圖說之攝太極之義於人極之義終也」(《中國哲學原論‧

原教篇》）。蕺山強調惡，但蕺山首先強調直貫太極的「人極」確立。唐
君毅先生這個評價，也映證了張灝先生思想的洞見和貢獻。

　　最後，我剛才提到，張灝先生是新儒學的同盟軍。我們也都知道現
代新儒家的一個口號：「內聖開出新外王」。我覺得像徐復觀、唐君毅和
牟宗三，他們有時候多多少少有一點像自問自答，在已有答案的前提下
去倒推。而如果按照張灝先生的分析，像民主、科學這些「新外王」，靠
「老內聖」是開不出來的。我之所以把張灝先生稱為新儒學的同盟軍，是
因為張灝先生的幽暗意識，其實是給整個新儒學指明了一個方向：「內
聖」它也是需要大幅更新的，它也需要借鑒一下像《人譜》中的性惡，
講惡之來源，借鑒張灝先生所講的幽暗意識，以「新內聖」去開出「新外
王」。我覺得這是張灝先生對於中國哲學和思想史領域，對於新儒學未
來可能的一個非常大的貢獻，相當於扭轉乾坤一般，試圖把整個新儒學
思想注重「開出新外王」的傾向扭轉到「內聖外王」的整體更新。對此我
深受張灝先生的啟發，也非常感念。因為時間關係，我就分享到這裡，
希望各位老師多多批評指正！謝謝！

圖 116　晚年時期的張灝教授伉儷

閱讀張灝先生的點滴體會

鄧軍

上海交通大學馬克思主義學院副教授

各位師友好，非常榮幸今天有機會以這種方式來紀念張灝老師。我是 2005 年跟隨許紀霖老師讀研究生，從這個時候起，就開始閱讀張灝老師的一系列作品。2006 年「史華慈與中國」國際學術研討會在華東師範大學舉辦，我正好擔任會務，有機會見到張灝老師，但是每一次見到不是在會場，就是在電梯，都是在人特別多的情況之下，很遺憾沒有機會能夠向張灝老師去請教，所以我更多的還是通過閱讀來學習張灝老師的研究。這個會後不久，我的碩士論文就定了，準備寫朱謙之的個人觀與宇宙觀。寫的過程當中，我一直在糾結如何去架構一個特別複雜的人物，他的思想不能説特別成體系，也許也不特別重要，怎麼樣去寫他。那個時候又重新想起了張灝老師的《烈士精神與批判意識》。此前我讀完這本書的時候，就跟許老師有所交流。我跟許老師説，讀張灝老師其他書，我也覺得特別受益，甚至震撼，但是唯獨這本書不知道為什麼，覺得特別感動，譚嗣同打動了我，張灝老師也打動了我。張灝老師其他文章、著作都特別的節制，但是在這本書裡，他好像把自己那種豐沛的情感賦予到了譚嗣同的身上。因此，在寫碩士論文的整個過程，這本書就一直放在我的手邊，隨時備翻，幫助我去架構碩士論文。我自己常常認為，許老師是我的第一導師，然後張灝先生的《烈士精神與批判意識》是我的第二導師。在這本書的指導之下，我開始知道如何去寫一篇碩士論文，如何去架構一個學術寫作。後來我也在繼續閱讀張灝老師的作品，但是反復揣摩這本書是我學術成長過程中特別重要、特別有紀念價

值的一段時光。

　　我覺得這本書對於一個青年學生來説，首先是有一個重要的方法論意義。他這本書裡面處理一個問題，就是如何去研究一個在哲學史或者是思想史上意義不是那麼重要的人。今天我們講譚嗣同，覺得他特別的重要，但是可能放在晚清思想史裡面，未必有那麼重要。近現代中國很多知識份子的思想都是如此，不成體系、淺嘗輒止。那麼，這些人物的研究如何去賦予它研究的意義。我覺得張灝先生在這本書裡面其實給了我們一種方向，一種方法論，就是我們把這些不成體系的人物放在一個時代和思想的脈絡裡面，看他對這個時代的刺激，產生了怎樣的一種生命反應與思想的回應，將個人的生命和思想跟時代整個地聯繫起來，這是思想史的一種研究方式。在某種意義上，我覺得這是對思想史研究的一個非常重要的啟示，同時也啟發我去思考怎樣去研究朱謙之（1899—1972）這樣的人物，怎樣賦予他作為思想史研究的意義。

　　其次，是張灝先生將人物的思想和心路歷程結合起來，對於當時的我而言，也非常重要。當時我們學思想史的大部分都是男生，我都是師兄在學思想史，沒有女生。那時候流行一種説法，男生適合學習思想史，因為男生重邏輯，女生好像不是那麼擅長等等。我自己在讀思想史的時候，當然也覺得思想的邏輯很過癮，但總覺得還不夠。在譚嗣同這本書裡，張灝先生給予人物生命、精神、心靈強烈的關注，並且讓思想與心靈達到一種平衡，非常動人。這促使我進一步思考思想史是什麼，突破我一開始以為思想史就是思想邏輯的演繹與展開。張灝先生在這本書裡還提煉了一些分析範疇，如人物生命的處境、歷史的處境等等，這些是理解歷史人物非常好的打開方式。許老師也在談精神史、心靈史，我覺得張灝先生的這本書，是將思想史和心靈史、精神史結合起來的一個特別好的嘗試，並且打動了像我這樣的青年學生。我也試圖在碩士論文裡從人物心靈的層面去展開，這是來自張灝先生的啟發。

　　再次，也是對我影響比較大的是本書所揭示的一個時代主題——烈士精神。這看似是對於譚嗣同思想與精神的提煉，但實際上它是理解近

現代中國一個非常重要的命題。我甚至覺得，譚嗣同拉開了近代烈士精神的序幕，譚嗣同則扮演了近代烈士精神教父的角色，對後世的革命者產生重要影響。由於這本書，我後來讀革命者資料的時候，會特別注意他們有沒有受到譚嗣同的影響。果不其然，像刺殺五大臣的吳樾，搞支那暗殺團的劉思復，包括後來李大釗、毛澤東、朱謙之等等，這些有強烈實踐的、帶有犧牲精神的人物，無不都受到譚嗣同的影響。可以說，譚嗣同提供了理解轉型時代的一個線索，即以犧牲作為表達方式，鼓吹為信仰去獻身的行動主義，它不僅僅是一場場革命實踐，更是一種貫穿始終的精神線索。中共早期知識份子的烈士精神便是這條線索的延伸，當然它後面支撐的精神可能不太一樣。

　　在論證中，張灝先生提到譚嗣同的宗教心靈和信仰，我認為這是張灝先生對譚嗣同理解最為獨到的地方。之前很多的研究，談到晚清民國知識份子與宗教的時候，更多是談宗教觀，而不是宗教與他們生命體驗之間的內在聯繫，以及這些體驗如何影響他們思想的選取，往往是這些融合起來的矛盾或和諧是一個人生命最基底的、最根基的東西。在譚嗣同這裡，張灝先生用宗教心靈推出思想，再運用思想回到精神，這兩者處於往復不斷的互動當中。近現代知識份子研究和思想史研究，常常被忽略這個部分。我的博士論文做五四時期知識份子的宗教感，革命和宗教之間的關係，便與張灝先生的這一影響有關。我們談現代革命的時候，常常是以反宗教的方式去談，但是我們其實可以發現，很多知識份子、革命者，常常呈現出很強烈的宗教感，甚至是反宗教的宗教感。

　　由於時間的關係，最後我講一個張灝先生對我寫作的影響。寫論文的時候，第一筆特別難。以前寫作的方式好像前面要做一個很長的鋪陳，兜兜轉轉，然後進入主題。碩士論文的第一筆我猶豫了好多天，最後又去看張灝先生如何下筆。他第一句話直截了當，「譚嗣同從小就展現出他生命性格當中的最大特色，豐富的情感與豪邁的氣質」。就一句話，我驚到了，這也影響了我以後的寫作的方式。我的碩士論文第一句話，完全複製了這一格式，「朱謙之性格中最大的特色是：敏感而自尊，

時走偏鋒，悲觀也悲的徹底，樂觀也樂觀的徹底。」

　　整個學生時代直到今天，我都非常感謝張灝老師給予的豐富的養分，相信以後我們還可以繼續從這些研究中獲取更多的養分。非常感謝張灝老師，感謝任老師。我的分享就到這裡，謝謝。

重思「轉型時代」——張灝先生學術追思錄一瞥

盧華

中國社科院近代史所助理研究員

　　首先特別感謝任老師邀請我來參加這樣一個線上的、給張灝先生辦的追悼會、紀念活動。前面已有多位前輩學者發言，從我的學術成長經歷來看，屬於張灝先生學生輩的學牛。無論是我在南開大學政治學系，跟任老師一起讀張灝先生的論作，到後來碩士在美國跟幾位老師讀東亞史，還是博士期間，在華東師大思勉高研院跟許老師重新去讀張灝先生的一系列著作，約十五年的求學，張灝先生那為數不多的著作和論文幾乎未中斷過。他對我個人學術歷程的影響和啟發大而深遠。

　　許紀霖師多次提及從史華慈到張灝先生的思想史寫作特色，並將其概括為一種「問題導向的思想史」，以區別於其他學術理路的思想史寫作。至於何為「問題式的思想史」，許師多有提及，不在此贅述。歷史學界的推陳出新大多不出新材料以及新材料帶來的新論題，新問題及新的概念，新的理論或方法。前面發言的多位學者從不同角度提到張灝先生在中國近現代思想史領域提出的論題和相關概念，我想著重探討下張灝先生的「轉型時代」概念。

　　史華慈教授指出，所有的人類歷史認識都需要分期。歷史沒有分期正如人的旅行或出遊沒有地圖。而歷史分期往往與不同歷史片段的變動結合起來，這些變動期也就構成了學者們所選擇的分期節點。在中國歷史的討論中，有三個大的變動期，它們分別是春秋戰國、唐宋和清末民初。或許部分論者還會加上明清嬗替這一歷史片段。對清末民初這

一「數千年未有之大變局」的時代，論述者通過把握其前後不同樣態的巨大差別，多冠以「過渡時代」，由梁啟超到近人學者王爾敏、羅志田教授，不一而足。論述的起始點則各有側重。張灝先生以「轉型時代」命名之。我記得去年參加許師主辦的思想史會議，北京師範大學的方維規教授，他專長德國思想史、概念史。講座中，他一句話提到，柯塞雷克（Reinhart Koselleck, 1923—2006）先生提出的「鞍型期」，跟張灝先生的「轉型時代」有很多可比較的地方，但方教授並沒有展開。柯塞勒克教授引領了這些年海內外思想史研究界中有重大影響的概念史思潮。接到任老師通知之後，我就這一塊專門去做了閱讀，比較後發現確確實實如方維規老師所說，鞍型期的概念，和張灝先生對「轉型時代」的探討，兩者的內涵、特徵、影響，確實可進行深入比較。甚至可以說，張灝先生的「轉型時代」概述中，他對文化取向危機、價值取向危機、精神取向危機的一些把握，相比柯塞雷克「鞍型期」論述，有更深厚和全面之處。

「鞍型期」大體指涉啟蒙運動後期，經法國大革命到 1850 年前後歐陸的工人運動高潮期，約 1750—1850。當然，在不同的區域，「鞍型期」有不同的起始點。張灝先生的「轉型時代」指涉相對較短，它始於 1895 年中日甲午戰爭中國戰敗，到 1925 年以孫中山引領的國民黨改組、並通過「聯俄聯共」興起的國民革命運動為止。雙方的關切大體相同，柯塞勒克的鞍型期是為了強調，除了啟蒙運動和各種革命（政治——社會革命及工業革命）對老歐洲的衝擊，形塑現當代世界的政治體系、概念結構和價值觀整體變化的「概念群」的影響。通過對系列「概念」的考察，柯塞勒克認為，鞍型期的一個核心特徵就是許多「中心概念」的誕生，以及這些概念經由「前政治」、「政治化」到「意識形態化」的大體演進過程。柯塞勒克分析這一變化及其語言表述，在「概念」的使用、意涵和背後結構方面有四個特徵。我們且以張灝先生對「轉型時代」的把握來比較這四個特徵。

在「轉型時代」中，張灝先生看重思想知識的傳播媒介和內容的變化。他指出，1895 年後報刊雜誌大幅增加，且其運作主體不再是傳教

士或商人，而是轉移到士紳階層手中。士紳階層在中國社會結構中的上
卜銜接作用得以讓他們迅速傳播新式概念和術語、知識，並以此聯動整
個社會，這即是柯塞勒克所說基本概念的「民主化」。從民初到國民革
命運動興起，士紳階層讓位於新式學校和海外留學生培養出來的新式學
生群體。政治語言和術語從官僚士大夫、貴族徹底走向受過一定教育的
民眾。

　　另一方面，張灝先生特別強調清末民初這些新式學校培養出來的知
識階層，他們逐漸與傳統的四民結構以及科舉制度脫嵌，游離於現存社
會結構之外。而他們的社會活動多以辦報紙雜誌，組織學會等社團為
主，能發揮不同以往的影響力。這種影響力與其相對邊緣的社會地位和
不確定的政治文化認同聯結，讓他們的政治社會信念灌輸到其「概念」
和知識生產中去，造就了現代知識階層的激化取向。而知識階層所使用
的各種新式概念，如「共和」、「民主」、「解放」、「階級」、「革命」等，
在社會進化論的導引下多帶有期待和聯結未來目標的內涵，容易與政治
社會運動合流，被「政治化」和「未來化」，即柯塞勒克所說的「時代化」。
張灝先生精到地概括「轉型時代」此一概念群的特殊三段結構：（1）對現
實日益沉重的沉淪感與疏離感；（2）強烈的前瞻意識，投射一個理想的
未來；（3）關心從沉淪的現實通向理想的未來應採何種途徑。

　　這一三段結構，同時與中國古代的儒教道德理想主義和西方近代啟
蒙運動中的理想主義結合，在進化史觀的推動下形成一個歷史的理想主
義，它把歷史看做是朝著一個終極目的所做的直線演進。這一目的，在
儒家的經世思想和救世情懷導引下，需要通過激烈的政治和社會改造實
現。王汎森教授則在〈「主義時代」的來臨——中國近代思想史的一個關
鍵發展〉中，點出了張灝先生所強調的轉型時代節點——國民革命的核
心特徵：「主義時代」，以及革命政黨如何與「主義」結合。這正是柯塞
勒克所強調鞍型期核心概念可「意識形態化」的大體傾向。

　　不過，在張灝先生對轉型時代特殊歷史意識的分析中，另有一個危
機是柯塞勒克「鞍型期」所沒有的。這與轉型時代的中國所面臨的非西

歐世界的後發現代性問題有關：文化認同危機。也就是羅志田教授所強調的中國思想界從「道出於一」到「道出於二」或者多的問題。對帝國主義、殖民主義的痛恨與對「西式」現代性的整體模仿與崇拜心態無法分開。張灝先生指出，這一情意結與另外兩種危機密切結合，在對歷史潮流的感受和把握上，知識階層愈發強調人的自發意識與意志，以能動地改造世界。這一極度拔高人的主觀意識與精神信念的人本意識與傳統天人合一宇宙觀結合，形成了一種意識本位的歷史發展論，傳統思想模式中的應然與實然的結合，讓傳統宇宙觀中的模式在轉型時代以及其後以新的形式延續。這正是其「轉型時代」的獨到把握。

當然舉這一個例子只是強調張灝先生提出的系列概念、命題和影響的多面性。我看了一下今天到場的前輩學者和老師，大體上集中在哲學、政治學和歷史學的領域。其實我碩士期間的一個導師錢南秀教授，她做中國中古文學史，也涉及近代文學思想史，她本人就特別推崇剛才鄧軍老師提到的，張灝先生寫譚嗣同的《烈士精神與批判意識》這本書。張灝先生的學術影響跨越多個領域和時段，我們今天這個線上追悼會，可能還是很難全面地涵蓋這些面向。

另外想簡單再談一下，如何收集整理張灝先生的論著。剛才應該是任老師還有唐文明教授都提到，給張灝先生出全集的可能。我是覺得這樣的工作特別值得去做。但是我想了一下，張灝先生的著作可能更適合文集的形式。因為文集相對自由一些，全集的話涉及到他的很多英文著作、論文及漢譯本，不好處理。插一句，這個翻譯其實還跟我所在的近代史所有些關聯。張灝先生的兩部著作，關於梁啟超的那本博士論文（《梁啟超與中國思想的過渡》），加上譚嗣同這本（《烈士精神與批判意識》）都是我們所的一對夫妻學者，晚清史研究室的主任崔志海老師和《近代史研究》主編葛夫平老師翻譯的。那麼編全集的話，像這些英文著述以及由英文轉譯到中文的著述怎麼去收集和說明。第二個問題就是他的文章，也不能完全說是不同版本，但是從標題到內容部分文章有一定修改，這種情況怎麼去收入。考慮到出版還有閱讀者的體驗，全集不是

特別好處理，我覺得可能出文集更合適。

　　最後特別期待，無論在港臺還是在大陸，舉辦類似紀念張灝先生的學術研討會，到時候我想就幾個感興趣的話題去做一些深入研究，跟諸位老師多多請教交流。好，任老師我就說到這裡。

「後五四之子」、「二十世紀之子」與香港

周昭端 [1]

香港明愛白英奇專業學校通識教育及語文學系系主任

引言

每個時代都有其所象徵的時代精神（Zeitgeist），殷海光（1919—1969）與張灝（1936—2022）兩位思想史大師都以「五四精神」為他們那個時代的象徵，也認為人類的未來需要「五四精神」的延續。可是「五四精神」究竟是什麼？她是自由主義嗎？是民族主義嗎？各種詮釋不一而足，用張灝教授的解說：這套思想是充滿多重性和多歧性的。本文並不是企圖為「五四精神」建立一個確切的詮釋，而是想通過「五四精神」的不同側面去展現殷海光與張灝兩人的學術生命，當中包括了理想主義、自由主義和民族主義。由之我們可以看到他們如何塑造中國的想像；透過之，我們站在時代風氣上，又如何重塑香港的想像呢？

殷海光和張灝兩師徒都以「五四精神」作為個人追求的嚮導。自殷海光寫給張灝的信函中，他自己定位是「後五四人物」（a post May-fourthian），而張灝視殷先生為「五四傳統」的精神橋樑，使此精神延續下去。張灝更被入門弟子任鋒標識為「二十世紀之子」，他在〈不要忘掉二十世紀！〉這篇文章中指出當人類進入二十一世紀之際，懷抱著進步主義的同時，更需要注意二十世紀對人類所啟示的非凡意義。[2] 根據「五四精神」的種種表徵，本文嘗試透過殷海光和張灝兩人的相遇相知，以至他們在思想觀念上的分梳，由之我們可以進到兩位學者的思想當

---

[1] 編者按：周昭端，1999—2007 年期間就讀科大人文學部哲學組，指導老師是馮耀明教授。在學期間，剛好也是張灝教授到香港科技大學人文學部任教之時。

[2] 張灝著：《時代的探索》，臺灣：中央研究院及聯經出版事業股份有限公司，2004 年7 月版，頁 31—36。

中，從他們各自在「未走完的道路」上展示出思想轉變的歷程、以至精神的深度。通過這次思想的考察，相信我們可以瞭解到時代的光影下，由二十世紀的五四到文明進步的二十一世紀，我們思想中種種想像的根源，特別是令到我們對「中國的想像」變得更為透徹。二十世紀末，張灝教授橫渡重洋，來到東方一隅的小島，終與香港結下那份緣，學者與後輩得以親炙先生之學識與思想，在清水灣畔留下美好的記憶，以及那長長的書卷。一九六零年代香港學生到臺灣留學，自然就以「朝聖」的方式到殷海光教授的家裡探訪，展開他們求經問道的歷程。筆者恩師馮耀明教授也是那時候到殷宅「朝聖」，那載滿思想的書卷一定在心中來回飄蕩。到了九十年代初，借助一場「教育改革」的春風吹送下，殷海光的思想在滿園春光中播下種子，這將開出怎樣的花朵？這陣思想的春風又將如何滋養這片香江大地呢？

殷海光與張灝的初會與最後一面

根據張灝教授的自述，他最初認識殷海光是在 1950 年代中期，而張灝入讀臺灣大學歷史系是在 1953 年，當年他拜在殷海光門下，一片赤誠之心接受了殷海光的「五四傳統」。他這樣說道：「我開始認識殷先生是在 50 年代中期，在我考進臺大以後不久。記得我最初是在《自由中國》雜誌上讀到一篇題名為〈一顆孤星〉的文章，作者是聶華苓，描寫她的鄰居——臺大哲學系教授殷海光的生活行誼。在她生動的筆下，一位光芒四射、特立獨行的哲人在我腦海中浮現。在臺灣早期灰暗的大環境裡，我真像是看到一顆孤星在天邊閃爍，年輕的我怎麼能不為之心儀而神往？」[3] 即使他後來覺得自由主義的詮釋在當時的臺灣是膚淺的，但他仍強調殷海光在那個時空裡卻「非同小可」。所以他又說：「離開臺灣以

---

[3]　任鋒編校、張灝著：《轉型時代與幽暗意識》，上海：上海人民出版社，2018 年 9 月版，頁 382。

前，在殷海光先生的影響之下，我的思想是十足的『五四型』。民主與
科學是我的指導理念，傳統是我批評的對象。雖然我對這三者的了解都
很朦朧，但是朦朧中卻很有自信。」[4] 對於張灝而言，殷海光是真正的
五四思想傳統繼承者，其中一個重要的特徵就是理想主義，殷海光最愛
引梁啟超所寫是兩句詩：「登高山更有高山，出瀛海復有瀛海。」[5] 由之
可見其與「五四傳統」的理想主義精神是一脈相承的。無獨有偶，張灝
的第一本專書研究就是有關於梁啟超的，這種精神上的契合自是不言而
喻了。當然，在現實灰暗不明和理想落空的情況下，殷海光並沒有屈服
於當下的失敗，作為「五四精神」的繼承者，他承載著重建五四思想的
責任，希望將此理想實現出來，將此精神延續下去。最後一個特徵是自
由、民主與科學的理念，這些信念並不是直接源自於歐美自由主義的傳
統，而是從「五四傳統」接過來的火把，當中值得注意是自由與民主的
價值理念，誠如張灝所言，這些價值理念都不是道德中性的，而是帶有
強烈的道德意識，構成了那一代知識分子的人格典型 [6]，所以說殷海光在
那個時代裡有著特殊的時代意義。不過在這篇殷海光已經逝世三十週年
的文章內，張灝特意指出這種知識分子的典型型態與傳統型的知識分子
有密切的關係 [7]，這是張灝思慮和研究三十年後的結論，同時也是他與殷
海光在思想上「同源而異流」的地方，可見諸他們對於傳統的意義及價
值有著不同的取態。

　　基於上面的闡述，張灝的早年是完全接受了殷海光的思想，那時候

---

[4]　張灝著：〈未走完的道路〉，收錄於香港科技大學人文社會科學學院編：《中國研究碩
　　　士課程通訊》（二零零三年五月第六期），香港：香港科技大學人文社會科學學院出
　　　版，頁 1—5。

[5]　張灝著：〈殷海光與中國知識分子──紀念海光師逝世三十週年〉，收錄於張灝著：
　　　《時代的探索》，臺灣：中央研究院及聯經出版事業股份有限公司，2004 年 7 月版，
　　　頁 238。

[6]　同上，頁 240。

[7]　同上，頁 241。

他自稱是「五四狂生」，對於殷先生的思想內容，他是奉之如戒律。不過正如張灝和林毓生都指出殷海光在盛年之際就離開了這個世界，他並沒有充足的時間發展自己的思想，甚至從學院學術的角度，他的思想觀念存在著缺憾[8]。所以，對於張灝而言，他更多是接受了殷海光道德精神的感染（理想主義和自由的精神），而在觀念上的了解（五四與傳統、自由和民主觀念的構析），都是他後來才仔細學習和研究的。有關於殷海光在他（們）心中存在的意義，我們可以從林毓生這段講述中得到深刻的體會：「在荒涼的校園內，懷著茫然的心情，聽到了殷先生那樣的宏論，對我而言，真是空谷足音！」[9]

到了 1969 年，張灝教授已經在美國留學十年，他回到臺灣省親，重見了他昔日的恩師殷海光先生，可惜這已是殷海光生命旅程上最後的一段日子。他這樣記述當時在醫院的見面：「相見之下，我發現他除了兩鬢已全白之外，外貌極少變化，久病的臉龐似乎瘦些，但細小的眼睛仍然透出炯炯的神光。」[10]下面是他細微的觀察：「說話時那種激動和興奮，顯示著：十年來政治上的迫害，社會上的冷漠和誣衊，長年的衰病和死亡的威脅，沒有絲毫冷卻他那特有的理想主義精神。」[11]雖然張灝負笈求學已經十年，思想上也幾經轉變，然而殷海光所特有的理想主義精神仍然在他的身上煥發光芒。即使在最後幾年艱難而困頓的時間裡，殷海光教授仍然沒有被社會中那消沉、萎靡的精神所摧毀，他變得更激進而反抗著。在此最親近的距離，張灝教授從思想史家的觸覺，探視到在殷海光身上的思想轉折：這就是他對中國傳統的重新評估。眾所周

---

[8]　殷海光、林毓生著：《殷海光・林毓生書信錄》（《殷海光全集 19》），臺灣：臺大出版中心，2012 年 12 月版，頁 33—34。

[9]　同上，頁 21。

[10]　張灝著：〈一條沒有走完的路——為紀念先師殷海光先生逝世兩週年而作〉，收錄於張灝著：《幽暗意識與民主傳統》，臺灣：聯經出版事業股份有限公司，2020 年 10 月版，頁 210。

[11]　同上。

知，承襲著「五四精神」和重建的責任，他對中國傳統文化幾乎是全面否定的，中國傳統文化是中國走向現代化（自由、民主與科學）的負面因子。可是當張灝提出殷海光要重估中國傳統文化的價值，這個轉折無疑是極其重要的。究竟是在什麼意義上中國傳統文化可以貢獻於中國的現代化（自由、民主與科學）呢？而在中國傳統文化中那些又是具有價值的呢？這些問題都尚待解答，然而時光沒有讓殷海光去做這重要的工作，「在他死前不久的一個無月的夜晚，他對我說：『我不能就此離開，我的道路剛剛開始。』」[12]

由他們師徒初會到殷海光最後的日子，遺留下來的問題可謂是千頭萬緒。首先是有關於傳統的意義問題，正如前面所述，如果傳統對於他們兩人都是具有意義的符號，那麼這又必然涉及他們對於中國的想像，與及中國現代化的問題。其次，就是他們作為自由主義者自居，而又以民主作為圭臬，那麼其所追求民主自由又具有何等意涵？此仍需要一一釐清。

中國傳統與現代化的想像

審視五四運動的歷史，由對中國傳統社會以至文化的否定，進而提出全盤西化，這是一場激烈的進步主義運動，進而演變成一場思想、文化革命。然而最容易為我們所忽略的是此場運動乃萌生於中國民族主義最為蓬勃的時代，用李澤厚教授的說話就是中國人在啟蒙與救亡之間，最終選擇了救亡一途，也就是進行最激進的革命。在民族精神的映照下，殷海光和張灝不能不為之而受到感染，深深為自己民族的苦難而痛苦著，但是他們的民族主義不只是止於情感的宣洩，而是關聯於中國的現代化，彼此之間有著互為表裡的關係。在此，我們不得不探討一下現代性（Modernity）的觀念，由之可以了解他們如何建構傳統的意涵，與及重新評估傳統的價值。

---

[12] 同上，頁 220。

對於現代性的觀念，李歐梵教授在《現代性的想像：從晚清到五四》中就提出意味深遠的觀點：「王德威說：『沒有晚清，何來五四？』由此再推一步就是：『沒有傳統，何來現代？』在一般的情況下，傳統是一脈相承的，有了過去才會有現代。可是，其實亦有一種倒過來的新說法：『沒有現代，何來傳統？』也就是說，傳統是由現代建構出來的。事實上，將傳統當作一個整體（totality），把它變成一個客體來批評，是源於現代性（modernity）的思考。」[13] 據之，我們可以想像殷海光和張灝所處的「現代」，而看到他們所建構的傳統或是中國是怎樣的。而此想像中的中國和傳統，就是源自於他們的現代性思考，我們可以更清晰了解當中的概念和問題。

誠然地，民族主義對殷海光和張灝的影響是顯而易見的。當國族陷於危難當中，又或是出現極大的天災，這樣的民族情緒也同樣反映在身處內地、香港或海外的華人諸如日本侵華、文革、1991 年的華東水災等。身處大時代的風潮之中，兩位先生的家國情懷也是真誠而深刻的，然而放諸於多重性與多歧性的思想探索之中，他們所接受之民族主義亦不可單純地詮釋為「愛國熱情」就足夠的，此處仍要需要更多方面的審視。殷海光早年就已經表示自己是民族主義的信徒，他於 1945 年響應政府號召，報名參軍，他滿懷愛國熱情，投筆從戎，加入青年軍。[14] 而在張灝的記述裡，他說道：

> 我的民族主義是很強烈的，在海外，到哈佛之後，看到新興的中國毛澤東說：「中國人民從此站起來了。」這種感覺對我衝擊很大，就漸漸覺得殷海光講的那些東西，跟中國實際情形不完全配

---

[13] 季進編、李歐梵著：《現代性的想像：從晚清到五四》，臺灣：聯經出版事業股份有限公司，2019 年 12 月版，頁 272。

[14] 潘光哲編、殷海光著：《沒有顏色的想像：殷海光與自由主義讀本》，臺灣：國立臺灣大學出版中心，2018 年 10 月版，頁 285。

合……那時開始讀三十年代文學，讀艾青的詩「雪落在中國的土地上」。在臺灣知道魯迅，但不知艾青，在哈佛燕京圖書館裡讀到了艾青，到現在仍具有震撼力。我是重新發現了中國。[15]

他們這種民族主義並不是單純地情感的展現，更多時候與「中國的現代化」混和在一起，那麼要瞭解他們師徒兩人的「愛國情懷」，就不得不審視他們對現代性的思考是什麼。對殷海光而言，所謂「現代性」往往是緊扣「進步」的觀念，其所包含的內容是科學、自由與民主，所以不難看到他對於「全盤西化」這個概念並沒有產生文化意識上的反感，反倒覺得這是救國之途（民族主義）、是「迎變」的精神，近世的一連串運動：自強運動、洋務運動、到變法維新，都是「迎變」精神的體現，也是中國必須要前進自救的道路。即使在臺灣的年代，他深深感到「五四精神」的失落，自由、民主、甚至是科學都已經落空了，然而知識分子在再艱苦的日子裡，還是要把此民族自強的理想實現出來。[16] 相對於「現代性」的進步理想，就不難想像殷海光所認知的「中國傳統」是什麼了，這就是「落後」，無論是從社會制度或是社會文化意義上都是。因此，殷海光矢志不渝地投身於此拯救「落後中國」的事業之中，由他受業於金岳霖學習西方思想開始，及後的軍旅生活，抗日勝利後的筆耕，以至到國立臺灣大學的講學和研究生涯，都是向著這一目標進發，他希望以自由之光拯救自己的民族。他說：

世界上最剛強的人是敢於面對逆意的現實真相的人，以及身臨這樣的真相而猶懷抱理想希望的人。現在，我像冰山上一隻微細的蠟燭。這隻蠟燭在蒙古風裡搖曳明滅。我只希望這支蠟燭在尚未被蒙古風吹滅以前，有許多支蠟燭接着點燃。這許多支蠟燭比

---

[15]　同註 3，頁 370。

[16]　同註 14，頁 218—235。

我更大更亮，他們的自由之光終於照過東方的大地。[17]

對於張灝教授而言，在民族主義的影響之下，令他對於中國傳統文化賦與更多的同情和了解，可是他對於「現代性」的理解又如何呢？我們可以由他於 1995 年所寫的一篇文章——〈不要忘掉二十世紀！〉（原載《二十一世紀》（1995 年 10 月號，31 期）一探端倪，文章開首他就說道：

> 「二十一世紀是我們中國人的」這句話，不過是我們百年舊夢的新版。中國人對自己的遭遇的冷漠與健忘，確實令人吃驚。二十世紀中國人所經歷的悲劇與猶太人的「滅種浩劫」同是人類罪惡史上獨特的一頁，它以空前的震撼與嚴酷警告世人：人類最危險的敵人就是他們自己。[18]

明顯地，在即將進入二十一世紀的時候，張灝教授並沒有像一般人那麼採取樂觀的進步主義，從而對未來充滿期盼。反之，他滿懷警惕於「二十一世紀是我們中國人的！」這種「未來之夢」，無論是「大同之夢」或是「富強之夢」，都不過是百年舊夢的新版，可怕是中國人竟然忘記了自己在二十世紀所面對的苦難，所以，中國的現代化毋寧是「富強中國」，不如說是免於苦難的中國。張灝深沉地說道：

> 二十世紀中國人所經歷的悲劇與猶太人的「滅種浩劫」同是人類罪惡史上獨特的一頁，它以空前的震撼與嚴酷警告世人：人類最危險的敵人就是他們自己。記取這份教訓對於現代中國人的意義尤其重大。因為我們來自一個有着強烈理想主義的文化傳統。[19]

---

[17] 同註 14，頁 135。

[18] 張灝著：〈不要忘掉二十世紀！〉，原載〈二十一世紀〉（1995 年 10 月號第 31 期），頁 28。

[19] 同註 2，頁 35。

既然現代中國所面對的是歷史上空前的苦難，那麼張灝教授認為中國首要處理的問題並不在於「富強」，而是要找出苦難的根源——「幽暗意識」，亦即人沒有充足的意識去面對人性與及社會（權力）的陰暗面及罪惡性，這樣中華民族才有真正自立自強的可能，否則，亦只能是另一場「虛幻之夢」。由此回溯，他所認知的中國傳統或是傳統中國就是充滿「苦難」的。當他在 1960 年初的一個寒夜，讀到艾青的長詩——〈雪落在中國的土地上〉時，不無感觸於中國長久以來的苦難，而這「苦難感」在近現代一再加劇。「苦難中國」的意念令到張灝對中國傳統有更同情的角度去看待，也使他更深入於傳統，尋索中國傳統中有所或缺及不足的因素，以致未能發展出自由民主的制度。圍繞中國的想像，情感上他們並無二致，然而思考上卻有不同的主題：進步與苦難，察於中國傳統文化得出了不同的論斷。

無論是「後五四之子」或是「二十世紀之子」，都是對中國現代性想像的展現，這種想像不是純粹對過去中國的想像，而是揉合了民族主義，去思考如何跨過傳統而走到現代。殷海光以對傳統的否定、以至超越去預視中國的現代化，而張灝則以對傳統的審視和警戒去探視中國現代化的出路。

自由主義精神發微：民主再認識

殷海光與張灝師徒皆以自由主義思想作為自己的信仰，如果要了解他們兩人的思想，我們難免要借用自由主義者一些核心的觀念去對之加以詮釋。在此，對於自由的觀念，我們可以借用柏林（Isaiah Berlin）於 1958 年在牛津大學發表的著名演講——「兩種自由的概念」（Two Concepts of Liberty），當中他提及自由（liberty）的兩種觀念：即消極自由（negative liberty）及積極自由（positive liberty），消極自由是個人免於

他人的限制和拘束之下去追求自我的選擇；積極自由則是個人能夠通過埋性或慾望而達成自己的目標或價值，從而達到自我的實現。簡而言之，「我不是任何人的奴隸」體現了消極自由的觀念，「我是我自己的主人」就體現了積極自由的觀念 [20]，就此言之，前者（消極自由）容許個人在最大限度上去滿足自己的慾望和限制，當中並不涉及價值信念的追求；相反，後者則明顯有著價值信念的追求，當中包括了視自由為最高的價值，而對其他的價值加以限制，這也是積極自由的一種體現。

殷海光教授雖然沒有明顯地說他所追求的自由是屬於那一種涵蘊的，然而就他對於自由主義的論述，很多時候他都是把消極自由和積極自由混和在一起，並沒有嘗試去作一明顯的區分，就如他在〈自由主義底蘊涵〉說道：

「自由主義」一詞底語根 liber 底意謂是 free。一提起「自由」，大家便容易聯想到活潑、寬宏、大量、無拘無束，反對加於人性的任何形式的抑壓，反對加於人智的一切桎梏，反對加於人類行動的每一不合理的管制，這是自由主義底根本要素。自由主義底這種根本要素，與其說是被動地產生於經濟動因，不如說是主動地產生於人類本性底深處。你把嬰兒底兩手捏緊，它立刻會掙扎反抗，一直到它底兩手能夠自由活動為止。這樣看來，自由主義並非一種教條，無寧是一種能動的（active）精神，一種反抗權威的態度，和生命本身底發展動因。沒有這種精神，這種態度，和這種動因，那麼人類勢必懾於全能的極權就治者底高壓之下，生命能量萎縮，以趨於死滅。[21]

---

[20] 相關論述可參考圃稼著：〈論自由之三：積極自由與消極自由〉（2020 年 2 月），https://jcdaniels.me/%E8%AB%96%E8%87%AA%E7%94%B1%E4%B9%8B%E4%B8%89%EF%BC%9A%E7%A9%8D%E6%A5%B5%E8%87%AA%E7%94%B1%E8%88%87%E6%B6%88%E6%A5%B5%E8%87%AA%E7%94%B1/，2022 年 12 月 10 日瀏覽。

[21] 同註 14，頁 5—7。

雖然殷海光此處所指之自由以無拘無束和不受壓抑為主，然而他又以自由主義為一能動的精神及反抗權威的態度，乃是以自由為一極高之價值，是生命的追求所在，毋庸置疑，這是積極自由的體現，終其一生，也是奉自由為人嚮往和追求的理想。

　　張灝教授受殷海光的影響之深，這反映在他同樣自許為自由主義者上，然而他究竟選擇了消極自由、還是積極自由呢？這裡卻不容易說清楚。以積極自由為一至上價值而追求之，張灝很明顯會認為這是危險的，這種「高調地」追求自由的方式存在可能變到激進化，無疑這是令他感到憂慮的。所以，消極自由就似乎更為合乎於張灝教授本身的思想哲學，這種以防範其他人的自由受到侵害的形式，一個以保障消極自由而施政的政府，其危險性及權力泛濫的危險往往低於以積極自由為綱領的政府。如是觀之，我們可以由張灝教授提出有關於「高調的民主」與「低調的民主」理解他對於自由的觀念，對於「高調的民主」，他這樣說：

> 在理想性的自由主義的發展過程中，時而出現一種惡性的變種，也就是我所謂的「高調的民主觀」，它是指一種趨勢，不把民主自由的涵義落實於個人或群體可以驗證的實際願望或利益上，而是高調的追求民主與自由的「真義」，以超越人民個體或群體的現實意志與利益的道德理想，如盧梭的「公意」(general will) 或黑格爾的「絕對自由」或馬克思的「真民主」、「真自由」去界定民主自由的涵義。[22]

這種「高調的民主」將民主制度提昇成為一超越的價值和理想，以之克服人性和社會制度的種種黑暗，所以張灝意識到：「在『人民民主』這種高調民主觀後面，隱藏著對權力泛濫成災的危險，缺乏戒慎恐懼的警覺。」[23]

---

[22] 同註 3，頁 388。

[23] 同註 22。

此正正是為什麼張灝一直強調「幽暗意識」對於人的警醒作用。那麼何謂「低調的民主」？張灝教授雖然沒有直接申明，但是在的說話中我們多少可以看到「低調的民主」是指認識人性的陰暗面（幽暗意識）和在制度上防範權力的濫用，因此，下面一段說話可謂是他對民主觀念的最佳註腳：

> 從同樣的角度，我最近二十年來越來越欣賞英國前首相邱吉爾對民主做的一個評價，他說：「民主並非一個理想制度，只是人類到現在為止，還沒想到一個比它更可行的制度。」總之，自從我由左轉回到自由主義立場以後，我一直深感在中國談民主、評價民主，通常需要一個低調的民主觀，才能穩住我們對民主的信念。[24]

簡而言之，殷海光和張灝對於自由主義有著不同的見解和信念，殷海光將自由之光點燃了張灝，而張灝又將此自由主義的光譜散射出去。最後，我們要如何總結他們自由主義的精神呢？借用殷海光教授的說話：「自由主義的倫理基礎有而且只有一個：把人當人。」[25] 而如果根據張灝教授的思想，他則把自由主義的精神說成是：不只是把人看成人，還要小心於人性中的「幽暗意識」。

「自由的心靈」在香港

香港，一個座落於南中國的漁港，遺世獨立，經歷百多年的時代蛻變，終於成為國際的大都會、自由的港口、耀眼的東方明珠。殷海光與張灝都是懷有「自由心靈」的當代學人，細察先生兩人的生平，他們跟香港有著那「情深緣淺」的關係，那是一層薄薄的、淺淺的足印，就好

---

[24] 同註 3，頁 389。

[25] 同註 14，頁 113。

像一條「自由」的曲線將之連在一起。

　　1998年，張灝來到香港科技大學人文學部擔任教授，與夫人廖融融兩人在清水灣畔渡過了七年的光陰。雖然對於香港的印象，他很少講及，好像香港在他的記憶中沒有留下什麼。然而翻看他初到香港的訪談，在《中國研究碩士課程通訊》中，他被黃敏浩教授問到對香港的印象時說道：

> 我來香港沒多久，還是在初步調節的階段。初步的印象是有一種 mixed feeling，有好也有壞。香港是一金錢掛帥的城市，有它膚淺的地方。但另一方面，它很容易令人反思，有很多問題容易觸發我們的反省。假如您願意去尋找的話，是可以從中學到很多東西，因為它裡面 a bundle of contradictions。我來了不過七、八個月，發覺有很多令您思考的地方。我對香港的想法在逐漸轉變中。[26]

此處提到香港是一個充滿了矛盾的地方（a bundle of contradictions），不難理解這是一個自由地方所呈現出來的現象，並不是一個講求「統一、和諧」管治信念下的地方。這種自由的氛圍自然而然就和張灝教授產生了心靈的契合。在這裡，他找到地方對自己一直關心的主題：「幽暗意識」、中國儒家的理想主義、以及中國的傳統文化再作進一步的研究，所以他說：

> 香港則四通八達，很熱鬧，不易安定下來。如果有心的話，在香港也可以學到很多東西，有很多引發問題之處。我覺得人文學部是個蠻好的地方。它是一個綜合性的學部，並不是一個 coherent 的學部。有人研究文學，有人研究歷史，有人研究哲學，等等，

---

[26] 香港科技大學人文社會科學學院編：《中國研究碩士課程通訊》（第1期，1999年5月），頁6。

表面上是個大雜膾。但我來到以後，覺得每天跟與我有共同與趣但以不同眼光看問題的人在一起，在彼此溝通中可以學到很多東西。[27]

香港是一個熱鬧的地方，學術也一樣，「表面上是個大雜膾」，不同的「機動知識分子」為自己所屬的團體爭取權益[28]，但是很容易引發人產生問題，也提供了不同的視點去思考問題。得益於這個自由的城市和海港，幾年間張灝教授出版了很多有關於思想和時代探索的著述，更重要的是這些論著都是用中文書寫的，使到他的觀點在華文世界有更廣泛的認識。清水灣畔的波濤仍然潮來潮去，一波又一波的思潮彼此激盪，最後只留下連綿的漣漪，無奈是自由的靈光已經沉寂了。

　　香港高級補充程度會考的中國語文及文化科於 1991 年公佈，1992年實施，於第二部分（文化部分）的其中一個專題篇章赫然出現了殷海光的〈人生的意義〉，這位當代自由主義代表人物的著述出現在香港的教育框架之中，無論是沒意的、有意的設計，對於香港這個自由港而言，都是意義非凡。想當年莘莘學子手執由林啟彥、黃嫣梨編著的《中國文化導論》，閱讀〈人生的意義〉，探問著：「人生的意義是什麼？」就是那個時候開始，殷海光這個名字開始為那個時代、那樣年紀的人所熟悉。當年的學生，很多仍然不明白人生的意義是什麼，也沒法體會自由的價值和意義，我們不能作出「在空氣之中去找空氣」這樣荒謬的行為，何況香港是一個「搵食至上」的社會。但是在此時此刻的香港，重讀殷海光〈人生的意義〉，才真正覺得透徹：

---

[27] 同上。

[28] 李歐梵著：《尋回香港文化》（增訂本），香港：牛津大學出版社，2015 年版，頁174。機動知識分子乃譯自 "organic intellectual"，意指知識分子為一社會階層，自覺為自己階層的權益而努力。

我們並不是說人必須動不動就犧牲生命來保全道德原則和崇高理想。我的意思是說：第一，我們萬不可在自己的生存並未受威脅時為了換取現實利益而犧牲道德原則。第二，在我們的生活勉強可過時萬不可因要得到較佳報酬而犧牲他人。第三，當我們因生活困難而被迫不得不放棄若干作人的原則時，我們必須盡可能作「道德的抗戰」，把道德的領土放棄的愈少愈好；而且要存心待機「收復道德的失地」。復次，我們有我們的好惡。如果經濟貧困了，我們的好惡是否就要放棄？是否就不能講？還有尊嚴問題，如人的經濟不能滿足，尊嚴是否可以不顧呢？諸如此類的問題，作為一個人，真值得想一想。[29]

沒有比這個說得更清楚、更明白，直入到心坎中去。可是，「現在是考驗我們的時候了！」[30]

圖 117　科大人文學部的新舊標誌

---

[29] 同註 14，頁 279。

[30] 同上，頁 280。

「幽暗」時刻懷思張灝先生

陳建華

上海復旦大學特聘講座教授

　　我自 2002 年秋始在香港科技大學人文學院任助理教授，張灝先生是該院的歷史部教授，於 2005 年秋榮休。三年間和張灝先生一起共事，時間很短，於我則是極為珍貴的記憶。在我的心目中張灝先生極富正義感，時時以中國、世界的當下與未來為懷，尊崇個人自由。在他身上既有傳統的處士橫議的氣質，又具現代學者的理性精神，對學問求真求實，一絲不苟，而對後學如春風溫煦，這裡就我的親身感受談點學習體會。

　　我於 1980 年代底赴美，在柏克萊加州大學的中國研究中心作訪問學者，後來在洛杉磯加大和哈佛大學師從李歐梵先生。因為早先在復旦大學以「晚清詩界革命」為研究課題，到了美國自然接觸到數種研究梁啟超的英文專著，不僅加深了對康梁和戊戌變法的理解，思想上也帶來很大衝擊，對我進入新的學術環境起了重要導向作用。1992 年受王靖宇先生之邀參加了斯坦福大學的「清代文學批評」的研討會，發表了題為〈晚清「詩界革命」與批評的文化焦慮——梁啟超、胡適與「革命」的兩種含義〉的論文，收入會議論文集，兩年後出版，文中記錄了我的思想經歷：

　　　　在數部關於梁啟超的研究專著中，一致認為梁對於中國近代思想有決定性的作用。列文森認為，由於儒家文化傳統對於中國進入世界的新角色有弊無利，不得不成為博物館中的陳跡，僅供懷古之憑弔。因此如梁氏則表現為「在思想上離異而在情感上倚賴他

的傳統」，在追求「世界主義」的同時懷著一種「無根」的挫折感和失落感。作為對於列氏的論斷的響應，張灝先生認為在近現代思想轉型中儒家並未「死亡」，且以其自身的多樣性為新思潮的形成提供了豐富的思想資源。梁氏也未「離異」他的傳統，而他對新文化的選擇卻反映了傳統從中所起的導向作用。

先是讀到列文森的《梁啟超與近代中國思想》（Joseph R. Levenson, *Liang Ch'i-ch'ao and the Mind of Modern China.*（Berkeley: University of California Press, 1959）），不啻給我打開了一個西方視角的視窗，如指出「革命」一詞源自日文「かくめい」，直接影響了我對「革命」的關鍵字研究。然而在讀了張灝先生的《梁啟超與中國思想的過渡》（Hao Chang, *Liang Ch'i-ch'ao and Intellectual Transition in China, 1890-1907.* Cambridge: Harvard University Press, 1971）之後，令我產生更為深刻的文化震盪。因為在大陸一向接受的是「五四」反傳統思想，以進步史觀作為評價戊戌變法和梁啟超的標尺。並不奇怪，在八十年代中期我在《復旦學報》上發表〈論晚明思潮──一個反儒文化斷層〉之文，實際上是一種擁抱「海洋文明」、支持改革開放的曲折表達，對儒家傳統含有簡單化情緒化的否定態度。到海外接觸了狄百瑞先生主編的幾本有關中國帝制晚期的思想的會議論文集，也頗讚賞「新儒家」的種種創造性傳統轉換的論述，但對儒家的現代價值仍感困惑，難免隔了一層。

列文森的《梁啟超與近代中國思想》頗似一本評傳，含有較為單線的現代性敘事框架，這跟他的《儒家中國及其現代命運》三部曲是一致的。張灝先生的《梁啟超與中國思想的過渡》則對梁氏 1890 至 1907 年間的思想作了濃描細寫的脈絡化論述，指出康梁「他們完全植根於中國文化傳統，並深深地為傳統思想中的一些重要問題所困惑。再者，他們中的一些人與西學有著廣泛的接觸，在這以前幾乎是不可能的。通過他們的努力，西學與傳統文化之間建立起具有重大意義的文化交流。」強調傳統思想不光是對梁啟超，對他們這一代以及戊戌運動都起重要作

用，也是探討中西文化交流的前提。雖然同樣貫穿著現代性價值評判，卻以史帶論，是多維辯證的，這就比列文森要複雜得多。對於保爾・柯文（Paul A Cohen, 1934—）提出的「以中國為中心」的觀點我們耳熟能詳，而在此前像張灝先生的著作已經體現了這樣一種史學範式。

張灝先生的著述對我觸動很大，幫助我喚醒和回歸傳統，促使我反思自己對傳統與儒家的偏頗立場。同時令我琢磨的是他的論述方式，既非傳統本質主義又不取簡單的現代性立場，在他對傳統的歷史把握中有個精微的尺度。

在科大開始時大約因為專業不同，平時少有交集機會。有一回在教師會議之後我們交談，發現他看似嚴肅，其實非常和藹。知道我是歐梵先生的學生，更為親和。此後我有時去他的辦公室請教問題，他跟我聊起他在哈佛的時候，他和歐梵師都上費正清與史華慈的課，但他們的業師是史華慈，即「班老師」，一位對中國問題透徹瞭解而具有世界情懷的學者，使他們受益無窮。

圖 118　2002 年，科大人文學部廖迪生教授、張灝教授、陳國球教授、陳建華教授、何傑堯教授、王心揚教授、張洪年教授、危令敦教授合影

　　最讓我感動的是張灝先生說他曾見到我在《二十一世紀》雜誌上關於梁啟超和「革命」概念的翻譯和傳播的文章，仍有印象，使我受寵若驚的是，他組織了一個小型討論會，那天下午在人文學部的會議室，參加的如任鋒、范廣欣等五六位，是他的學生。他們從事中國思想史研究，有古代也有現代的。張先生說他仍在進行甲午之後社會和思想轉型方面的探討。談到我的「革命」研究時，他認為很有新意，使我們知道「革命」的翻譯過程及其傳播，並對時下流行的關鍵字研究有所肯定，他說研究中國革命有多種進路，關鍵字研究也應該有多種方法。另外他指出如果過於依賴文本會產生見木不見林的傾向，對於中國革命須有一種理論上的宏觀把握。

　　我常回想張灝先生的這番話，的確關鍵字研究有多種途徑。如胡適把黃遵憲視為「詩界革命」的代表與「五四」新文學的先驅，這與「詩界革命」發生的史實不合，我曾在文章中加以辨析。但從接受史角度來看則含有從晚清以來到新文學的「言文合一」的發展邏輯，因此胡適的「誤讀」為「詩界革命」提供了另一重要的歷史脈絡。我還想起有一次林毓生先生來人文學部演講，講到光憑材料考證不能解決問題，歷史研究還需要有真知灼見。即使巨細無遺地掌握了所有歷史材料，如果不是在此基礎上作一種形而上思考，仍難以揭示歷史的意涵。林先生所提出的「五四反傳統主義」或張灝先生的「幽暗意識」的觀點，都思至人性深處與中國的未來，而給予歷史的啟示。

　　2005年我有幸參加了人文學部舉辦的張灝先生榮休學術講座，嗣後王汎森先生為編紀念文集約我撰寫文章，我提交了〈1920年代「新」、「舊」文學之爭與文學公共空間的轉型——以文學雜誌「通信」與「談話會」欄目為例〉之文。在文章開頭說：

在〈中國近代思想史的轉型時代〉一文中，張灝先生指出，自清末以來的轉型時代，報章雜誌、學校與自由結社這三者互相影

響，彼此作用，遂使新思想得到空前迅速的傳播。這些輿論媒體所體現的「政治參與和理性批判意識」，在相當程度上代表了哈貝馬斯（Jürgen Habermas, 1929-）式的「公共領域」的出現。本文擬在 1920 年代初新舊文學爭論的背景中，聚焦於幾種文學雜誌的欄目，如新派《小說月報》中的「通信」欄、舊派的《星期》和《半月》中的「談話會」等，由此透視當時文學公共論壇的眾生相。對它們從話語內容到操作方式作比較分析，說明新、舊文學話語在體現「政治參與和理性批判意識」方面的程度及兩者之間交鋒、衝突和消解的形態。本文著重指出，在久遭遺忘的鴛蝴派「談話會」傳統中體現某種「公共使用理性」的性質，然而在 1920 年代中這一傳統走向萎縮，這不僅受到五四強勢話語及國家力量的壓制，也由其難以逾越民族主義底線的自我刪檢所致。

在 1990 年代中國近代報刊成為研究熱點，如季家珍對《時報》、瓦格納、梅嘉樂等對《申報》的研究引發關於中國是否有「公共領域」的討論，文學史方面賀麥曉的《文體問題》一書演示了對現代文學雜誌的研究方法。張灝先生在〈轉型時代在中國近代史與文化史的重要性〉中指出：「所謂轉型時代，是指一八九五至一九二〇年初，前後大約二十五年的時間，這是中國思想文化由傳統過渡到現代，承先啟後的關鍵時代。無論是思想知識的傳播媒介，或者思想的內容，均有突破性的巨變。就前者而言：一為報紙雜誌、新式學校及學會等制度性傳播媒介的大量湧現，一為新的社群媒體（intelligentsia）的出現。至於思想內容的變化，也有兩面：文化取向危機，與新的思想論域（intellectual discourse）。」（《張灝自選集》，上海教育出版社，2002 年，頁 109）其實張灝先生在 1987 年《危機中的中國知識份子：尋求秩序與意義》（*Chinese Intellectuals in Crisis: Search for Order and Meaning.* Berkeley: University of California Press）一書中就關注甲午之後的思想界危機，至九十年代提出「轉型時代」而如此重視「媒介」，在思想與方法上意味著躍進，且將媒

介置先於思想內容的提法對思想史與文化史研究來說是非常深刻的，在媒介學十分發達的今天仍具理論性提示作用。他的「轉型時代」的著名論斷在傳統與現代之間劃出分界，誠為經典之論，正如他所說：「就新的傳播媒介而言，維新運動毫無疑問是一劃時代的里程碑」（《張灝自選集》，頁 205），也是很大程度上基於媒介功能的歷史性變革而作出的判斷。

當時我正在做民國時期的文學與大眾文化方面的研究，寫這篇文章是受到李歐梵先生在 1993 年發表〈「批評空間」的開創——從《申報•自由談》談起〉一文的啟發，而結合張灝先生的論述，我覺得在二十年代初「新」「舊」文化對峙的語境裡，相對於「五四」新文化諸公的「高調民主」，那些「鴛鴦蝴蝶派」文人反而顯示出某種「公共使用理性」的性質。這篇文章寫得較長，我跟王汎森先生說如果過長可刪去最後一節，然他全文收入《中國近代思想史的轉型時代——張灝院士七秩祝壽論文集》（臺北：聯經，2007 年），這使我深感榮幸和感激。

2006 年夏趁張灝先生在香港逗留期間，承他應允我作了一次訪談。事先做了功課，通讀了他惠贈我的《時代的探索》，並參考了《張灝自選集》等。訪談圍繞他在學術上的「心路歷程」而展開。他在自選集的自序中已經講述了至美國之後思想上幾經轉折，始自擁抱「五四」的科學和民主到崇揚傳統思想，從自由主義到左轉，又因「文革」而重新回到自由主義，更通過危機神學和與馬克思主義的「異化」觀念而探究人性根柢，從而揭示中國思想傳統的「幽暗意識」，主張只有通過社會個體的民主實踐，方能有效遏制權力的腐敗。

對這些思想轉折的自述大致是在觀念的層面，而訪談議題廣泛，內容具體生動，如四歲時目擊日軍轟炸，青少年時屢患疾病，甚至大難不死，其早年身體與情感創傷積澱於記憶之中，致使他日後對時代與思潮的風雲變幻尤為敏感。言及歷次思想轉變時，眾多人物與場景一一映現，殷海光、阿倫特、尼布爾、史華慈、費正清、唐君毅、徐復觀、王元化、胡適……其中充滿有趣的細節，如史華慈先生的「軸心時代」論的曲折遭遇、張灝先生與「新儒家」之間的緊張、他的著作遭到列文森

的壓制以及對胡適的難以理解之處，等等。

　　這次訪談使我感受最深的是，張灝先生的學術生涯波瀾起伏，自覺置身於時代思潮的前沿，在理想與現實之間，在傳統與現代、後現代之間折中商榷、在民族主義、國際主義、自由主義與馬克思主義之間衝盪斡旋，在思想、社會、文化與宗教各領域之間穿梭融匯，始終開放而敏銳，為尋求真理堅持不懈，洵為中國現代知識份子的「典型」，他的「轉型時代」等論述膾炙人口，尤其是「幽暗意識」論傳承了「軸心時代」中國思想的「超越」性，此即「超越時間地域之理性」（陳寅恪《〈王靜安先生遺書〉序》），不僅是中國、也是人類精神的星辰。

　　四月裡驚聞先生辭世，正值上海突發抗疫之役，蝸居斗室，日有數驚，且環顧全球，文明對峙空前激烈，戰禍肆虐，生靈塗炭，人類瀕臨核戰邊緣，不禁思及訪談中班老帥晚年悲觀之言，而重溫「幽暗意識」，愈益追念哲人萎焉而震悼莫名。在此人性至暗至危之時，只要生命尚在延綿，必一念尚存，躍起於溝壑之上，向星空飛翔。

2022 年 11 月 20 日

記張灝教授為《梁聚五文集》賜序

張兆和

香港科技大學人文學部副教授

2006 年 11 月底，我在貴州進行田野工作後回到香港，萬分高興收到張灝老師電郵，發來他為我編輯的《梁聚五文集：民族・民主・政論》賜序。我立即回覆老師電郵如下：

> 張灝老師：
>
> 　　我剛剛從貴州進行田野工作回來，非常高興讀到您的來函，萬分感謝您為《梁聚五文集》賜序。一如所料，您的序充份表達了該文集的學術意義，對讀者了解文集有莫大裨益。這都離不開您的學養，為我們提供了瞭解近代中國民族主義的脈絡和方向，真的大大為文集增加了色彩。
>
> 　　我還在做梁聚五先生孫兒的思想工作，希望說服他讓祖父的文集出版。我還是很樂觀的，希望很快能給您好消息！
>
> 敬祝 您及師母
>
> 身體安康！
>
> 晚 兆和敬書

我與貴州苗族學者李廷貴教授合編的《梁聚五文集》，其主人翁梁聚五先生是苗族中知名的民族研究學者和民主政治推動者。他的民族思想和政治理念反映了近代中國建構民族國家的歷程中，西南地區土著群體對現代國家體制的調適。他的經歷和著述，為我們瞭解二十世紀上半葉

中國民族主義和國家體制的討論，提供一個邊疆土著族群的特殊視角和一批嶄新素材。

　　梁聚五先生在現代中國建構民族國家的過程中，長期從事民族研究的著作成果，反映了民國時期和 1949 年後社會主義中國的兩個歷史階段中，西南地區的土著精英怎樣構思土著社會的族群身份和怎樣調適與國家的關係。《苗夷民族發展史》一書稿寫成於國共內戰期間，梁聚五先生在編寫該書時，把西南土著群體泛稱為「苗夷民族」，或當成苗族的組成部份。1976 和 1977 年間，梁聚五先生曾對書稿作了修改，將書中「苗夷民族」一詞改為「苗族」，將書名改為《苗族發展史》，將書中的討論修改成限於 1949 年後民族識別分類系統中的「苗族」範圍。《苗族人民在反清鬥爭中躍進》的原稿完成於 1957 年，是梁先生按解放後官方的民族分類標準及馬克思主義社會發展階段的觀點來討論土著族群的歷史。除了兩書稿外，梁聚五先生還寫有大量民族調查報告、論文、講稿和各種民族和民主政論。其中不少文章曾於 1940 年代發表在《黔靈月刊》和《貴州民意月刊》兩個刊物。此外，梁聚五先生雜文、公私信函和詩、聯作品，提供另一個側面瞭解梁聚五先生的經歷和思想，並讓讀者認識梁聚五先生與土著族群和社會大眾的交往聯繫。這些不同類型的資料呈現了梁聚五先生的思想發展和人生歷程，可供歷史學、人類學、民族學、文化學和民俗學等學科的研究工作者參考，為各學科研究近代中國民族和國家體制的問題提供新的素材和視角。

　　梁聚五先生系貴州省雷山縣西江鎮大寨人，出生於 1892 年。他的青少年時期是在一八九五年以後逐漸出現的新式學堂受教育。他很早就離開他的原籍貴州，活動於中國西南與東南部的各城市。1920 年代中期至 1930 年代中期先後參與國民革命軍的廣州革命、共產黨領導的「八一」南昌起義、上海「九一八」事變和「一・二八」抗戰、華北張家口等處的抗日鬥爭、西南地區的軍閥混戰等。1936 年，梁聚五在家鄉雷山縣當選為貴州省參議員，從此走上「議會政治」，並於 1937 年加入國民黨。正如許多其他的早期知識份子一樣，他一生對政治很積極，歷

經軍閥時代，國民黨與共產黨執政時代，他都熱心投身政治。

梁聚五的生平經歷和著作顯示，早在 1930 年代，西南部邊緣土著族群的精英不斷地在漢族主宰性的民族主義論述之外，探索土著的民族身份和地位。梁聚五的文本和政治實踐表明，現代中國國族建構和民族主義的發展，特別是在民族國家政治一體化的建造過程中所出現的民族多元觀和其內容的界定，是基於以漢人為主的政治中心和邊緣土著族群之間複雜的互動和商議。在這過程中，西南地區弱勢土著群體往往挪用了漢人的異族想像作為文化資源；另一方面又根據土著觀點和經驗，重新界定這些族群分類和修訂轉化這些異族表述，來進行我族表述和尋求政治確認，形成一種獨特的文化鬥爭策略。

我與李廷貴教授編輯這套文集，旨在透過探討梁聚五關於苗族身份認同的書寫，建議中國民族學界多對近代中國少數族群以漢語文表述我族身份認同的個案研究。關於近代中國民族主義的討論，絕大部分是基於漢族精英所主宰的民族主義論述。在現代中國國族建構和民族主義的發展中，少數族群精英以漢語文表述我族身份認同，反映了邊疆地區土著群體在參與現代國家體制中的調適。若能將不同地區和不同群體的個案研究進行比較分析，將會大大增加我們對現代中國國族建構和民族主義的瞭解。

在編輯這套上、下兩集共 1,000 多頁的文集的漫長過程中，正是張灝老師與我共事於香港科技大學人文學部的時期。但我的文化人類學研究與老師的思想史探索還是隔行如隔山，亦礙於我經常離開香港在中國西南地區從事田野考察工作，所以與張灝老師接觸不多。雖然如此，張灝老師在中國民族主義和現代中國知識份子的研究領域所作的貢獻，一直是我對中國少數民族研究的重要資源。我完成了《梁聚五文集》的初稿後，立即想到邀請張灝老師為文集寫序，期望老師能為這個文集點評以彰顯其中意義。但其實我對這個想法是頗感忐忑的，沒有信心張灝老師對這個在現代中國國族主義發展中曾經「不入流」的族群相關的資料，會有興趣花時間寫序。我還是不揣冒昧向老師送上《梁聚五文集》的初

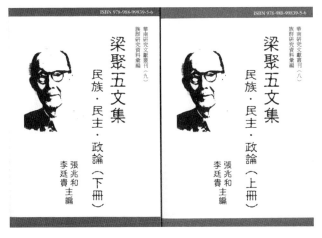

圖 119　張兆和、李廷貴主編:《梁聚五文集:民族、民主、政論》(上、下冊)封面

稿並邀請他賜序,沒想到只經過兩星期便接到他接受邀請的回覆,在半年後就收到他的序文,真的令我喜出望外,感激萬分!

　　我在回覆老師的電郵中,提及還在做梁聚五先生孫兒的思想工作,希望能說服他讓祖父的文集出版。梁聚五先生的孫兒梁志喜先生經歷了文化大革命,目睹祖父被批鬥,事件亦影響了他的命運,所以對出版祖父的文集有所保留。雖然在我給老師的覆函中說「我還是很樂觀的,希望很快能給您好消息!」出版的事還是延宕了幾年時間,直至獲得了梁志喜先生的書面同意,才最終於 2010 年付梓出版。梁志喜先生為文集所寫的跋〈心裡的　〉中,表達了他對張灝老師關於文集的點評萬分景仰,心存感激,令我深信張灝老師的序對梁志喜先生最終同意出版文集起著關鍵性的作用。

　　《梁聚五文集》由香港科技大學華南研究中心出版,發行量有限。我謹將張灝老師充滿睿智的序言附錄於下,期盼進一步流傳。

《梁聚五文集》：〈張灝教授序〉

　　一年多以前，我在香港科大的同事張兆和教授要我為他正在編輯的梁聚五先生文集寫一篇序。梁先生曾經是二十世紀中國很重要，很活躍的知識份子。能為這樣一位思想人物的文集寫一些讀後感，我自然引以為榮，樂於接受他的盛意。今年春天，張教授把他編好的文集清樣寄來。我讀後，在這份高興之外，又平添一份感激之情。因為在梁先生文集裡面，我聽到在中國知識份子之間平常很少聽見的一種心聲，得到了一些難得的學習經驗。

　　梁先生出身貴州苗族，就他的教育背景與一生經歷而言，梁先生可以說是一位典型的中國現代知識份子。他出世於一八九二年，已經趕不及傳統的科舉教育，因此，他的青少年時期是在一八九五年以後逐漸出現的新式學堂受教育。因為這些新式學堂多半設立在城市裡，他很早就離開他的原籍貴州，活動於中國西南與東南部的各城市。正如許多其他的早期知識份子一樣，他一生對政治很積極，歷經軍閥時代，國民黨與共產黨執政時代，他都熱心投身政治。

　　作為一位典型的中國知識子，他的政治積極性是帶有濃厚的理想主義。這份理想主義的來源，很可能與傳統儒家以天下為己任的理念有關。但就內容而言，它受西方近代思想的影響極大，特別是自由主義與民族主義這兩個思潮。也可以說民主建國與民族建國是他一生的理想主義的主導理念。

　　大約而言，梁先生的民主自由觀念有好些方面是屬於二十世紀前期中國民主思潮的主流。他不但談以反專制與反官僚為主要內容的政治民主，而且談社會經濟的民主，認為民主的實現也需要在社會經濟層面反

壓迫，反剝削，達到全民解放，階級平等的社會。他對孫中山的民生主義深表同情，以及他在晚年走上社會主義的思想道路，都是以此擴大的民主觀念為出發點。

重要的是：梁先生的民主觀念還有一面是二十世紀前期中國民主思潮主流中很難找到的。這就是他所謂的「民族的民主」。在這個觀念裡，他把「民主」聯繫到他生前另一基本關懷——民族主義。這兩者的結合，構成他一生思想的主題。他從苗族知識份子的立場就這主題所發出的獨特的聲音，以及他為此在思想與精神上作的掙扎，反映中國現代思想文化發展極為重要卻常受忽視的一面，很值得我們傾耳靜聽，深入體認。這就要從二十世紀中國民族主義的語境說起。

大體的說，中國現代民族主義幾乎是與梁先生同時在一八九五年前後誕生。從一誕生開始，這民族主義就區分為兩股潮流——大民族主義與小民族主義。前者主要是以對抗帝國主義為取向，要求中國境內的各族群，以漢滿蒙回藏為代表，不分彼此，團結對外。小民族主義則主要發自以反對滿清統治政權為取向的漢人族群意識。一九一一年以後，這

圖 120　在 2002 年，張灝教授在科大人文社會學院文化研究中心舉辦的「夢縈中國——民族主義的反思與挑戰」論壇進行演講[1]

---

[1]　編者按：張灝教授在「夢縈中國——民族主義的反思與挑戰」論壇的演講稿先收錄在
　　　余珍珠編：《夢縈中國——民族主義的反思與挑戰》，香港：香港科技大學人文社會
　　　科學學院文化研究中心，2003 年。後修改成〈大民族主義 VS. 小民族主義——族群
　　　解鈕的危機與困境〉為題，收錄在《時代的探索》一書中。此文內容參見附錄部分。

二元區分的情勢似乎在消退中。一則因為滿清王朝崩潰，以排滿為代表的小民族主義已不是問題。同時新成立的共和政府以五族共和，結合成為一個名為中華民族的國族作為號召，似已將大民族主義變成中國民族主義發展的唯一歸趨。

但是，實際情形並不如此簡單。民族主義的二元區分形勢仍然繼續存在，雖然這區分的性質與形式已有重要的改變。首先就小民族主義而言，一九一一以後，排滿情緒誠然已淡化，但不可忽視的是：中國是一個多元族群的國家。從歷史去看，族群之間的文化矛盾，存在已久，特別是少數民族與漢族之間的磨擦。這種情形，近現代以來，有增無已，引發民族整合的危機。同時，以「中華民族」為代表的大民族主義內部也存著一些思想傾向，助長小民族主義激化的趨勢。我這裡主要是指中國傳統中根深柢固的漢族文化中心主義，所謂大漢心態，仍然在近現代漢人心裡作祟。再加上西方近代文明對中國產生的一些文化影響，特別是環繞西方現代化的觀念，如進步，理性，開明等，使得中國現代的文化界與知識界充滿了蔑視傳統文化的傾向，這自然包括少數民族的文化傳承，視之為落後或野蠻的象徵。也可以說傳統中國的文化中心主義與西方現代的文化中心主義在中國的知識界，有一個吊詭的結合，產生了一種異曲同工的影響，形成當代中國大民族主義中的一個嚴重盲點。是刺激小民族主義在中國周邊深化的一個重要因素。

從這個語境去看，梁先生的「民族的民主」觀念可以說是意義深長。首先，就少數民族對中國的大民族主義的反應而言，大約可分兩類：一類是拒絕認同中華民族，另走獨立路線；第二類是認同中華民族，但是在這大民族主義框架內，肯定本族的地位，強調族群平等。梁先生的立場就是屬於後者。一方面基本上接受中華民族所代表的族羣融合為一體的理念。他一生對中國政治的熱情投入，對新中國成立的熱望，以及他對中國在現代備受帝國主義的欺壓，特別是對日本侵華所表現的沉痛與憤慨，充份反映他有深刻的國族認同。另一方面，他以自己是苗族人民的立場，也對大民族主義裡面所隱藏的大漢心態深感遺憾與不滿。例如

圖 121　余珍珠編：
《夢縈中國——民族
主義的反思與挑戰》
（香港：香港科技大
學人文社會科學學
院文化研究中心，
2003 年）書影

他在文集中常常提到一個令他痛心的問題：既然孫中山當年締造中華民國時，主張「國內各民族一律平等，」為何後來民國成立，大家都認為新政府代表漢滿蒙回藏五族共和，而獨缺苗夷民族？他在文集中也屢次抨擊國民黨政府官員楊森在四十年代主持貴州省政時，向苗族宣揚推動同化政策。他當然知道在這同化政策背後，是當時在以漢人為主的政界與文化界很流行的歧視少數民族觀念：苗族的思想行為與風俗習慣是落後的，需要接受漢族文化的開導與同化。這兩個例子反映他一生殷殷為念的一個隱痛與苦志：如何在大民族主義的前題上力抗文化歧視，以求苗族身份的提升與地位的平等，這就是他的「民族的民主理念。」

　　為了這個理念，他一生投身於各種公共活動。在政治上，他熱烈鼓吹中國的民主化，希望透過民主的政治參與，苗族能夠在地方擁有自治權，在全國擁有發言權。同時，他也積極地在貴州家鄉推動教育以及其他各種文化社會工作，為苗族開拓未來。例如鼓勵學者研究如何創建苗族自己的文字，等等。在這些工作之中，最能表現他為實現「民族的民主」的一番苦心，是他長期以來替苗族重建文化認同的努力。他深知要提高苗族的文化地位，肯定苗族在中華民族內的身份，必需要增加外界

對苗族的認識與評價。而要做到後者，必須苗族對自己的來歷，處境與身價有一番自我再認與定位。三十年代他在中國西南作的一些民族田野調查是他在這方面努力的開始。四十年代到五十年代他把這方面的工作推展，深化到歷史的領域，希望由歷史的追溯，重建苗族的群體記憶，並在這基礎上，肯定苗族的自我認同。其結果是他在四十年代末期與五十年代中期寫成的兩部苗族歷史：《苗夷民族發展史》與《貴州苗族人民在反清鬥爭中躍進》。

在這兩部書裡，梁先生把苗族的由來放在整個中國社會從古到今發展的脈絡裡，作一番宏觀的歷史定位。在第一部書裡他的主旨有兩點：第一，苗族的發源與其他滿蒙回藏幾個主要少數民族不同，而是與漢族一樣，都是來自所謂的中原神州。但因與漢族爭取生存空間失敗，被迫向南與西南流亡退避，最後在中國的西南方與鄰近的東南亞定居下來。第二，苗族在西南謀生存。一方面要與險惡的自然環境奮鬥。用他的話「闢草萊，開阡陌，與瘴癘戰，與毒蛇猛獸戰」。同時，因為長期以來持續地受到中國歷代統治王朝的侵淩打壓，要不斷地奮起抗爭。在這樣一個艱險的環境下，苗族不但數千年生存下來，而且透過物質與文化上的創進，對整個中國文明的發展曾經做出了不可漠視的貢獻。

總之，在梁先生的筆下，數千年來苗族的生存奮鬥是一首血淚交織，可歌可泣的史詩。他在書中特闢一章，討論苗族在中國史中的地位，對現代的中華民族以排除苗族的五族共和為代表的觀念，作憤怒的抗議，而沉痛的喊出：「難道這樣的民族，還不讓他們在中國歷史上佔著光輝的一頁嗎？」

梁先生的第二本書是討論苗族在中國近現代的歷史發展。這裡他的主題是苗族如何與滿清王朝的打壓進行抗爭。在敘述這主題時，他把苗族的抗爭與近代中國長期以來奉為神聖的一個發展——革命，銜接起來。他是從兩個角度去認識二者之間的銜接。第一個角度是從一九一一的辛亥革命去看，他認為苗族大有功於導致滿清王朝崩潰的革命。這是因為苗族自十八世紀末年迄十九世紀中葉不斷發動對清王朝的武力抗

拒,已經把後者的軍隊主力——綠營,耗損殆盡。以致一九一一年革命黨在武昌起義,滿清的軍力已是強弩之末,不堪一擊,革命黨很容易取得勝利的成果。

另外一個角度是從共產黨推動的社會主義革命去看。梁先生根據馬克思主義的社會發展觀指出苗族在反抗滿清的壓迫過程中,不僅進行了政治與軍事的鬥爭,而且也作了重要的社會轉化,「自發的」從一個原始氏族社會,跳過奴隸社會,直接進入封建社會。本著這份歷史經驗,他相信在當前的歷史進程中,苗族也可以同樣「自覺的」從封建社會,越過工業資本主義社會的階段,直接進入社會主義的歷史階段。如果梁先生的第一本書是顯示苗族有一部值得驕傲的歷史,他的第二本書是說明中國近現代的神聖革命是少不了苗族的貢獻。

梁先生在這兩本書裡提出的歷史觀點與列舉的歷史事實,我們並不一定完全同意。但他替苗族追求族群自我認同的焦思苦慮,很值得我們同情的瞭解。同時也可以幫助我們進一步認識少數民族的族群意識所反映的文化心理機制。

除了少數民族的小民族主義之外,梁先生有關「民族的民主」的言論也可作為我們深入瞭解現代中國另一個重要發展——民主化的一個指標。長久以來,中國知識界與學術界對自由民主的認識是受著五四傳統的影響。這個傳統從西方的民主自由觀念出發,在它發展的過程中,已逐漸把這些觀念擴伸至如何為一些弱勢群體的人民爭取地位與權利的問題。例如社會底層的窮人與婦女。但在這方面五四傳統卻一直有一個盲點,那就是對少數民族的權利與地位問題甚少措意。一個重要原因當然是二十世紀中國的學術界與知識界一直是漢人佔絕大多數。前面已提到,他們對漢族以外的族群意識,往往不是漠視,就是歧視。同時西方自由主義的發展,也是一個不可忽視的因素。族群權利的問題在二十世紀末期以前,曾經長久不是這個思想傳統的重點所在。作為五四思想資源的一個主要源頭,西方自由主義在這方面的偏頗,難免也局限了五四民主思想的視野。在五四傳統的影響之下,這個局限自然也長期地存在

於中國近現代自由主義的思潮裡面。

　　從這個背景去看，梁先生代表苗族發出的「民族的民主」的呼聲，彌足珍貴。因為這是五四以來中國熱心民主自由人士中間很難聽到的聲音。大家都知道，中國在二十一世紀面對的最重要，最迫切的課題是如何進行民主化。在面對這個課題時，當務之急當然是建立一套制度去為每一位中國人的人權與自由作有效的保障。但另一方面我們也需要正視中國是一個多元民族，多元文化的國家，在中國境內五十六個民族裡面，大多數像苗族一樣是弱勢群體。因此，在建立一套普遍性的人權保障制度的同時，我們必需對弱勢民族作一些特別考慮。因為他們長期處於弱勢地位，很需要法律制度上有一些特殊的保障，才能消弭補償弱勢地位給他們帶來各種社會經濟的障礙與文化心理的創傷，而使他們逐漸變成真正的「自由與平等」（free and equal）的公民。這就是為何今天中外學界都強調「承認政治」（recognition politics）是民主化不可缺少的一環。就梁先生生前在二十世紀長時期闡揚與鼓吹「民族的民主」的理念而言，他確實可算是中國推動「承認政治」的先驅。

　　在讀罷梁先生的文集之後，我覺得我對中國的民族主義與民主化兩個課題增加了許多新的認識與新的感受。同時，我也覺得這些認識與感受是大多數中國人所需要的。因此我非常高興張兆和與李廷貴兩位先生能夠把梁先生生前的各種著作收集出版。在此出版的前夕，我要向讀者大眾鄭重推薦：這是一部難得的書，一部重要的書。

圖 122　1998 年，張灝教授與余珍珠教授在科大校園合影

二十世紀之子：張灝教授文章選集

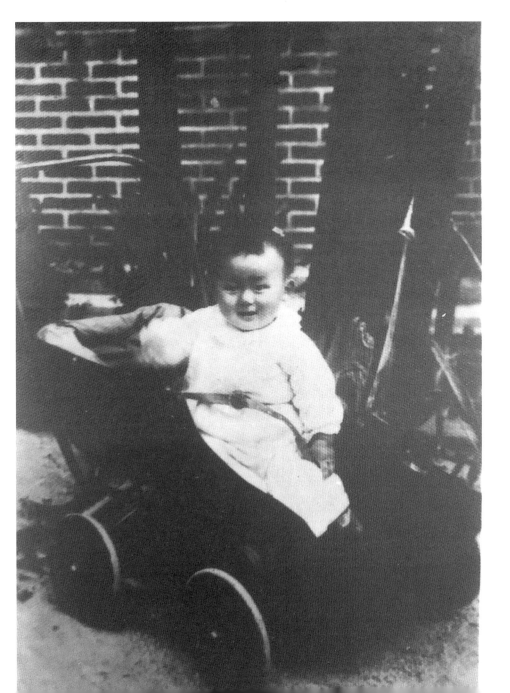

中國近代思想史的轉型時代 [1]

　　所謂轉型時代，是指 1895—1920 年初前後大約二十五年的時間，這是中國思想文化由傳統過渡到現代、承先啟後的關鍵時代。在這個時代，無論是思想知識的傳播媒介或者是思想的內容均有突破性的巨變。就前者而言，主要變化有二：一為報刊雜誌、新式學校及學會等制度性傳播媒介的大量湧現，一為新的社群媒體——知識階層（intelligentsia）的出現。至於思想內容的變化，也有兩面：文化取向危機與新的思想論域（intellectual discourse）。

新的傳播媒介

甲 制度性傳播媒介的出現與成長

（i）報刊雜誌

　　1895 年以前，中國已有近代報刊雜誌的出現，但是數量極少，而且多半是傳教士或者商人辦的。前者主要是有關教會活動的消息，後者主要是有關商業市場的消息。少數幾家綜合性的報紙，如《申報》、《新聞報》、《循環日報》，又都是一些當時社會的「邊緣人士」，如外國人或者

[1]　本文摘錄自《二十一世紀》（1999 年 4 月號，總第五十二期）；後此文收錄於張灝著：
　　《時代的探索》，臺灣：中央研究院及聯經出版事業股份有限公司，2004 年 7 月版，
　　頁 37—60。

出身買辦階級的人辦的，屬於邊緣性報刊（marginal press），影響有限。

1895 年以後，最初由於政治改革運動的帶動，報刊雜誌數量激增。根據布里滕（Roswell S. Britton）的統計，1895 年中國報刊共有 15 家。1895—98 三年間，數目增加到 60 家（我個人的統計是 64 家），1913 年是 487 家，五四時代數量更為激增。根據當時《中國年鑒》（China Year Book）的估計是 840 家，《申報》認為有 1,134 家，而 1917 年美國人伍德布里奇（Samuel I. Woodbridge）在《中國百科全書》（Encyclopedia Sinica）給的數字是 2,000 家。據胡適的估計，僅是 1919 年，全國新創辦的報刊大約就有 400 種。由此可見轉型時期報刊雜誌增長速度的驚人。

同時，這些新型報刊雜誌的主持人多出身士紳階層，言論受到社會的尊重，影響容易擴散。因此，這種新型報刊可稱之為精英報刊（elite press）。此外，這些新型報刊的性質與功能也與前此的「邊緣性報刊」有很大的不同：它們不但報導國內外的新聞，並具介紹新思想及刺激政治社會意識的作用。

轉型時代的傳播媒體，除了報刊雜誌之外，還有現代出版事業的出現。它們利用現代的印刷技術與企業組織大量出版與行銷書籍，對於當時思想與知識的散布以及文化的變遷也是一大動力。例如中國在二十世紀的前半期，有三大書局之稱的商務印書館、中華書局與世界書局都是在轉型時代成立。當時它們廣泛散布新知識，新思想的一個重要管道就是替新式學校印刷各種教科書。因此，下面接着就必須說明轉型時代新式學制的出現如何成為當時傳播媒體的重要一環。

（ii）新式學校

大致說來，清朝這一段時期，書院制度比起宋明時代大為衰落。十九世紀以後，特別是太平天國運動結束以後，書院制度才有復蘇的趨勢。但是教育制度大規模的改變，是 1895 年以後的事，首先是戊戌維

新運動帶來興辦書院與學堂的風氣，設立新學科，介紹新思想。1900 年以後，繼之以教育制度的普遍改革，奠定了現代學校制度的基礎。一方面是 1905 年傳統考試制度的廢除，同時新式學堂的普遍建立，以建立新學制與吸收新知識為主要目的。當時大學的建立，在新式學制中的地位尤其重要。它們是新知識、新思想的溫床與集散中心。因此，它們在轉型時代的成長特別值得我們注意。

由 1895 年至 1920 年代，全國共設立 87 所大專院校。截至 1949 年，中國約有 110 所大專院校，其中有 4/5 創立於轉型時代。尤其值得一提的是，在這 87 所大專院校內，有 21 所公私立大學，幾乎包括了所有二十世紀中國著名的大學及學術思想重鎮，如北大、清華、燕京、東南諸大學。可見轉型時代是現代教育制度興起的關鍵時期。

（iii）學會

所謂學會，是指轉型時代的知識份子為了探討新思想、散播新知識並評論時政的自由結社。中國傳統不是沒有這種學術性與政治性的自由結社，晚明東林、復社、幾社就是顯例。但是清朝建立以後，講學論政的結社為政府所禁止，雖然士大夫之間仍然時有「詩社」這一類文學性的結社，但政治性的結社則幾乎絕迹。1895 年以後，隨着政治改革的開展，學會大興。從 1895—98 年，據初步統計，約有 76 個學會組織。以後就整個轉型時代而言，雖因資料缺乏，難以確計，但從許多零碎的報導可以推想這種結社一定相當普遍。因為一般而言，學會這種組織並不需要相當的人力與物力才能實現，它只要一群知識份子有此意願就可以成立，而我們確知當時知識份子集會講學論政的意願是很普遍的。因此，就傳播新思想、新知識而言，學會在當時的重要性不下於報刊雜誌與新式學校。

在轉型時代，報章雜誌、學校與學會三者同時出現，互相影響，彼

此作用，使得新思想的傳播達到空前未有的高峰。

　　從長遠看來，這三種制度媒介造成了兩個特別值得一提的影響：一個是它們的出現是二十世紀文化發展的基礎建構（infrastructure）的啟端，另一個就是輿論或公共輿論（public opinion）的展開。

　　近年來，中外學者常常討論所謂公共領域（public sphere）在中國近現代出現的問題。因為十九世紀中葉以來，中央政府權力的萎縮，地方紳權的擴張，接管許多地方公益事業，同時外國租界在許多城市出現，形成一些「國家機關」以外的公共領域。但我認為這些發展都只是導致公共領域的間接因素，而上述三種制度性的傳播媒介的出現才是直接因素。根據哈貝馬斯（Jürgen Habermas）對歐洲近代早期公共領域形成的典範研究，公共領域之出現直接反映了兩種現象：政治參與和理性批判（rational-critical）意識。轉型時代輿論之形成，也正好反映了這兩種現象。那時，在一個沒有正式民主制度的社會裡，報刊雜誌、學校與學會都是政治參與的重要管道。同時，這些制度媒介，不論是透過傳統儒家「公」的觀念或是新的民族主義與民主自由觀念，都是以理性的討論來表達批判意識。就此而言，我們可以說，三種制度媒介所造成的輿論，代表公共領域至少在轉型時代有相當程度的出現。

乙　新的社群媒體——現代知識階層的形成

　　現代知識份子是甚麼樣的人？這是一個很有爭議性的問題。我個人認為，大約而言，知識份子是一群有如下特徵的人：（1）受過相當教育、有一定知識水準的人（此處所謂教育不一定是指正式教育，也可以指非正式教育，例如自修求學的錢穆、董作賓等人），因此他們的思想取向比一般人高。（2）他們的思想取向常常使他們與現實政治、社會有相當程度的緊張關係。（3）他們的思想取向有求變的趨勢。

　　若與傳統士紳階層相比較，更可襯托出現代中國知識份子的特殊

性。就其與現存的社會結構而言，傳統士紳是與他們所來自的鄉土社會有着密切的有機關係。他們是當地社會的精英，不但在地方上具有各種影響力，而且參與地方政府，發揮許多不可少的行政與領導功能。而現代知識份子多半脫離了他們本鄉的鄉土社會，寄居於沿江沿海的幾個大都市，變成社會上脫了根的游離份子。他們所賴以活動或生活的組織，常常就是我前面所謂的三種制度媒介。

就其與當時政治權力結構的關係而言，傳統士紳階層透過考試制度一方面可以晉身國家官僚，另一方面也可留在鄉土，擔任地方領導精英，參與地方行政。因此，其與現存權力結構的互相依存關係大於相互抵觸的關係。反之，新式知識份子既因科舉制度在轉型時代初期罷廢，仕進階梯中斷，復又脫離鄉土，流寓異地，不再參與地方事務，他們既然與中央政府與地方政府都缺少有機關係，因此與當時政治權力中心相抵觸的可能性要大於相互依存的關係。

就他們與傳統文化的關係而言，士紳階層的文化認同較高。他們自認把文化傳統維持與繼續下去是他們的天責，因此他們大致而言是「衛道」與「傳道」之士。而現代知識份子的文化認同就薄弱得多，主要因為西方文化進入中國，使得他們常常掙扎、徘徊於兩種文化之間。他們的文化認同感也就難免帶有強烈的游移性、曖昧性與矛盾性。

就現代知識份子與文化的關係而言，還有一層值得我們特別注意：那就是他們在文化上巨大的影響力。現代知識份子就其人數而論，當然不能與傳統士紳階層相比，但他們對文化思想的影響絕不下於士紳階層。這主要是基於知識份子與傳播媒介的密切關係。他們的社會活動往往是辦報章雜誌，在學校教書或求學，以及從事自由結社，如學會或其他知識性、政治性的組織。透過這些傳播媒介，他們能發揮極大的影響力。其影響之大與他們極少的人數很不成比例。因此轉型時代的知識份子，在社會上他們游離無根，在政治上，他們是邊緣人物（余英時的話），在文化上，他們卻是影響極大的精英階層。所以要了解現代知識

份子，一方面我們必須注意他們的政治邊緣性和社會游離性，另一方面也要注意他們的文化的核心地位。這二者之間的差距可以幫助我們了解這些人的思想為何常常會有強烈的疏離感與激化的傾向，而與傳統士紳階層的文化保守性適成對比。

　　根據上面的分析，不論是從政治、社會或文化的角度看，現代知識階層都與傳統士紳階級有着重要的不同。大體而言，這一階層主要是在轉型時代從士紳階級分化出來，在二十世紀的政治、社會與文化各方面都扮演重要的角色。特別是在散佈新思想方面，他們是主要的社群媒體。

思想內容的變化

　　大致說來，轉型時代中國知識份子的思想內涵也產生了巨大的變化。一方面，中國文化出現了空前的取向危機；另一方面，一個新的思想論域（intellectual discourse）也在此時期內浮現。

甲　文化取向危機的出現

　　轉型時代是一個危機的時代。1895 年以後，不僅外患內亂均有顯著的升高，威脅着國家的存亡；同時，中國傳統的基本政治社會結構也開始解體。這方面最顯著的危機當然是傳統政治秩序在轉型時代由動搖而崩潰，這個在中國維持數千年的政治秩序一旦瓦解，使得中國人在政治社會上失去重心和方向，自然產生思想上極大的混亂和虛脫。這裡必須指出的是：我們不能孤立地去看中國政治秩序的崩潰，政治層面的危機同時也牽連到更深一層的文化危機。因為傳統中國的政治秩序是建立在一種特殊的政治制度上，這就是所謂的普世王權（universal kingship）。這種政治制度不僅代表一種政治秩序，而且也代表一種宇宙秩序。易言之，它是植基於中國人根深柢固的基本宇宙觀。因此，普世王權的崩潰

不僅代表政治秩序的崩潰，也象徵基本宇宙觀受到震撼而動搖。重要的
是：在轉型時代，與這基本的宇宙觀一向綰合在一起的一些儒家基本價
值也在受到侵蝕而逐漸解體。也就是說，當時政治秩序的危機正好像是
一座大冰山露在水面的尖端，潛在水面下尚有更深更廣泛的文化思想危
機。這危機就是我所謂的取向危機。

　　所謂取向危機是指文化思想危機深化到某一程度以後，構成文化思
想核心的基本宇宙觀與價值觀隨着動搖，因此人的基本文化取向感到失
落與迷亂。1895 年左右，四川一位知識份子宋育仁，面對當時的文化危
機曾說過下面一段話，很能道出我所謂取向危機的端倪：

> 其（指西學）用心尤在破中國祖先之言，為以彼教易名教之助，
> 天為無物，地與諸星同為地球，俱由引力相引，則天尊地卑之說
> 為誣，肇造天地之主可信，乾坤不成，兩大陰陽，無分貴賤，日
> 月星不為三光，五星不配五行，七曜顯於不倫，上祀誣為無理，
> 六經皆虛言，聖人為妄作。據此為本，則人身無上下，推之則家
> 無上下，國無上下，從發源處決去天尊地卑，則一切平等，男女
> 決有自由之權，婦不統於夫，子不制於父，祖性無別，人倫無處
> 立根，舉憲天法地，順陰陽，陳五行諸大義，一掃而空……夫人
> 受中天地，秉秀五行，其降曰命，人與天息之相通。天垂象見吉
> 凶，儆人改過遷善，故談天之學，以推天象，知人事為考驗，以
> 畏天命修人事為根本，以陰陽消長，五行勝建皇極，敬五事為作
> 用，如彼學所云，則一部周易全無用處，洪範五行，春秋災異，
> 皆成瞽說，中國所謂聖人者，亦無知妄人耳，學術日微，為異端
> 所劫，學者以耳為心，視為無關要義，從而雷同附和，人欲塞其
> 源，而我為操器，可不重視之乎？

　　這段話隱約地透露當時人的思想有三方面受到了震撼。首先，西方
人的平等自由觀念，使得中國傳統「人倫無處立根」，也就是說，傳統的

基本社會價值取向的失落；再者，中國傳統中根據「天地」、「陰陽」、「五行」這些建構範疇（constitutive symbolism）所形成的天人合一宇宙觀也被西學「一掃而空」，使他對生命與宇宙感到迷茫，反映出精神取向的失落。最後全篇不只是對西學在思想上表示批判，而且充滿了憤激與憂惶的情緒，隱約地流露了文化認同感與自尊感受到損傷。底下就這三方面對轉型時代出現的取向危機作進一步的分析。

（i）價值取向危機

　　所謂文化取向危機，首先是指基本的道德與社會價值取向的動搖。大約而言，傳統文化的主流——儒家的基本道德價值可分兩面：以禮為基礎的規範倫理與以仁為基礎的德性倫理。這兩面在 1895 年以後都受到極大的衝擊，造成二者核心的動搖，甚至解體。讓我大致說明一下二者動搖與解體的情形。

　　規範倫理的核心是儒家的三綱之説，它在轉型時代受到「西潮」的衝擊尤為深巨。這衝擊在 1896—98 年的湖南改革運動時就已開始。當時，梁啟超、譚嗣同等以長沙的時務學堂為據點，公開攻擊中國的君統，立刻引起當時湖廣總督張之洞及一批湖南官紳的反擊與圍剿。他們認為，康梁改革運動對君統的攻擊就是間接對三綱的挑戰。從湖南改革這場大辯論開始，一直到五四運動的激進反傳統主義，三綱以及它所代表的規範倫理一直是轉型時代對傳統價值批判的主要箭垛。儒家道德價值的這一面，可以説是徹底地動搖而逐漸解體。

　　同時，儒家德性倫理的核心也受到由西學所引起的震盪而解紐，但解紐不是解體，這是一個重要的區別，需要進一步的分疏。

　　儒家德性倫理的核心是四書中《大學》所強調的三綱領、八條目，也即我所謂的大學模式。這模式包括兩組理想：（1）儒家的人格理想——聖賢君子；（2）儒家的社會理想——天下國家。所謂解紐，是指這兩

組理想的形式尚保存，但儒家對理想所作的實質定義已經動搖且失去吸引力。讓我舉幾個例子來說明。

首先是梁啟超在 1902—1903 寫的傳誦一時的《新民說》。梁在書中言明他是發揮大學新民的觀念，認為現代國民正如傳統社會的人一樣應該追求一個理想人格的實現。但是他對現代國民的理想人格所作的實質定義已經不是儒家聖賢君子的觀念所能限定，因為他的人格理想已經摻雜了一些西方的價值觀念，如自由權利、冒險進取、尚武、生利分利等。

《新民說》的中心思想如上所陳，主要是釐定現代國民的人格理想，但是它同時也間接隱寓一個群體或社會的理想。值得指出的是：在這一層上，他也不遵守儒家以「天下國家」為群體理想的實質定義，而完全接受西方傳來的民族國家觀念。

與梁同時而屬於革命派的劉師培，他在 1905 年寫的《倫理學教科書》也是一個很好的例子。在這本書裡，他提出他對新時代所矚望的人格理想與社會理想，這也就是他所謂的「完全的個人」與「完全的社會」。在劉的筆下，「完全的個人」這個觀念受了很多傳統儒家修身觀念的影響。但這影響主要來自修身觀念中鍛煉性格，也即傳統所謂的「工夫」一面，至於傳統修身的目標——聖賢君子的人格理想，他在書中幾乎沒有提及。因此，聖賢君子是否仍是他的人格理想很可懷疑。同樣，他所謂的「完全的社會」是否仍是傳統儒家的社會理想也很可存疑。不錯，他和梁啟超不同，並未提倡民族國家的觀念，而在他所謂的「社會倫理」中也列舉一些儒家的道德觀念如「仁愛」、「惠恕」、「正義」等。此外，他當時又醉心盧梭（Jean Jacques Rousseau）的《民約論》，深受後者的共和主義的影響。因此，他的社會理想雖仍模糊不清，未具定型，但是已脫離傳統儒家「天下國家」這觀念的樊籬，則可斷言。

五四時代，這種趨勢更加明顯，《新青年》最初三期連載高一涵寫的〈共和國家與青年的自覺〉便是一個例子。他在這篇文章，所謂的自覺，指的是對國家社會與個人人格的道德自覺，而道德自覺的具體意思是指

一個人應該抱持的理想。因此，這篇文章的主旨仍然隱含儒家對生命的強烈道德感，認為生命應以追求理想的社會與人格為依歸。但是他對後者的實質定義則顯然已超出儒家思想的範圍。他對國家與社會的理想，雖然不無大同理想的痕跡，但主要來自西方近代的共和主義。而他的人格理想則依違於西方的個人主義（高稱之為小己主義）與傳統的大我主義之間，其內容已非儒家聖賢君子的人格理想所能涵蓋。

高一涵在這方面的觀念可以說是五四時代思想的縮影。大多數五四知識份子是被一種道德理想主義所籠罩，追求慕想一個理想的社會與人格，這是他們有意無意之間受儒家德性倫理影響的地方。但是，他們對社會理想與人格理想的具體了解則與傳統的德性倫理的差距甚大。首先，當時人對形形色色的社會理想的熱烈討論與爭辯，不但顯示他們在理想社會的追求上已是徘徊歧途、失去方向，而且意謂儒家傳統這一層思想上已失去其約束力與吸引力。另一方面，就人格的理想而言，胡適所倡導易卜生式的個人主義與易白沙、高語罕等人所闡揚的大我主義也在相持不下，顯示傳統聖賢君子的人格理想對五四一代的影響力也日趨薄弱。

因此，就整個轉型時代而言，儒家德性倫理的核心思想的基本模式的影響尚在，但這模式的實質內容已經模糊而淡化。因為前者，這一時代的知識份子仍在追求一個完美的社會與人格；因為後者，他們的思想常呈現不同的色彩而缺乏定向。這就是我所謂儒家德性倫理解紐的意義。

總之，儒家規範倫理的核心與德性倫理的核心都在動搖中。雖然二者有程度的不同，但是二者同時動搖代表着中國傳統的價值中心已受到嚴重的侵蝕，以致中國知識份子已經失去社會發展與人格發展的羅盤針與方向感。這就是取向危機最基本的一面。

（ii）精神取向危機

任何一個文化，中國文化也不例外，多是自成一個意義世界（universe of meaning）。這意義世界的核心是一些基本價值與宇宙觀的組合。這組合對人生與人生的大環境——宇宙，都有一番構想與定義，諸如宇宙的來源與構造、生命的來源與構造，以及在這一環境中生命的基本取向與意義。這組合我們稱之為意義架構。

前節指出，傳統儒家的宇宙觀與價值觀在轉型時代受到嚴重挑戰，這代表傳統意義架構的動搖，使中國人重新面臨一些傳統文化中已經有所安頓的生命和宇宙的基本意義問題。這些問題的出現和由之產生的普遍的困惑與焦慮，就是我所謂的精神取向危機。

這一精神層面的危機是轉型時代思想演變中比較不為人注意的一面。但是當時許多重要的發展都有它的痕迹。轉型時代初期，知識份子很盛行研究佛學就是一個很好的例證。這個發展我們不能完全從政治社會的角度去看，它不僅是對傳統政治社會秩序瓦解的回應，它也是傳統意義架構動搖以後，人們必需對生命重建意義架構所作的精神努力。康有為、梁啟超、譚嗣同、章炳麟這些人之走向佛學，都與這種取向危機所產生的精神掙扎有關係。五四時代人生問題引起激烈討論，胡適提出「人化的宗教」，周作人提出「新宗教」，這些思想的發展也應從精神取向危機這個角度去看。

（iii）文化認同危機

中國人自從十九世紀初葉與西方接觸以來就發現置身於一個新的世界，一個與從前中國自認為是「天朝」或華夏中國的世界很不同的新天地。因此中國人在認知上很需要一個新的世界觀——一種對這新世界的認知地圖（cognitive map），藉此可以幫助他們在這個新的世界裡，相對於世界其他文化與國家作文化自我定位。因此中國人在這方面作的思想掙扎與摸索一部分是發自於一種文化自我認知的需要。

　　更重要的是認同感，裡面強烈的情緒成分或心理深層需要。前面我指出轉型時代中國傳統思想的核心發生動搖，而就在同時，中國進入一個以新的西方霸權為主的國際社會。頓時由一個世界中心的地位降為文化邊緣與落後的國度，自然產生文化失重感，群體的自信與自尊難免大受損傷。

　　這裡必須指出的是：西方的霸權不僅是政治、軍事與經濟的，同時也是文化思想的。就因為如此，這霸權不僅是外在的而且也已深入中國人的意識與心理深處，而內化為一種強烈的情意結。一方面他們恨西方的帝國主義，另一方面他們深知與帝國主義同源的西學也是生存在現代世界的需要，是「現代化」的要求，是一種現實理性的驅使。這自然造成中國人內心思想的困境與心理的扭曲，一種愛與恨、羨慕與憤怒交織的情意結。這也是美國學者列文森（Joseph R. Levenson）於 50 年代提出的問題。列文森也許誇大了這情意結在中國近代思想變遷中的重要性，但我們不能否認它是轉型時代出現的認同危機的一個基本環節。

　　文化認同的需要在轉型時代普遍的散布，不論是出自中國人情緒的扭曲或發自文化自我定位的認知需要，都是當時取向危機的重要一面，不可忽視。

　　但是在討論文化認同取向時，我們不能孤立地去看這一問題，因為就轉型時代的知識份子而言，他們在文化認同取向方面所作的掙扎與他們在價值取向以及精神取向方面的困惑與焦慮常常是混雜在一起的，只有把這三方面作綜合的分析，才能看到當時取向危機的全貌。

乙　新的思想論域

　　前文提及，轉型時代制度性的傳播媒介促成了公共輿論的產生，這種輿論內容極為駁雜，各種問題都在討論之列。但就在這紛繁駁雜的討論裡，逐漸浮現一個思想論域。稱之為思想論域，是因為這些討論有兩

個共同點：（1）使用新的語言；（2）討論常常是環繞一些大家所關心的問題而展開。例如中西文化之間的關係，未來的國家與社會的形式，革命與改革的途徑，新時代的人格典型，等等。重要的是：這些問題的提出和隨之而來的討論，常常都是從一個共同的主體意識出發。

談到轉型時代報刊雜誌所使用的新語言，首先值得注意的是新的詞彙。這些詞彙主要來自西學的輸入。它們有的是由西文直接翻譯過來，但很重要的部分是轉借日文的翻譯，因此日文在這方面的影響也不可忽略。

但是新的語言不僅表現於新的詞彙，也表現於新的文體，這方面的主要變化當然是由文言文轉換為白話文。雖然這兩種文體不無文法上的差異，但最重要的分別還是在整個文章結構和語句的形式。就文章的整體結構而言，文言文是受一些傳統修辭上的限制，例如起、承、轉、合的規律以及所謂的抑揚頓挫法、波瀾擒縱法、雙關法、單提法等等。至於個別的語言形式，首先我們必需認識，文言文是一種非常簡化的語言，有時簡化到像電報的語言，因此語意時常是很不清楚的。同時，文言文的語句結構又受到其他一些修辭上的限制，如用典、語句的長短整齊必需合乎所謂典雅的形式，而白話文則不受這些文言文的形式與規律的束縛，因此能比較自由地表達個人的論理或抒情的需要。

不可忘記的是：在轉型時代文言文轉變為白話文是經過一段相當長的時間。雖然那時代的初期，中國知識份子如梁啟超、黃遵憲、劉師培等人已經嘗試用白話文，白話文真正普及是 1917 年文學革命以後的事。在此以前，報刊雜誌使用的仍然是文言文，但常常是一種新體文言文。這種文體可以梁啟超在《新民叢報》發表的文章為代表，就是所謂的「新民體」。梁啟超後來對他當時的文章有過這樣的評述：「啟超夙不喜桐城派古文，幼年為文，學晚漢魏晉，頗尚矜練，至是自解放，務為平易暢達，時夾以俚語及外國語法，縱筆所至，不檢束，學者競效之，號新文體。」當時使用新文體的還有林紓，他翻譯西方小說時所採用的文體，雖是文言文，但並不嚴格地沿用桐城派古文文體。錢鍾書說：「林紓譯書所用文體是他心目中認為較通俗，較隨便，富於彈性的文言。它雖然

保留若干『古文』成分，但比『古文』自由得多；在辭彙和句法上，規矩不嚴密，收容量很寬大」。所謂收容量很寬大，就辭彙而言，是指它採取不少白話與新名詞，就語法而言，是指它帶有了許多歐化成分。因此，所謂新文體是一種解放的文言文，也可說是一種比較接近白話文的文體。

總之，轉型時代的新思想的散播是與新文體（不論是白話文或新體文言文）的出現分不開的，正如同中古時期佛教思想傳入中國是無法與白話文翻譯佛教經典分開的。也可以說，中國歷史上兩次受外來影響而形成的思想巨變都是以新語言為背景。

新語言的出現固然重要，但不能代表思想論域的全面。我不同意時下一些學者認為思想可以完全化約到語言層次。我認為，要了解一個思想論域，我們必需同時考慮使用新語言的人的主體意識——也就是說，轉型時代知識份子的主體意識。

當時知識份子的主體意識的最重要一面，當然是籠罩那個時代的危機意識。要認識這種危機意識，我們首先需要把它擺在它產生的環境脈絡中去看。所謂環境脈絡，不僅是指中國所面臨的政治社會危機，也是指當時的思想環境。也就是說，我們同時需要把這危機意識放在傳統思想與「西學」交互影響的脈絡去看。只有把當時知識份子對這兩種環境——政治社會環境與思想環境的回應合而觀之，我們才能透視這危機意識的特徵。

根據上面的觀點，當時的危機意識的最大特徵，毫無疑問是它特殊的三段結構：（1）對現實日益沉重的沉淪感與疏離感；（2）強烈的前瞻意識，投射一個理想的未來；（3）關心從沉淪的現實通向理想的未來應採何種途徑。現在就這三段結構作進一步的說明。

（1）對現實的沉淪感與疏離感。當時在轉型時代散布的不只是對國家社會迫切的危亡感與沉淪感，而且是激進的文化自我批判意識與疏離感。在轉型時代以前，激進的文化自我批判意識只有零星孤立的出現。那時的主流思想仍然希望在傳統的思想與制度的基本架構內對西方文化

作適度的調節，這就是當時盛行的「中體西用」的論點。1895 年以後，文化自我批判意識由「用」進入「體」的層次，由文化邊緣深入核心，認為當前國家社會的危難反映了文化核心部分或整體的腐爛。這種激進的文化自我批判意識與疏離感在轉型時期日益深化與擴散，常常與政治的危亡感互為表裡。

（2）對未來理想社會的展望。這是一種強烈的前瞻意識，視歷史向着一個光明的遠景作直線的發展。五四時代知識份子稱這種前瞻意識為「未來之夢」，它首先含有強烈的民族主義，中國人生活在帝國主義壓迫的陰影下，自然熱望變作一個獨立富強的國家。這種民族主義透過新的傳播媒介在轉型時代作空前大規模的散布。因此，由甲午到五四，民族國家觀念是對未來理想社會展望的一個核心成分，但它卻不是唯一的成分。因為，除此之外尚有另一個重要成分，那就是以大同理想為代表的各種烏托邦主義。現代史家常常不正視這種思想，但是就中國知識份子的意識與心態而言，烏托邦主義卻是一個不容忽視的層面，因為它曾出現在轉型時代的每一個主要階段或思潮裡。就以轉型時代初年的維新改革派而論，一方面有梁啟超鼓吹民族主義的文字，另一方面也有康有為的《大同書》與譚嗣同的《仁學》散布烏托邦主義。就辛亥以前的革命派而言，一方面有鄒容與陳天華的民族主義，另一方面大同理想不僅在孫中山的思想裡已經浮現，它在革命派左翼的無政府主義思想裡尤為突出，當時這一派報紙如《新世紀》、《天義報》與《衡報》都充滿了烏托邦式的世界主義的思想。

五四時代的思想也復如此。談到五四思想，現代史家多半強調五四時代的民族主義。其實，當時世界主義的盛行決不下於民族主義。文學家朱自清在五四運動發生的時候正是北大的學生，他後來回憶當時的思想氣氛時，曾經提醒大家五四運動的思想常常超過民族主義，而有濃厚的世界主義氣氛。這種氣氛我們可以傅斯年在〈新潮之回顧與前瞻〉這篇文章中所強調的一段話為代表：「我只承認大的方面有人類，小的方面有『我』是真實的。『我』和人類中間的一切階級，若家庭、地方、國

家等等都是偶像。我們要為人類的緣故，培成一個『真我』。」五四時代形形色色的烏托邦思想就是從這種世界主義的信仰孳生出來。

　　因此，轉型時代的前瞻意識，大致而言，是一雙層建構。當時知識份子所矚望的常常不僅是一個獨立富強的民族國家，同時也是一個烏托邦式的理想社會。

　　（3）由現實通向理想未來的途徑。當時人對現狀的失望與反感以及對未來的熱望，使他們非常關心如何由沉淪的現實通向理想的未來的途徑。轉型時代持續不斷對改革與革命的激烈辯論，最能反映這途徑問題在當時思想界的重要性。當時其他一些被熱烈討論的課題，例如中西文化的關係、主義與問題的比重、民主與自由的意義也都與這途徑問題有相當密切的關係。途徑問題可以說是危機意識的三段結構的凝聚點。

　　更進一步去分析，這三段結構反映一個歷史理想主義的心態。大約說來，這心態有下列的特徵：（1）這理想主義態是傳統儒家道德理想主義與西方近代啟蒙運動中的理想主義的合產物。它一方面認為理想與現實有極大的差距，另一方面也相信這差距可以克服，透過現實的轉化，可以使現實與理想合而為一；（2）這個世界觀我們稱之為歷史的理想主義，因為它是建築在一個新的歷史觀上。這個新的歷史觀主要是由西學帶來的演進史觀，把歷史看作是朝着一個終極目的作直線的演進；（3）同時這理想主義涵有一種高度的政治積極性，一種強烈的政治行動傾向。我們可稱之為以政治為本位的淑世精神。這種精神主要來自傳統儒家的經世思想，認為知識份子應該有一份顧炎武所謂的「救世」情懷，投身政治，以改造污濁沉淪的世界。這是一種充滿政治積極性的使命感，表現於我們大家常常聽見的一些話題，像：「國家興亡，匹夫有責」、「士大夫以天下為己任」等等。重要的是這種政治積極性與使命感隱含了一個對人的主觀意識與精神的信念，認為人的思想與意志是改造外在世界的動力。因此反映一種高度的人本意識；（4）這種人本意識與方才提到的演進史觀結合，使得演進史觀在中國往往含有一種特殊的歷史意識，與西方的歷史演進觀很不同，因為在西方這種歷史觀常常帶來

一種歷史決定論的意識，相信歷史發展的行程有其本身的動力，因此是獨立於人的意志與行為而向前發展。這種史觀對於人的自動自發的意志與意識是一種限制與壓抑，甚至否定。但是轉型時代知識份子對演化史觀的了解卻與西方很不同。一方面他們接受歷史向前直線發展的觀念，因而常常有很強烈的歷史潮流感；另一方面他們並不認為這歷史潮流會排斥人的自動自發的意識與意志。相反地，他們常常認為歷史潮流只有透過由人的意識產生的精神動力才能向前推進，這或許是受傳統天人合一宇宙觀不自覺的影響。因為後者相信，天的意志只有透過人心才能顯現。轉型時代的知識份子以歷史潮流代替天意，同時保留了傳統對心的信念，其結果是一種近乎主觀意識決定論的觀念。我們可稱之為意識本位的歷史發展論；（5）理想主義的世界觀與歷史演進觀結合，使人覺得這世界觀所展現的價值與理想不只是人的主觀意識的投射而且是植基於宇宙的演化與歷史潮流的推進。因此傳統思想模式中的應然與實然的結合，宇宙觀與價值觀的統一得以在轉型時代以一個新的形式延續。上述五點，簡略地說明了轉型時代的危機意識所隱含的歷史理想主義心態。這種心態加上前面提到的新語言，構成一個新的思想論域，在當時逐漸浮現。它對時代思想發展的重要性，不下於我在上節討論的取向危機。

結論

　　這篇文章大枝大葉地勾劃了轉型時代思想傳播媒介與思想內容的幾個重大變化。這些巨變至少是中國文化思想自中古佛教流入以來所未曾見的。同時它也為二十世紀的文化思想發展開了一個新的起端。這些巨變的出現就是轉型時代之所以為轉型時代的原因。

幽暗意識與民主傳統 [1]

　　不論是在西方或者非西方，一般人對自由主義常常有這樣一個印象：自由主義是相信人性是善的，是可以變得完美無缺的；它對整個世界的未來，人類的前途，是充滿著無限的樂觀和信心的。總而言之，在普通人的心目中，自由主義是近代西方人文思想所孕育出的一種理想主義。

　　這種印象的形成，並非偶然。因為十八世紀以來，西方自由主義深受啟蒙運動的樂觀精神的影響。但不可忽略的是，自由主義還有另外一個思想層面。在理想上，它保持著自由主義傳統的一些基本原則，因此，它珍視人類的個人尊嚴，堅信自由與人權是人類社會不可或缺的價值。但它同時也正視人的罪惡性和墮落性，從而對人性的瞭解蘊有極深的幽暗意識。因此這種自由主義對人類的未來是抱持著希望的，但這希望並不流於無限的樂觀和自信。它是一種充滿了「戒慎恐懼」的希望。這種把對人類的希望和幽暗意識結合起來的自由主義，並不代表西方自由主義的全貌，但從今天看來，卻是最有意義，最經得起歷史考驗的一面。這篇文章就是要把西方自由主義的這一面和幽暗意識之間的關係作一些整理和介紹 [2]，同時以此為借鏡，希望對傳統儒家的人性論和政治思想作一些釐清和反省。

　　首先我得對幽暗意識在觀念上作一些交代。所謂幽暗意識是發自對人性中與宇宙中與始俱來的種種黑暗勢力的正視和省悟，因為這些黑暗

---

[1] 編者按：本文收錄於張灝著：《幽暗意識與民主傳統》，臺灣：聯經出版事業股份有限公司，2020 年 10 月版，頁 9—40。為張灝教授有關於「幽暗意識」的重要著述。

[2] 在作者所見到有關此問題的英文書籍中，尚無有系統的專著，因此幽暗意識與西方民主傳統之間的關係，在歐美學術界，也是一個極待釐清的問題。

勢力根深柢固，這個世界才有缺陷，才不能圓滿，而人的生命才有種種的醜惡，種種的遺憾。

這種對人生和宇宙中陰暗面的正視，並不代表價值上的認可。實際上，這種幽暗意識是以強烈的道德感為出發點的，惟其是從道德感出發，才能反映出黑暗勢力之為「黑暗」，之為「缺陷」。因此它和中外文化傳統中各種形形色色的現實主義，如中國的法家，西方思想家如馬基雅弗利（Machiavelli）與霍布斯（Thomas Hobbes）等人的學說，在精神上是迥異其趣的，同時它也和西方現代的功利主義和道德唯我論（ethical egoism）有著很大的不同。後者在價值上接受人的私慾和私利，而以此為前提去考慮個人與社會的問題，而幽暗意識卻在價值上否定人的私利和私慾，然後在這個前提上求其防堵，求其疏導，求其化彌。因此它對現實人生，現實社會常常含有批判的和反省的精神。

在許多古老文明裡，我們都可或多或少地找到這種幽暗意識。比較而言，它在印度與西方文化中特別深厚。印度文化的基本精神是出世的，因此它的幽暗意識雖然深厚，卻未能對政治社會的發展有正面和積極的影響。而西方文化中的幽暗意識，卻經由入世精神的發展，對政治社會，尤其是自由主義的演進，曾有極重要的影響。

一、幽暗意識與西方民主傳統

我們都知道，西方傳統文化有兩個源頭，希臘羅馬的古典文明和古希伯來的宗教文明。希臘羅馬思想中雖然有幽暗意識，但是後者在西方文化中的主要根源卻是古希伯來的宗教。這宗教的中心思想是：上帝以祂自己的形象造人，因此每個人的天性中都有基本的一點「靈明」，但這「靈明」卻因人對上帝的叛離而汩沒，由此而黑暗勢力在人世間伸展，造成人性與人世的墮落。在古希伯來宗教裡，這份幽暗意識是以神話語言表達出來的，因此，如果我們只一味拘泥執著地去瞭解它，它是相當荒誕無稽的。但是我們若深一層地去看它的象徵意義，卻會發現這些神

話也含有著一些可貴的智慧。其中最重要的一點乃是這些神話所反映出對人性的一種「雙面性」瞭解——一種對人性的正負兩面都正視的瞭解。一方面它承認，每個人，都是上帝所造，都有靈魂，故都有其不可侵犯的尊嚴。另一方面，人又有與始俱來的一種墮落趨勢和罪惡潛能，因為人性這種雙面性，人變成一種可上可下，「居間性」的動物，但是所謂「可上」，卻有其限度，人可以得救，卻永遠不能變得像神那樣完美無缺。這也就是說，人永遠不能神化。而另一方面，人的墮落性卻是無限的，隨時可能的。這種「雙面性」、「居間性」的人性觀後來為基督教所承襲，對西方自由主義的發展曾有著極重要的影響。

此處需要順便一提的是，基督教與西方自由主義的形成和演進有著牢不可分的關係，這在西方已為歐美現代學者所共認。美國政治思想史權威佛德烈克（Carl J. Friedrich）教授就曾著論強調：西方的自由憲政，從頭至尾就是以基督教為其主要思想背景。至於西方民主憲政與希臘羅馬的淵源，他則完全不予重視，此一論斷雖有可議之處，但是基督教與西方近代，尤其英美式的自由主義有著極深的關係，則為不爭之論 [3]。

基督教對自由主義的貢獻當然是多方面的，而它的人性論，卻毫無疑問是它最重要的貢獻之一。必須指出的是：基督教在這方面向來最受一般研究自由主義的學者所強調的是它對人性中的「神靈」（divine spark）和理性的肯定，由這一基本信念，不但進而肯定個人的尊嚴，而且也肯定人類有共同的價值，可以恪遵共同的法則，共營政治社會生活。這些信念和肯定，在歐洲近代初期變成「自然法」的一個重要源頭，而「自然法」對近世自由憲政的重要性則是西洋史上眾所熟知的事實。

可是上面所說的貢獻只代表基督教人性觀中的一面，如前所說，它還有另一面——它的現實性，它的幽暗意識。誠然這幽暗意識對自由主義的促進不似基督教對人性積極的肯定那樣直接，那樣明顯。但是和

---

[3]　見 Carl J. Friedrich, *Transcendent Justice. The Religions Dimension of Constitutionalism*（ Duke University Press, 1964 ）.

後者配合起來，也曾對自由主義的推動，發揮不可忽視的功能。這種功能，大略說來，可從基督教的幽暗意識的兩個思想層面去看。

首先，以幽暗意識為出發點，基督教不相信人在世界上有體現至善的可能，因為人有著根深柢固的墮落性，靠著自己的努力和神的恩寵，人可以得救，但人永遠無法變得完美無缺。這份完美無缺，這份至善，只有神有，而人神之間有著不可逾越的鴻溝。因此，從基督教看來，人既然不可能神化，人世間就不可能有「完人」。這種人性觀，對於西方政治文化有著極重要的後果。我們知道，在基督教以外的一些文化裡，如中國的儒家傳統，希臘的柏拉圖思想，解決政治問題的途徑往往是歸結到追求一個完美的人格作為統治者——這種追求「聖王」和「哲王」的觀念，因為它和幽暗意識相牴觸，在基督教傳統裡，便很難產生。

其次，幽暗意識造成基督教傳統重視客觀法律制度的傾向。人性既然不可靠，權力在人手中，便很容易「泛濫成災」。因此，權力變成一種極危險的東西。大致而言，歷史上解決權力問題的途徑可分兩種，一種是希望執掌權力的人，透過內在道德的培養，以一個完美的人格去淨化權力。另一種是求制度上的防範。前面說過，從基督教的人性論出發，很難走上第一種途徑，剩下來自然只有第二種途徑。基督教的思想家，不論新教或舊教，思考人類的政治問題時，常常都能從客觀的法律制度著眼，絕非偶然！

幽暗意識的這兩項功能，可以從西方自由主義演進史中的一些具體史實去作更進一步的說明：

（一）西方自由主義的早期發展

這一發展是以十七、八世紀的英美自由憲政運動為主幹。而這一主幹的發展從起始就和基督教的新教，尤其和新教中的加爾文教派（Calvinism）有著密切的關係，我們若對這些關係稍作探討，便不難看出

幽暗意識的歷史意義。

　　加爾文教派在十六、七世紀的英國發展成為所謂的清教徒教會（Puritan Church）。清教徒的教義含有極強烈的幽暗意識，主要因為它的整個教義是環繞著人神對比的觀念而展開。神是至善，人是罪惡。人既然沉淪罪海，生命最大的目的便是企求神恕，超脫罪海，獲得永生。這種思想，應用到政治上，演為清教徒的互約論（covenantal theology）[4]，人的社會乃是靠兩重互約建立，一是人與神之間的互約。一方面人保證服從神意，謹守道德；另一方面，基於人的承諾，神保證人世的福祉和繁榮，在這人神互約之下，人們彼此之間又定下了進一步的信約，言明政府的目的乃是阻止人的墮落，防制人的罪惡。在這一大前提下，政府的領袖如果恪遵神意，為民造福，則人民接受其領導，若他們不能克制自己的罪惡性，因而違反神意，背叛信約，則人民可以起而驅逐他，否則整個社會，必獲神譴，而蒙受各種天災人禍。總而言之，清教徒的幽暗意識隨時提醒他們：道德沉淪的趨勢，普遍地存在每個人的心中，不因地位的高低，權力的大小，而有例外，就人的罪惡性而言，人人平等！因此，他們對有權位的人的罪惡性和對一般人的墮落性有著同樣高度的警覺。這份對有權位的人的罪惡性的警覺是清教徒自由思想中很重要的一環，在清教徒的文獻中，不時流露出來。例如，英國十七世紀的大詩人，約翰‧米爾頓（John Milton）也是一位清教徒的思想領袖，他就曾說過這樣的話：「國王和行政首長，他們既是人，就可能犯罪過，因此他們也必須被置於人民所制定的法律管制之下。」[5]這種話，出自一位清教徒絕非偶然！

　　如上所述，幽暗意識在清教徒的自由憲政思想中有著極重要的地位，而這種自由憲政思想是造成十七世紀中葉清教徒革命的原動力。這

---

[4]　見 Edmund S. Morgan 所編 *Puritan Political Ideas, 1558—1794*（The American Heritage Series, 1965），Preface, Part 1 與 Part 2。

[5]　見 William Haller, *Liberty and Reformation in Puritan Revolution*（New York,1955）第十章。

一革命雖然後來失敗，它在思想上的影響卻非常深遠。首先，有近代自由主義之父之稱的約翰·洛克（John Locke），早年就曾感染過清教徒革命所產生的共和憲政思想。而不應忘記的是：洛克本人也是一位加爾文教徒。因此他的自由主義思想不僅只代表歐洲的人文理性主義，而且也植根於基督教的新教教義。佛德烈克教授曾經指出：自由主義的一個中心觀念——「政府分權，互相制衡」的原則就是反映基督教的幽暗意識[6]。因為人性既然不可靠，防止專制暴政的最好方法就是把權力在制度上根本分開，避免政府中任何一個部門有過多的權力，而政府領袖攬權專政的危險也就在制度上無形中化解了。

清教徒的自由憲政思想，除了直接間接有造於英國早期的自由主義，此外還有一層更深遠的影響。原來清教徒在英國國內因為宗教意見之不同，受著英國國家教會的迫害，於十七世紀初期開始移民北美，十七世紀中葉清教徒革命失敗後，移民繼續增加，造成日後所謂的新英格蘭殖民地。在這片新大陸的土地上，清教徒不但可以自由地傳播他們的宗教信仰和政治社會思想，而且還可以把這些信仰和思想付諸實現。值得注意的是：「新英格蘭」在當時是整個北美移民地的思想中樞，因此，清教徒的思想不但籠罩新英格蘭一區，而且也在整個北美殖民地普遍地散布。

前面提到，清教徒的政治社會觀的中心觀念是含有極強烈幽暗意識的互約論，由此而產生的自由憲政思想就是日後美國革命建國的一個重

---

[6]　Friedrich 這一論點，若專指洛克的思想而言，則頗有問題，因為史家尚無證據顯示洛克的「政府分權」這一觀念是特別來自基督教的罪惡意識。但重要的是：此一觀念並非完全始於洛克，前於洛克的英國思想家如 James Harrington 即已有此思想。因此，就佛氏的觀點，稍加修正，我們或者可以說：Harrington 與洛克這些人，浸沉於基督教思想的範圍中，受幽暗意識有意無意的影響，因而有政府分權以防專制的構想。

要思想泉源[7]。這裡必須指出的是：十八世紀歐洲盛行的啟蒙運動思想傳入北美洲，對當時殖民地的思想界，曾產生了相當大的衝擊。但是晚近治美國史的學者多半都認為啟蒙運動的影響，還是不能與英國十七世紀清教徒革命時所產生的自由憲政思想相比，尤其重要的是，啟蒙運動所強調的人性可臻至善的觀念，迄未能將清教徒所遺留下來的幽暗意識取而代之。因此，在表面上，美國革命的思想主流誠然是接受了歐洲啟蒙運動的人文理性主義，但骨子裡基督教那份對人性墮落的警覺仍然在繼續發酵。約翰・亞當（John Adams）便是一個好例子。他是美國開國後的第二任總統，同時也是當時知識界的重鎮，在他的思想裡就時時表現出他對人性陰暗面的體驗與警惕。因此，美國的自由主義在建國之初即與歐洲大陸受了啟蒙運動強烈影響的自由主義有著重要的不同[8]。

　　美國早期的自由主義的結晶就是它的憲法。誠如英國史學家布萊士（James Bryce）所說，當美國「開國諸父」（Founding Fathers）於一七八七年的夏天聚集在費城草擬憲法時，他們的思想是帶有很濃厚的幽暗意識的。他們對他們新建的國家充滿著希望，但在希望中他們仍能正視現實，他們的基本精神是理想主義，但這份理想主義卻含藏著戒慎恐懼的

---

[7]　見前引 Morgan 的 *Puritan Political Ideas* 一書，頁 330—350，讀者也可參看 Morgan 所寫之 "The American Revolution Considered as an Intellectual Movement" 一文。此文發表於 Arthur M. Schlesinger and Morton White 所編之 *Paths of American Thought*（Sentry edition）pp. 11—13.

[8]　就以美國「開國諸父」中受歐洲啟蒙運動影響最深的傑佛遜而言，他所表現的樂觀精神也是相當「收斂」的。例如他曾說過："Although I do not with some enthusiasm believe that the human condition will ever advance to such a state of perfection as that there shall no longer be pain or vice in the world, Yet I believe it susceptible of much improvement, and most of all, in matters of government and religion, and that the diffusion of knowledge among the people is to be the instrument by which it is to be effected." 見 *Ideas in America: Source Readings in the Intellectual History of the United States, ed.* by Gerald N. Grob and Robert N. Beck（New York, 1970）.

現實感 [9] 。

　　這份高度的現實感在當時影響最後憲法制定極大的「聯邦論文」（Federalist Papers）有充分的流露，例如曾經參與撰寫「聯邦論文」的漢彌兒頓（Alexander Hamilton）就曾說過：「我們應該假定每個人都是會拆爛汙的癟三，他的每一個行為，除了私別，別無目的。」更重要的是麥迪遜（James Madison）在「聯邦論文」中所發表的文字。麥氏素有美國「憲法之父」之稱，在他看來，結黨營私是人類的通性，我們必須正視這通性的存在。他曾提出一個很有意義的問題：「政府之存在不就是人性的最好說明嗎？如果每一個人都是天使，政府就沒有存在的必要了。」乍聽之下，這句話簡直好像出自一位基督教神學家之口！

　　是這份對人性的現實感使麥迪遜深感政府的權力不能集中，集中之後，以人性的自私自利，必然會有暴政的出現。權力集中在一個人手裡，固然會造成獨裁專制，集中在大多數人手裡，也會產生欺壓少數人的民主專政。阻止權力集中的最好辦法就是「權力分置，互相制衡」這一制度。他認為，有了這種制度之後，社會上各種團體結黨營私也無妨，因為他們自私自利的行為可以互相抵消，互相牽制，而公益共利因之也仍然可以實現。易言之，一個自私自利之人結合在一起可以化為一個完善的群體。「權力分置，互相制衡」這一制度的妙用就在此 [10] ！

---

[9]　布萊士曾說過這樣的話："American government is the work of men who believed in original sin and were resolved to leave open for transgressors no door which they could possibly shut……The aim of the Constitution seems to be not so much to attain great common ends by securing a good government as to avert the evils which will follow not merely from a bad government but from any government strong enough to threaten the pre-existing Communities and individual Citizens." 見 James Bryce, *The American Commonwealth*（New York, 1889）, vol.1, p.306.

[10]　見　Arthur O. Lovejoy, *Reflections on Human Nature*（The Johns Hopkins University Press, 1961）, 第二章 "The Theory of Human Nature in the American Constitution and the Method of Counterpoise," pp. 37—66.

　　麥迪遜這些想法日後變成美國憲法的基本原則。時至今日，美國立國已逾兩百年，這部憲法顯然是一部可以行之久遠的基本法。而其所以能行之久遠的一個重要原因，則不能不歸功於美國「開國諸父」當年的幽暗意識[11]。

（二）近代自由主義對權力的警覺

　　前面曾經指出，十八世紀以後，西方自由主義的人性論，因為啟蒙運動的影響，時時呈現濃厚的樂觀色彩；許多自由主義論者都認為人可以變得十全十美，人類社會可以無限地進步，但是，正視人性陰暗面的現實感並未因此消失，在自由主義的傳統中仍然有其重要的地位。這份現實感，雖然有不同的來源，但毫無疑問地，西方傳統的幽暗意識是其重要源頭之一。歐美知識分子，本著這份幽暗意識，對人類的墮落性與罪惡性，時時提出警告，對自由主義在現代世界所面臨的種種挑戰和陷阱，時時喚醒警覺。這是近代自由主義很重要但常受人忽視的一個層面。我們可以英國十九世紀的阿克頓爵士（Lord Acton, 1834-1902）為例證，對近代自由主義這一層面稍作說明。

　　阿克頓是英國十九世紀晚期的大史學家，出身貴族世家，是一位天主教徒，他對史學最大的貢獻是創編有名的《劍橋近代史》。與許多大史家一樣，他對歷史有他獨特的史觀。在他看來，自由是人類最珍貴的價值，而人類一部歷史也就是這價值的逐漸體現。但他並不是一位單純的歷史樂觀論者，他與當時的許多歷史學家和思想家不同，他並不認為

---

[11] 關於美國「開國諸父」的思想中的現實感，到底有多少成分來自傳統基督教的幽暗意識，學者尚在爭論中。有一些學者認為這份現實感來自他們對當時的政治和社會的觀察。但問題是：政府的腐敗，執政者的貪權，發生於每一個社會，為何美國的「開國諸父」獨對這些現象有著特別強烈的感受與反應？從這一個角度看去，他們的清教徒背景顯然是一個很重要的因素。

人類的歷史和未來就是一個單線的進化；對於他而言，自由在歷史體現的過程，是迂迴的、曲折的、艱難的，當他迴視人類的過去，他所看到的是血跡斑斑！黑暗重重！因此作為一個史學家，他說他無法一味地肯定和歌頌人類過去的成就，站在自由主義的立場，他必須批判歷史、控訴歷史。

阿克頓爵士這種對歷史的看法是來自他基督教的背景。這種對歷史陰暗面的敏感和正視，他歸功於基督教原罪的觀念。他曾借著別人說的一段話來表明他對基督教幽暗意識的感受：「一個基督徒由於他的信仰，不得不對人世的罪惡和黑暗敏感。這種敏感，他是無法避免的。基督教對人世間罪惡的暴露可以說是空前的。我們因此才知道罪惡的根深柢固，難以捉摸和到處潛伏。基督教的神示（revelation）一方面是充滿了慈愛和寬恕，另一方面也惡狠狠地晾出了人世的真相，基督教的福音使罪惡意識牢繫於人心……他看到別人看不見的罪惡……（這種）原罪的理論使得基督徒對各種事情都在提防……隨時準備發覺那無所不在的罪惡[12]。」

基督教的幽暗意識不但使阿克頓爵士對歷史的種種黑暗面有著普遍的敏感，同時也使他對人世間權力這個現象有著特別深切的體認。在他看來，要了解人世的黑暗和人類的墮落性，最值得我們重視的因素就是權力。從來大多數研究權力的學者認為權力是一個中性的東西，它本身無所謂好壞和對錯。因此要談權力的道德意義，必須落實於權力行使的具體環境，就這具體環境然後可予權力以道德的評價。但是阿克頓爵士卻並不採取這樣一個看法。因為人性本具罪惡性，權力，既是由人而產生，便有它無法消解的毒素。

從上面這種權力觀，阿克頓爵士得到這樣一個結論：地位越高的人，罪惡性也越大。因此教皇或國王的墮落性便不可和一般老百姓同日而語。他曾經很斬釘截鐵地說過這樣一句話：「大人物幾乎都是壞人！」是在這樣一個思想背景之下，他寫了那句千古不朽的警句：「權力容易

---

[12]　Lord Acton, *Essays on Freedom and Power*（The Beacon Press, 1948）序言, pp. 14—15.

使人腐化，絕對的權力絕對會使人腐化。」(Power tends to corrupt and absolute power corrupts absolutely.)[13]

　　不但位高權重的個人有受權力腐化的趨勢，就是在一個民主的社會也時有這種危機，因為占大多數的群眾(majority)，仗恃他們的人多勢眾，投起票來，穩操勝算，常常會利用這種勢力欺壓凌暴少數人(minority)。這是現代民主制度所常見的內部危機，而阿克頓爵士早在十九世紀即有此警惕！誠如他説，基督教的原罪意識使他「對各種事情都在提防，隨時準備發覺那無所不在的罪惡！」

二、幽暗意識與儒家傳統

　　前面提過，幽暗意識並非西方傳統所獨有；在世界所有古老文明中，幾乎都有它的存在，中國傳統文化也不例外。只是幽暗意識表現的方式和含蘊的深淺有所不同而已。但這不同的方式和程度卻對中國傳統的政治文化有著深遠的影響。這是一個很複雜的問題，在這裡我只準備作一個簡單的討論。

　　儒家思想與基督教傳統對人性的看法，從開始的著眼點就有不同。基督教是以人性的沉淪和陷溺為出發點，而著眼於生命的贖救。儒家思想是以成德的需要為其基點，而對人性作正面的肯定。不可忽略的是，儒家這種人性論也有其兩面性。從正面看去，它肯定人性成德之可能；從反面看去，它強調生命有成德的需要就蘊含著現實生命缺乏德性的意思，意味著現實生命是昏暗的、是陷溺的，需要淨化、需要提升。沒有反面這層意思，儒家思想強調成德和修身之努力將完全失去意義。因此，在儒家傳統中，幽暗意識可以説是與成德意識同時存在，相為表裡的。

---

[13] 見 Lord Acton 於一八八七年，致 Mandell Creighton 函，見上引 *Essays on Freedom and Power*, p. 364.

　　這兩者之間的關係在原始儒家已可清楚的看出。要談原始儒家，當然從論語開始。從正面看去，整個《論語》一書是被成德意識所籠罩。但是換一個角度去看，周初以來的「憂患意識」也貫串全書[14]。孔老夫子，栖栖皇皇，席不暇暖，誠如他所説，是因為「天下無道」。但是細繹論語中「天下無道」這一觀念，可以看出憂患意識已有內轉的趨勢，外在的憂患和內在的人格已被連結在一起。這內轉的關鍵是孔子思想中「道」的觀念。「夫子之道，忠恕而已矣」，「人能弘道，非道弘人」。論語中這些顯而易見的話，已清楚地顯示：孔子所謂的道，已不僅指外在超越的天道，它也意謂著人格內蘊的德性。透過這一轉化，孔子已經開始把外在的憂患歸源於內在人格的昏闇。易言之，論語一書中已非完全承襲周初以來憂患意識，憂患意識已漸漸轉化為「幽暗意識」。

　　孔子以後，幽暗意識在原始儒家裡面有更重要的發展，主要因為成德和人性之間的關聯變成思想討論的焦點，荀子在這方面的思想當然是最為突出的。他的性惡論就是對人性的陰暗面作一種正面的的抉發。但荀子思想的影響，對後世儒家傳統的形成，尤其就宋明儒學的主流而言，不夠重要，重要的是孟子，可是孟子在這方面的思想卻是相當間接而曲折的，需要一點分疏。

　　談到孟子，首先必須指出的是：他對成德這個問題是採取「正面進路」，他的中心思想是個人成德之可能，因此強調人有天生的「善端」，本此善端，加以擴充，便可成德，於是而有「人人皆可以為堯舜」的結論。不可忽略的是，孟子這種「正面進路」和樂觀的人性論尚有另外一面。不錯，孟子是特別強調人的善端，但他同時也深知這善端是很細微的。「人之異於禽獸者幾希！」這個「幾希」固是孟子對成德採取樂觀之所本。但也道出了他對人性的現實感。而就是本著這份現實感，後世儒者像王夫之才有「君子禽獸，只爭一線」的觀念；曾國藩才説出：「不為聖賢，便為禽獸」這種警語。

---

[14] 徐復觀，《中國人性論史》，〈先秦篇〉，頁 30—32。

　　因此，我們可以說：與孟子之樂觀人性論相伴而來的是一種幽暗意識。儘管這種意識表現的方式常常是間接的襯映，或者是側面的影射，它仍顯示孟子對人性是有警覺、有戒懼的。只有本著這份警覺與戒懼，我們才能了解為何《孟子》一書中一方面肯定「人人皆可為堯舜」，強調人之趨善，「如水之就下」，而另一方面卻時而流露他對成德過程的艱難感，為何他要重視「養心」、「養氣」等種種的工夫。最重要的是他的幽暗意識與他樂觀的人性論相揉合而造成他思想中另一重要層面，《孟子》裡面有一段話很清楚地點出這層面：公都子問曰：「鈞是人也，或為大人，或為小人，何也？」孟子曰：「從其大體為大人，從其小體為小人。」曰：「鈞是人也，或從其大體，或從其小體，何也？」曰：「耳目之官，不思而蔽於物，物交物則引之而已矣。心之官則思，思則得之，不思則不得也。此天之所與我者，先立乎其大者，則小者不能奪也，此為大人而已矣。」

　　這一段話的意思是：孟子認為人之自我有兩個層面，一層是他所謂的「大體」，一層是「賤體」。孟子有時又稱為兩層為「貴體」和「賤體」。從孟子一書的整個義理結構來看：「大體」和「貴體」是代表天命之所賜，因此是神聖的、高貴的。「小體」和「賤體」是代表獸性這一面，因此是低賤的，傾向墮落的。這顯然是一種「生命二元體」，是孟子人性論所表現的另一義理型態。

　　這種生命二元論，是整個儒家傳統形成中的一個極重要發展。它是了解宋明儒學思想的一個基本關鍵，同時也是了解後者所含藏的幽暗意識的一個起足點[15]。當然這並不是說宋明儒學在這方面沒有受到其他的影響。無可否認的，大乘佛教進入中國後，它所強調的無明意識，直接間接地加深了宋明儒學的幽暗意識。但是後者在表現幽暗意識的方式

---

[15] 美國學者墨子刻（Thomas A. Metzger）在他的 *Escape from Predicament, Neo-Confucianism and China's Evolving Political Culture*（Columbia University Press, 1977）一書中，提出困境感（Sense of Predicament）一觀念，對宋明儒學中的幽暗意識，曾有間接的討論，發人深思，讀者可以參看。

上，仍然與大乘佛教有著基本的不同，因為佛教的無明觀念，像基督教的原罪意識一樣，對生命陰暗面是作正面的彰顯與直接的透視。但是宋明儒學，至少就其主流而言，仍然大致保持原始儒家的義理型態，強調生命成德之可能，因之對生命的昏暗與人世的缺陷，只作間接的映襯與側面的影射。這是宋明儒學幽暗意識的基本表現方式，而這表現方式就是以孟子生命二元論為其理論的出發點。

宋明儒學，本著孟子生命二元論，再受到大乘佛教和道家思想的激盪，就演成它的「復性」思想。「復性」觀念的基本前提是：生命有兩個層面——生命的本質和生命的現實。而生命的本質又是人類歷史的本原狀態，生命的現實又是人類歷史的現實過程。於是在這種前提上便出現了對生命和歷史的一種特殊了解。生命的現實雖在理論上不一定是昏暗，卻常常流為昏暗。因此由生命的本質到生命的現實便常常是一種沉淪。依同理，人類歷史的本原狀態和生命的本質一樣，是個完美之境，但在歷史現實過程中卻時時陷入黑暗。在這樣的思想背景下，就形成了復性觀的主題：本性之失落與本性之復原；生命之沉淪與生命之提昇。

很顯然的，復性思想是含有相當濃厚的幽暗意識的。既然復性思想以不同的形式貫串宋明儒家各派，它所蘊涵的幽暗意識自然也不限於任何一家一派。但在宋明儒學的主流——程朱學派中，它似乎特別顯著和突出。這主要原因程朱學派的義理結構是以二元論的形式出現。在宇宙觀方面，它有理與氣的對立，在人性觀方面，它有天理與人欲，道心與人心的對立。這種對立使得成德過程的艱難性在朱子思想中特別明顯。朱子曾說過下面這樣一段話：「以理言，則正之勝邪，天理之勝人欲，甚易。而邪之勝正，人欲之勝天理，甚難。以事言，則正之勝邪，天理之勝人欲，甚難。而邪之勝正，人欲之勝天理，卻甚易。正如人身正氣稍不足，邪便得以干之。」換句話說，朱子認為，按照道理說，正應該克邪，但在現實人生裡，邪卻是經常勝正的！

朱子不但從天理與人欲的對立去看人生。同時也從這個角度去放眼看歷史。在他看來，歷史的本原，也就是所謂的「三代」，是天理流行，

一片光明淨潔，而歷史的現實過程，所謂三代以後，即便是漢唐盛世，也多半是人欲泛濫，一片黑暗！他在答陳同甫的信裡，把三代以後歷史的沉淪，說得最為明白斬截：「若以其能建立國家，傳世久遠，便謂其得天理之正，此正是以成敗論是非，但取其獲禽之多，而不羞其詭遇之不出正也。千五百年之間，正坐如此，所以只是架漏牽補過了時日。其間雖或不無小康，而堯舜三王周公孔子所傳之道未嘗一日得行於天地之間也。」這些話，出自朱子之口，道盡了宋明儒學正統派中的幽暗意識。

　　幽暗意識不僅限於程朱學派，就在對成德充滿樂觀與自信的王學裡，也時有流露。理由很簡單，王學雖然很少直接談「復性」這個觀念，但「復性」所代表的生命觀，卻仍然是王學思想中基本的一環。我們只要翻閱《陽明全集》，學絕道喪，人心陷溺的感喟，隨處可見，便是明證。王學的樂觀是來自王陽明之深信他發現了挽救人心、培養德性的獨特方法，而並不代表他們無感於人心的陷溺。

　　這裡必須指出的是：王學文字中，「學絕道喪，人心陷溺」這一類話，並非出自對人世浮泛的觀察，而是本自他們對生命的體驗。例如王畿是王門中最富樂觀精神的一位，他對一般人成德之信心可於他的「見成良知」這一觀念看出。但同時他卻能夠對人性中所潛藏的罪咎和陷溺作深入的體認。他曾說過，「吾人包裹障重，世情窠臼，不易出頭。以世界論之，是千百年習染，以人身論之，是半生依靠。」[16]

　　這種幽暗意識，在王門另外一位重要人物，羅洪先的思想中看得更清楚。他對自己內心深處所蟠結的罪咎，曾有這樣勘察入微的反省：「妄意於此，二十餘年矣，亦嘗自矢以為吾之於世，無所厚取，自欺二字，或者不至如人之甚，而兩年以來，稍加懲艾，則見為吾之所安而不懼

---

[16] 關於王畿及其他晚明清初的幾位思想家對於生命陰暗面的感受，讀者可以參看：Pei-yi Wu, "Self-examination and Confessions of Sins in Traditional China," *Harvard Journal of Asiatic Studies, vol.39, no.1*（June, 1979），pp.5—38.

者，正世之所謂大欺，而所指以為可惡而可恥者，皆吾之處心積慮，陰託之命而恃以終身者也。其使吾之安而不懼者，乃先儒論說之餘而冒以自足，以知解為智，以意氣為能，而處心積慮於可恥可惡之物，則知解之所不及，意氣之所不行，覺其缺漏，則蒙以一說，欲其宛轉，則加以眾證，先儒論說越多，而吾之所安日密，譬之方技俱通，而痿痺不恤，搔爬能周，而疼癢未知，甘心於服鴆，而自以為神劑，如此者不知日月幾矣。嗚呼，以是為學，雖日有聞，時其習明師臨之，良友輔之，猶恐成其私也。況於日之所聞，時之所習，出入於世俗之內，而又無明師良友之益，其能免於前病乎，夫所安者在此，則惟恐人或我窺，所蒙者在彼，則惟人不我與，託命既堅，固難於拔除，用力已深，益巧於藏伏，於是毀譽得失之際，始不能不用其情，此其觸機而動，緣釁而起，乃餘痕標見。所謂已病不治者也，且以隨用隨足之體，而寄寓於他人口吻之間，以不加不損之真，而貪竊於古人唾棄之穢，至樂不尋，而伺人之顏色以為欣戚，大寶不惜，而冀時之取予以為歉盈，如失路人之志歸，如喪家之丐食，流離奔逐，至死不休，孟子之所謂哀哉！」

　　是經過這種深切的反省和自訟，他才能對生命有這樣的感受：「吾輩一個性命，千瘡百孔，醫治不暇，何得有許多為人說長道短邪？」

　　這種對生命有千瘡百孔的感受，在晚明劉宗周的思想裡有個明顯的流露，造成幽暗意識在宋明儒學裡一個空前的發展。例如他在《人譜》一書中，把成德的實踐過程分成六步，每一步都有罪咎的潛伏，都有陷溺的可能。他在總結第六步──「遷善改過以作聖」時，曾有這樣的話：「學者未歷過上五條公案，通身都是罪過；即已歷過上五條公案，通身仍是罪過。」接著在《人譜續篇》〈紀過格〉裡，他對這「通身的罪過」有極詳盡的抉發和分析。他把罪過分成六大類，每一大類再細分成各色各種，其中一大類，劉宗周稱之為「微過」，最足以表現他對罪過勘查的細微：「以上一過實函後來種種諸過，而藏在未起念之前，彷彿不可名狀，故曰微，原從無過中看出過來者。『妄』字最難理解，真是無病疼可指。

如人之氣偶虛耳，然百邪從此易入。人犯此者使一生受虧，無藥可療，最可畏也。」[17]

《人譜》裡面所表現的罪惡感，簡直可以和其同時代西方清教徒的罪惡意識相提並論。宋明儒學發展到這一步，對幽暗意識，已不只是間接的映襯和側面的影射，而已變成正面的彰顯和直接的透視了。

上面討論的主旨是在強調：儒家思想，尤其是宋明儒學，是含有幽暗意識這一層面的。所以要這樣強調，主要是為了糾正一個很流行的錯誤觀念，那就是儒家思想一味地樂觀，對於生命的缺陷和人世的遺憾全無感受和警覺。但是這種強調並不就是對儒家與基督教在這方面不同之處的忽視。前面說過，兩者表現幽暗意識的方式和蘊涵的強弱很有不同。基督教是做正面的透視與直接的彰顯，而儒家的主流，除了晚明一段時期外，大致而言是間接的映襯與側面的影射。而這種表現的不同，也說明了二者之間另一基本的歧異，如前所說，基督教，因為相信人之罪惡性是根深柢固，因此不認為人有體現至善之可能；而儒家的幽暗意識，在這一點上始終沒有淹沒它基本的樂觀精神。不論成德的過程是多麼的艱難，人仍有體現至善，變成完人之可能。

重要的是，儒家在這一點上的樂觀精神影響了它的政治思想的一個基本方向。因為原始儒家從一開始便堅持一個信念：既然人有體現至善，成聖成賢的可能，政治權力就應該交在已經體現至善的聖賢手裡。讓德性與智慧來指導和駕馭政治權力。這就是所謂的「聖王」和「德治」思想，這就是先秦儒家解決政治問題的基本途徑。

二千年來，儒家的政治思想就順著這個基本觀念的方向去發展，因此它整個精神是貫注在如何培養那指導政治的德性。一部四書，便是儒家思想在這方面的好註腳，而一部大學，對這思想尤其有提綱挈領的展示。眾所周知，大學這本書是環繞三綱領、八德目而展開的，我們不妨把這三綱領、八德目看作儒家的思想的一個基本模式。大致而言，這個

---

[17] 牟宗三，《從陸象山到劉蕺山》，頁 519—541。

模式是由兩個觀點所構成：一、人可由成德至臻至善。二、成德的人領導與推動政治以建造一個和諧的社會。而貫串這兩個觀點的是一個基本信念：政治權力可由內在德性的培養去轉化，而非由外在制度的建立去防範。很顯然的，對政治權力的看法，儒家和基督教是有著起足點的不同的！

　　總而言之，聖王的理想，大學的模式，都是儒家樂觀精神的產物，同時也反映了幽暗意識在儒家傳統裡所受到的限制。必須指出的是：這些理想和模式是中國傳統定型和定向的一個重要關鍵。由它們對傳統的影響，我們可以看到中國傳統為何開不出民主憲政的一部分癥結。這裡我且以正統的朱子學派作為例證，對這問題稍作剖析。

　　朱子注釋大學是宋明儒學的一個奠基工作，影響極大，他的主要論旨是：人由內在德性的修養，可以臻於至善，但是人的成德，不能止於修身，必須由個人的修身，進而領導政治，推動社會，以達到「治平」的理想。總而言之，成德的過程是修身與經世縮合為一。這仍是儒家「內聖外王」理想的發揮。在朱子傳統中造成兩種趨勢：一種是以儒家的道德理想去觀照和衡量現實政治，從而產生抗議精神與批判意識。朱子平生的思想和立身行事就已經很有這種傾向。他的一生，多次遭貶受謫，無非是因為他堅持儒家道德的原則，抨彈政治，守正不阿。這種抗議精神，在後世的朱子學派，持續不衰，最明顯的例子是明末清初陸世儀、張揚園、呂晚村這一批學者，他們之不事新朝，並不只是對滿清異族的反感，他們也是本著儒家的道德理想，堅持抗議精神而有所不為的。陸世儀在他的《思辨錄》裡就曾說過這樣的話：「周子曰：師道立而善人多，學記曰：師嚴而後道尊，斯二言誠然，尚書云：天降下民，作之君，作之師，則師尊與君等，又曰能自得師者王，則師又尊於君，非師之尊也，道尊也，道尊則師尊。」換句話說，師儒代表道統，而道統高於君主，因此師儒的地位，至少不應低於君主。這是何等的抗議精神！何等的批判意識！這裡不應忘記的是：陸世儀的《思辨錄》是以大學模式為中心思想所寫成的一部書。

　　然而，話說回來，儒家的抗議精神和批判意識畢竟不是西方的民主

憲政，兩者之間仍有著重要的差異。其中一個基本的不同就是民主憲政是從客觀制度著眼，對權力加以防範，而儒家的抗議精神則是著眼於主觀德性的培養以期待一個理想的人格主政，由內在的德性對權力加以淨化。上面提到的陸世儀就是一個極好的例證。他對政治的構想最後仍歸結於期待聖王的出現。他的抗議精神是由「大學模式」表現出來，因此也難免受到這模式的限制。

　　前面說過，朱注《大學》，在宋明儒學的主流裡造成兩種趨勢，抗議精神的發揚僅是其一。另一種趨勢就是以現實政治為基礎而求德治的實現。代表這個趨勢的是南宋以來影響極大的一本書──《大學衍義》。此書是南宋朱學的重鎮──真德秀所編著。他編著此書的目的乃是承襲朱注大學的傳統，但縮小朱注原來的目標，而純以當時君主為對象，以求修齊治平理想的實現。於是，在朱子的手裡，那還是一部談成德治道一般原則性的書，到真德秀筆下，便完全變成一部帝王成德之學了。

　　《大學衍義》，後來在明初由當時一位朱派學者──邱濬加了一個重要的補充，這就是《大學衍義補》。這個補充主要在討論如何在現實制度的安排中發揮由上而下的德治。後來由經世思想出發而討論制度安排的種種叢編如《皇明經世文編》、《經世文鈔》、《皇清經世文編》等等在基本義理規模上都未能超過《大學衍義正補》兩編。因此由大學模式的思想為基礎，在儒家傳統中確曾產生過有關制度的構想和討論。但必須強調的是，此所謂制度是現存的行政制度及其附麗的禮樂制度，而非基本的政治制度。因此，這種制度是第二義的，而非第一義的。借用牟宗三先生的兩個名詞，我們可以說，它是表現「治道」的制度，而非「政道」的制度。

　　上面我們簡略地討論了聖主的理想和「大學模式」在朱學傳統所造成的兩種趨勢。一種引發了抗議精神與批判意識，但這精神與意識始終停留在道德理想的層面，未能落實為客觀制度的構想。另一種引發了制度的構想，但所謂制度是表現「治道」的制度而非「政道」的制度。這兩

種趨勢都可歸源於儒家的樂觀精神和理想主義，同時也間接透露出儒家傳統的一個重要消息：幽暗意識雖然存在，卻未能有著充分的發揮。衡之幽暗意識在西方自由主義傳統的重要性，我們也可由此瞭解到中國傳統之所以開不出民主憲政的一個重要思想癥結。

後記

去年我在另外一篇文章裡也曾稍稍觸及到幽暗意識與民主政治之間的關係這一問題，並曾就這一問題，對中國傳統作了一些簡短的批判與反省。徐復觀先生當時在美省親，讀到此文後曾來信表示不同的意見，他回香港後，並曾發表文章，就我的論旨，提出商榷，十月間，他把他的文章寄給我看，我因當時被學校一些雜事糾纏住，未能和他仔細討論這個問題，不過我在回信中答應在短期內將為文詳述我的觀點，向他請教，沒想到，如今這篇文章寫好了，而他已經離開人世！我知道徐先生一向喜歡後輩向他請益辨難的，就以這篇文章來表示我對這位現代中國自由主義的老鬥士的一點敬意和悼念吧！

一九八二年・六月十六日夜

我的學思歷程 [1]

　　　　美國俄亥俄州立大學退休教授

學歷：臺灣大學歷史系學士（1957）

　　　　美國哈佛大學碩士（1961）、博士（1966）

經歷：美國俄亥俄州大學歷史系助理教授、副教授、教授、退休教授

　　　　香港科技大學人文學部教授、退休教授

學術榮譽：

- 美國國家人文基金會研究基金（1975—1976）
- 美國學術團體聯合會研究獎金（1972；1979—1980）
- Wiant Professor of Chinese History and Culture,
  The Ohio State University（1979—1985）
- 王安東亞學術研究獎金（1985—1986）
- 「中央研究院」院士（1992）
- 香港中文大學新亞書院錢穆文史講座（1995）
- 東海大學中西文化比較講座（2000）

　　我是 1957 年從臺灣大學畢業，那是將近半個世紀前的事了，這次回到母校，在我曾經讀過書的地方，分享個人的讀書經驗，讓我感到特別的溫馨與興奮。

---

[1]　編者按：本文收錄於任鋒編校、張灝著：《轉型時代與幽暗意識》，上海：上海人民出版社，2018 年 9 月版，頁 379—394。

漂泊的童年歲月

　　我想要先交代一下早年生命的兩個基本事實。首先，我的祖籍是安徽滁縣，但是我出生在臺灣對面的福建廈門，出生後不久因為戰亂先後遷居好幾個地方，先是四川，然後是南京、臺北，再後來是美國與香港。所謂我的家鄉——安徽滁縣，在我一生只有九歲那年回去住過大概兩個月，現在印象已經很模糊了，所以我這一生的基本事實之一就是飄泊，我是一個東南西北人，一個沒有根的人。剛才提到，在我的故鄉安徽滁縣，實際上只住過兩個月，就時間長短而言，與國內其他地方不能相比，尤其是臺灣。我在臺灣住過十年，那是我的生命過程中非常要緊的十年，從中學到大學，後來又在台大念了兩年研究所，這十年可說是我的人格成形，也可說是自我認同形成的關鍵時期。如果說，安徽滁縣是我的第一故鄉，那麼臺灣就是我的第二故鄉。不過，在我的回憶中，第二故鄉遠比我的第一故鄉來得熟悉而親切，這是第一個事實。

　　第二個事實是我出生於 1936 年，是日本全面侵華的前一年，這是一個很重要的事實，因為我在這年出生，才趕得上 20 世紀中葉在中國所發生的兩場大動亂，第一個就是日本侵華，第二個是共產主義的大革命。也就是說，因為我出生在 1936 年，這兩場大動亂才能進入我早年的記憶。比我晚生、在戰爭期間出生或更晚出生的人，就不可能有我的一些記憶，以及一些親身體驗與直接、間接的感受。比方我的記憶起點，與日本飛機轟炸重慶是分不開的。我最早的記憶就是躲警報，當時我大約四五歲，家住在重慶郊外，長江上游嘉陵江邊的一個小村莊裡，這個小村莊屬於當時重慶的一個大學，後來這個大學在臺灣也復校了，就是中壢的中央大學。我的父親在中央大學教書，我們就住在附近的小村莊。我記得那個時候只要天氣一晴朗，父母親就發慌，知道日本飛機就要來了，我住的小村莊應該算是民居，但那時日本飛機不管什麼地方都炸。大家都知道美國攻打伊拉克、越南等地，要是炸了民居，會受到國際譴責。可是二次大戰時日本人完全沒有這些顧忌，像我住的地方

四周根本就是村莊，附近是大學，毫無戰略價值，但日本飛機來襲時經常是低空掃射，然後再丟燃燒彈。重慶附近很窮，房子都是用木頭、竹子建造的，一顆燃燒彈可以燒掉一大片屋舍，所以大人緊張得很，一聽到拉警報就帶著全家和村民一同往防空洞裡鑽，好在重慶是山城，有許多山洞可以鑽。早年記憶中最鮮明的一幕，是一次轟炸後我隨著父母回家，發現遭轟炸後的村莊幾乎沒有了，我家已經消失在一片瓦礫中。很奇怪，在那堆破瓦殘垣中只剩下一張床，其他什麼都沒有了。床中間有一塊不知道從哪飛來的巨石，那個很怪異的景象，在我年幼的心靈裡留下非常恐怖的陰影，直到今天還不時浮現在我的夢魘之中。從那次恐怖的經驗開始，一連串驚心動魄的景象累積在我童年和少年的記憶深處。

　　還記得在我們村莊被炸後的第二天，日本飛機轟炸重慶市內，上萬人被活埋在防空洞裡。消息傳來，村民被一片悲慟與憤慨籠罩。抗戰末期，日本軍隊發動攻勢向西南進逼，重慶告危，抗戰進入很低沉的時期，蔣介石當時以中華民國領導人身份呼籲全國的知識青年，放下書本，投入抗戰。他號召「十萬青年十萬軍」，大批學生響應號召，自願從軍，離開學校，奔赴前線。我那時是一位小學生，還記得自己夾在人群中歡送從軍的熱烈場面與感人氣氛。不久以後，太平洋戰爭發生，日本戰敗，在村子裡、在校園內，我目睹群眾興奮欲狂的景象。隨後我們全家由重慶回到南京、上海。那時另一種動亂發生了，國共內戰爆發，接著又是一連串怵目驚心的景象浸入我的記憶之中。先是在重慶，然後是在南京，我看到學生運動一波一波的展開，搖旗吶喊、慷慨激昂地進行反政府的示威遊行。同時內戰不斷升級，成千上萬的饑民由長江以北湧入南京城，在街頭流落、乞食，令人目不忍睹。

　　內戰後期，國民黨節節敗退。1949 年春天，中共大軍進逼長江，南京告急，國民政府南遷。父母帶著我和姐姐們也匆匆離京，經上海奔向臺灣，全家又走上逃亡的道路。在離開南京前，我看到一個繁華的都市，數日間變成一座寂寞空城。在上海時，我短期借讀於近郊的上海中學，在四郊多壘的景物裡，我感到戰禍臨頭的恐懼，在校園裡聽到一些

動人心弦的「進步歌曲」，嗅到彌漫的反政府氣氛。這一幕一幕鮮明的影像在當時浸入我的腦際。它們所代表的時局變化及時代意義，當時只有十二三歲的我自然無法理解，但卻使我直覺地感到一場大動亂、大變化在我的周遭展開，一種朦朧的時代感開始在我的心中潛滋暗長。我帶著這些印象與感受，隨著我的家人於 1949 年的暮春來到臺灣。

投入殷海光先生門下

定居臺灣的初期，正是我由高中邁向大學的階段。受到那份朦朧的時代感的驅使，我進入了臺大歷史系。也由於它的牽引，我在校園中找到了殷海光先生，投入他的門下。我是如何投入他的門下呢？幾年前我在一篇訪談中曾有這樣的描寫，我說：「我開始認識殷先生是在 50 年代中期，在我考進台大以後不久。記得我最初是在《自由中國》雜誌上讀到一篇題名為〈一顆孤星〉的文章，筆者是作家聶華苓，描寫她的鄰居──臺大哲學系教授殷海光的生活行誼。在她生動的筆下，一位光芒四射、特立獨行的哲人在我腦海中浮現。在臺灣早期灰暗的大環境裡，我真像是看到一顆孤星在天邊閃爍，年輕的我怎麼能不為之心儀而神往？」這段訪談點出殷先生在當時對我們年輕人的吸引力，這種吸引力必須從臺灣的大環境中去尋找，50 年代的臺灣籠罩在白色恐怖之下，臺大校園裡特別感覺到它的陰影。當時那種神秘而恐怖的氣氛現在是很難想像的，我們常聽到某人突然失蹤了，沒下落了，你根本就不曉得是怎麼回事，而且情治人員都是在夜裡上門，到宿舍或住宅毫無顧忌地抓了人就走，這種「有吏夜敲門」的恐懼彌漫在我們的大學時代。

除了政治氣氛，當時的學術氣氛也是殷先生散發吸引力的另一個原因。50 年代的臺大，在教授陣容上不乏一些知名的飽學之士。尤其是歷史系，當時從大陸撤退到臺灣的有一批知名學者，但他們傳播的學問多半是書本上的知識，部分原因是政治氣壓很低，教授被警告不能隨便

評論政治，要教某門課就教你的專業，不許胡說。所以傳播的學問多半是書本上的，缺乏活的問題與活的思想去刺激學生、誘導學生、啟發學生，因此校園的氣氛十分沉悶單調。就在這樣的環境裡，出現了一位年輕教授殷海光，他把教室裡的知識與當時的政治社會大環境聯繫起來，把教室裡的知識跟現實的政治社會問題銜接起來，因此把學問與知識點活了，把學術氣氛啟動了，自然使他在教授群中顯得特別突出，在學生群中變成一塊精神磁石，吸引許多年輕人圍繞著他，和他談天，問他問題，向他請教。並且有時還與他一起去郊遊，形成當時臺大校園非常獨特的「殷海光現象」。

當年我們在「殷門」談論的多半是環繞他所重視的近代西方哲學思想，例如邏輯實證論、科學哲學及英美式的自由主義，並以這些觀點來批評國民黨的政治和臺港之間流行的儒家思想。表面上殷先生談的東西似乎很龐雜，但現在回想起來，實際上他還是順著五四傳統談學問、談問題。五四的三大主題——科學、民主、反傳統，這些都是我們當時「殷門」談話、討論的焦點，所以可以說，殷先生為那個時代在臺灣成長的年輕人與五四傳統間搭了一座精神橋樑。

前面我曾指出，50年代的臺灣學術界與知識界，很受國民黨反共思想的鉗制，例如不許隨便談五四運動，特別是帶有「左」味的東西，像《魯迅文集》與30年代文學，因此一般年輕學者與五四思想相當隔閡。但是透過殷先生這座思想橋樑，我們在殷門還能稍稍嗅到早期中國知識份子的啟蒙理念和豪情。在這些啟蒙理念中，最使我神往的還是殷先生文章中有關自由民主觀念的討論，我的這種興趣當然是與周遭大環境有關係。方才說過，50年代白色恐怖的陰影已伸入臺大校園，同時中國紅色恐怖也已展開，不時從海的對岸傳來令人可怕、寒心的消息。在這樣的氣氛之下，自然對於從「殷門」得來的自由民主觀念，有著無限的熱情與嚮往，雖然我當時對這些觀念的認識是非常朦朧而浮泛。

進哈佛接觸新儒家思想

　　我是 1959 年離開臺灣，前往美國哈佛大學攻讀歷史，在那裡我進入了一個嶄新的生活與學術環境。在這新環境中，我的思想不知不覺很快地起了一些重要變化，特別是在政治與文化意識方面。就文化意識而言，到美國以後不久，我在哈佛校園遇到了一些中國朋友，如余英時、杜維明等。在他們的影響之下，我接觸了一些現代新儒家思想，例如錢穆、牟宗三及熊十力的作品，這些作品都是從前「殷門」的忌諱，所以我很少看。由於這些朋友的影響，我開始認真讀新儒家的書，也因此漸漸走出五四反傳統主義的框子，開始正視中國傳統的複雜性，深深體會到認識一個古老傳統所需要的耐性與同情地瞭解。

　　我在這方面的思想轉折，與我在哈佛的老師史華慈（Benjamin Schwartz）與老友墨子刻（Thomas A. Metzger）也很有關係。那時在美國，現代化的理論非常流行，它視現代性與傳統是二元對立，也因此認為傳統是現代化的主要障礙。史教授那時在美國漢學界幾乎是獨排眾議，

圖 124　在 1959 年離開臺灣前，張灝與父母合影留念

他看到傳統思想內容的多元性、動態性和豐富性。在他看來，傳統與現代的關係很複雜，不一定是對立不相容，因此不能很簡單地用二分法將之對立起來。墨子刻教授早年對宋明儒學思想內部的困境與緊張性的剖析，對我也產生影響。同樣重要的是，透過他的介紹，我開始接觸韋伯（Max Weber）有關現代性起源及比較文化的論著，從這些論著我也進一步認識傳統文化與現代性之間存在著傳承及發展的複雜關係，這些反映在我早年有關晚清思想的研究著作裡。

此外還有其他影響，使我的心靈比較接近傳統。由於非常偶然的機緣，我被一些西方的宗教思想家與神學家吸引，例如沃格林（Eric Voegelin）、田立克（Paul Tillich）與尼布爾（Reinhold Niebuhr）等人。他們的著作對於人與宗教關係的分析，特別是有關人對精神意義與終極關懷的需要，以及生命的極限與內在的緊張，是瞭解人之所以為人時很需要認識的思想。而這些宗教觀念往往就是世界幾個主要精神傳統的思想核心，我由此瞭解傳統不只是外在教條與禮儀的集結。我當初在「殷門」受了五四的影響，總是把傳統看成僵硬的東西，是鐵板一塊，這種觀念在新的宗教思想影響之下，慢慢化解了。我開始認識古老的宗教傳統代表了人內在心靈的追求與精神的躍動。中國傳統與世界其他精神傳統，之所以能夠有持久不滅的影響，絕不是偶然的。總之，這幾個影響造成我到美國之後，文化意識的新發展，也代表我這一生中的重要思想轉折。

但同樣重要的是，當年我思想的轉折也有限度，它使我對中國傳統抱著同情與瞭解的態度，但並沒有使我產生投入式的信仰。因為在同情與瞭解的同時，我對傳統仍然保持一些批判的距離，而且這種距離感在1980年後與日俱增，形成我這近二十年來在思想中對傳統維持同情與批判並存的緊張性與弔詭性，這種對傳統的態度，就我近年來思想的發展趨向而言，也是很自然的。首先，我畢竟是一位歷史學者，看到中國過去歷史的各種黑暗，我無法完全否認五四對中國傳統文化的批判。更何況我雖然反對五四思想中極端的反傳統主義，以及其偏激的科學觀與民主觀，但對五四肯定西方近代文明的態度，並沒有全面拒斥。多少年

來，我傾聽前現代與後現代對現代性思想的各種質疑與批判，我仍然同意一些西方學者的看法，西方現代性的思想發展尚未完成，不容蓋棺論定。特別是就中國的情形而言，像西方現代文明的一些基本要素，如人權、自由、民主及科學等理念所代表的大方向仍然值得肯定，從這些大方向去看五四對中國傳統所做的批判，雖然不無盲點，仍然有其價值。

　　此外，我對傳統的同情和批判兼而有之的態度，也和我去美國之後不久，政治意識的變化很有關係，這個變化是我思想轉折的另外一面，與我的文化意識的轉變同等重要。這變化的起源是我到美國之後不久，開始「發現」了新中國。因為在臺灣時我們的政治信訊很封閉，尤其是有關中國的各種發展，我們聽到的都是經過過濾和篩檢的，而且非常稀少。到海外以後，我聽到了很多在臺灣聽不到的有關新中國動態的報導，也讀到我在臺灣讀不到的一些五四新文學，特別是 30 年代文學。就這樣，不知不覺我的思想開始左轉了，現在回憶那時的心情，左轉開始的動力毫無疑問是來自民族主義的情感，是毛澤東於 1949 年 10 月 1 日在天安門喊道「中國人站起來了！」的那句話在我心中發酵。與許多來自臺灣的留學生一樣，我是在海外找到了中國的民族主義，也由於它的牽引，我開始注意到馬克思主義思想。以前我們在臺灣是很難接觸到這種思想，現在我開始正視它，思考這思想提出的一些問題。我這左轉很快衝擊到我原本朦朧的自由主義立場。前面提到我在「殷門」對自由主義非常嚮往，可是因為那時年輕，書念得很少，對自由民主瞭解得很浮泛，經不起思想左轉的衝擊，就這樣我不知不覺進入 30 年代中國知識份子的心境，一旦發現了群體的大我，個人的小我也就無所謂了。所以在 60 年代時，有好幾年雖然我與殷海光先生通訊不斷，但和他代表的自由主義已經漸行漸遠了。

　　我的左轉並沒有維持太久，60 年代後期，中國掀起「文革」的風暴，使我的政治意識又一次轉向。記憶中，「文革」剛開始的時候，我正結束學業到一個州立大學教書，那地方的報紙很少登載中國的消息。從報紙上零星的報導，我完全無法理解當時正在中國爆發的「文革」背景與動

態。隨著「文革」運動的展開，我的困惑也日益加深，我發覺有重新檢討自己的思想左轉的必要。就在這一番檢討中，幾年前我在研究所念書的一段經驗，又重新湧現腦際，不但幫助我對「文革」作反思，而且使自己在思想上又做了一次重要的調整。

向尼布爾學習西方民主思潮

大約是 1962 年冬天，哈佛大學春季課程排出了一門新課，這門新課的確切題目，現在我已經記不清楚了，大概是「西方近代民主理論與經驗」，由一位法學院教授和另一位校外請來的訪問教授合開。這位訪問教授就是當時美國名震一時的宗教思想家尼布爾。這門課的主題與尼布爾的大名引起我的好奇心，決定春季開學之後去旁聽。這門課是排在早上第一節，而我長期當研究生的習慣是遲睡遲起，早起是不大容易的。記得那天我特別起了個大早，冒著早春的嚴寒趕去聽課，教室是在哈佛一個有名的博物館地下室。我抵達博物館大樓時，才知道來得太早，大門仍然關著，卻見門前有一位面貌古癯、走路微跛的一位老者先我而到，在門前來回踱著等開門。他看我也早到，就主動與我打招呼，問我為何這麼早趕來博物館。我回答是為了聽課。他接著問我打算聽哪門課，當他聽到我的回答時，就微笑告訴我，他就是那位授課的訪問教授。這回答完全出乎我的意料之外，自然使我有些吃驚，正不知應該再說些什麼的時候，博物館的大門開了，我也就隨著陸續來到的學生入座上課。

那年春天，這門課我斷斷續續地旁聽，總算聽完了。但聽得很不理想，主要是因為我當時對西方思想史的背景不夠充足，對於課堂上討論的問題，常常不能清楚地掌握它們的意義。但是尼布爾在課堂上說的一些話，卻在我的腦海中留下很深刻的印象，我決心要探究一下他的思想來路，就這樣，我開始接觸到以往我一直忽略的一股西方民主思潮。

這股思潮就是第一次世界大戰之後，在歐洲基督教內興起的一支

新潮流，一般稱之為危機神學（crisis theology）或辯證神學（dialectical theology），這派神學後來傳到美國，經尼布爾大力闡揚，在 30 到 40 年代的美國思想界造成很大的影響。

　　尼布爾宣導危機神學的主旨，是要回歸基督教的原始教義。首先他認為必須彰顯上帝、神的超越性，神與人之間有一些無法逾越的鴻溝。所以他一方面強調至善完美，無限超越的上帝，另一方面他強調人類沉淪於罪海，無法自拔。不錯，人原本是好的，因為上帝是根據他自己的形象造人，但本源的善，很快就因為人背叛上帝而泯沒。是故，就人性論而言，危機神學特別重視人的罪惡性。尼布爾在當時思想界的一個重大貢獻，就是以他的危機神學的人性論為出發點，對啟蒙運動以來充斥現代西方文明的樂觀主義的人性論，提出質疑與批判，他認為要認識現代世界，必須記住人的罪惡性。

　　他認為當時世界的各種主要學說，因為受了啟蒙運動的影響，都是傾向於相信人是善的。不論是馬克思主義、無政府主義、社會主義或自由主義等，它們都忽略了人的權力欲所反映的罪惡性，所以他要特別重提基督教的雙重人性觀。我們不僅要看到人的善的本源，上帝所賦予每個人的靈魂，因而尊重每一個人的價值；我們也同樣需要正視人的罪惡性而加以防範。只有從這雙重人性論的觀點，才能真正發揮民主制度的功能，彰顯它的價值。因此而有尼布爾的名言：「人行正義的本能，使得民主成為可能；人行不義的本能，使得民主成為必需。」

　　在哈佛聆聽尼布爾講課的幾年之後，我對他的思想稍有涉獵，但真正體會他對人性及人世的深思灼見，還是「文革」開始以後的事。在「文革」展開的過程中，我在海外雖是「隔岸觀火」，但那熊熊的烈火卻深深地震撼著我。尼布爾的那句名言，特別是第二句話，又在我的腦際浮現：「人行不義的本能，使得民主成為必需。」我由此開始對民主重新估價，我在左轉的過程中，對民主所喪失的信心，也因此漸漸地恢復了。

　　在恢復民主信念的同時，我也修正了對民主的觀念，以及對自由主義的認識，開始正視自由民主觀念的雙面性。一方面我注意到自由主義

有它理想性的一面，也就是中國知識份子比較熟悉的一面，這理想性的一面，思想源頭是西方古代自然法的傳統。這個傳統認為自然法代表一些理念，這些理念是人類天賦理性的共識，有著普世性的價值。這種自然法傳統在西方中古晚期與近代初期，逐漸產生所謂自然權利（Natural right）的觀念，相信人之所以為人，是因為他擁有一些天賦的基本權利，例如英國自由主義大師洛克就認為，人有三個自然權利：生命、自由與財產。因此從西方近代開始，自由主義有著這理想性的一面。自由主義從自由觀念出發，常常是環繞某一特定理念而展開，例如某些自由主義思想是針對個人人格的成長與實現這一理念而發展，19世紀英國思想家約翰‧密爾就是其代表人物。而又有些自由主義思想認為，自由主義從自由觀點出發，應該向平等或是社會正義這些觀念發展。儘管不同流派的自由主義，以不同特定理想為發展的方向，但都認為自由主義的主要功能就是實現他們所著重的理想。

然而除了理想性的一面，自由主義還有另外一面，這一面可稱之為「警覺性的自由主義」，它的基本構想是因為人類基於背景的不同，常對什麼是最好的東西難有共識而爭論不休；但對什麼是最壞的東西，則比較容易達成共識，因為沒有人不恨殘暴，沒有人不恨恐懼，而這些人世間最可恨的東西的主要來源之一，就是政治權力。權力造的孽常常大過其他的天災人禍，因此自由主義的一個主要動機和目的，就是把權力這個危險的東西加以防範與控制，設計一套制度把它框起來、把它分開，使它不至於因濫用而泛濫成災。總之，自由主義有兩面，一方面是替人類防惡、消災，這就是它警覺性的一面；另一面就是我剛提到的理想性的一面，是為了揚善、造善。

西方民主自由觀念是在19世紀中葉前後開始傳入中國，但是這些觀念被大量散佈，則是在1895年中國新型文化媒體開始出現以後。從那時起，中國知識份子對民主思想的興趣，常常是偏向理想性這一面，一提起自由與民主觀念，他們就聯想到自由民主的功能是造善、揚善，是要培植一個理想的個人與建造一個理想的社會。因此他們常常有意無

意地忽視自由主義的警覺性、消極性地一面。這裡有一個重要的原因，就是中國人受儒家傳統的影響，相信性善的觀念，其注意力常常集中在如何發展人的善性，以實現完美的人格及完美的社會，對於人性與人世中的陰暗面與罪惡性，因此常常無法正視，這是中國自由主義百年來發展的一個很大缺點。

主張低調的自由主義

針對這缺點，二十年來我常常提出一種低調的自由主義觀念。我認為，就自由主義的兩面而言，警覺性的自由主義在理論上有其優先性，也就是說，理想性的自由主義，儘管是現代自由主義思想發展的主趨，必須是以警覺性的自由主義為其理論建構的先決條件。要不然理想性的自由主義，不僅可能落空，而且也有其危險性。因為在理想性的自由主義的發展過程中，時而出現一種惡性的變種，也就是我所謂的「高調的民主觀」，它是指一種趨勢，不把民主自由的涵義落實於個人或群體可以驗證的實際願望或利益上，而是高調的追求民主與自由的「真義」，以超越人民個體或群體的現實意志與利益的道德理想，如盧梭的「公意」（general will）或黑格爾的「絕對自由」或馬克思的「真民主」、「真自由」去界定民主自由的涵義。這種理想主義的趨勢，在演化過程中時而有意或無意地，為集體主義與權威主義趁虛混入。結果是「真民主」、「真自由」的理念吊詭地化為反民主自由的藉口。最好的例證就是西方以盧梭、黑格爾為主軸的民主思想傳承裡，出現專制主義、極權主義的怪象，這個傳承對中國近現代民主思想發展的主趨極有影響，因此，高調的民主觀在中國近現代知識份子間很流行。中國後來走上「人民民主」的思想道路，絕非偶然。我提出「幽暗意識」與低調的民主觀的主要理由之一，就是指出在「人民民主」這種高調民主觀後面，隱藏著對權力泛濫成災的危險，缺乏戒慎恐懼的警覺。

同時，我提出低調的自由主義也基於一層現實性的原因，我認為它

可以幫助我們挺住對自由主義的信心。自由主義或民主在實際運作時，尤其是在非西方地區，常會產生一些變態與亂象，因此經常被人詬病，認為民主是不切實際的制度，因而產生一種反民主的傾向。今天臺灣就是一個好例子，眾所周知臺灣自從民主開放以後，政治上時有亂象與醜聞，例如議會打架、民粹傾向，以及黑金等現象。因此不時有人對臺灣的民主做嚴厲的批評，甚至完全否定臺灣的民主。我不否認臺灣今天的民主是有問題，也可能問題很嚴重。但是，我要提醒大家，在批判臺灣的民主運作時，不要忘記臺灣的民主也有警覺性的自由主義那一面，而那一面，在臺灣我認為是大致實現了，這在中國歷史上是破天荒的頭一次。就這點而言，尤其從中國血跡斑斑的歷史角度去看，臺灣在這方面的政治成績是不容忽視的。從同樣的角度，我最近二十年來越來越欣賞英國前首相邱吉爾對民主做的一個評價，他說：「民主並非一個理想制度，只是人類到現在為止，還沒想到一個比它更可行的制度。」總之，自從我由左轉回到自由主義立場以後，我一直深感在中國談民主、評價民主，通常需要一個低調的民主觀，才能穩住我們對民主的信念。

　　「文革」之後，我不但修正了自己對自由主義的認識，形成低調民主觀的看法，同時，我的時代感也逐漸落實，凝聚為我所謂的幽暗意識。這個演變的出發點，如前所述，是在「文革」的震撼下，所吸收到的基督教罪孽意識。上帝以自己的形象造人，因此人性本來是善的，但人降生之後墮落了，從此充滿了罪惡的第二天性，終於掩蓋了人的第一天性。有人說，這份罪孽意識是基督教思想中唯一受到人類歷史經驗充分證實的看法，「文革」以後，我對這個看法更是深信不疑。

　　近三十年來，這個看法常常出沒於我的讀書和思考之中。但我畢竟是一位歷史學者，在這方面的思索，不是在對人性做抽象的思索，而是把人性擺在我成長的時代脈絡裡去探究與考證。就這樣，我對 20 世紀的歷史有了一番新的認識。首先，我開始注意到自己在 20 世紀成長過程中，直接、間接所經歷的大動亂與大變化，是 20 世紀在中國上演的大悲劇的一部分。在中國，這個世紀應該是由 1895 年算起。從那年開

始，中國已捲入中日戰爭，接著是義和團在北方引起的內部動亂，以及八國聯軍進佔中國。所以中國的 20 世紀從一啟端就籠罩在腥風血雨之中，而據歷史家統計，這種動亂與戰爭，一直持續到 20 世紀中葉韓戰結束，中國沒有一年倖免過。

因此，我在 20 世紀中葉所親身經歷的，不過是綿延不斷的世紀悲劇的一個高潮。放眼全世界，20 世紀的悲劇也同樣令人觸目驚心。人類歷史上僅有的兩次世界大戰，都發生在 20 世紀；人類歷史上有世界性影響的三次大革命：法國革命、俄國革命、中國革命，其中兩次發生在 20 世紀。人類歷史上僅見的兩個大規模的極權政治：法西斯主義和共產主義，也都出現在 20 世紀。人類歷史上唯一的一次冷戰，使得人類在 20 世紀中葉以後的數十年，皆生活在核子戰爭毀滅全球的陰影之下。再加上 20 世紀所發生的一系列規模極大的屠殺，最有名的當然是納粹在二次世界大戰屠殺六百萬猶太人；20 世紀 30 年代末期，蘇聯共產黨所主持的大整肅殺人上兩百萬；從 1958 年到 20 世紀 70 年代中期，在中國這片土地上，由於政治運動直接、間接所造成的數千萬生命的毀滅；以及 20 世紀 70 年代在柬埔寨所發生的兩百萬人大屠殺，與 20 世紀末期在非洲與東歐巴爾幹半島上，因族群與宗教仇恨所引發的一連串大屠殺等。這些慘劇不斷地上演，使得上個世紀在人類的罪惡史上形成獨特的一頁，從這觀點去看，20 世紀實在可稱為一個黑暗世紀。

回視這個世紀悲劇的發展，我也注意到西方人對這個發展在思想上所作的種種回應，特別是有關上面提到的德國納粹政權所造成的屠猶浩劫。西方知識份子，尤其是猶太知識份子對此反應非常強烈，很多人對屠殺作了見證與報導，好些思想家對這個悲劇從各種角度進行了反思。這些作品對我產生很大的影響，更加深化我個人在 20 世紀中葉大動亂中，所累積的一些感受和體驗。因此我對 20 世紀歷史有一番再認，而這歷史的再認，對我的影響不只是在知識和學術層面，也是在生命的感受與反思層面。就是在這再認 20 世紀歷史的過程中，我對人性和人世的陰暗面有了進一步的認識。這認識一方面肯定了基督教罪孽意識對生

命的洞悉，同時也讓我看到了這意識有它的限制，有些地方沒有足夠地
涵蓋人世和人性的陰暗面。

基督教的罪惡説

在世界各個文化傳統裡，基督教的一個主要貢獻，就是把人世的罪
惡視為人的內在動機的產物。因為在其他文化傳統裡，人們常常認為
人禍是「命」，或是「神的處罰」等，可是基督教特別強調人要對自己的
道德行為負責，理由是在基督教看來，人的罪惡根源是人性中的一種自
戀，由此而產生各種自私自利的動機和行為。我覺得這種觀點很可以
説明我們認識人一般的罪惡，我們可以稱這種罪惡為平常的罪惡或「常
惡」。但是，人類歷史上也常出現一種不尋常的惡或「極惡」的現象，
尤其是在 20 世紀。關於這種「極惡」現象，基督教的罪孽意識作為解釋
工具就有其局限性，因為解釋這些極惡是無法求助於人類常見而發自於
自私自利的動機。我想用二次世界大戰時納粹大規模屠殺猶太人作為例
子，解釋一下什麼是「極惡」。

前面提到，二次大戰中德國納粹在集中營裡大肆虐待並屠殺猶太
人，假如你從納粹政權自私自利的動機去看，是無法完全解釋其殘暴。
尤其是大戰末期，美國已經參戰，德國已經由攻勢變為守勢，日益陷於
敗退苦鬥。但德國在那時候不但不利用集中營囚禁的大批猶太人去做
苦力與奴工，為他們作戰效勞，反而耗費自己不少人力、物力去看管他
們，並加以殘暴與屠殺，所以他們的動機已非常惡現象背後的動機所能
認識與想像，這就是我所謂的極惡現象。

這種極惡現象也在日本侵華過程中出現過，南京大屠殺就是一個好
例子，且看一位參加作戰的日本士兵所記錄的親身經歷。這位名叫東史
郎的日本士兵，在 1937 年參加日軍到中國作戰，當時他參與攻陷南京
的戰爭。戰後他發表戰時的日記，包括他在南京大屠殺時親眼所見，
其中一段足以描寫我此處所謂的極惡。他敍述日本軍隊進駐南京後，在

中山路上發生的一件暴行：「中山路上的最高法院前面是一座灰色大建築，法院前有一輛破爛不堪的私人轎車翻倒在地，路對面有一個池塘，不知從哪兒來的一個中國人，戰友們像小孩玩著抓來的小狗一樣戲弄著他。這時我一位叫西本的戰友，他提出一個殘忍的建議，就是把這個支那人裝在一個袋中，澆上那輛汽車裡的汽油，然後點火。於是大聲哭喊著的中國人被裝進了油袋，袋口被綁緊，袋中的中國人拼命地掙扎著、哭喊著。西本像玩足球一樣把袋子踢來踢去，像給蔬菜施肥一樣地向袋子撒尿。西本從破轎車中取出汽油，澆到袋子上，並在袋子上繫一根長繩子，然後在地上來回地拖著。西本點著了火，汽油剛一點燃，袋中就迸出了令人毛骨悚然的慘叫聲。袋子裡的人，以施出渾身氣力地跳躍著、滾動著。有些戰友面對如此殘暴的玩法還覺得很有趣。袋子像火球一樣滿地滾，發出一陣陣地獄中的慘叫。西本拉著口袋上的繩子說：『喂！你嫌熱是不是？我給你涼快涼快吧。』說著，就在袋子上拴了兩顆手榴彈，隨後將袋子扔進了池塘，火漸漸地滅掉了，袋子向下沉著，水的波紋也漸漸平靜下來，突然『砰！』的一聲，手榴彈爆炸了，掀起了水花，過了一會兒水平靜下來，遊戲就這樣結束了。」他說像這樣的事情在戰場上不算什麼罪惡，顯然他也看過別的。最後他是這樣結束對這幕慘劇的敍述：「一會兒這夥人便將剛剛的慘事通通忘記，好像沒有事情一樣，又哼著小曲子走起路來了。」

　　這些例證很清楚地顯示，所謂極惡是我們無法用常人的心理或動機去認識或測度，它代表一種不可思議、難以想像的現象。難怪第二次世界大戰後，一些納粹集中營倖存的猶太人，當人們問起他們的遭遇時，常常覺得無話可說，只能以沉默回應。這也許可以解釋，為何一位曾經歷過恐怖的納粹集中營的猶太思想家，用超越這觀念來形容他無法狀述的經驗。我個人無以名之，有時就借用一個宗教性的字眼「魔性」來指謂這種極惡現象。

　　除了無法涵蓋極惡這個現象，基督教的罪孽意識，還有一個盲點，也來自基督教對罪惡動因的解釋：邪惡的行為來自內心邪惡的動機，

某種邪惡的動機就有某種邪惡的行為；某種程度的邪惡動機就有某種程度的邪惡行為，外在行為與內在動機如響斯應。但是在我認識 20 世紀歷史的過程中，特別是透過西方環繞納粹屠猶暴行所作的反思與討論，我看到這種動機論的局限，外在的罪行不一定有內在邪惡的動機與之相應。誠如 20 世紀的猶太思想家阿倫特（Hannah Arendt）在檢討屠猶暴行之後，曾指出這種彌天大罪也有她所謂的「庸常性」（banality）的一面，由此產生她著名的「罪惡的庸常性」（banality of evil）的觀念。她提出這觀念可以追溯到 20 世紀 70 年代初，前納粹集中營的一位獄長艾赫曼（Eichmann）於南美被捕後，送返以色列，受法院審判。期間阿倫特對艾赫曼的罪行，提出驚人的不同意見。她指出艾赫曼一生的經歷顯示，他完全是一個普通的正常人，看不出有任何異常凶狠的魔性，他終其生，只不過是納粹極權體制下的一位典型官僚。他一生最大的關懷就是如何在這個官僚系統下恪盡厥職，勉力求升。因此他在管理納粹集中營時，有系統地迫害並消滅猶太人，並非發自內心的惡毒與仇恨，而是本著自己的任務要求，認真而有效地去作業行事，而不去深思這些作業任務的道德後果。你可以說這些人不用腦筋，精神麻木地照章辦事，但你不能說他們有什麼內在的險狠惡毒，這些人可稱之為案牘殺人（desk murderer），但卻不能與集中營裡一些其他的瘋狂劊子手等量齊觀，更不能與元兇巨憝如希特勒、斯大林等相提並論。

　　阿倫特這一看法自然在當時引起許多爭議，一方面她似乎看輕了艾赫曼這一型納粹分子的罪惡性；但另一方面，她的看法也揭露了 20 世紀所產生的罪惡的另一面：參與「猶太大屠殺」那種滔天大罪，並不一定需要假定參與人的內心有陰沉恐怖的動機。在某種情形下，一個完全正常的普通人也可參與其事，變成共犯。君不見在中國「文革」時代，一群天真無邪的少年也可漫不經心地把他們學校的校長活活打死？納粹集中營裡的守衛可以一面聽古典音樂，同時稀鬆平常地「執行任務」。

歷史巨輪下的幽暗意識

　　總之，阿倫特對「罪惡的庸常性」觀察，使我看到人世間黑暗與邪惡的出沒無常，無所不在，不僅需要審查人的內心動機，有時也需要把邪惡與人的動機分開，在人的內心以外去尋找。這裡我要特別強調人世陰暗的兩個外在源頭：制度與文化習俗或思想氛圍。這些外在的因素，發展起來常常有其本身的動力，不是人所能控制的。相反的，人置身其中，常常不知不覺地受它的驅使與擺佈。方才提到的納粹黨人艾赫曼的屠猶罪行就是一個好例子。在她看來，他是德國政府官僚體制的一員，這個體制與任何其他國家的官僚體制一樣，是根據一個運作原則，那就是體制內的下級成員，恪遵上級命令，本著任務要求，有效地作業行事，而不問這個制度所要求的任務，其終極目的之合理性或道德性。因此，誠如阿倫特所提出，我們可以想像艾赫曼的屠猶行動，只是官僚體制所要求的照章行事，並不一定有邪惡險恨的動機摻雜其間，很顯然這裡的罪惡是與外在動因有關。

　　就此而言，馬克思對現代資本主義社會的分析很值得參考。在他看來，現代社會的黑暗，一方面是人的商品化、人的物化和異化，從而失去作為一個完整人的自由；另一方面是社會上貧富階級的對立，富人對窮人無情的剝削，以及貧窮的日益散佈。但這些陰暗面的出現與發展，不能從內在動機得到解釋，只能從資本主義制度的客觀運作去認清其底蘊。

　　除了制度，文化習俗與思想趨勢也可以產生社會上種種的陰暗。中國民間社會從傳統到現代，殺女嬰的現象就是一個很好的例子，這種人間慘劇我們無法簡單地歸咎於中國人的殘忍心腸。要真正瞭解這種現象，我們必須考慮到中國數千年以來重男輕女的文化價值，加上農業社會經濟貧困的壓力，使得中國社會許多父母親相習成風，陷入殺女嬰的罪行而不自覺。其他人類社會的殘暴現象，如中國歷史上的太監、印度的焚妻、非洲殘割女人的生殖器等也可作如是觀。

　　關於文化趨勢可以形成人世陰暗面的外在源頭，韋伯對現代社會做

的一些觀察，也很值得我們深思。韋伯認為，西方近現代文化有一個主要趨向，那就是理性化。但他對理性化趨勢的未來走向相當悲觀。因為在理性化過程中，人的價值理性日趨分歧，也日益消淡，而工具理性或功效理性則日趨優先，有籠罩理性化的趨勢。其結果是官僚體制、知識專業、科技心態、市場價值日趨擴張，人的自由日益被侵蝕、被僵化、被窄化。因此，韋伯在理性化的過程中看到其所謂的「罪惡之花」（flower of evil），他在展望理性化的遠景時，看到的不是夏日的絢爛，而是北極冬夜的荒寒，是桎梏人類的鐵籠（the iron cage）！

　　總之，我從 20 世紀 70 年代末期以來，結合了來自基督教的罪孽意識與我在 20 世紀歷史再認的過程中，對空前慘烈的人禍長達 20 年的觀察、審視與反思，形成我對人世與人性中的黑暗的高度警覺。一方面警覺它們是無所不在，到處隱伏，既內在於人性，又出沒於人境（human condition）。另一方面也警覺這陰暗面，在人類歷史裡層出不窮、變化多端，令人無法預測它在未來會以什麼形式出現，只有靠我們不斷的警惕，才能在人世對它作不斷的抗拒、繩範和防堵，這就是我的幽暗意識。這份幽暗意識一方面凝聚了從青少年開始，縈繞在我腦海中的時代感，同時也構成了我近 20 年來思想發展的一條主軸。在它的影響之下，我覺得這些年來對我們的時代，對歷史、對人、也對我自己，都有了進一步的認識。

　　我的求學、治學的歷程，是一條很曲折、很雜亂、很迂迴的道路。但我希望在簡短的追述裡，說明了這些雜亂、曲折與迂迴，很多成分都是我在 20 世紀成長中對時代環境的回應。這回應最早的出現，就是我最初提到的從青少年時期開始的那份朦朧的時代感，由於這時代感的驅使和牽引，讓我一路走來尋尋覓覓、上下求索，留下一些蹤跡，形成一條心路歷程，供給諸位參考。

不要忘掉二十世紀！[1]

「二十一世紀是我們中國人的」這句話，不過是我們百年舊夢的新版。中國人對自己的遭遇的冷漠與健忘，確實令人吃驚。二十世紀中國人所經歷的悲劇與猶太人的「滅種浩劫」同是人類罪惡史上獨特的一頁，它以空前的震撼與嚴酷警告世人：人類最危險的敵人就是他們自己。

90 年代以來，海內外中國人的圈子裡常常流行一句話：「二十一世紀是我們中國人的！」任何一個對中國近現代歷史稍有所知的人都不會對這句話感到太陌生，因為它反映中國人百年來常有的一個心態。這個心態就是一位五四知識份子所謂的「未來之夢」。

大約說來，這種「未來之夢」有兩種。一種是來自中國人的記憶深處。在傳統儒家的道德理想主義的影響之下，中國人熱望一個烏托邦式的大同社會在未來出現，這種熱望我們可稱之為「大同之夢」。另一種是來自中國人的情感深處，在反帝的民族情緒籠罩之下，中國人渴望有朝一日能在國際間揚眉吐氣，變成一個富強大國。這種渴望我們可稱之為「富強之夢」。

百年來「大同之夢」時隱時現。「文革」這場大浩劫以後，這種夢似乎為之沖淡不少。但「富強之夢」卻一直活在中國人的心底，隨時因外界環境的刺激而浮現。例子不少，且看二次大戰以後，中國人是多麼熱衷躋身於「五強」之列！1949 年以後，中國人是多麼熱望東方紅，如今

---

[1] 編者按：本文收錄於《二十一世紀》創刊五周年（第 31 期，1995 年 10 月）；後收錄在張灝著：《時代的探索》，臺灣：聯經出版事業股份有限公司，2004 年 7 月版，頁 31—36。原文發表在《二十一世紀》中第一段以「粗體」（BOLD）化處理，這是極為少見行文的風格，故為謹慎起見，茲錄原文於此。

隨着海峽兩岸近年來的經濟起飛，中國人又急切地巴望稱霸下一世紀！

因此，「二十一世紀是我們中國人的」這句話，不過是我們百年舊夢的新版。中國人在近現代經歷種種挫折與屈辱之後，做這種夢原是可以了解的，我們所擔心的是這種夢也可反映另一種態度。不是嗎？當大家期盼是二十一世紀來臨的同時，我們也常常聽到「忘掉它，向前看」的聲音。

我第一次聽到這句話似乎是在大陸上文革收場以後，當時有人提議為文革這場大災難建立一個紀念堂，得來的反應卻主要是這個聲音。其實這個聲音所代表的態度在現代中國並非第一次出現。記得抗日戰爭結束以後，一般人對方才過去的這場劫難似乎毫無興趣追思反省，很快地就將之置諸腦後。因此 1945 年以後，不論是舊的國民黨政府或者新的共產黨政府對日本侵華的暴行能夠採取「不予深究」的「寬大」態度，絕非偶然！

從長遠看來，「忘掉它，向前看」似乎是二十世紀中國人對重重劫難的典型回應。不錯，當劫難臨頭時，中國人往往會慷慨激昂，捶胸頓足一番，但是一旦事過境遷，激情很快化為淡忘。百年來我們似乎常常徘徊在激情與淡忘之間，而悲劇也似乎不斷地在這片土地上循環上演！

說也奇怪，我們是一個古老的民族，是一個自認為極富歷史感的民族，是司馬遷、司馬光的子孫。但我們卻對當代的歷史這樣健忘，對我們的記憶這樣輕率地加以鎖封！

每當我想起近代西方的一些民族，特別是猶太民族如何珍視他們在二十世紀的歷史遭遇，現代中國人這種健忘的心態，不但使我大惑不解，同時也使我深感慚愧！同是古老而有深厚歷史感的民族，同是在二十世紀歷經劫難的民族，猶太人對他們當代歷史的態度卻與我們完全不同。

如所周知，猶太人是人類歷史上極為不幸的民族。在累世的流亡與飽受異族的歧視之後，二十世紀又給他們帶來了空前的浩劫。1941 至1945 年德國納粹對歐洲猶太人發動了舉世震驚的「滅種大屠殺」。六百萬猶太人慘死於集中營，猶太民族的文化與社會精華幾乎全部付之一

炬！大浩劫也變成猶太文化的大斷裂！

這番浩劫，自二次世界大戰結束以來，變成全世界猶太人的思想與情感的凝聚點。他們嘔心瀝血，不惜代價去搜尋見證，蒐集文獻，以期在記憶中重建與保存他們的災難歷程。不但如此，他們還要從文學、藝術、宗教、哲學各個角度，去反省與發掘這浩劫的歷史意義，因為他們相信「滅種大屠殺」不僅只是反映猶太民族的劫難，也是人類罪惡的空前表現。透過這場劫難的發生，人類可以看見自己的陰暗面與罪惡性。為了人類長遠的福祉，他們要後世永遠牢記這陰暗面與罪惡性，吸取教訓，引為警戒。

今天距當年的「滅種大屠殺」已是半世紀以上，而猶太人對它的紀念與追思仍然絲毫不鬆懈。兩年前轟動世界影壇的一部電影——《辛德拉的名單》（Schindler's List）就是一個顯例。幾乎同時，猶太人在美國首都華盛頓成立一個專門紀念他們的浩劫的博物館，裡面仿照納粹集中營的建構，把當年猶太人死難的慘劇一幕幕、活生生地複製重演。為二十世紀人類的苦難與罪惡作見證、敲警鐘，猶太人確實盡了他們的責任。

從這個角度回看同時代中國人對自己的遭遇的冷漠與健忘，確實令人吃驚，因為這遭遇所反映的苦難與罪惡絕不下於猶太人的經歷。就以二次大戰而論，中猶兩民族都是主要犧牲者。在這次戰爭中，全世界猶太總人口的三分之一死於納粹的屠殺。中國人的死難在總人口中的比例也許不能與猶太人相比，但是日本侵華的無數大小暴行，直接間接所造成的毀滅之大與苦難之深恐怕也不讓猶太人的浩劫，同為二次大戰中最黑暗的一頁。

不可忘記的是：二十世紀在人類罪惡史與災難史上，除了世界大戰之外，還創了另一項空前的紀錄，那就是共產主義所引發的的世界革命狂潮。這狂潮長期地吞捲了中國，也造成無比的災難。中國人這段慘痛經驗卻不是猶太人所有的。

二次大戰中猶太人遭受到的迫害與殘暴，主要來自種族仇恨與宗教偏見。因此，至少就動機的根源而論，納粹對猶太人的迫害我們還可以

勉強想像、勉強理解。但是中國人在共產主義的社會革命中所經歷的悲劇，卻往往超乎我們的想像與理解。

因為誰也不能否認共產主義革命的出發點是一些美好的理想，誰也不能否認這革命的過程常常受到人民自動自發的熱情支持及參與，而就在這樣的革命過程中出現了不可解釋的罪惡與凶殘：善良的人變成魔鬼；天真無邪的青少年變成殺人兇手；親朋好友，甚至骨肉手足變成仇敵。從納粹的軍國主義與種族偏見裡產生罪惡與凶殘，我們並不驚異。但是從美好的理想與純真的熱情裡產生罪惡與凶殘，我們就無法想像與理解。因此，二十世紀中國人所經歷的悲劇與猶太人的「滅種浩劫」同是人類罪惡史上獨特的一頁，它以空前的震撼與嚴酷警告世人：人類最危險的敵人就是他們自己。

記取這份教訓對於現代中國人的意義尤其重大。因為我們來自一個有着強烈理想主義的文化傳統。在這種文化傳統影響之下，中國人長久以來常常不能正視人的罪惡性，對人世的陰暗面也缺乏足夠的警覺。這曾經是我們文化傳統的一個基本限制，到今天仍然未能擺脫。前面提到現代中國人對災難的回應常常徘徊於激情與健忘之間，這就是很好的例證。激情代表我們對災難有強烈的反應，健忘代表我們受到文化的限制，不能透視災難所反映的人性與人世的陰暗面。因此激情無法化為持久的自覺與警惕，一旦災難過去，淡忘自然隨之而來。

從這個歷史文化的背景看來，中國人更不能忘記二十世紀帶給我們的這段經驗。假如我們能夠透過這段經驗，看到我們從前未能看到的，學習到我們從前未能學習到的，從而增加我們對人性與人世的警覺與防範，或許中國人在未來可以少受些災難，少吃些苦頭，而中國人在二十世紀所付出的犧牲，所承受的苦難也可以沒有完全白費。

二十世紀轉眼就要走到盡頭了。中國人能從兩次浩劫中活過來，能從無數災難中走過來，這就是希望。但這希望必需是經過苦難提煉的，必需是由憂患感昇華的。因此寄語熱望下一世紀的朋友們，可以「向前看」，但不能「忘掉它」！可以寄望二十一世紀，但不能忘掉二十世紀！

　　二次大戰後，猶太人在慕尼克為死難的六百萬同胞樹立了一個紀念碑，那碑上刻着一位西哲的名言：「忘掉歷史的人，勢將重蹈歷史覆轍」（Those who forget history are condemned to repeat it）。這句話也是為我們中國人說的！

一條沒有走完的路——爲紀念先師殷海光先生逝世兩週年而作[1]

　　1969 年暑假我回臺灣探視母親的病，因此又見到了闊別十年的殷先生。我在臺灣待了兩個多月，沒有想到這兩個多月也正是殷先生生命旅程上最後的一段日子。

　　我們回到臺灣是 6 月下旬，其時殷先生的癌病已復發，住在台大醫院的病房裡，那晚我們第一次去醫院看他時，他不在房間裡，護士說她和一位學生去外面散步了，我們在病房外的走廊上等了許久，他才回來。相見之下，我發現他除了兩鬢已全白之外，外貌極少變化，久病的臉龐似乎瘦些，但細小的眼睛仍然透出炯炯的神光。那晚他顯得特別興奮，斜倚在病床上，不停地說話，說話也仍然和往常一樣，極少寒暄客套，幾乎一開始便單刀直入地談問題，滔滔不絕地，談他對我們這一時代的看法，說他對這時代的大變動的種種感慨。說話時那種激動和興奮，顯示著：十年來政治上的迫害，社會上的冷漠和誣衊，長年的衰病和死亡的威脅，沒有絲毫冷卻他那特有的理想主義精神。

　　這份理想主義精神也許是殷先生一生最好的寫照。他的理想主義當然包含有極強烈的反抗精神，我想任何與殷先生稍有接觸的人都會感覺到他那份與現實、與世俗不妥協的勁兒。他是一個叛徒，甚至他自己也承認。但這叛徒的思想並不足以代表殷先生的精神底質。因為時下的社

---

[1]　編者按：本文原載於《幽暗意識與民主傳統》，聯經出版事業公司，1989 年版）；本文收錄自張灝著：《幽暗意識與民主傳統》，臺灣：聯經出版事業股份有限公司，2020 年 10 月版，頁 209—220。

會，見之於報章雜誌，見之於友朋交談，叛徒式的語言和想法並不少，可是這種反抗的態度多半出乎消極的嘲世，在某些圈子裡甚至變為一種時髦。而殷先生對社會的反抗和與環境的扭執，與其說是他性格的特點，毋寧看作他理想主義精神的反映。因此，他叛徒式的思想不是謾罵的，而是嚴肅的；不是消極的，而是積極的；不是浮面的，而是從靈魂深處燃燒出來的。

有人也許會覺得，「理想主義」加在殷先生身上，似嫌太空泛。不錯，在他成年後生命的每個段落裡，他總在追求某一特定的理想。例如，在他生命最後的二十年中，他一直信奉自由主義。因此，或許有人會認為與其稱他是理想主義者，不如稱他為自由主義者來得具體。但問題是，縱覽殷先生的一生，我們會發覺，他所抱持的理想並不是一成不變的。時代在變，他的思想和信仰也在變。他早年曾經是一個狂熱的民族主義信徒，他的後半生卻自稱是一個世界主義者。他年輕時期曾經熱烈地信奉國家主義，而來臺灣後的二十年中，他變成一個反右傾的自由主義鬥士。他的大半生信仰西化，反對傳統。但在他去世前的幾年裡，似有漸漸承認傳統價值的傾向。而真正貫串他一生，始終不變的卻是他那不甘受現實牢籠而永遠矚望著未來的心靈。這種心靈使他不停地向前「摸索」，不斷地「焦慮的思索」。他曾説：

我恰好成長在中國的大動亂時代，在這個大動亂的時代，中國的文化傳統被連根地搖撼著，而外來的觀念與思想有像狂風暴雨般的沖激而來。這個世代的知識分子感受到種種思想學術的影響，有社會主義，有自由主義，有民主政治，也有傳統思想的背逆反應。每一種大的思想氣流都形成各種不同的漩渦，使得置身其中的知識分子目眩神搖，無所適從。在這樣的顛簸之中，每一個追求思想出路的人，陷身於希望與失望，吶喊與彷徨，悲觀與樂觀，嘗試與獨斷之中。我個人正是在這樣一個大浪潮中間摸索自

己道路前進的人……三十年來，我有時感到我有無數的同伴，但有時卻又孤苦地彳亍獨行，我有時覺得我把握著了什麼，可是不久又覺得一切都成曇花泡影。然而無論怎樣，有這麼多不同的刺激，吹襲而來，有這麼多的問題，逼著我反應並求解答，使我不能不思索，並且焦慮的思索。（見陳鼓應編，《春蠶吐絲》。）

這「摸索」和「焦慮的思索」充分道出了他那理想主義精神。在這方面，殷先生仍是一個典型的中國早期知識分子。他們的心靈仍屬於戊戌或者五四時代。在去世前不久他自己曾有過這樣的自白：「我是五四後期的人物，正像許多後期的人物一樣，沒有機會享受到五四時代人物的聲華，但卻遭受寂寞，淒涼和橫逆。」（見《春蠶吐絲》）

在年代上，沒有疑問地，殷先生是屬於五四後的一個時代。但在精神上，五四的子輩和五四那一代沒有多少差別。在 20 世紀 30 年代和 40 年代成長的中國知識分子多半仍然承襲著五四時代那份「狂飆精神」和浪漫情懷。但不幸的是，到了 50 年代和 60 年代，中國的思想氣氛已完全改變。到處瀰漫的是濃厚的物質主義氣息和機械的心靈，知識分子所表現的是一片失落，迷惘和冷漠。我們這一代在這一氛圍中成長，已有久趨麻木之勢。最不幸的是殷先生那一代，承襲著五四以來的理想主義，內心的要求無可避免地和外界產生扭執和矛盾，因而造成無比的心靈痛苦。無怪乎他要埋怨時代的「寂寞、淒涼和橫逆」。

然而，「寂寞、淒涼和橫逆」沒有使他趨於消極，也未使他流於嘲世。他仍然勇敢地、不懈地摸索，掙扎和「焦慮地思索」。他思想的道路也許有令人不同意的地方，但至少他已把他那股特有的理想主義的氣息，散發在他的周邊，是我們這失落而消沉的一代，還能稍稍感覺到中國早期知識分子為理想奮鬥的那份苦志和豪情。20 年來，在臺灣這個角落裡，殷先生幾乎是溝通五四和我們這一代唯一的精神橋樑。

我們去醫院看他不久之後，殷先生的病勢日益沉重。醫院既束手無

策，便讓他回家休養。知道他在這世界上的日子是極有限了，我常常到他溫州街的寓所去看他。走在他院中通向客廳的那條小徑上，觸目都是十年前熟悉的景物：那屋角的魚池，池旁的石磴，還有那倚牆而搭，藤葉攀繞的棚架。當年在這池旁架下，曾飄過我們多少笑聲豪語。如今在滿園蔓草的環繞下，似顯得異樣的荒寂。

每次去看他，他多半一個人斜躺在他書齋靠窗的沙發上，似在閉目沉思，間或精神可以支持時，便睜開眼睛和我聊天，在和他若斷若續的談話中，我漸漸看出他十年來思想上的一些變化。這些變化，在他死前的幾年所作的文字和書信中，已有相當的流露，但那兩個多月的床前對話，使我更清楚地看出其間轉折的痕跡。

這痕跡可以從幾方面看出。首先，是他對中國傳統的重新評估。前面說過，殷先生自認是五四後期的人物，在精神上他承襲了五四的理想主義，在思想內容的大方向上，他也是以繼承五四自期。其中最明顯的一點，便是他對中國傳統文化幾乎全面的否定。但從他 1965 年開始寫《中國文化的展望》時，他對傳統重估的痕跡，已日趨顯明。

但他這一番改變並不是很單純的，需要從幾個層面去解釋。首先，他之改變代表他在認知上開始意識到「傳統」這一因素的重要性。多少年來，殷先生一直關心中國近代化的問題。這一方向的思索使他漸漸認識，不論個人對傳統的喜惡，傳統是對近代化過程有重要影響的客觀因素。這個客觀因素，如冷靜地加以分析，不難發現其內容的複雜性。正因如此，傳統對中國近代化發展的影響也是複雜多端的。因之，其價值也非能像五四以來許多中國知識分子那樣武斷地將之一筆勾銷。順著這一思路，殷先生在認知上不得不逐漸「正視」傳統。

從另一方面去看，殷先生對傳統的重估也帶有相當情感的成分。在他和我的通信中，及 1969 年夏天病榻前交談時，他的思緒常常回到過去：抗戰時昆明的西南聯大，重慶的嘉陵江畔，戰前北平的清華園，兒時的鄉居生活……透過這些回憶，舊中國的優美、寧靜、誠樸和浪漫的氣氛，時時縈迴在他的腦際。這些回憶和聯想使他不知不覺地對傳統，

對古老的中國增加一些溫馨的感覺。

　　再者，殷先生對中國傳統的重估，不僅反映認知上或情感上的變化。在基本價值上，他對傳統的態度也有些改變。這些改變，據我的了解，大部分是來自一種「近代化的迷惘」。毫無疑問，殷先生許多年來的言論主題是歌頌西方近代文明，強調學習西方文化的重要性。但另一方面，在他給我們的信札中，也時常流露出他對近代化所衍生的種種問題之困惑與不滿。他深知一個現代的社會是必須建築在高度的工業技術和經濟上，但當他見到工業社會所呈現的精神空虛，道德墮落，他又深致感慨。他也知道一個現代化的人格必須講求效率和進步，但由此造成的機械式的心靈和乾枯的情感，他又深表厭惡。這種「近代化的迷惘」，在殷先生近年來的思想裡，日趨強烈。由此，很自然地，他漸漸想到，傳統信仰中，或許有些生命的智慧和價值，可以平衡現代文明中的一些精神偏枯和文化缺陷。很顯然的，由對近代化的迷惘，殷先生逐漸開始對傳統作重新估價。

　　但殷先生這方面的想法或感覺，多半是朦朧的，而非清晰的，多半是片斷的，而非系統的。他對近代化有時感到迷惘，並不代表他反對近代化，更不代表他完全投入傳統的懷抱。至少，就我個人的印象，在他逝世以前，他迄未對中國文化在價值上作一般強烈而明白地肯定。易言之，他對中國傳統文化的重估，認知和情感的意義較強，而價值上的肯定較弱，較模糊。

　　除開對中國傳統文化重新估價外，殷先生之另一顯著的思想變化是他對價值問題的重視。十年前在臺灣跟殷先生唸書的時候，他久已對現代社會科學發生極濃厚的興趣，但在基本的治學方法上，仍嚴守邏輯實證論的門庭。對於凡是在經驗上不能驗證的問題，均認為是無意義的，因之也是無法討論的。在這種基本態度下，價值問題是被認為在經驗上無法驗證其真假對錯的，既然如此，自然被屏諸於不討不論之列。

　　邏輯實證論這些知識論上的基本設準，隱含著一些對人行為的根本設想：人是「理性」的動物，人的行為主要受制於他的「大腦」。更具體

言之，決定人的行為的重要因素乃是知識——科學的經驗知識。因此要想解決人類的問題，不論是社會的或個人的，都得從知識下手。知識廣為人知以後，人類所面臨的各種困難和問題都會隨之消解。這是西方近代主知主義傳統對人的一些根本看法，為邏輯實證論有意無意地假定著，也多多少少地支配著殷先生長期以來對「人」的了解。

　　但近十年來，殷先生已漸漸捨棄這主知主義對「人」的過於簡單的看法。這一變化，究其原因，當然和時代的刺激和生活的體驗有關。生長在近代的中國，眼見思想上的洪流巨浪，掀天動地，誰能不注意到：理性和知識的力量是多麼脆弱和微小？一個不斷奮進的心靈，豈能不認識，有意義的生命需要多少理想和價值去支持？但使殷先生走出邏輯實證論樊籠的直接原因卻是他十年來接觸西方社會科學的一些重要理論演變。我們知道，近三十年來，西方的社會科學，主要在韋伯（Max Weber）和帕森斯（Talcot Parsons）等人的影響之下，在理論上所作最大的創進之一是承認：主觀的意義和價值乃是對人的行為有決定性的因素。由於「主觀意義」的投射，人有價值，有目的，從而追求價值和目的。於是，人不僅是「理性的動物」，更是具有價值感和追求目的的動物。

　　由於這一思路的影響，殷先生開始正視人的思想和行為的複雜性。他開始承認人的思想，除了認知層面，尚有各種非認知層面。用他自己的話說，人不獨有「大腦的要求」，還有「心靈的要求」。這兩者是全然不同的，「心靈是價值的主司，是感情的泉源，是信仰的動力，是人類融為一體的基礎。」既然承認人的思想有心靈的層面，於是殷先生開始談價值，談信仰，談道德理想，談生命智慧，甚至更進而談他一向所避而不談的存在主義哲學了。

　　這些思想上的發展，就殷先生的思想而言，毫無疑問地，代表一大轉向，一大解放。這一轉向和解放，並不能全然看作外來思想的影響所造成。就深一層的意義而論，也可解釋為一種內在的自然演變。更具體言之，他晚年思想的轉向，與其看為外加的突變，毋寧說是他生命的主流，經過多年的衝迴激盪，終於湧入他的思想層面，導致他進入一新的

思想境界。

　　如前所説，殷先生一生的生命基調是他的理想主義精神，這種精神是高度的價值意識、道德勇氣，和生命熱情所揉匯而成的。在政治和社會態度上，這基調表現為強烈的責任感和正義感；在生命上它反映為真摯的情感和他那份脱俗的生活情調。但多少年來，在殷先生的生命基調和思想主流之間，卻存有一不可解釋的歧異和矛盾。他有一顆詩人的心靈，但這心靈卻以純知識的追求為企向。他的內心深處蘊藏著強烈的價值意識，但在思想上卻堅守英美式的主知主義傳統。他的精神傾向是尼采式的生命哲學，他的治學方向卻朝著維也納的解析學派。在他逝世的前幾年中，這歧異似在縮短，矛盾似在消淡，他生命的基調和思想的主流終於漸趨匯合。

　　這個匯合使他的思想視野擴及到一些新的領域和境界。他自己也深切地意識到這是他思想上一個大轉折點，他的內心受到極大的鼓舞。在他死前發出的最後一封信中（致徐復觀先生信），他説：「『山窮水盡疑無路，柳暗花明又一村。』就現實情況看來，今日若干知識分子的處境，似乎是天小地狹，但是就開闢觀念和知識的新天新地而言，則是無窮無盡。」是這份精神的鼓舞在支持他和癌魔苦鬥，與死神頑拒。

　　隨著思想上的轉向，殷先生的生活態度也有著改變。躺在病榻上，他常常和我談起，處於今天這種時代，一個真誠的知識分子是需要一種「隔離的智慧」和「超越的心靈」。隔離和超越並不代表退卻或萎縮。在死亡陰影的籠罩下，他絲毫沒有減退對生命和理想的熱情，他並不認為一個知識分子應該遺世獨立，離群索居。但三十年的生活體驗告訴他：要想在生命上奮進，思想上開拓，必須與社會保持相當的隔離，對當前的環境作心靈的超越。因為只有這樣才能冷靜地認清自己和自己的時代，才能把握自己的目標，看清自己的道路，才能培養走向目標，完成理想所需要的工作能力。回視他一生的奮鬥，他說這話時，是有著無限的感慨。

　　然而，正當他思想轉過一個山峰。生命進入與革新的境域時，殷先生倒下了。在他死前不久的一個無月的夜晚，他對我說：「我不能就此離開，我的道路剛剛開始。」

圖 125　殷海光逝世 40 週年，殷夏君璐女士、張灝、林毓生等在「自由思想者殷海光先生」墓園前留影

未走完的道路 [1]

　　我是一九五九年的秋天離開臺灣去美國讀書。離開臺灣以前，在殷海光先生的影響之下，我的思想是十足的「五四型」。民主與科學是我的指導理念，傳統是我批評的對象。雖然我對這三者的了解都很朦朧，但是朦朧中卻很有自信。就這樣我去了海外，進入一個嶄新的生活與學術環境。

　　在這新環境裡，我的思想不知不覺地很快起了一些重要的變化，特別是就我的政治與文化意識而言。先從文化意識說起。

　　去美國後不久，我在哈佛校園裡先後遇見一些中國朋友如余英時、杜維明等。在他們的影響之下，我接觸了一些現代儒家思想，特別是新儒家的著作，由此我漸漸地走出五四反傳統主義的思想框子，同時也開始正視中國傳統，深深地體會到認識一個古老傳統所需要的耐心與同情的了解。

　　就在這段時間，我認識了美國朋友墨子刻。他那時正在哈佛的社會學系裡選讀一些以帕深思（Talcott Parsons）與韋伯（Max Weber）思想為主的社會學課程。由於他的牽引，我也開始讀一些這方面的書籍。他們的比較文化論著特別給我留下很深刻的印象，雖然這些論著都是以西方文化為中心的觀點去看世界其他的文化傳統之間的重要關係。要認識現代世界，是無法離開對傳統文化背景的了解的。這種思路自然也增加了傳統在我思想中的分量。

---

[1]　編者按：張灝著：〈未走完的道路〉，收錄於香港科技大學人文社會科學學院編：《中國研究碩士課程通訊》（2003 年 5 月，第 6 期），香港：香港科技大學人文社會科學學院出版，頁 1—5。

　　此外還有一種影響也使我的思想越來越接近傳統。我初去美國時抱着對社會科學極大的熱誠，滿以為在那裡我可以找到了解人的行為與思想的鑰匙。但六十年代的美國社會學界是以科學的實證主義與行為主義為方法論的主流。那裡面的著作很使我眩惑於一時，但我也很快就失望了。我在那裡面沒有找到「人」，使我驚異的是：由於偶然的機緣，我接觸到現代西方的一些神學思想。在那裡我卻無意地找到了「人」，特別是狄立克（Paul Tillich）、尼布爾（Reinhold Niebuhr）與佛格靈（Eric Voegelin）這些神學家的思想。也許是因為他們從超越的距離去回視人類，從神性反思人性，常常能看到人看自己所看不到的東西。所謂「不識廬山真面目，只緣身在此山中」這句話，也許可以解釋，我們有時得借助神學去透視人世與人性。無論如何，從這些神學家的作品中，我對人的了解深有所得。而其中的超越體驗與觀點，只有在各個主要文化的精神傳統裡才能找到。這自然也加深了我對文化傳統的重視。

　　總之，幾個因素的湊合，造成我來美以後文化意識的新發展，也代表我這一生中的一個重要的思想轉折。但同樣重要的是：當年的思想轉折也是有限度的。它使我對中國傳統抱着同情了解的態度，但卻並未使我產生投入式的信仰。因為在同情的了解中，我對傳統仍然保持一些批判的距離。而且這距離在一九八〇年以後與日俱增，形成我近二十年來思想中對傳統的同情與批判並存的緊張性與吊詭性。

　　我對傳統這種態度，就我這些年來思想發展的趨向而言，也是很自然的。首先我畢竟是一名歷史學者，看到中國過去歷史裡的各種黑暗，我無法完全否認五四對中國文化傳統的批判。更何況，我雖然反對五四思想裡的極端反傳統主義，但對五四後面的西方現代性思想並未全面否定。多少年來傾聽「前現代」與「後現代」對現代性思想的各種批評，我仍然同意一些西方學者的看法：西方現代性的文化發展，尚未完成，不容蓋棺論定。特別是就中國的情形而言，現代性的理念，如人權、自由、民主等理念所代表的大方向，仍然值得肯定。從這些大方向去看，五四

對中國傳統所作的批判，雖然不無盲點與曲解，仍然有其價值。

　　此外，我對傳統同情與批判兼持的態度也與我去美以後政治意識的變化有很深的關係。這些變化是我思想轉折的另一方面，與我的文化意識的變化同樣重要，值得在此作些交待。

　　這又要回到一九五九年秋天我抵美後不久的那段時間，我在哈佛的中文圖書館裡，第一次接觸到有關中國大陸上的各種訊息。這種訊息大約屬於兩種：一類是關於新中國的種種發展，特別是在畫報書刊上所見到的「祖國建設」這一類的報導，讀了這些報導使我第一次感到做中國人是值得驕傲的。另一類的訊息，是來自哈佛中文圖書館裡所收藏的中國現代文學。我的注意立刻為臺灣見不到的三十年代文學所吸引。記得大約是一九六〇年初吧，一個寒冬的夜晚，我第一次讀到艾青寫的〈雪落在中國的土地上〉那首長詩，我恍如進入了另一個世界，看見了真的中國。這些感覺對於一個長期在臺灣受教育，為逃亡飄泊的心理所籠罩，缺乏「祖國認同」的青年，是有着難以想像的震撼的。就這樣，我的思想開始左轉了。現在追憶那時的心境，這左轉的動力毫無疑問主要來自民族情感，與許多來自臺灣的留學生一樣，我是在海外找到了中國的民族主義，也由於它的牽引，我開始正視馬克思主義思想，思考這思想提出的一些問題。

　　左轉很快沖淡了我本來就很朦朧的自由主義立場。我不知不覺地進入了三十年代中國知識分子的心境。一旦發現了羣體的大我，個人的小我也就無所謂了。六十年代初，有好幾年，我和殷先生雖然通信不斷，但與他代表的自由主義似乎是漸行漸遠了。

　　但我的左轉並未持續太久。六十年代後期，大陸上掀起「文革」風暴，使我的政治意識再一次轉向。記憶中，「文革」開始時，我正結束哈佛的學業，去美國南方一所州立大學教書。那兒報紙很少登載中國的消息。但從報上零星的報導，我感到完全無法理解當時中國的動態。隨着「文革」運動的展開，我的困惑日益加深，覺得有重新檢討我思想左轉的

必要。就在這番檢討中，幾年前我在哈佛唸書時的一段經驗又重新湧現在我的腦際，不但幫助我對「文革」作反思，而且使我在思想上又作了一次重要調整。

　　大約是一九六二年的冬天，哈佛大學的春季課程排出了一門新課。這新課的準確題目，現在已記不清了，大概是「西方近代的民主理論與經驗」，由一位法學院教授與另一位校外請來的訪問教授合開。這位訪問教授就是當時名重一時的美國宗教思想家，萊努・尼布爾（Reinhold Niebuhr）。這門課的題目與尼布爾的大名引起我的好奇心，決定春季開學後去旁聽。因為這門課是排在早上第一節，記得開學那天，一向遲睡遲起的我，特別起了一個大早，冒着料峭的春寒，趕去聽課。課堂是在有名的佛格博物館的地下室，我抵達博物館的大樓時，才知來得太早，大門仍然關着，卻見門前有一位面貌古艷，走路微跛的老者先我而到，在門前來回踱着等開門，他看見我也早到，就主動與我打招呼，問我為何這樣早趕來博物館，我回答是為了聽課。他接着問我準備聽哪門課，當他聽見我的回答時，就微笑着告訴我他就是那位授課的訪問教授。這回答完全出乎我的意料，自然使我有些吃驚，正不知應該再説些什麼，博物館的大門開了，我也就隨着陸續來到的學生進去入座上課。

　　那年春天，這門課我斷斷續續總算聽完了。但聽得很不理想，主要因為我當時的西方思想史的背景很不夠，對於課堂上討論的問題，常常不能清楚地掌握它們的意義。但尼布爾在課堂上説的一些話卻在我的腦海中留下很深的印象，決心要探究一下他的思想。就這樣我開始接觸到以往一直忽略的一股西方民主思潮。

　　這股思潮就是一次大戰後在歐洲基督教內興起的一個新潮流──一般稱為危機神學（Crisis Theology）或辯證神學（Dialectical Theology），這派神學後來傳到美國，經萊努・尼布爾大力闡揚，在三十至五十年代的美國思想界造成很大的影響。

　　危機神學的主旨是：回歸基督教的原始教義，而彰顯後者必須強調人與神之間無法逾越的鴻溝。一方面是至善完美的超越的上帝，另一方

面是陷於罪惡的人類。不錯，人的本原是好的，因為上帝造人是根據祂自己的形象，但這本原的善很快就因人背叛上帝而遭淹沒。因此，就人性論而言，危機神學特別重視人的罪惡性，尼布爾在思想界重大的貢獻就是以危機神學的人性論為出發點對西方自由主義以及整個現代文明提出質疑與批判。他認為要認識現代世界必須記住人的罪惡性。最能表現人的罪惡性就是人對權力的無限貪慾。二次大戰前出現的左右兩派的極權暴政便是這罪惡性的明證。而環顧當時世界各種主義與學說，可悲的是它們都忽略人由權力慾所反映的罪惡性。所以，他要特別重提基督教的雙重人性觀。我們不僅需要看到人的善的本原，而尊重個人的價值；我們也同樣需要正視人的罪惡性而加以防範。只有從這雙重人性論的觀點，才能真正發揮民主制度的功能，彰顯它的價值。因此而有他的名言：「人行正義的本能使得民主成為可能，人行不義的本能使得民主成為必需。」（Man's capacity for justice makes democracy possible, man's capacity for injustice makes democracy necessary.）

　　在哈佛聽尼布爾講課以後的幾年，我對他的思想稍有涉獵，但是真正深入地體會尼布爾對人世與人性的深思灼見還是文革開始以後的事。在「文革」運動展開的過程中，我在海外雖是「隔岸觀火」，但那熊熊的烈火卻深深地震撼著我。與海外許多華人不同，這烈火在當時沒有使我對「文革」抱持同情或幻想。相反它卻震醒了我左轉的迷夢。其中一個主要原因是：在觀察這場風暴中，尼布爾的思想突然有了活生生的意義，好像得到經驗感受的印證。我看見了，在理想的狂熱中，在權力鬥爭中，人是多麼詭譎多變，多麼深險難測！人性是可以多麼醜陋，多麼扭曲，多麼可怕！在人性的陰暗裡，我找到了「文革」所展示的權力泛濫的根源。我不禁自問，權力，假如有制度加以防堵，加以分散，還會變成這樣泛濫成災嗎？尼布爾那句名言，特別是那第二句話又在我的腦際浮現：「人行不義的本能使得民主成為必需」，我由此開始對民主重新估價。在左轉過程中我對民主所喪失的信心，也因此漸漸恢復了。

　　在我恢復民主的信念同時，我也修正了我的民主認識。在此以前，因為年青時代受了五四的影響，多年來我對民主的看法常常是高調的；民主不是國家富強的良藥，就是道德理想的體現，但長久在西方國家對民主運作的觀察，以及看到中國近代民主道路的艱難，已使我無法再抱持高調的民主觀。這種領悟，加上「文革」以後我對政治一番新的認識，使我對民主的重新肯定變得低調。記得英國政治家邱吉爾對民主評價曾經有一句名言：民主並非一個理想的制度，只是人類到現在還未想到一個比它更可行的制度。這句話很能代表我近二十年來的看法。不錯，民主政治確實有許多缺點，但至少至少，在民主制度下，權力泛濫成災，千萬人頭落地的情形不大容易發生。從這一點去看血跡斑斑的人類歷史，民主的價值已夠我們珍視了。因此，自從我由左轉回到自由主義的立場以後，我一直深感，在中國談民主，常常需要一個低調的民主觀，才能穩住我們民主的信念。

　　這就是我在八十年代初提出「幽暗意識」這一觀念的思想背景。這些年來，從這個觀點出發，我看到了我從前對時代認識與感受的思想限制。在檢討與反省這些思想限制的過程中，我對「幽暗意識」也有了更深的體會，這也構成我近二十年來思想發展的一條主軸。

　　前面提到，我去美後的初期，在文化意識上有保守化的傾向，而在政治意識上有左轉的傾向。因此，我對時代的感受與認識也自然受到來自這兩方面思想的影響，特別是當代新儒家所強調的「憂患意識」與馬克思主義的異化觀念。

　　當初，我是在徐復觀先生的著作裡發現「憂患意識」這個觀念的。由此我開始知道了儒家，基於道德理想主義的反照，常常對現實世界有很深的遺憾感與疏離感，認為這世界是不圓滿的，隨時都有憂患隱伏。就此而言，憂患意識是與幽暗意識有相當的契合，因為幽暗意識對人世有同樣的警覺。至於對憂患的根源的解釋，憂患意識與幽暗意識則有契合也有重要的分歧。二者都相信人世的憂慮與人內在的陰暗面是分不開

的。但儒家相信人性的陰暗，透過個人的精神修養可以根除，而幽暗意識則認為人性中的陰暗面是無法根除，永遠潛伏的。不記得誰曾經說過這樣一句話：「歷史上人類的文明有進步，但人性卻沒有進步。」這就是幽暗意識的一個基本信念。

這個信念也使得幽暗意識與馬克思的異化觀念有所不同。後者在六十年代的西方知識界很受注意。我當時在研究所唸書，曾經對它發生極濃厚的興趣。這觀念的前提是：普遍人性是不存在的。要了解人，必須從人的社會實踐，特別是生產活動去觀察。但不幸的是：人的生產活動不可避免地發生本末倒置的現象。因為在生產過程中，人不但不能主宰與享有自己勞力的 成果與生產成品，反而落入後者形成的枷鎖，變成它的奴役，這就是所謂的異化現象，就了解人的社會性而言，異化這個觀念毫無疑問是帶有很深的憂患意識的。

從幽暗意識的觀點去看這是「異化」觀念可取的地方，但同時也有它嚴重的缺陷：前面提到，馬克思不相信普遍人性。因此，異化不能歸因於內心，而只能歸因於外在的社會結構。在他看來，異化是社會結構在歷史演進的過程中所產生的階級制度的結果，而社會結構與階級制度是人造的，因此人也可以加以改造。於是馬克思相信透過人為的革命，社會可以改造，階級制度可以取消，異化作為憂患的根源可以根除，由此人間可以實現一個完美的社會。可見，異化觀念並無礙於馬克思主義變成一個極端的理想主義。

因此，從幽暗意識出發，我一方面接受馬克思的「異化」觀念所含有的洞見，同意外在的社會制度可以是人世憂患的一個重要原因。另一方面，我卻不能接受他的極端理想主義。因為除了外在制度這個源頭，人世的憂患也可種因於人內在的罪惡性。後者可以加以防堵與疏導，但卻無法永遠根除。也就是說，外在制度的改革，不論多麼成功，多麼徹底，人世的憂患仍然不會絕跡。烏托邦也許天上有，人世是永遠不會出現的。

　　基於上面的討論，可見幽暗意識是與憂患意識以及異化觀念有相契合之處，也有基本不同之處。正因為如此，我近十多年來對儒家的道德理想主義與馬克思的歷史理想主義，在同情的了解的同時，也保持批判的距離。但這並不意謂我無條件地反對理想主義。實際上，人的理想性是幽暗意識的一個不可少的背景觀念。因為不如此，則幽暗意識將無所別於所謂的現實主義。

　　眾所周知，東西文化傳統裡都曾經出現過一些現實主義。例如中國的法家，以及西方傳統裏的馬基雅弗利（Machiavelli）與霍布斯（Hobbes）的思想，他們都曾強調人性中的陰暗面。幽暗意識與這些現實主義不同之處在於後者在價值上接受人性的陰暗面，而以此為前提去思考政治與社會問題。與此相反，幽暗意識仍然假定理想性與道德意識是人之所以為人不可少的一部分。唯其如此，才能以理想與價值反照出人性與人世的陰暗面，但這並不代表在價值上認可或接受這陰暗面。因此，幽暗意識一方面要求正視人性與人世的陰暗面。另一方面本著人的理想性與道德意識，對這陰暗面加以疏導，圍堵與制衡，去逐漸改善人類社會。也可以說，幽暗意識是離不開理想主義的。二者相輔相成，缺一不可。隨之而來的是我近年越來越信之不疑的一個對人的基本看法：人是生存在兩極之間的動物，一方面是理想，一方面是陰暗；一方面是神性，一方面是魔性；一方面是無限，一方面是有限。人的生命就是在這兩極間掙扎與摸索的過程。

夢縈中國——民族主義的反思與挑戰（節錄部分）[1]

張灝教授主講、余珍珠教授整理

張灝教授講稿：

我是學歷史的，今天我想從歷史的角度，就民族主義的興起和發展作三點的說明。首先是民族主義興起的時間問題。關於這個問題，我是接受一般學者的意見：民族主義在中國主要是近代歷史文化的產物。但是我要強調 1895 年以後大約二十五到三十年這一段時間的重要性，在中國，這是由傳統過渡到現代的一段關鍵時期，我稱之為「轉型時代」。我認為民族主義主要是在這個時代產生的，我之所以持這種看法，主要是因為民族主義一些必要的條件，都是在這個時代才出現。今天未能對這些必要的條件一一細講，但我要單挑其中一個條件來說明。

我認為這個條件特別重要，但常常被忽略。這就是 1895 年以後在中國開始出現了一些新的文化制度，這些文化制度形成了一個文化傳播的網絡，變成民族主義產生的溫床。這裡所謂的文化制度，我是特指三種文化制度。第一種是現代的報章雜誌。在 1895 年以前並不是說沒有

---

[1] 編者按：2003 年，香港科技大學人文社會科學學院文化研究中心舉辦了題為「夢縈中國——民族主義的反思與挑戰」的論壇，邀得張灝教授、李澤厚教授、劉再復教授和陳來教授主講。由於張灝教授極少論及民族主義的議題，故茲錄此文，以供學人參考。原文收錄於余珍珠編：《夢縈中國——民族主義的反思與挑戰》，香港：香港科技大學人文社會科學學院文化研究中心，2003 年版，頁 1—4。此文後改題為〈大民族 vs. 小民族主義〉，載於張灝著：《時代的探索》，臺灣：中央研究院及聯經出版事業股份有限公司，2004 年 7 月版，頁 93—98。

報刊雜誌；有的，但是為數極少，而且都是外國人或者出身買辦階級的人辦的，影響有限。可是從 1895 年以後，中國的文化菁英和知識份子開始自己辦報，而且為數很多：1895 年中國全國只有十幾家報紙，可是經過這個轉型時代的發展，到了「五四」時期已有幾百家報紙。與報紙同時出現的是一些有現代出版企業規模的書局。比方說，在二十世紀上半葉，有「三大書局」之稱的商務印書館、中華書局、世界書局，全都是在這個時代出現。這些現代的出版企業，和報紙相輔相承，變成散播新知識、新思想的一個重要工具。

　　除此之外還有學校。大家都知道在傳統時代，教育制度受限於考試制度，特別是晚清一代，書院制度大大衰落。可是在 1895 年以後中國開始出現新式學堂，這些新式學堂也變成散播新知識、新思想的一個重要管道，尤其是大學。在 1950 年以前，所有的大學幾乎百分之九十是在這個時代出現的。再加上另外一種組織，就是當時所謂的學會，它是一種自由結社的社團，在以前是沒有的。學會在這時大量出現，也變成散播新知識、新思想的一個重要管道。總之，這幾種制度結合起來，形成一個文化傳播的網絡。中國民族主義可以說就是透過這個網絡產生的。套用「後現代」的語言，我們可以說中國的民族主義是由這個文化網絡產生的文化想像、文化意識所建構的。

　　不過我要強調，所謂建構不是沒有憑藉的鑿空建構。它的一個很重要的憑藉，就是來自傳統漢人的族群意識。大家知道中國境內有很多的族群，但是最大的是漢族。漢族在歷史發展的過程中，發展了一種「同文同種」的意識，那就是說他們自覺彼此之間有一些人類學家所謂的根源性的紐帶——血緣的、地緣的、文化的等等，因此漢人多多少少覺得自己是一個生命共同體。這個漢人的族群意識還有一個特點我要特別強調，那就是它相對於其他族群的文化優越感。長期以來它在中國是享有文化霸權的，因此漢族的文化意識也就是漢族的文化中心意識。這個漢族的文化中心意識後來在二十世紀的中國民族主義發展中發揮了很重要

的影響。這就是我所要講的第二點。

　　我剛剛講的民族主義是 1895 年以後出現的，當時民族主義分成兩類：一種是小民族主義，一種是大民族主義。所謂小民族主義就是以漢人族群中心意識為實質，而以排滿，即打倒當時滿州政權為取向。當時還有一些人主張大民族主義，什麼叫大民族主義呢？就是聯合中國境內所有的族群或民族，特別是講求滿漢的合作，以共同抗禦帝國主義，所以是以反帝為取向。就這兩種民族主義，中國的知識份子從 1895 年到1911 年之間展開辯論。到 1911 年辛亥革命成功，滿清政權垮台，中華民國成立，宣布中國未來將是「五族共和」。所以從表面看來是大民族主義勝利，而小民族主義因為滿清政權崩潰，似乎沒有存在的理由與空間。可是事實上並不然。不錯，從表面上看是大民族主義佔著優勢，因為從 1911 年以後，中國兩個主要的政權：一個是國民黨的國民政府，另一個是共產黨的人民政府，它們對少數民族的政策，都是肯定大民族主義，把「五族共和」的原則擴大，認為境內所有的民族都應該有平等的地位，讓它們自由發展，但這是表面上的情形，事實上並不那麼簡單：在這個大民族主義運作的過程中，傳統漢人的族群中心意識仍然在發揮支配性的作用。

　　我現在就以孫中山為例子，對此稍加說明。他對中國少數民族的態度，不論是就以後國民黨政府或共產黨政府而言，都是很具代表性的，他曾說過一句話：「吾人即實行民族主義，當以美國為模範；以漢人之文明，營造一五族混和之民族。」這裡的美國模式是指一種民族大熔爐的構想，認為歡迎你們到美國來，可是到了美國來以後，你們可要融入我們白種人所建立的西方近代文明的爐灶裡面。孫中山也有這種「美國模式」的構想：中國境內各民族要以漢人的文明為基礎、為本位去融合，這種態度與立場在實質上常常反映於中國國民黨政權與共產黨政權對少數民族的政策。

　　同時我也要指出，這種以漢人族群中心意識為主的民族主義不僅限

於政府，而且它在中國的知識份子裡面也很普遍。現在我就單舉一個例子。1936 年《中國民族學研究集刊》出版，在這個創刊號裡有一篇文章，是一個當時蠻有名的學者黃文山寫的，他認為中國民族學研究的一個基本原則是民族主義，而他清楚指出，民族主義就是要探取孫中山的立場：以漢人的文明，去融合境內其他族群的文明，也就是說要在中國各地區以漢人的文明來提高其他人的文明。他這種態度，在當時是很有代表性的。總而言之，就二十世紀民族主義的主趨而言，我想是有兩個特徵值得注意的：一方面是以反帝為取向，另一方面，它的實質是以漢民族的族群中心意識為主，這種民族主義與漢人的文化霸權態度，很自然造成漢民族和其他民族來往之間的緊張性，也與近年來在中國周邊出現的族群解紐現象有很深的關係。

　　因此我的第三點就是要對中國二十世紀以來周邊族群解紐的現象作進一步的說明。在中國，族群解紐是個老問題，遠的不講，就從我剛才提到的那個「轉型時代」開始去看。我們知道，1895 年到 1911 年是傳統中國政治秩序由動搖到最後崩潰的一段時間，崩潰以後產生了兩個非常嚴重的後遺症：其中一個是政治制度的危機，也就是說 1911 年傳統政治秩序崩潰以後，中國一直缺乏一種具有持久的穩定性和合法性的政治制度。這是中國到今天仍然面臨的一個危機。同時，傳統政治秩序崩潰後，還帶來另一後遺症，那就是族群解紐的現象。這個現象實際上不是始於 1911 年，而是始於 1895 年。大家都知道 1895 年臺灣割讓給日本以後，種下了臺灣與大陸之間緊張關係的因子。1911 年大清帝國崩潰，西藏、蒙古隨即宣布獨立。從那時以後，族群解紐這個現象一直在蔓延，一直演變到今天的西藏問題、新疆問題、臺灣問題等等，總而言之，已經造成一個嚴重的民族整合的危機。

　　也可以說，二十世紀初年出現的大民族主義與小民族主義的爭執今天又以一個新的形式出現。當年限於知識份子之間的爭論今天已經深化為族群之間的實質關係問題。大民族主義主要是漢人的願望，想把中國

境內各族群結合成為一個統一的民族國家；而小民族主義是指境內的一些少數民族另有懷抱，希望自主自立。這兩者之間的衝突就是我所謂的民族整合危機。我相信今後這個危機還會弄得更嚴重。為甚麼呢？因為大家都知道最近的二十年中國在開放，現在已經加入世貿，開放的步伐會更快，也就是説現代化的趨勢必然日益深入廣大的中國內陸。

中國從前所謂的現代化多半是限於東部沿海的大城市，但自從二十年前開放以後，它逐漸滲入內陸，而我相信在未來的十、二十年會更加廣泛地深入。根據亞非地區發展的經驗，我們知道這個現代化所到之處有一個影響，就是會提高當地人的政治意識。而中國的內陸有很多少數民族，特別是在西南、西北地區，現代化滲入這些地區，會提高少數民族的政治意識，也不可避免地連帶提高了他們族群的自覺。這種趨勢必會增加中國境內民族間，特別是漢民族與其他少數民族之間的緊張關係。也就是説中國現在所面臨的民族整合的危機、族群解紐的趨勢，會愈來愈嚴重。這種危機可以説是現在中國民族主義面臨的最大挑戰。這個挑戰也構成中國今天政治危機的重要一面，另外一面就是我剛剛提到的政治制度的危機和民主化的問題。民族整合危機這一面雖與制度危機有同等的嚴重性，卻比較不為人注意，因此令天我要特別提出來作簡短的説明，並且供給大家討論。

附錄

一、訃告

1. In memory of Hao Chang

（懷念我的父親——張灝先生）[1]

Hao Chang, 張灝（Chang Hao）, loving father, husband, brother, son, friend, teacher, and colleague, died April 21, 2022 in Albany, CA, just shy of his 86th birthday. He was born April 30, 1936 in Xiamen, Fujian Province, China. He is survived by daughters Constance Chang and Charlotte Chang, grandchildren Esme Chang-Gillespie, Aengus Chang-Gillespie, and Ollie Lastoskie, son-in-law Jim Lastoskie, and sisters Dorothy Shou and Jane Wang, and many nieces and nephews. He was preceded in death by his beloved wife of 55 years, Jung-Jung Chang, his mother Wang Hui-fen, and father Chang Ch'ing-chen.

As a child, he moved frequently with his family amid the upheaval of two wars, from Xiamen to Chongqing to Nanjing. In 1949, the family left for

---

[1] 編者按：此訃文是 2022 年 4 月 21 日張灝教授逝世後發布於下列網站及電郵通知親友，中文譯文參見〈懷念我的父親—張灝先生〉。有關鏈結參見 Hao Chang – Sunset View Mortuary（sunsetviewcemetery.com）另開設永久紀念網站，鏈結見 https://www.kudoboard.com/boards/XpEaQz7i/kudos/36873870（瀏覽日期：2022 年 6 月 27 日）。

Taipei, Taiwan where he grew up and attended National Taiwan University. He went on to earn a Ph.D. in Chinese History at Harvard University. Shortly before he left for his studies abroad, he met a young Jung-Jung Liao at the beach. The two hit it off, and for four years they would exchange letters and photos between Taipei and Cambridge, MA until Jung-Jung graduated from college and joined him in the US.

He finished his graduate studies in 1964, the same year he and Jung-Jung married. They set off for his first teaching position at Louisiana State University, and a few years later landed at Ohio State University. There, in Columbus, he would teach for the next 30 years while he and Jung-Jung raised their two daughters.

In 1998, he retired from OSU, and he and Jung-Jung packed up their suburban Ohio home to move across the world to Hong Kong where he would teach at the University of Science and Technology. They spent seven delightful years there in a flat overlooking Clear Water Bay, among dear friends and colleagues, and situated in a rich and stimulating environment for Chinese studies.

In 2005, he and Jung-Jung returned to the U.S., this time to Reston, VA in the Washington, DC area. In these years, they saw their daughters marry and their three adored grandchildren arrive. Jung-Jung would later develop Alzheimer's Disease, and it was then that Chang Hao, who had always been the one taken care of throughout his life, quietly took the reins and devoted all his energy to caring for Jung-Jung and managing the household. By the time Jung-Jung passed away in 2019, he too had developed Alzheimer's. He soon moved out to Albany, CA to be close to Charlotte and friends and family. Two and a half years later, during which he endured a global pandemic and persistent health challenges, he passed away suddenly in his apartment.

Chang Hao was a preeminent scholar of modern Chinese intellectual history and the history of Chinese political thought. He published books and articles in English and Chinese, received numerous awards and distinctions, and was most known for examining the interplay between Confucian traditions and modern thought. This included a lifelong interest in what he termed "dark consciousness," the human awareness of the potential for evil and corruption in humankind and its institutions, and its implications for democracy. In 1992, he had the honor of being elected as a member of Taiwan's Academica Sinica. Just this February, the National Central Library of Taiwan held a ceremony commemorating the donation of his sizable library and scholarship.

For most of his adult years, his work was his life. Yet he would say his research never felt like work – the scholarly questions he pondered and researched fed his soul and he was exactly where he wanted to be. Remembrances have been held in honor of his scholarly contributions across Taiwan, Hong Kong, and China.

Immersed in ideas at all times of day, he surrounded himself with piles and piles of books, newspapers, magazines and journals, notes and papers. There was always a pen in his shirt pocket, and an overstuffed little calendar book for notetaking. He was among the last of the generations to have never used a computer – he wrote his books and articles all in longhand on yellow legal pads and relied on the goodwill of Jung-Jung, his daughters, his students, and department secretaries to type out his illegible scrawls.

Outside of his work, he was a simple man. Family was everything to him, and he loved to be at home. He was patient and admiring of his opinionated and spirited wife and daughters, and doted on his two little dogs, Oscar and Michiko. He cherished his lifelong friendships and found new friends everywhere with his easy humor and ability to seek common humanity among strangers. He would debate intellectual questions for hours on the phone with fellow historian friends, and just as happily drop into the store to ask after the health of his favorite checkout cashier who sold him the lotto tickets he bought on the sly. He walked for exercise every single day before the pandemic, sometimes in grocery store aisles, sometimes inside the house, sometimes late at night with the dog.

He wanted for very little and was grateful to have a comfortable life. He loved humor both broad and sharp and made watching Three's Company, Seinfeld, Mr. Bean and Archie Bunker daily rituals. He was known among his friends and family for his own brand of humor that built others up and took himself (and a few of his oldest friends) down. He sang loudly and unselfconsciously in a pleasing baritone, and loved folk songs most of all: sentimental Chinese songs of his youth, as well as the soulful yearnings of Danny Boy.

Chang Hao was a man of great courage. Experiences with serious illness, starting in childhood, tempered the steel of his spirit which he took into all the greatest challenges of his life. When faced with adversity, he was unflinching and uncomplaining, and moreover, always saw himself as very lucky. He was deeply, surprisingly, optimistic.

He was not perfect. He had flaws, foibles, and blind spots. But he was readier than most to acknowledge and laugh at them, and was less defensive than most when he could not. He was grateful for all he had and all he had seemed to grow more beautiful to him with time. He lived a long and full life, and it was often a rich and good one. He is deeply missed.

A Memorial will be held at Allied Arts in Menlo Park, CA on June 27, 2022, at 11:00 a.m. (All attendees must wear masks)

In lieu of flowers, please consider a donation to the following organizations which reflect the values of Chang Hao and his family:

Chinese Progressive Association

Asian Americans Advancing Justice

Doctors Without Borders Medecins Sans Frontieres

Southern Poverty Law Center

2. In memory of Jung-Jung Chang

（懷念張廖融融女士）[2]

Jung-Jung "JJ" Chang, born May 4, 1941 in Chengdu, Sichuan Province, China, died in the loving embrace of family at home in Reston, Virginia, on August 28, 2019. She was 78. She is survived by her devoted husband Hao Chang of 55 years, their daughters, Constance Chang-Gillespie and Charlotte Chang, sons-in-law Erik Chang-Gillespie and Jim Lastoskie, and grandchildren for whom she was a beloved "Puo-puo," and in whose laughter, games, songs, hugs, and tiny hands she delighted: Esme and Aengus Chang-Gillespie and Oliver "Ollie" Lastoskie. She is also survived by sisters Meng-Jung Liao, Teresa Chien-Ling King, Tienchi Martin-Liao, and brother Robert Shih-Min Liao. She is reunited in her passing with older brother Michael Shih-Chun Liao, sister-in-law and dear friend Man-Chun Peng, and her mother and father, Ya-Wen Lao Liao and Tsung-Tse Liao.

Jung-Jung left China in 1949 for Taipei, Taiwan where she spent her youth and attended National Taiwan University. After graduation, she flew to Cambridge, MA to reunite with Chang Hao and begin graduate work at Northeastern University. They married at Harvard Memorial Chapel on September 12, 1964. In the early years, they moved frequently, eventually settling down in Columbus, Ohio, where Chang Hao taught at the Ohio State

---

[2] 編者按：此訃文是 2019 年 8 月 28 張師母逝世後發出的，並發表於下列網站作永久紀念。參見 https://everloved.com/life-of/jung-jung-chang/obituary/（瀏覽日期：2022 年 11 月 22 日）。

University. There they raised their family until 1998 when they spent seven happy years at the Hong Kong University of Science and Technology. In 2005, they returned to the U.S. to Reston, VA.

Jung-Jung was unconventional, brilliant, and supremely competent. She excelled in school and sports and everything she put her mind to. She was a stunning beauty with a sense of style. She was creative, resourceful, and meticulous, and she loved her family and friends on a vast scale. JJ did it all -- for years while she raised their young daughters and supported Chang Hao's career, she worked full-time, at the City of Upper Arlington and later at Asian American Community Services. She ran all aspects of the household and family life, gave to the community, and lovingly cared for her own mother whom she brought over from Taiwan to live close by, until her passing in 1990.

Jung-Jung was a devoted wife and mother and was the center of her family's world. She and Chang Hao were a constant lifelong unit, and their love, friendship, and never-ending conversation carried them through ups and downs. She played violin and piano alongside her daughters, volunteered in the classroom, and served on the Chinese School board. She carefully planned vacations, bought the girls art supplies she only dreamed of as a child, and let them stay up late to cuddle on the sofa and watch inappropriate tv shows. As a family, they laughed and joked.

In the rare quiet moments, JJ loved classical music and drinking coffee in a cafe with "ambiance." She wondered at the natural world and enjoyed Japanese gardens, cultivating a weeping juniper next to a stone pagoda in her front yard. She both loved and feared water, from the serenity of the quiet bubbling of a zen fountain, to the drama of a Midwest thunderstorm, to the exquisite view of Clear Water Bay outside her windows in Hong Kong. Sometimes she liked to play basketball in the driveway, dribbling around Chang Hao to shoot a perfect layup.

Jung-Jung was adored and admired by all who knew her. She was known for her deep, sincere caring and concern for all people and animals, for her compassionate and wise counsel, and for always finding a way to help. She had a spirited nature, strong opinions, and points of view on everything from politics to cilantro. She was boundlessly generous, delightfully playful, and possessed a vivid imagination and curiosity for the world. She will be cherished and remembered always as a true one of a kind, endlessly talented, generous, kind, and loving. She is deeply missed.

A celebration of life will be held on February 9, 2020 in Berkeley, CA, from 12-3 at the Brazil Building in Tilden Park. In lieu of flowers, donations can be made to Doctors Without Borders, an organization with a special place in Jung-Jung's heart.

3. 科大人文學部主任麥哲維教授（Prof. Steven B. Miles） 致全體人文學部師生及舊生的電郵訃告 [3]

Dear All,

I write this morning to share the sad news that a former HUMA colleague, Professor Emeritus Hao CHANG（張灝）, passed away on 20 April.

Hao CHANG was a professor in HUMA from 1998 to 2004, and a visiting professor for another academic year after that, before being designated professor emeritus in 2005. Before moving to HKUST, Professor Chang was

---

[3]　編者按：2022 年 4 月 26 日，科大人文學部學部主任麥哲維教授沉痛地向所有的舊生及現在校學生發出一封有關張灝教授逝世的訃告郵件；另麥教授在知悉舊生籌備張灝教授紀念文集，表示支持；故收錄此電郵，以茲參考。

for three decades a professor of history at Ohio State University, a leading flagship state university in the United States.

Although I never had the honor of meeting Professor Chang, as a graduate student in the late 1980s and early 1990s with a budding interest in the intellectual history of Qing and Republican China, I greatly admired his work. Professor Chang's 1971 book with Harvard University Press, *Liang Ch'i-ch'ao and Intellectual Transition in China, 1890-1907*, was a standard on any graduate student's reading list. In his 1987 book with University of California Press, *Chinese Intellectuals in Crisis, Search for Order and Meaning, 1890-1911*, Professor Chang further explored Chinese intellectuals during this period of unparalleled change through close analysis of the life and thought of four intellectuals in Liang Qichao's world: Kang Youwei, Tan Sitong, Zhang Binglin, and Liu Shipei. Professor Chang offered nuanced readings of these prominent figures, transcending facile categories such as "reformers" and "revolutionaries." Among his numerous other publications, I should note his chapter in the *Cambridge History of China*, "Intellectual Changes and the Reform Movement (1890-1898)."

With a heavy heart,

Steven B. Miles

Head and Professor, Division of Humanities, HKUST

Editor-in-chief, Late Imperial China

二、與張灝教授訪談錄

1. 黃敏浩教授：〈訪問張灝教授〉（1999 年）[1]

　　張灝教授在思想史的研究上成績斐然，素為學界同仁所敬重。他任美國俄亥俄州立大學歷史系教授多年，現已從該校退休，轉任本校人文學部教授。張教授也是臺灣中央研究院院士。本刊第一期率先訪問張教授，談談他的過去及來香港後的感受，希望藉此讓同學們對他有多些認識和了解。以下便是訪問的內容，訪問日期是 1999 年 3 月，訪問者是黃敏浩助理教授。

問：張教授，您好！可否請您談談您在學術方面的經歷，及最近的研究？

張：我在 1957 年台大歷史系畢業，1959 至 60 年到美國哈佛大學研究歷史，偏重在思想文化、特別是近現代思想文化史。現在，在思想史的研究方面，我特別注意兩方面的問題。第一是「中國近現代文化思想的轉型」。在這個題目之下有兩個計劃，一個是「中國轉型時代的思想文化變遷」，是指 1895—1920 年初這一階段。另一個計劃是「中國共產主義大革命的思想背景」，借用我的一篇文章的題目，是研究「中國革命的思想道路」，是指 1895—1976 年文革結束這一階段。

　　另一方面是有關傳統思想的，是研究「儒家政治思想傳統」。這個題目之下也有兩個計劃。第一個是「中國經世思想傳承在儒家的發展」，也就是儒家的外王思想的研討。第二個是「儒家思想中的宇宙論和儒家思想對政治秩序的觀念問題」。這是一個較為廣泛、長遠的計劃，年代

---

[1]　編者按：此訪談原載於《中國研究碩士課程通訊》（第 1 期，1999 年 5 月）。其後《通訊》因經費問題而停刊，故收錄此文，以茲日後參考。

大概是從殷商時期到十九世紀。

　　以上是我在最近十多年的主要研究方向，可說是從事綜合性的、大規模的詮釋工作。在此之前，我曾研究過梁啟超等，探討過一些中國近代思想變遷的具體問題。從 80 年代後期開始到現在十多年，我開始從事較廣泛的工作。

問：除了這些大計劃之外，還有沒有一些您感興趣的問題？

張：還有一個我很關心的問題。這是一個很遙遠的計劃，我亦曾做過一點研究。這便是有關「幽暗意識」的問題。大概二十年前我寫過有關的文章。九十年代初，我曾對這個題目野心勃勃，但看過有關方面的文獻後，認為文獻實在太多，只好暫時擱置，然而興趣還是很大。總的來說，我認為中國傳統對人的陰暗面不夠正視。中國人在二十世紀的體驗使他們對人的陰暗面有體會，但正視仍未足夠。我希望能透過「幽暗意識」作一些反思，反思中國儒家的理想主義。這個傳統需要深入的反思。我認為當代新儒家的反思仍不夠。我們不能只在傳統中看，只停在傳統的內部，要在傳統之外看，才能看見傳統不能看見的問題。

問：您覺得自己的思想有否經歷過變化？

張：我在大學時代是殷海光的學生。殷海光屬於五四的傳統，那時我自稱是「五四狂生」。到美國後，因余英時、杜維明而接觸新儒家，受到影響，學到很多，開始明白傳統並非如此簡單。那時便拋棄少年時反傳統的看法。此外，我在西方也接觸到一些學術潮流，如韋伯、柏森思的傳統，使我對比較文化發生興趣。另外又接觸比較宗教及基督教神學，它們幫助我了解儒家思想內部的問題，幫助我從比較文化的角度看中國思想內部的問題。直到最近十幾年，我又從傳統中走出來，我認為任何文化傳統都需要辯證地研究——我所謂的 "dialectic of in and out"。我們必須不斷的進出傳統，才能真了解傳統。這便是我的詮釋學。

　　總之，可以說我的思想曾經三變：最初是五四，然後是對傳統比較有同情的了解，現在是認為同情的了解並不夠，需要有反思性的批判。

問：一般都說您是一位自由主義者。您現在還認同這個講法嗎？

張：我是一個低調的自由主義者。所謂低調是相對高調而言。高調的自由主義認為自由民主政治乃救世良藥。我則持低調的看法。有一句話："Man's capacity for justice makes democracy possible; man's capacity for injustice makes democracy indispensable"。民主自由不一定能帶來吾人想要的東西，但民主自由可使地球上的悲劇減少許多。邱吉爾也說過，民主並不好，但目前並沒有比它更好的制度。它至少是安全的，至少不會導致千萬人頭落地。中國文革悲劇的出現使我相信這些話。民主制度 may be dirty, but not bloody。

問：您對香港初步的印象如何？

張：我來香港沒多久，還是在初步調節的階段。初步的印象是有一種 mixed feeling，有好也有壞。香港是一金錢掛帥的城市，有它膚淺的地方。但另一方面，它很容易令人反思，有很多問題容易觸發我們的反省。假如您願意去尋找的話，是可以從中學到很多東西，因為它裡面是 a bundle of contradictions。我來了不過七、八個月，發覺有很多令您思考的地方。我對香港的想法在逐漸轉變中。

問：您認為在美國的教學和研究，跟在這裡有何不同？

張：在美國很安靜，可以坐下來做學問。香港則四通八達，很熱鬧，不易安定下來。如果有心的話，在香港也可以學到很多東西，有很多引發問題之處。我覺得人文學部是個蠻好的地方。它是一個綜合性的學部，並不是一個 coherent 的學部。有人研究文學，有人研究歷史，有人研究哲學，等等，表面上是個大雜膾。但我來到以後，覺得每天跟與我有共同興趣但以不同眼光看問題的人在一起，在彼此溝通中可以學到很多東西。因此，比較我初來時的感覺，我覺得利勝於弊。

問：您對美國和香港學生的印象如何？

張：我來了不久，對大學部的同學感受不多，感覺上他們似乎對人文學興趣不大，至於研究生，對這方面的問題興趣比較高，對此我比較滿意。至於美國的學生，則難說。總的來說他們的興趣也不太大。

問：您認為透過我們這個「中國研究」的碩士課程學生應學到些什麼？

張：我覺得有兩樣東西。第一是要學會掌握有關那門學科的基本材料或資訊。第二是要建立問題意識（consciousness of problem）。要讓同學們知道做學問要從問題入手（problem approach），此乃做學問的源頭活水。心中要有真正的問題，有問題才會有研究的興趣。

問：我想這真是金玉良言。最後，如果請您介紹一位您欣賞的學者及其著作給同學們，您會介紹誰呢？

張：這說來話長。不過，就歷史研究而言，我會介紹韋伯（Max Weber）。很多人認為韋伯是歐洲中心主義。不錯，他是歐洲中心主義，但他從比較文化的角度、眼光來看問題，畢竟提供了許多問題讓我們去想，其中含有寶藏。現在韋伯不太受人看重，反而是後現代的理論流行。後現代看到一些問題，但也埋葬了一些問題，代價似乎很大。我認為應該重新提出、重視韋伯的學說。

問：我看已差不多了。非常感謝張教授願意接受我們的訪問。謝謝您！

張：謝謝！

2. 陳建華教授：〈張灝教授訪談錄〉（2006 年）[2]

　　張灝，1936 年生，安徽滁縣人。臺灣大學歷史系畢業，獲哈佛大學碩士、博士學位，曾任美國俄亥俄州立大學歷史系教授、香港科技大學人文學部教授，臺灣「中研院」院士。主要著作有《梁啟超與中國思想的轉型，1890—1907》、《危機中的中國知識分子：意義與秩序的追求，1895—1911》、《烈士精神與批判意識：譚嗣同思想的分析》、《幽暗意識與民主傳統》等。本文是筆者最近在香港對張灝教授所作的訪談錄。

問：關於你的心路歷程，我想先從一個簡單的問題開始：你為什麼要學歷史？

答：這跟我早年經歷很有關係，最重要的我是出生在動亂之中。其實從我的童年到少年，對動亂沒什麼理解，只是有一種感覺，朦朧的但很強烈，跟時代相聯繫的一種感覺。出生在天翻地覆的時代，這種感覺漸漸凝聚起來，漸漸明朗化，很自然地會想這動亂是怎麼回事？是怎麼來的？我相信這個東西把我帶進了歷史，一開始從近代史學起。

問：從你讀書到教書，前後約有半個世紀。這期間一直以近現代中國作為你的思考對象，好像是一條直線。有沒有中斷的時候？或者對自己從事歷史研究懷疑過？

答：沒有。似乎沒有認同危機，或者是學術的認同危機，不明顯。動亂的經歷始終在起作用，揮之不去的是逃難的記憶。早年在四川，從我的記憶開始，就跟逃難分不開。那時候才四歲，被日本人的轟炸震醒。離開大陸前，跟家人倉皇離開南京，已經是一座空城了。有些恐懼，也有些好奇。然後在上海，在近郊的上海中學，附近都是堡壘，只見一卡車一卡車的軍隊來來往往，似懂非懂的不知道怎麼回事，還不瞭解什麼是戰爭。

---

[2]　編者按：2006 年陳建華教授為張灝教授做了一次訪談，此訪談收錄任鋒編、張灝著：《轉型時代與幽暗意識——張灝自選集》，上海：上海人民出版社，2018 年 9 月版，頁 367—378。

問：為什麼離開大陸？當時有不少人並沒有去臺灣。

答：這跟我家庭有關。父親是國民黨黨員，是立法委員，屬於中上級官員。父親當時認為只有一條路，就是走。當時不少人在猶豫，走還是不走，但我父親沒有選擇。家裡有五個弟兄，四個留了下來，後來都很慘。那時上海龍華機場一片慌亂的景象，到了臺灣，整個氣氛很恐慌、很低迷。國民黨政府信心動搖，對於共產黨不是來不來、而是幾時來的問題，惶惶不可終日。

問：您到美國時幾歲？

答：二十三歲，我十七歲進大學，畢業後要受軍訓，後來不要，因為我從小就生肺病。十八歲的時候動了手術，差點把命送掉，可以說是死裡逃生。

問：大難不死。

答：至少生過三次大病，包括最近的一次。八歲時發現我有肺病，後來知道是從我的奶媽那裡得來的，她離開我家不久就死了。我是獨子，經常休學。考大學時，又好些了，就去試試看，考進了臺大歷史系，此後肺病就慢慢的淡去了。家裡有個親戚是醫生，叫陶榮錦，在臺灣很有名。他向我父親建議給我動手術，哪怕拿去一葉肺都沒有關係，如果吃藥的話，反而會結疤，有後遺症。父親聽了他的話，沒想到是個大手術，打開胸腔，整個的換血，手術完畢以後，又發現匆忙中忘記用止血藥，又立即把我送進開刀房，但醫院又發現缺藥。讓我母親在城裡到處找藥，最後終於找到一家藥房，快要打烊了，但買到了這種藥，她拿了藥就衝回醫院，把我的命救了下來。後來又患了黃疸肝炎，在醫院裡住了三四個月，我算是多災多難。1959年，我到了美國。

問：進了哈佛。

答：是的，然思想幾度變化。在臺大最重要的是投入殷門，殷海光替我們和「五四」之間搭了一個橋。國民黨統治之下「五四」不能隨便談，因為共產黨就是「五四」帶進來的。殷先生膽子很大，當然不是明目張膽地提倡「五四」，但他是「五四」知識分子。所謂「五四」，有這麼幾樣東

西：一個是民主，一個是科學，再一個就是反傳統，對我影響很大。這裡我來念一段東西，2005 年我在臺灣作的一個關於我的心路歷程的演講：「開始認識殷海光先生，在上世紀五十年代中期，進臺大不久，讀到聶華苓寫的〈一顆孤星〉的文章。在她生動描寫下，臺大的一位特立獨行的哲人，在我腦海中浮現出來。在臺灣早期灰暗的大環境裡，正像看到一顆孤星在天邊閃爍，年輕的我，怎能不為之心儀而神往？」那時的臺灣，思想學術很沉悶，不許隨便談什麼，動不動就是通匪了，無形中殷海光把「五四」大觀念灌輸給我們。有人說殷沒什麼思想，不錯，沒什麼思想，沒什麼學問，對自由主義理解膚淺，但在上世紀五十年代臺灣的思想脈絡裡，聽到他聲音，看到他文章，卻是非同小可。關於中國自由主義的發展，大約在五十年代以前，主要是受盧梭、黑格爾和馬克思這一路數的影響，是一種高調的民主。後來王元化他們談黑格爾，也是從這一思想路數進去的。在臺灣是殷海光，在大陸是顧准（1915-1974），這兩個人從五十年代到七十年代真是了不起，孤軍奮鬥，把中國激進理想主義的思想，如高調的民主觀念帶到英美的比較低調的以保衛人權為主的自由主義。盧梭、黑格爾、馬克思談民主自由的理想，非常高調，搞得不好把自由民主搞成抽象玄虛的東西。黑格爾的「絕對自由」（absolute freedom），盧梭的「公意」（general will），馬克思的「真民主」、「真正的人」。可是在英美傳統裡比較低調，把自由民主落實到每個人具體的生活和願望裡。在五十年代以前由大陸系統的高調的民主出發，因此走上毛澤東的人民民主專政絕非偶然。殷海光現在來看沒什麼，但在當時脈絡裡把自由民主思想換軌，換到比較低調、以經驗主義為基礎的英美自由主義軌道。當時在臺灣另一個人物叫張佛泉，對這種思想換軌也很重要，使我們對什麼是民主、自由有新的瞭解。他寫了本書叫《自由和人權》，說什麼是自由，就是基本而具體的人權保障，談自由、民主必須談具體經驗的人的利益和人的尊嚴。一個真正的民主社會就是要從這裡開始，這就是西方的傳統，不要談一個絕對的民主自由。殷海光在

臺灣寫文章，把張佛泉這些觀念發揮出來。我覺得更了不起的是顧准，在艱苦而完全孤立的環境中能夠悟出英美經驗主義的政治觀。王元化晚年也感到，黑格爾這套東西是可以闖大禍的。所以殷海光的自由主義，就是他把「五四」的一些基本觀念帶到我們青年一代，同時把民主自由思想換軌，這就是殷門的意義。

問：那個張佛泉⋯⋯

答：他是殷海光的前輩，在東海大學當教授，寫文章不像殷那樣具有煽動性。關於英美的低調民主自由，必須落實到具體的個人身上，這影響了殷海光。但殷的文章筆下常帶感情，很犀利，把那些思想散發了出去，可以說在臺灣和顧准隔海唱和。顧准是從上世紀六十到七十年代，殷海光是從五十到七十年代，雖然現在看來他們不怎麼樣，可是在那個時代，意義很人。所以我到美國的時候，在哈佛大學燕京圖書館裡看到一些東西，以前從來沒看到過。那時反共反得厲害，但對共產黨並沒有真切的認識。一到哈佛之後，從報刊上讀到各種新聞，開始瞭解新中國的崛起，給我情感上一個很大的震盪，這就喚醒了我心中的民族主義，我生長在抗日戰爭時期，是被日本人的轟炸震醒的。從那時開始有一種朦朧的政治意識，就是民族主義，打日本鬼子。我們住在重慶近郊，嘉陵江畔的中央大學，我父親是中央大學的教授。日本飛機不斷來轟炸，一到天氣晴朗，就發愁了，飛機隨時要來。重慶有個好處，到處都是山，往防空洞裡鑽，我們小孩子覺得好玩。有一天從防空洞回來，發現我們的家沒有了。那時才四歲，在記憶的源頭，一個景象永遠在那裡。家消失在一片瓦礫中間，只剩下一個棕繃床墊躺在地上，上面不知從哪裡飛來的一塊大石頭，其他什麼東西都毀掉了。這麼一個奇怪的景象，到現在還不時出沒於我的夢魘中，這就是我的民族主義。自由主義認為民族主義是荒謬的，是中國禍患之源。李澤厚說救亡壓倒了啟蒙，跟共產黨起來有關係。民族主義是個複雜的東西，它是一個雙面刃。你說中國沒有民族主義的話，它早已給帝國主義吞掉了。但民族主義搞過頭的話，

也很危險。所以由於種種經驗，我的民族主義是很強烈的，在海外，到哈佛之後，看到新興的中國，大國崛起。臺灣是彈丸之地，外國人問什麼是臺灣呀，喔，是福摩莎，不知道。但提到中國，不管喜歡不喜歡，馬上就知道了。毛澤東說：「中國人民從此站起來了。」這種感覺對我衝擊很大，就漸漸覺得殷海光講的那些東西，跟中國實際情形不完全配合。這樣我就不知不覺的進入三十年代的大我、小我的觀念。大我就是高調的民主，小我就是資本主義的假民主。那時開始讀三十年代文學，讀艾青的詩〈雪落在中國的土地上〉。在臺灣知道魯迅，但不知艾青，在哈佛燕京圖書館裡讀到了艾青，到現在仍具有震撼力。我是重新發現了中國，於是就朝左轉，開始接觸馬克思主義，注意「異化」這些理論，因此又吊詭地從另一個角度增加我對自由主義的懷疑了。

問：通過馬克思的異化論，的確有些吊詭，因為異化論是他的早期理論，被「新馬克思主義」發展了而在西方傳播開來的。

答：馬克思反對民族主義，提倡國際主義，他認為真正的人要擺脫異化，不管怎樣，最初是民族主義把我帶進去的。等到接觸了異化、剝削這些觀念之後，它們又可以回過頭來刺激我對自由主義與資本主義的反感，一般人不覺察。「文革」以後我對自己的左轉進行了反思，使我對「文化大革命」這根紅線的來歷進行研究，這不僅是情緒上的，也是我的學術興趣所在。

問：您的學術思想幾經轉折。

答：但在二十世紀中期的具體境遇裡，你知道我為什麼會有這樣的變化，而且這種變化在我身上也可以說有一種典型意義。

問：不過仍有一些特別的地方。你思想上的變化是否跟殷老師談過？

答：沒有談過。我們經常通信，主要是情感上，過年過節問寒問暖，報平安，說我在美國的生活情形，跟他在思想上漸行漸遠。林毓生和他通信較多，思想上更多溝通。

問：跟你父親談過？

答：我跟我父親的關係是很傳統的，他對我非常好，可是思想上沒什麼

溝涌。他是國民黨右派，我不喜歡。對他來說，共產黨就是共產黨，沒什麼好說的。父親是美國西北大學法學博士，很奇怪，在美國受教育，對民主自由的觀念沒什麼接受。不過他教了我一些古文如《古文觀止》，有些東西背得出，到今天我還可以提起筆來勉強寫寫東西，如果說還有一些底子的話，就是他給的。在他那裡要反傳統，根本不可能，他在家裡是鐵腕統治，母親根本就沒有二話。

問：上兩個月我去中文大學聽了林毓生先生的演講，他說起當時臺大歷史系專講考證，在方法上沒得到什麼啟發。

答：那就是為什麼殷海光在臺大是特別突出的，他和一般教授不同。在臺大有一些從大陸逃來的教授，學問不錯，可是為學問而學問，和社會沒什麼關係，缺乏問題意識，而殷海光在這方面點活了我們，應該說這是殷海光現象。

問：您在哈佛是讀東亞系嗎？費正清、史華慈都在？

答：我讀的是由東亞研究中心和歷史系聯合培養的學位，專業是東亞歷史。兩個系的課都上，上過費正清現代中國的課，但他對我的影響不大。真正對我有影響的是史華慈老師，我叫他班老師，他是我業師。

問：上次許紀霖組織的紀念史華慈的會，您去了。

答：去了。我談的是「軸心時代」的問題，我寫過這方面的文章。1940年代一個德國哲學家叫雅斯佩（Karl Jaspers）談「軸心時代」的思想，提出在古代的西方、中國和印度等地都產生了人類文明的思想突破，這個提法在西方並未產生什麼大影響。但班老師對此深感興趣，在上世紀七十年代初向哈佛附近的人文藝術學院建議撥款開研討會，認真討論雅斯佩的觀念，尤其從比較文化的角度。班老師很奇怪，想法很多，但行動舒緩，申請報告遲遲不交卷。後來終於寫了出來，在1974年開了個會，會後由他主編論文集，可惜沒編好。班老師自己寫了兩篇文章，一篇是關於中國的，一篇是導論，寫得很精簡。但整個專集出版以後，沒有打響。後來社會學家艾森斯塔特（Shmuel N. Eisenstadt）也著文編書，闡揚「軸心時代」這個觀念。但整體而言，你要談西方之外的其他

重要文明的發展，西方文化主流的思想界和學術界不大能接受。他們可以承認中國文化有自己的發展，但沒有他們所謂的真正思想。比如當時在芝加哥大學的斯特勞斯（Leo Strauss），還有阿倫特，這些人從來不談西方以外的軸心文明。尤其是斯特勞斯，說起人類文明不外乎希臘與基督教，因此有意無意還是為西方中心主義所籠罩，哪怕後現代反西方中心，還是以西方主流文化為前提。

問：我看你的《時代的探索》第一篇就是談「軸心時代」的，覺得很特別，好像給你的近現代研究提供了一個文化比較的框架，不過聽你這麼一說，原來還有這麼個重要背景。

答：對，要瞭解現代，必須瞭解傳統，近代是從傳統轉變過來的，這些方面班老師、墨子刻對我都有影響。班老師對中國古代文化作了專門研究，就是從「軸心時代」的觀念出發，不僅把中國放在世界文化的大傳統裡去看，而且強調中國和西方一樣，要瞭解近現代都得往前追，都得以傳統文明為背景去認識。因此我也寫了一篇文章，把有關「軸心時代」這個觀念的來龍去脈大致梳理了一下。

問：就是收在《時代的探索》裡的那一篇？

答：也收到自選集裡，最早收在《幽暗意識與民主傳統》那本書裡。

問：「幽暗意識」代表你的學術思想的重要發展。

答：這是由「文革」引發的思考，前後有二十年。其中一個中心問題是為什麼中國走上大革命這條路？為什麼對於民主的追求變成人民民主專政，而不是別的？我關於康有為、梁啟超以及譚嗣同思想的探究，使我看到近現代政治觀念發展的一個關鍵，就是傳統儒家的經世思想。經世觀念在儒家思想裡發展成非常重要的傳統，其特點之一是政教合一。到現代中國不管是共產黨、國民黨，都還是黨政合一、政教合一，這都跟高調的民主有關。用徐復觀、唐君毅的話，民主的理想就是為天地立心、為生民立命、為萬世開太平。我在新亞書院錢穆講座就談這個問題。中國很早就有了政教合一的觀念，經過「軸心時代」、春秋戰國時代，在君主之外開始出現一個超越的道、一個以師為代表的道，因此君

統之外還有一個道統，所以這個時代出現了一個突破到政教分離的可能。可是到最後並沒有真正突破，在儒家傳統裡始終是若隱若現、若斷若續。中國的經世傳統，我還在研究，還沒有交卷。從殷商到晚清時代，為什麼中國傳統的主流還是君師合一、政教合一？談民主不是落實到個人的權益而始終是一種道德理想？

問：這和宋明理學有關。

答：很有關係。

問：或許可以推到更早。思想史上所謂唐宋轉型時期，在安史之亂之後，知識份子中間產生一種幻滅，與當局產生疏離感，後來的宋明理學也是從這一路發展下來。

答：是的，但這種疏離是若隱若現，根本問題沒解決。

問：我看朱熹的《四書集注》，對於孟子的「放伐」說，涉及「湯武革命」的理論，朱熹說「應合乎天而順乎人」，政權的合法性取決於「民心」。

答：這種觀念很模糊。更重要的是在「軸心時代」出現了超越觀念，從九重天外回看現實，有一個批判的距離。這種超越是真正的神聖，回看任何塵世的制度立刻被相對化，原先君王是神聖的，可是超越意識一出現，馬上變成相對的，不是絕對的了。有了這個天外之天，在塵世任何認為是神聖的東西都得打折扣。可惜，在中國超越意識的出現，不是一種徹底的超越（radical transcendence），而是一種宇宙中心的超越（cosmocentric transcendence），是一種涵蓋性的超越，而非領空性的超越。董仲舒是一個關鍵人物，在他的天與天道的超越性裡已經納入了三綱五常，作為道的一部分。這個超越我把它叫做「腰斬」（truncated）。人間制度已經不知不覺成為天道的一部分，所謂「天不變，道也不變」，三綱五常具有同樣的權威。到宋明理學家那裡，雖然超越意識是提升了，談天道、談天理、談太極，隱然有一個超越性，但一旦落實到「人極」，卻一定要配合「皇極」一起講，朱熹的「皇極解」就是典型的例子。這就要聯繫到我說的「幽暗意識」的歷史根源的問題。

問：當初讀到你的《幽暗意識與民主傳統》那本書，很受震撼。過去在大

**陸批判儒家對於人性的壓制，但您批評的是儒家對於人性的樂觀、甚至
縱容而造成的禍害，可說是發前人所未發。**

答：的確，到美國之後因為民族主義而左轉，但「文革」發生之後，使我
困惑，思想上衝擊很大，促使我對自己的政治左傾反思，這對我學術思
想的發展來說是決定性的。雖然沒有親身經歷過「文革」，外面的報導也
有限，但十年「文革」充分表明了它的嚴重後果。我的思考主要集中在
毛澤東現象，這不是一個簡單的個人崇拜問題，在他背後的道德理想主
義，有遠的近的歷史根源，也可以歸結到在文化上我們缺乏一種對於人
性局限的透徹認識，而在政治上也缺乏制度上的實踐，這也是中國在近
現代以來沒有解決的問題。

問：**我們常常喜歡說，「憂患意識」，是中國知識分子的傳統，這和你說
的「幽暗意識」是不是一回事？**

答：這兩者有很大的區別。「憂患意識」主要是對待外界危機的，本身
蘊涵著一種完善的道德主體，如孟子說的「大丈夫」，即所謂「富貴不能
淫，威武不能屈，貧賤不能移」，憑這種理想人格，就能克服危機。當然
儒家也時刻警惕自己的缺點或私欲，但認為是可以通過自我修養而達到
完善的。所謂「幽暗意識」首先在於正視人性中與生俱來的陰暗面以及
來自社會制度的黑暗勢力，而時時加以警戒，特別要警戒的是權力帶來
的腐敗。提出「幽暗意識」自然觸及為何儒家的超越意識未能開出民主
傳統的問題，因此不斷引起新儒家的批評。本來我的思想也受徐復觀的
一些影響，我們的關係也一直很好。我在 1982 年寫了「幽暗意識」的文
章之後，徐先生看到了，非常生氣，就寫信給我，嚴厲斥責我的觀點。
認為儒家以性善論為根本，也應當成為自由民主觀念的人性論的基礎，
而我這麼講「幽暗意識」卻落入法家或荀子的性惡論，簡直是荒謬絕倫。
那時徐先生在病中，說要等他病癒之後，再跟我進一步討論，沒想到他
不久即去世了。

問：**因為「文革」你對自己的左轉進行反思，那麼您又回到了自由主義？**

答：的確，從西方近代自由主義的發展來看，在討論人性基礎方面，也

有不少爭論。如提倡政治專制的霍布斯認為一般人是不可靠的，因此需要一個強勢政府來加以管制。但是近代「自由主義之父」洛克（John Locke）對於這種看法的回應很尖銳，也很有趣。他說一般人是需要管的，但由誰來管呢？當然應該是國王。但國王也是人啊，也是不可靠的啊，如果在國王身上發生道德墮落或政治腐敗，那危害不是更大嗎？那麼由誰來管住國王呢？洛克打了個比方，大家知道黃鼠狼調皮搗蛋，需要獅子那樣的猛獸來控制它們，但獅子是凶猛的，威力也大，它如果為非作歹的話，造成的危害要比黃鼠狼大得多，難道也不需要加以控制和防範嗎？所以自由主義從一開始就注意到政治權力和「幽暗意識」的問題。其實我們看西方的民主實踐也有一番經歷和「幽暗意識」的認識有關。如美國立國之初，那些開國之父們（Founding Fathers）很了不起，就以確立憲法的形式對政治權利加以限制。舉個例子杜魯門當總統，要見駐防日本的美軍總司令麥克亞瑟，那時二次大戰之後，麥克亞瑟以五星元帥、大戰英雄的威望正是如日中天，不可一世，要杜魯門到太平洋中的中途島來見他。果然杜到太平洋見了麥克亞瑟，但他覺得麥帥高傲不遜，有不接受「文人統治」的基本原則的傾向，一回到華盛頓，就下了一道命令，把麥克阿瑟的總司令撤了。麥克亞瑟一接到命令，就傻了眼，但不得不乖乖下臺。這件事對於有些國家來說，簡直不可想像，說不定有可能發生軍事政變，但在美國，憲法規定總統是三軍統帥，美國人從小就受教育，一切得服從憲法，如果麥克亞瑟要怎麼樣，軍人不會聽他的。2000 年總統大選也是個例子，布希和戈爾之間的票數，最後由最高法院裁決，結果是戈爾敗選。一旦作出決定，就塵埃落定。雖然這樣做並不是沒有問題，但在制度上保證了國家的穩定，碰到這樣大的問題，不會陷於危機。

問：我覺得「幽暗意識」有一層悲天憫人的色彩，滲透著一種宗教的情懷，好像跟其他自由主義者不一樣。

答：西方自由主義的思想脈絡很複雜，與基督教思想的關係非常密切。談到「幽暗意識」，不得不提到 1960 年代初基督教思想家萊因霍爾德·

尼布爾（Reinhold Niebuhr）在哈佛開的一門課，他對於基督教原罪觀與西方民主思想發展的研究對美國學界很有影響。那門課是有關西方近代民主理論與實踐方面的。一個學期下來，由於我的西方思想背景知識不夠，沒有全部聽懂，但他的一些主要論點在我心裡埋下了種子。他強調基督教的「雙重人性觀」，即我們不僅要看到為上帝創造的人性本善，而尊重個人的價值，但也要充分認識到人的罪惡性而加以防範。從這觀點出發，尼布爾對於西方自由主義和整個現代文明提出質疑和批判，如二十世紀的左、右兩大極權政體的出現，就是對於人的惡性認識不夠，未能對極權暴政作出有效的遏制，給人類造成無比的災難。尤其是他的那句名言「人行正義的本能使得民主成為可能，人行不義的本能使得民主成為必需。」我覺得特別精闢，只有透徹理解尼布爾的雙重人性觀，以及由之而來的對人性陰暗面的警覺，才能真正認識民主制度的精義，彰顯它的價值。

問：你信基督教？

答：我不是基督教徒，但對基督教我有同情。我讀了一些這方面的書，不僅是關於尼布爾的，還有就是我在俄亥俄州立大學教書，有一門課是世界宗教史，與我的同事 Marilyn Waldman 合教。這就逼著我系統地讀了一些基督教、印度教等其他宗教方面的書，使我受益匪淺。

問：你是不是一個自由主義者？

答：當然是，從那時起我就回歸了，回到自由主義。在我的自我反思中，也修正了從前我對民主的認識。長期以來我們所接受的「五四」傳統，實際上談的主要是一種高調的自由民主，但民主思想卻不能生根，權力仍然不斷地泛濫成災，因此「文革」之後，接觸到尼布爾的雙重人性觀，令我倍感親切。我深深覺得，在中國談民主，首先需要一個低調的民主觀，才能真正實踐民主的理念。

問：事實上你提出了一系列命題，如轉型時代、近現代中國的烏托邦思想、高調和低調民主等，好像都圍繞著「幽暗意識」這一核心思想展開。

答：的確我試圖從思想史、政治史等方面來考察和論證關於「幽暗意識」

的提法。從譚嗣同《仁學》我們可看到近代激進思想的源頭，即把所謂「冲決羅網」作為解決危機的方案。因此我把 1895 年看作中國的近代轉型時代的開始。知識份子沿著這個激進的思路，掀起民族主義的狂瀾大波，唱出高調的民主觀念，結果是並沒有解決中國的危機，反而帶來了歷史的教訓。另外從中國的政治思想傳統方面找出高調民主的根源，正如我們可以看到傳統的經世觀念不絕如縷，使得許多近現代知識份子仍然熱望一種創造性的政治可以解決一切根本問題，帶來理想的社會。雖然像明末清初的黃宗羲，已經很了不起，思考到君權這一災禍的根子，但那只是荒野中的吶喊，未能在傳統政治思想上開出一個新的局面。

問：轉型時代充滿了思想和政治危機，那麼現在我們是否還在轉型時代？

答：是的，危機還沒有結束。西方一般把「五四」看作現代的開始，但我覺得應該從 1895 年算起，就是所謂中國「面臨三千年未有之變局」，三綱五常為代表的傳統秩序和價值一去不復返，中國向何處去？政治領域的合法性問題到現在還沒有真正解決，重要的是在文化上我們是有破無立，從這意義上說，和傳統還沒有接上軌。

問：近些年來在文學研究方面也不再把「五四」看作現代的起源，如王德威提出「沒有晚清，何來『五四』？」談晚清小說「被壓抑的現代性」，產生了影響，這和你的「轉型時代」有重合之處。高調的民主也好，烏托邦也好，是不是可以說近現代中國的傳統資源，包括經世思想、三代理想等，似乎發揮了決定性作用？那我們現在應該怎樣對待傳統？

答：這值得探討。新儒家批評我忽視傳統道德理想，我覺得不是這樣。只是我們應該首先實現低調的民主自由，認識到人性的幽暗面，在制度上防範權力的濫用，在這樣的基礎上再來談民主自由的理想性，就會比較實際。雖然西方的民主並非沒有弊端，有時候也很骯髒、醜陋，但受到基本制度的繩範，政治不易走向極端，減少了人禍的可能。因此我們今天不能對民主有過高的期望，應當以發展低調的、警覺性的民主觀為前提，在這個基礎上進一步發展有關平等、公正的觀念，講求個人人格

與生活品質的提高等等，由此來實現與自由主義相關的價值與理想。

問：**這些方面傳統也會發揮作用。**

答：傳統的道德價值無疑是我們的一個重要精神資源，即使是對於毛澤東和「文革」，現在的理解過於簡約化了。你想他為什麼要發動「文革」？他說他一生完成了兩次革命，一次是推翻國民黨，建立了新中國；另一次是發動「文化大革命」。照理來說，他已經功成名就，大可不必如此興師動眾，我覺得他的理想主義非常複雜，值得好好研究。

問：**你把晚清以來的烏托邦思想分成「硬性」和「軟性」的兩種，我覺得很有意思。把康有為的《大同書》看做是軟性的比較容易理解，但把胡適與之相提並論，和我們對他是自由主義者的理解不一樣？**

答：胡適這個人很複雜。在他的思想裡，那種高調的理想主義也存在，包含了儒家對於人性的樂觀成分，更主要他從赫胥黎和杜威那裡接受了科學主義，認為知識必然帶來社會進化和道德的提升。他寫過一首通俗歌曲，表達了現代人那種不信神的自立精神，實際上是一種神化的自我。

問：**這種思想很有代表性，也是一種烏托邦的體現吧。在大躍進年代郭沫若和周揚編過一本《紅旗歌謠》，採錄了數百首民間歌謠，主題就是人定勝天。其中有一首〈我來了〉：「天上沒有玉皇，地下沒有龍王。我就是玉皇，我就是龍王。喝令三山五嶽：我來了！」有意思的是當初是胡適提出白話是「活文學」，文言是「死文學」，掀起軒然大波。近年來有學者批評胡適的這個觀點，認為蘊涵了「五四」以來的「二元思維模式」，造成可怕的後果。**

答：胡適有些地方很難理解。在逃離大陸時，國民黨的飛機在那裡等著，而他卻忙著設法帶走一部什麼版本的《水經注》。像他這樣的人應該關心一些更重要的事情。

問：**有人把你稱作「沉思型學者」，你前面談到不斷對自己的觀念的反思，好像涉及歷史學方法論方面的問題。**

答：研究歷史我想重要的是應當具有「問題意識」。就像意大利歷史學家克羅齊說的「所有的歷史都是現代史」，這提醒我們任何歷史敍述都免

不了主觀，像蘭克所聲稱的「客觀歷史」已不再令人信服。或許我的歷史研究有點特殊，就是和我的個人經驗息息相關。

問：不過我覺得你所提出的一些論點，都是深思熟慮的結果。如你談到「五四」思想的「兩歧性」，像浪漫主義的思想脈絡，也包括了文學方面，其脈絡之複雜比起同類論述有過之無不及。我感興趣的是，你好像很少談到歷史研究中如何運用史料的問題。在這樣敘述「五四」「兩歧性」的時候，你是否有意要提供一個比前人更好的版本？

答：當然有這種考慮。在歷史研究的方法上，班老師一向反對簡約主義。對他來說，文化傳統本來就是非常複雜的東西，因此提倡辯證的思考問題，要深入，反對大而化之，誇誇其談。他的那些說法是我在後來漸漸地體會到的。

問：這使我想起在 20 世紀 80 年代底到美國，先是讀到列文森關於梁啟超的專著，後來又讀到你的書，覺得比列文森的那本強多了。

答：那是我的博士論文，有他的書在前，當然是一種挑戰。他講的梁啟超突出他西學的一面，而我是把梁放在傳統的脈絡裡來探討。我的書大約在 1969 年交給哈佛出版社，但出版很不順利。出版社請列文森審稿，他對我的稿子很不以為然，壓了一年多，最後他寫了個評語，批評得很苛刻，說不能出版。後來班老師知道了，跟我說他會支持我，結果他和費正清商量了，各自給出版社寫了信，認真評價了一番。不是這樣的話，這本書就很難說了。列文森很有才氣，那時候在學界已經很有名。當初哈佛要留人，要費正清在他和班老師之間選擇，結果選了班老師。列文森很不高興，就去了伯克萊加州大學。

問：我在哈佛的時候，您的班老師已經退休，但學校為他保留了辦公室，他也常去。有一次在費正清中心作演講，我問了個問題，作為一個猶太人，為什麼對於中國文化情有獨鍾，他好像對這個問題很有興趣。

答：他這個人就是這樣，你平時和他談話，對有興趣的話題他會滔滔不絕，如果話不投機，沒到五分鐘，就可以從他的辦公室裡出來了。據說他晚年非常悲觀。我最後一次見到他是在 1999 年，像平時一樣，先是

問你家裡好嗎，然後就談問題。我覺得他已經是一個憂心忡忡的憤怒的老人，對於這個世界看不到希望。他覺得後現代主義批判了西方中心主義，但沒有樹立起新的人文價值，而從「軸心時代」至啟蒙思潮有些值得珍視的東西已經失落，在世紀末整個西方社會為物質主義所籠罩，處於嚴重的價值危機。

問：你是怎麼看的？

答：的確像福柯批判了啟蒙時代以來的工具理性，但他回避倫理價值的判斷，沒有給出一個答案，在他的晚年已經意識到這個問題。我覺得情況還不那麼悲觀，在以「軸心時代」文化為核心的傳統文化與後現代以及現代文化之間應當進行三面對話，在理論上作探索。比方説在對於自由主義的反思方面，泰勒（Charles Taylor）的「社群主義」和自由主義進行對話，重新考慮個人和社群之間的關係問題。羅爾斯（John Rawls）在自由主義內部提出公正理論，這些都值得關注。

問：你現在正在進行的研究課題是什麼？

答：仍然以 1895 年「轉型時代」前後為分界，此前的中國經世傳統和此後的中國「革命」道路是我主要探討的課題。

三、張灝教授年表及書目

張灝先生生平與著作年表

丘為君　編著[1]*

1937 年 出生

8 月 24 日出生於福建廈門（真實出生年為 1936 年 4 月 30 日）。
祖籍安徽滁縣，父親張慶楨先生（1904 年 11 月 17 日—1998 年
5 月 12 日），母親汪慧芬女士（1911 年 6 月 1 日—1970 年 7 月
22 日）。張慶楨先生為上海中國公學畢業，美國芝加哥西北大學
（Northwestern University）法學博士，畢業後返國在中央大學等任
教，擔任過監察院委員與立法委員，後來隨國民黨前往臺灣；家
中有 5 兄弟，4 個留下沒有來台，下場很慘。

1940 年 4 歲

當時日本侵略中國，先生居住地方被日本人的轟炸震醒，這經驗
給他生命留下了深刻的印象。

1949 年 12 歲

到上海，讀市郊的上海中學；只短暫住了兩個月，中國內戰，國

---

[1]　*本表是依據先生官方登記的出生日期作為依據。本表是在 2016 年做的《張灝先生著作表（初編）》基礎上進行修訂的，該表曾受到陳俊啟教授與張書華小姐的協助。本表則另外接受到翁賀凱教授，以及張灝先生女兒 Charlotte Chang 的幫忙。特此致謝。

民黨失利，隨父母自上海赴臺北。

1950 年 13 歲

進入臺北市師大附中就讀。

1953 年 16 歲

臺北市師大附中畢業，進入臺灣大學歷史系，拜在殷海光門下，
受其「五四」自由主義影響。

1954 年 17 歲

7 歲起生肺病，小時候經常休學養病，今年父親聽從一位親戚醫
師意見，決定給他做肺部手術，結果差點把命送掉，死裡逃生。

1957 年 20 歲

臺灣大學歷史系學士。

1959 年 22 歲

就讀哈佛大學，在政治與文化意識方面的思想起了新變化。在
政治意識上，受到中共民族主義宣傳與 1930 年代中國左翼文學
衝擊，思想開始左傾，與自由主義漸行漸遠。在文化意識方面，
結識余英時與杜維明等，在他們影響下，開始接觸現代新儒家思
想，例如錢穆、牟宗三及熊十力的作品。（余英時 1956 年起在哈
佛訪問一年後，1957 年開始在哈佛攻讀古代史博士學位。）對
中國傳統的複雜性有進一步的認識。

在賴肖爾教授（Reischauer）任教的日語初級課上第一次遇見了墨
子刻（Thomas A. Metzger），彼此的相知相遇而成為終生摯友，並
受其影響開始接觸韋伯（Max Weber）有關現代性起源及比較文化
的論著。

1960 年 23 歲

* "The Anti-Foreignist Role of Wo-jen（1804-1871）", *Paper on China*, vol. 14, published by the Center for East Asian Studies, Harvard University（December 1960）. pp. 1-29.〈倭仁的排外主義〉發表於哈佛大的學刊物 *Paper on China*。

這篇研究倭仁的論文，以排外主義取代保守主義。作者認為倭仁比一般中國知識份子有更強烈的族姓——文化優越感，更不願意接受外來文化。倭仁作為當代知識精英的代表性人物，他的排外主義態度在當時有很大的影響力。這讓「同治中興」時期開展的改革開放運動——「自強運動」（1861—1895），遇到強大的阻力。本文指出，倭仁的排外主義是中國傳統排外主義意識形態的原型典範。

1961 年 24 歲

獲美國哈佛大學碩士。

1962 年 25 歲

繼續留在哈佛大學攻讀博士學位，拜師史華慈（Benjamin Schwartz）。

1963 年 26 歲

春，旁聽美國宗教思想家尼布爾（Reinhold Niebuhr）《西方近代的民主理論與經驗》課程，開始接觸到西方民主思潮，與「危機神學」（Crisis theology）——又稱「辯證神學」（Dialectical theology）。尼布爾批判、反思民主的「幽暗意識」，開始在先生思想中埋下種子。

1964 年 27 歲

9 月 12 日與廖融融女士結婚。

1966 年 29 歲

獲美國哈佛大學博士。

至美國南部路易斯安那州的路易斯安那州立大學（Louisiana State University）任教，受到該校二戰期間流亡至此的傑出德裔政治哲學家沃格林（Eric Voegelin）思想影響。

中國「文革」爆發，開始從得自尼布爾「危機神學」的啟示：「人行不義的本能使得民主成為必要」，反思文革運動的暴力革命，在人性的陰暗裡，找到了文革所展示的權力泛濫的根源。左轉的迷夢被震醒，在思想上又作了一次重要調整，回頭肯定自由民主，但告別年輕時代受到五四影響的「高調的民主觀」。

1967 年 30 歲

殷海光在臺灣受到國民黨白色恐怖迫害，生活陷入困境，1967 年 3 月 8 日寫長信給先生，請幫忙在美國找工作。

1968 年 31 歲

美國俄亥俄州立大學歷史系助理教授（1968—1970）。

1968 年 1 月 8 日 殷海光寫短信給先生，提及先生著作（《梁啟超與中國思想的過渡》一書）即將完成。

1969 年 32 歲

暑假返台，呆兩個多月，探視母親的病，見到闊別 10 年的殷海光，也是殷海光生命旅程上最後的日子。這是先生最後一次見到殷海光。

1970 年 33 歲

美國俄亥俄州立大學歷史系副教授（1970—1975）。

母親汪慧芬女士逝世（1911 年 6 月 1 日—1970 年 7 月 22 日），享年 59 歲。

1971 年 34 歲

Liang Ch'i-ch'ao and Intellectual Transition in China, 1890-1907, Cambridge, Mass. : Harvard University Press, 1971. 哈佛大學出版社出版《梁啟超與中國思想的過渡》，這是先生第一本專書，廣受學界好評。

在此書中先生第一次提出「轉型期中國」（「轉型時代」）理念，先生這裡所謂的「轉型期」，是指 1890 年至 1911 年前後大約 10 年左右的時間。本書認為，對照五四的核心思想，梁啟超對科學有所保留，但是對民主有很深的期待。與《新青年》不同的是，梁啟超的「新民」理想揉拌了民主制度與民族主義崇拜，而《新青年》則傾向提高個人主義並降低民族主義成份。另外作者認為，梁啟超的《新民說》與後來的中國共產黨人思想之間的繼承性至為明顯。中國共產黨人所提倡的獻身公益、嚮往未來、嚴以律己、敢於犧牲等等進取形象，都與梁啟超「新民」理想有驚人的相似處。

1972 年 35 歲

應哈佛大學一個座談會之邀，發表 "New Confucianism and the Intellectual Crisis of Contemporary China"〈新儒家與當代中國的思想危機〉。

1973 年 36 歲

長女張筱融 Constance Chang 出生於美國俄亥俄州哥倫布市（Columbus OH）。

1974 年 37 歲

"On the Ching-Shih Ideal in Neo-Confucianism", *Ch'ing-shih wen-t'i*,

vol. 3, no.1, Nov. 1974, pp. 36-61〈論新儒家的經世理想〉發表於《清史問題》。

本文探討經世觀念的界義與內涵。作者強調了經世思想的開展，係以修身思想作為前提，經世觀念以修身觀念為基礎，無法避開修身觀念來談經世思想問題。其次，作者描繪出經世觀念的兩項重要特徵：帶有「實用」（pragmatic）或「功效」（utilitarian）色彩的經世精神（practical statesmanship）與具有道德色彩的經世精神（moral statesmanship）。

1975 年 38 歲

美國俄亥俄州立大學歷史系教授（1975—1998）。

1976 年 39 歲

次女張又婷 Charlotte Chang 出生於美國俄亥俄州哥倫布市。

* 出版 "New Confucianism and the Intellectual Crisis of Contemporary China", in Charlotte Furth,（ed.）, *The Limits of Change: Essays on Conservatives in Republican China*, Cambridge, Mass.: Harvard University Press, 1976 。〈新儒家與當代中國的思想危機〉。

先生在此文中第一次提出「意義危機」（crisis of meaning）的概念。所謂「意義的危機」是指在西方衝擊下，新的世界觀和新的價值系統湧入中國，打破了一向藉以安身立命的傳統世界觀和人生觀，各種爭執不下的新論述，使得傳統價值取向的象徵日益衰落，於是中國人陷入嚴重的「精神迷失」（spiritual disorientation）境地，這是自中古時代佛教傳入中土後所未有的。現代中國的「精神迷失」有三種特色：道德迷失（moral disorientation）、

存在迷失（existential disorientation）與形上迷失（metaphysical disorientation）。當代新儒家是在這樣的背景下出現。「意義的追求」使這些保守的新儒家發現，在儒學裡不只有存於過去的傳統，也有活的道德信念，這些道德信念是他們所躬行體受的。因此他們在儒家精神和道德理想裡面所能體驗和珍惜到的東西，是站在這個信念傳統以外的人，所無法體認到的。他們在儒家之宗教道德理想裡找到價值中心，這種價值中心不只可作為道德取向的基礎，同時也賦予生命和這個世界以融貫的意義。在這個意思下，他們對儒家的「倫理精神象徵」所做的基本認同，基本上是他們對「意義危機」的反應。先生指出，「意義危機」是精神危機，與現代化造成的思想危機有別。因此不能簡化地用現代化造成的思想衝擊來詮釋當代新儒家。

1978 年 41 歲

*〈晚清思想發展試論——幾個基本論點的提出與檢討〉臺北：中央研究院《近代史研究所集刊》第七期。

本文指出，中國士紳階級仍然大多數生活在傳統的思想世界裡。然而 1895 年以後，中國的士紳階級在甲午戰敗與簽訂屈辱的馬關條約的刺激下，大多數已無法只活在儒家傳統的思想世界裡，而必須正視外來的西學的意義與價值。本文將 1895 年視為「轉型時代」的起點，因為甲午後中國思想界內部起了重大的變化。這種思想界的巨大變化，主要與康梁等人引進西方自由主義的基本概念有關：其以「救亡意識」為訴求的政治社會活動中，宣揚自由、平等、權利和民主等自由主義價值，由此撼動建立在「君／臣」、「父／子」、「夫／妻」等二元權威體制之上的綱常名教，及從中衍伸的傳統秩序。

*〈新儒家與當代中國的思想危機〉（"New Confucianism and the Intellectual Crisis of Contemporary China"）中譯文刊出（林鎮國翻譯），收入《幽暗意識與民主傳統》（臺北：聯經，1989），頁79—116。本文刊出後，引起學界熱烈反應。[2]

1980 年 43 歲

* "Intellectual Change and the Reform Movement, 1890-8", in Denis Twitchett and John K. Fairbank,（ed.）*The Cambridge History of China: Late Ch'ing, 1800-1911, Part II*（Cambridge University Press, 1980），pp. 274-338.〈思想的轉變和改革運動，1890—1898〉《劍橋中國史‧晚清卷 2》。

本文基本上為 1978 年〈晚清思想發展試論〉一文的英文版。它指出，1890 年以前西方文化對中國談不上什麼大衝擊，但在 1890 年代中期，西方觀念和價值首次超溢於通商口岸之外，而大規模地衝擊整個中國，對士大夫階級的思想變化，具有決定性刺激作用。

* "Neo-Confucian Moral Thought and Its Modern Legacy", *Journal of Asian Studies*, 39.2（Feb. 1980），PP.259-272. 本文是關於墨子刻（Thomas A. Metzger）1977 年出版的新書《擺脫困境——新儒學與中國政治文化的演進》（*Escape from Predicament: Neo-Confucianism and China's Evolving Political Culture*）的書評論文。

*Book Review: "The Last Confucian: Liang Shu-Ming and the Chinese Dilemma of Modernity," by Guy Alitto, *Journal of Asian Studies* 39:3（May 1980），pp. 561-563. 書評：《最後的儒家》。

---

[2] 見林鎮國、周陽山、廖仁義／採訪，〈訪張灝教授談新儒家與自由主義的前途〉，收入《幽暗意識與民主傳統》（臺北：聯經，1989），頁 219-227。

1981 年 44 歲

*〈再認傳統與現代化〉,《海外學人》, 107（1981 年 6 月）,頁 2—12。

* "Intellectual Radicalism and the Quest For Meaning-The Decade of 1890's", *Proceedings of the International Conference on Sinology: Section on Thought and Philosophy*,《中央研究院國際漢學會議論文集》（臺北：中央研究院, 1981）, pp. 371—392.

1982 年 45 歲

7/30,應臺灣《中國時報‧人間副刊》之邀,參加在宜蘭棲蘭山莊的學術思想研討會「近代中國的變遷與發展」。由此機緣,將蓄之有年的若干問題與想法寫成〈幽暗意識與民主傳統〉 文,自那時起,這些問題與想法便一直縈迴在先生腦際,形成其思想發展的一條主軸。[3]

*6/16〈幽暗意識與民主傳統〉,刊於《中國時報》1982 年 6 月 16 日;收入《幽暗意識與民主傳統》（臺北：聯經, 1989）,頁 3—32。

本文討論幽暗意識與西方民主傳統,以及幽暗意識與儒家傳統這兩個議題。所謂幽暗意識,是指發自對人性中或宇宙中與始俱來的種種黑暗勢力的正視和醒悟,因為這些黑暗勢力根深柢固,這個世界才有缺陷,才不能圓滿,而人生的生命才有種種的醜惡,種種的遺憾。本文指出,基督教是以人性的沉淪和陷逆為出發點,著眼於生命的救贖。相對而言,儒家思想則以成德的需要為其基點,對人性作正面的肯定。本文認為,儒家人性論有兩面性:肯定人性成德之可能,但同時又強調現實生命缺乏德性,

---

[3]　見〈幽暗意識的形成與反思〉《時代的探索》（臺北：中央研究院及聯經, 2004）,頁 229。

是昏暗的、陷溺的，因而需要淨化、提升。換言之，基督教的幽暗意識因為相信人的罪惡性是根深柢固，因此不認為人有體現至善之可能。而儒家的幽暗意識，在這一點上始終沒有淹沒它基本的樂觀精神，因為不論成德過程如何艱難，人仍有體現至善並變成「完人」（morally perfect man）的可能。與基督教人性觀不同的是，儒家有一種非常特別的道德理想主義──聖王精神，即政治統治的正當性必須本於道德。聖王精神有兩種特徵：超越意識與幽暗意識。所謂超越意識，是指任何人若能發揮本身的、天賦的善端，都可以與超越的天（the transcendental Heaven），形成內在的契合──即到達理想但具有神秘主義意義的「天人合一」境界。儒家的超越意識是人文精神的一種展現，但是這種人文主義與現代的人文主義有著基本的不同。現代人文主義是排斥超越意識的，而儒家人文思想系統，在運作上是先走內聖程序，而以外王為目的。幽暗意識雖然存在中國儒家傳統中扮演重要角色，卻未能有充分的發揮。衡之幽暗意識在西方自由主義傳統裡的重要性，比較起來就可以瞭解到中國傳統之所以開不出民主憲政的一個重要思想癥結。

*〈傳統與現代化──以傳統批判現代化，以現代化批判傳統〉，收入《幽暗意識與民主傳統》（臺北：聯經，1989），頁 117—138。

本文討論現代與傳統之間的問題，首先分析二戰後中外學界最熱門的議題現代化，作者從韋伯（Max Weber）的「理性化」（rationalization）概念去分析現代化概念：貫串西方近世文明的一種理性化的趨勢──人類以理性對自然與社會環境加以征服並控制的種種努力。韋伯的理性化觀念包含兩方面：「價值理性」（Wertrationalität, Value rationality）與「目的理性」

（Zweckrationalität），後者又可以稱之為「工具理性」或「功效理性」（Instrumental rationality），可以視為近代西方文明發展的主要特徵。韋伯的「理性化」概念對瞭解近代西方物質文明發展的成就上具有貢獻，但對與民主制度之間的關係著墨不多。本文指出，任何一個社會的現代化過程，如果沒有民主制度支撐，則韋伯的功效理性無法扮演社會中的穩定性與持久性。韋伯對中國傳統的看法與五四的反傳統主義是殊途同歸，一個是對傳統輕率地否定，一個是簡單地化約，兩者都未能認清傳統是一個多層多面的複雜建構。因此不能把傳統與現代的關係，視作一個簡單的對立，接受現代化並非必須否定傳統。

*〈訪張灝教授談新儒家與自由主義的前途〉林鎮國、周陽山、廖仁義／採訪，收入《幽暗意識與民主傳統》（臺北：聯經，1989），頁 219—227。

先生指出，晚清以來，中國知識份子致力於尋求民族富強的途徑，有些層面是可以用民族主義、現代化與文化認同來解釋的，但有些層面卻必須有其他的解釋。他在〈新儒家與當代中國的思想危機〉這篇文章就是試圖由「意義的追求」的角度，來剖析新儒家的宗教道德性格。關於新儒家在哲學上對德意志觀念論有所偏愛的問題，先生指出，1930 年代德國走上納粹國家主義，而在 1945 年以後德國以及整個歐洲的一些知識份子的反省，認為這個時代的浩劫的根源是德國「觀念論」。關於這個問題，作者認為德意志觀念論和納粹國家主義的關係是極其複雜的，把德意志觀念論化約為納粹國家主義的前身，是一種誤解。因為德意志觀念論不一定會產生意識形態上的極權主義，同樣的，新儒家在哲學觀念上與德國觀念論有相通之處，並不意味著它一定會產

生那一種政治意識形態。德意志觀念論可以產生相當強烈的文化
批判精神甚至政治批判精神，它未必會妥協於極權主義的現狀。
基於此，倘若把儒家思想當作是專制帝王的御用哲學，這是不
正確的；這涉及了中國思想中道統與政統的問題，換言之，我們
要問，中國歷史上有沒有獨立於政統的道統，以及儒家具有什麼
樣的批判精神。關於自由主義的問題，先生認為，由世界文化的
整體角度來看，自由主義的思想傳統的建立，必須與中國文化銜
接，而給中國文化賦予現代意義。在現代化之後，要對現代化有
批判的精神，不然完全依靠現代化背後那一套歐美文化的思想傳
統，也不能單憑我們自己的文化思想傳統，而必須對中國文化與
世界文化的批判，來建立我們的「知統」。要建立自由主義，首
要之務就是要建立一個可以限制權力的制度。然而中國傳統有所
謂的「聖王」觀念，認為只要是聖王，就應該給他無限的權力。
基督教在這一方面有一個比較高明的看法，認為人只是人，絕對
不能給他無限的權利。人就應該當人看待，人永遠不能變成神。
人一旦有了無限的權力，權力就會薰心；針對這點，我們要從根
本上正視人類的「幽暗意識」。

*〈訪張灝教授談幽暗意識與中國民主化運動的前途〉楊白／採訪，
收《幽暗意識與民主傳統》（臺北：聯經，1989），頁 229—243。

這篇訪問稿是圍繞著先生的〈幽暗意識與民主傳統〉一文撰寫的
背景而展開的。先生指出，這篇研究的動機是：第一、在中國傳
統裡始終沒有開出民主制度。第二、從現代中國的歷史經驗來
看，特別是至 1966 年以降，中國大陸發生了空前的大悲劇。先
生認為這個悲劇的起源，主要在於毛澤東瘋狂的理想主義。另
一方面在臺灣這裡，有許多人對民主制度抱著幾近天真的樂觀態

度，把民主政治看成烏托邦般的完美，然而若忽略了幽暗意識，
不能正確地認識到人的有限性，則互相制衡的民主政治，便不能
落實下來。儒家的人性論有其兩面性。從正面看去，它肯定人性
成德的可能性，從反面看去，它強調生命有成德的需要，這就蘊
含著現實生命缺乏德性的意思，意味著現實生命是昏暗的，是陷
溺的，需要淨化與提升。沒有反面這層意思，儒家強調成德和修
身的努力將完全失去意義。因此在儒家傳統中，幽暗意識可以説
是與成德意識同時存在，相為表裡的。儒家雖然強調成德的艱難
感，但是到底保留了基本的理想精神與樂觀精神。儒家這個樂觀
精神，影響了它政治思想的基本方向。儒家的信念是，既然人有
體現至善，成聖成德的可能，那麼想要政治清明，就應該把權力
交給已經體現至善的聖賢手裡。這就是「聖王」與「德治思想」。
而這種觀念，先生認為就應該批判。因為這種聖王觀念，傳統儒
家雖有抗議精神，道德勇氣的表現，但是也因而開不出民主政治。

1984 年 47 歲

*〈宋明以來儒家經世思想試釋〉，臺北《近代中國經世思想研討
會論文集》，臺北：中央研究院近代史研究所編印，頁 3—19。收
入《張灝自選集》（上海：上海教育出版社，2002），頁 58—81。

本文指出，經世不是一個單純的觀念，它至少有三層意義。第一
層意義指儒家的入世的「價值取向」，它可以説是任何形態的經
世思想的前提。第二層含義最廣，相當於宋明儒家所謂的「治體」
或「治道」。第三層才是晚清所謂的經世之學所彰顯的，它包含
西方學者所瞭解的「官僚制度的治術」（bureaucratic statecraft），
這相當於宋明儒學裡面所謂的「治法」，而治法絕非官僚制度的
自述所能全部涵蓋的。關於第一層意義「入世精神」，可以從兩
個觀點去看：第一，是從宋明儒學的整個義理架構去看。「經

世」就其作為儒家人文精神的一種基本價值取向而言，是不能和儒家的成德精神與宇宙觀分開來考慮。第二，儒家的入世精神也是一種淑世精神，是無條件體接受既存的現實世界。儒家一方面入世，一方面具有它獨特的超越感。在這些超越感的對照下，現實世界往往顯得不圓滿、不合理。因此儒家的入世精神，是希望改善現實世界以實現其理想。換言之，經世觀念不僅代表一種入世精神，也代表一種淑世精神，它是二者的綜合。第二層意義：修身與經世綜合為一——政治是人格的擴大。經世所代表的淑世精神，是以政治為主要表現方式。也就是說，在以人世為關懷的前提上，儒家進而要求建立一個和諧的政治社會秩序。在這一層意義上，經世和宋明儒學常常用到的兩個觀念——「外王」和「治平」是同義的，而與「修身」「內聖」則常常是對舉的。即是，政治是人格的擴大，這在宋明儒學傳統中的經典《大學》尤其明顯。表現在《大學》一書的「人格本位政治觀」，是宋明儒學所謂的「治道」或「治體」。後者用現代的話來說，就是政治的基本原則。第三層意義：治法。但是宋明儒者在討論經世，不僅談「治道」，也談「治法」。這裡所謂的「治法」，就是以實現「治體」的客觀制度規章。這第三層意義的最好例證，就是晚清嘉道以後流行的所謂「經世之學」，當時的經世之學之提出，是藉以區別其他三種學問：義理之學，考據之學，詞章之學。「經世之學」是講究如何由制度的安排，政府多種政策的運用，以及法令規範的約束，以求政治社會秩序的建立。

1986 年 49 歲

*〈五四運動的批判與肯定〉，臺北《當代》雜誌創刊號，1986 年 5 月，頁 48—60。收入《幽暗意識與民主傳統》（臺北：聯經，1989），頁 139—170。

本文指出,「五四」知識份子在當時所面臨的問題很多,但中心問題只有一個——「如何重建中國文化」?而「五四」知識份子「如何重建中國文化」不是一個書齋裡的學術問題,而是時代所帶給他們的一個迫切而實際的問題。對比了「五四世代」與「前五四世代」的差異,本文說道:「五四」以前,對大多數知識份子而言,中國傳統並不是一個單純的整體,裡頭有其複雜性,其中包括許多不同的學派和思潮(例如漢學與宋學之爭、古文與今文之爭,以及儒佛之爭等等)。「五四」以後,知識份子一方面將中國傳統視為一個單一的整體而與西方近代文明對立起來——即這兩種文化之間只有矛盾抵觸而不能融合匯通;另一方面,知識份子又將西方近代文明簡化為科學與民主兩個要素。作者最後歸結到,儘管「五四世代」對時代的認識有這樣的限制,但他們要「重新發現人」與「重新估定一切價值」的嘗試,在今天看來,仍然深具意義。

*〈如何了解「五四」〉,《中國論壇》,頁 15—16。

* "The Inward Turn: The Formation of Order in Tao-hsueh," Unpublished Paper Written for the Conference on Sung Statecraft at Scottsdale, Arizona(1986)〈內化轉向:道學的秩序形塑〉,未出版的會議論文。

1987 年 50 歲

Chinese Intellectuals in Crisis: Search for Order and Meaning, 1890-1911,(Berkeley and LA, University of California Press, 1987)《危機中的知識份子——尋求秩序和意義》

本書為先生的第二本英文著作,它以康有為(1858—1927)、

譚嗣同（1864—1898）、章太炎（1869—1935），以及劉師培（1884—1919）等四位「轉型時代」代表性知識份子為中心，分析他們在中國傳統受到西力史無前例之挑戰的背景下，其世界觀（Weltanschauung）與人生觀（Lebensanschauung）的變化與意義。《危機中的知識份子——尋求秩序和意義》是先生學術生涯中的重要分水嶺，它一方面展現了將近代西方基督教「危機神學」裡的「危機」概念，應用於中國近代思想史研究領域。另一方面，他在出版此書後，研究重點逐漸由晚清向下延伸，進入到民國時期。

*〈新儒家與當代中國的思想危機〉，《鵝湖月刊》五月號，頁2—13。收入《近代中國思想人物論——保守主義》傅樂詩等著／周陽山等編（臺北：時報出版社，1980年）。收入《幽暗意識與民主傳統》（臺北：聯經，1989），頁79—116。

*〈思想的轉變和改革運動〉，收入《劍橋中國史第十一冊晚清篇（下）1800—1911》，John K. Fairbank、劉廣京編，張玉法主譯，臺北：南天書局。本文為1980年"Intellectual Change and the Reform Movement, 1890—8"的中譯本。收入《張灝自選集》（上海：上海教育出版社，2002），頁126—197。

1988年51歲
*《危機中的知識份子——尋求秩序和意義》中譯本出版，太原：山西人民出版社。

目錄：
第一章 導言
第二章 康有為（1858—1927）
　　一 思想歷程的開端

＊出版《烈士精神與批判意識：譚嗣同思想的分析》，臺北：聯經。

本書是英文著作《危機中的知識份子——尋求秩序和意義》的副

產品。譚嗣同（1865—1898）在中國近代史上，是一位有特殊歷史意義的思想家。他的一生只活了三十三年，而他出現在歷史舞台上，只不過三、四年的時間，但在這短短的時間裡，卻留下了光彩的事蹟、感人的身世和深遠的影響。這本小書不是譚嗣同的傳記，而是透過他的一生行跡和他的作品，鉤畫出他的思想發展、他的心路歷程。本書分析了譚嗣同的思想特質：一、性格、身世與環境，二、心路歷程之一──宗教心靈的湧現，三、心路歷程之二──影響和變化，四、心路歷程之三──由保守到激進，五、《仁學》。本書指出，譚嗣同在感到晚清政治秩序瓦解的時候，同時也感到文化價值和基本宇宙觀所造成的取向秩序的解紐。但是他對時代的回應則是傳統傾向的。這傾向反映成他1896 年的代表作《仁學》一書中的三個重要概念：世界意識，唯心傾向與超越心態。

1989 年 52 歲

*1989/5 出版《幽暗意識與民主傳統》臺北：聯經。

目錄：
前言
一

幽暗意識與民主傳統
超越意識與幽暗意識──儒家內聖外王思想之再認與反省
新儒家與當代中國的思想危機 林鎮國／譯
傳統與現代化──以傳統批判現代化，以現代化批判傳統
五四運動的批判與肯定
傳統與近代中國知識分子
二

一條沒有走完的路──為紀念先師殷海光先生逝世兩週年而作

三民主義的蛻變——由政治宗教走向改良主義

是契機，也是危機——論今日從事民主運動應有的認識

三

訪張灝教授談新儒家與自由主義的前途 林鎮國、周陽山、廖仁
義／採訪

訪張灝教授談幽暗意識與中國民主化運動的前途 楊白／採訪

*〈超越意識與幽暗意識——儒家內聖外王思想之再認與反省
（上、下）〉，臺北《歷史月刊》二月、三月號。收入《幽暗意識與
民主傳統》（臺北：聯經，1989），頁 33—78。

本文是從政治思想的角度，分析儒家人文傳統的核心觀念「內聖
外王」在人格理想層面的現代意義和價值。作者指出，「內聖外
王」可以大別為廣狹二義。廣義而言，它代表一種人格的理想。
這種人格主義一方面強調人的社會性，認為人的社會性與人之所
以為人，有其不可分的關係。因此，人必須參與社會，參與政治。
另一方面，儒家的「內聖」思想除了有幽暗意識的特徵，還有獨
特的「超越意識」。「超越意識」指人的本性是來自天賦，因此在
這個基礎上，個性永遠得保存其獨立自主，而不為群性所淹沒。
這種「人格主義」綜合群性與個性，而超乎其上，消弭了西方現
代文化中個人主義與集體主義的對立。「內聖外王」的狹義方面，
是指它的政治理想層面。「內聖外王」代表儒家特有的一種道德
理想主義——聖王精神。這種精神的基本觀念是：人類社會最重
要的問題是政治的領導，而政治領導的準繩是道德精神。因為道
德精神是可以充分體現在個人人格裡，把政治領導交給這樣的一
個「完人」手裡，便是人類社會「治平」的關鍵。換言之，具有超
越意識與幽暗意識兩種重要特徵的「聖王」理念，與傳統秩序的

義理基礎有關。在中國政治傳統中，可以看到「聖王」觀念的批判性很強，有發展「權威二元化」的思想的契機——不僅天子以國家元首的資格，可以承受天命，樹立政治與社會的權威中心，而且任何人憑著人格的道德轉化，也可以直接「知天」、「事天」，樹立一個獨立於天子和社會秩序的內在權威。但是由於儒家超越意識的局限，聖王觀念的批判性在儒家傳統的演化中，並未能暢發，而權威二元化思想的契機，也未能充分的展現。

*〈傳統與近代中國知識份子〉，臺北《歷史月刊》五月號，頁44—50。後收於《幽暗意識與民主傳統》（臺北：聯經，1989），頁171—185。

本文探討傳統思想是否在近代中國發生文化斷層現象？作者認為，大約而言，現代學者對這個問題採取兩種觀點：第一種是強調傳統在現代的斷層和脫節，這種看法盛行於50和60年代。第二種觀點呈現在70年代以後，逐漸注意傳統對現代的影響，逐漸重視現代與傳統的連續性。強調斷層的觀點，總括起來可以簡分成二類：一類是比較簡單而普遍的說法：這種說法的基本觀念是：西方衝擊，傳統崩潰。這種觀念常以兩種形式出現而造成廣泛的影響：一、五四形象——五四是由傳統過渡到現代文化的轉捩點，而五四是以激烈的反傳統主義為其特徵。在五四的反傳統思想衝擊下，傳統發生文化斷層。二、革命形象——二十世紀的中國經歷了一場大革命，這場革命與中共的社會革命為歸結。因為這場大革命，傳統被一掃而空，徹底的崩潰。文化斷層論另一類比較複雜的說法是以美國列文森（Joseph Levenson）為代表的「文化認同說」。其論點是，在西方帝國主義的侵略與文化衝擊下，中國知識份子由挫折感與屈辱感，產生了文化自卑心理。

這種自卑感心理，讓晚清以來的知識份子有美化傳統的需要。本文認為，有關傳統斷層的各種説法，都失之於對近代思想的瞭解過於簡化，經不起歷史的分析。過份強調傳統在近代文化的斷層是大有問題，但是在 70 年代以後強調傳統對現代的影響，有時也矯枉過正的話走上另一端另一個極端的趨勢。這種趨勢在中外學術界裡都曾出現。在海外，以美國墨子刻（Thomas A. Metzger）的「儒家傳統在近代思想的持續論」為代表，在中國學術界以金觀濤的「馬克思主義儒家化」為代表。本文指出，傳統中國知識份子的宇宙觀，如「天人合一」思想，已因科學的自然主義的衝擊而破滅。因此近代思想的變局不但導致了價值內容的變化，也引發了對價值信念的強度的變化。就後者論點，本文認為不但「馬克思主義儒家化」這個論旨不能成立，就是毛澤東思想的「倫理中心主義」也不能成立。因為毛始終接受列寧的一個基本概念——道德是政治的工具。

1990 年 53 歲

* "Some Reflections on the Problems of the Axial-Age Breakthrough in Relation to Classical Confucianism", in Paul A. Cohen & Merle Goldman,（ed.）*Idea Across Cultures: Essays on Chinese Thought in Honor of Benjamin I. Schwartz*, Cambridge: Harvard University Press, 1990, pp. 17-31.〈軸心時代突破問題的若干思考——與古典儒學有關方面〉

本文是先生為業師史華慈教授的祝壽紀念文，是先生最早關於軸心時代突破研究的學術論文。先生用王權（kingship）與宗親（kinship）概念來説明軸心時代的特質與中國古典儒學相關聯的問題，認為地上的王權是根植於神靈的世界，王制是人世與宇宙秩序銜接的樞紐。國王是政治領袖也是宗教領袖，是人王也是法王。

*〈形象與實質──再認五四思想〉，收於韋政通等著，《自由民
主的思想與文化──紀念殷海光逝世二十週年學術研討會論文
集》，臺北：自立晚報出版社，頁 23─57。本文後來改為〈重訪
五四：論五四思想的兩岐性〉，收入張灝，《時代的探索》（臺北：
中央研究院及聯經，2004），頁 105─139。

〈形象與實質〉比 1986 年的〈五四運動的批判與肯定〉一文晚四
年出版，不過兩篇具有互補的性質，可視為姊妹作。本文指出，
「五四」事實上是由幾個不盡相同的思想運動所組成：一、1915
年由陳獨秀創辦《新青年》所發起的思想文化改造運動；二、
1917 年由胡適和陳獨秀所倡導的「新文學運動」；以及三、
1919 年 5 月 4 日由北大學生運動所引發的民族主義運動。它提
出了關於「五四」幾個具有兩岐性特徵的「實質」面向：一、理性
主義與浪漫主義；二、懷疑精神與「新宗教」；三、個人主義與
群體意識，以及四、民族主義與世界主義。本文給「五四學」指
出了一個新的研究方向。其次，先生頭一次正式將「轉型時代」
由晚清（1890─1911），延伸至「五四」時代。

*〈一條沒有走完的道路──為紀念先師殷海光先生逝世兩週
年而做〉，《殷海光全集》第 18 冊，（臺北：桂冠，1990），頁
161─170。收入《幽暗意識與民主傳統》（臺北：聯經，1989），
頁 189─199。收入《張灝自選集》（上海：上海教育出版社，
2002），頁 326─333。

本文指出，殷海光一生的生命基調是他的理想主義精神，這種精
神是高度的價值意識、道德勇氣、和生命熱情所揉匯而成的。在
政治和社會態度上，這種基調表現為強烈的責任感和正義感；在
生命上它反映為真摯的情感和他那份脫俗的生活情調。但多少年

來，在殷海光的生命基調和思想主流之間，卻存有一種不可解釋
的歧異和矛盾。他有一顆詩人的心靈，但這心靈卻以純知識的追
求為企向。他的內心深處蘊藏著強烈的價值意識，但在思想上卻
堅守英美式的主知主義傳統。他的精神傾向是尼采式的生命哲
學，他的治學方向卻朝著維也納的分析學派。在他逝世的前幾年
中，這歧異似乎在縮短，矛盾似乎在消淡，他生命的基調和思想
的主流，終於漸趨匯合。

1991年 54歲

*〈略論中共的烏托邦思想——對金觀濤論旨的幾點回應〉，香港
中文大學《二十一世紀》雜誌四月號，頁 133—136。

本文是對金觀濤〈中國文化的烏托邦精神〉(《二十一世紀》第二
期）的回應。本文指出，共產黨從 1917 年到現在已經七十多年
了，從某種意義上來說，是一場烏托邦主義最大實驗的失敗。中
國共產黨之所以普遍為人接受，反帝思想及其連帶的民族主義不
無關係；但是共產黨的歷史觀，特別是歷史的盡頭有一個美好的
理想社會——「共產主義是天堂」的觀念，也很重要。中國共產
主義的先驅像李大釗、陳獨秀、瞿秋白等等，在「五四時期」接
受了共產主義，這跟他們的烏托邦心態——強烈的理想主義，有
密切關係。同時，中共建國以後，這種烏托邦主義的影響仍然很
大，甚至有一段時間越來越大。跟其他共產主義地區、共產主義
國家相比較，當政權建立以後，西方政治學者注意到，有一種「反
激化」（deradicalization）現象出現，即烏托邦思想逐步減退。唯
有中國非但未減退，反而激化趨勢繼續增進，在 50 年代後期到
70 年代中期，烏托邦主義變成左右國家、黨的路線的思想，最終
使全國捲入烏托邦的狂潮，造成亙古未有的悲劇，其悲劇的深度
與廣度，恐怕在世界上找不到第二個例子。然而海內外學者、知

識份子迄今對這個課題的反思似乎很少，至少説還不夠重視。從這個觀點上來講，金觀濤將烏托邦問題拿出來加以檢討、加以反省，意義非常重大。金觀濤〈中國文化的烏托邦精神〉是他最近的研究課題「馬克思思想的儒家化」論旨的擴大與延伸。關於傳統儒家烏托邦思想問題，作者指出，原始儒家在其思想創新上，具備了一種三層結構的特徵：一、相信超越的天（或天道）可以內在於人世或人性；二、因此造成本質與現實的分別；三、本質不但代表超越，而且也代表遠古的黃金時代。這三段論的思想結構，是蘊含著烏托邦的傾向，而這個原始儒家的三段結構，是和殷商宇宙神話（cosmological myth）緊緊地結合在一起的。其結果是：皇權意識與家族制度滲透入超越的天道意識，造成超越意識之被架空與腰斬。因此三段結構中所蘊含的烏托邦意識，與「綱常名教」思想由銜接而等同，更進而被化解、被取消。總結地看，儒家烏托邦思想是有被綱常名教意識所架空的趨勢，但同時不可忽略的是：由個人修身成德思想所衍生的聖王觀念，在儒家傳統裡也代表一種烏托邦傾向，對近代中國的政治文化，包括共產政治义化，是有很深刻的影響。

1992 年 55 歲

榮獲第 19 屆中央研究院院士

*〈再論中國共產主義思想的起源〉，收於余英時等（著）《中國歷史轉型時期的知識分子》，臺北：聯經，頁 55—62 。

1993 年 56 歲

* 出版中譯本《梁啟超與中國思想的過渡 1890—1907》（南京：江蘇人民出版社，1993 ）。

*〈中國近代轉型時期的民主觀念〉，香港中文大學《二十一世紀》

雜誌八月號，頁 11—18。收入《時代的探索》（臺北：中央研究院及聯經，2004），頁 61—74；收入任鋒編《轉型時代與幽暗意識》，（上海：上海人民出版社，2018）。收入《張灝自選集》（上海：上海教育出版社，2002），頁 281—291。

這篇文章討論三個議題：一、近代西方民主觀念的兩個基本類型，二、中國知識份子與高調的民主觀，三、民主與全民主義。在一、「近代西方民主觀念的兩個基本類型」部分，作者討論了高調的民主觀與低調的民主觀兩種類型。在二、「中國知識份子與高調的民主觀」部分，作者從兩個角度分析了中國民族主義的特質：1）從民族主義的觀點，與 2）從傳統道德的社群取向。作者指出，中國知識份子大規模吸收西方民主思想開始於轉型時期。在吸收過程中，他們對民主的認識大約而言，是傾向於高調民主觀，而對於低調的民主觀則甚少措意。轉型時代初期，民族主義大量散佈，許多人從民族主義的立場出發去肯定民主。梁啟超和嚴復都曾在他們的言論和著作中，強調民主是民族獨立、國家富強所不可少的條件。五四時期，在中國是知識界裡，民主的涵義擴大，但民族主義對中國人的民主觀仍有其重要影響。另一方面，中國近代知識份子常常以社群取向為出發點來認識民主。在他們看來，民主是代表一種大公無私的精神，這種精神可以與民族主義結合，視民主為一種群策群力、團結愛國的思想。它也可以與烏托邦主義結合，因而視民主代表一個民胞物與的大同社會。這種烏托邦式的民主思想雖然與以民族主義為目的的民主思想在形式上有很多不同，但卻同樣的表現了集體主義的精神。轉型時代的高調民主觀含有集體傾向。這種傾向常常表現為全民主義（即是民粹主義 Populism）。在轉型時代，這種全民主義是以反抗傳統儒家的精英權威主義的思想面貌出現。它一方面捨棄以往精英主義認為聖賢君子是政治主體的觀念，另一方面，它強調

有別於少數精英的人民大眾才是政治的主體與歷史的動力。從轉
型時期開始，一般知識份子都認為全民主義就是代表民主思想。
無政府主義與社會主義輸入中國以後，這種全民主義演變為一種
在政治上認同低下層勞苦大眾的意思，對中國近代民主思想與政
治文化的影響，至深且鉅。

1994 年 57 歲

*〈轉型時代在中國近現代思想史與文化史上的重要性〉,《當代》
雜誌九月號，頁 86—93 ,《當代》雜誌九月號，頁 86—93。收入
《張灝自選集》(上海：上海教育出版社，2002)。收入任鋒編《轉
型時代與幽暗意識》(上海人民出版社，2018 年)，頁 109—125。

本文指出，「轉型時代」的深刻意義，在思想知識的傳播媒介以及
思想內容本身等兩方面起了鉅大變化。前者主要表現在兩點上：
一、制度性傳播媒介的大量湧現：新式報刊雜誌、新式學校，及
學會等；二、新的社群媒體，即現代知識階層(intelligentsia)的
出現。後者也有兩個重要現象不容忽視：一、中國在「轉型時代」
產生前所未有的「取向危機」；二、中國知識界與文化界逐漸形
成一套新的思想論域(intellectual discourse)，深遠地影響了二十
世紀中國政治與思想的發展。「制度性傳播媒介」是外部意義的，
這裡無法多加詮釋。倒是內部意義值得多加注意。內部意義是指
思想內涵方面發生的鉅大變化：「取向危機」與新的思想論述。
根據張灝先生，「轉型時代」的「取向危機」包含三個面向：道德
取向危機、文化認同危機，與意義取向危機。所謂「道德取向危
機」，是指維持中國傳統社會的儒家倫理體系——特別是「三綱
五常」的中國傳統核心價值，在「轉型時代」受到空前衝擊。至
於「文化認同危機」，意指中國知識份子在「轉型時代」兩大潮流
——帝國主義與民族主義——激盪下，產生的文化認同焦慮。最

後的「意義取向危機」，是指中國文化獨有的「天人合一」宇宙觀，在此一時期經歷了解體所帶來的危機。先生宣稱，中國文化同其他高級文化一樣，自「軸心時代」（Axial Age, 800—200 B.C.）以來便自成一個意義系統（order of meaning），其文化諸核心價值對於世界觀與人生觀，即宇宙人心等根本問題，自有獨特的闡述與解釋。但在西學的衝擊下，此一意義系統在「轉型時代」相繼解體。「轉型時代」在思想內容的變化上，除了有「取向危機」的特徵外，也在逐漸形成一套新的思想論域。先生認為這一新的思想論域，主要是圍繞在危機意識而展開的。他指出，知識份子的危機意識，就結構而言，可以看出明顯的「三段式構造」：現實的憂患感、對美好未來的期盼，以及由黑暗邁向光明未來的途徑。他指出，中國知識分子普遍相信，意志與信心可以改變中國當下的悲慘現象，透過改革與革命，國家社會的命運是可以被改變的，光明的未來是可以被期待的。

1995 年 58 歲

11 月為香港中文大學新亞書院邀請於「錢賓四先生學術文化講座」主持三場演講，主題為「傳統儒家的超越意識與其思想困境」。

1996 年 59 歲

三月十五日主持「張國英中國近代史講座」，講題為「轉型時代（一八九五至一九二一年）在中國近現代思想史上的重要性」。

* "The Intellectual Heritage of the Confucian Ideal of Ching-shih", in Tu Wei-ming（杜維明）（ed.）*Confucian Traditions in East Asian Modernity*（Cambridge & London: Harvard University Press, 1996）, pp.72-91。本文原為作者為 AAAS（American Academy of Arts and Sciences）在 1991 年 5 月 15—18 日舉辦的國際學術研討會所做的論文。該會最後由編者杜維明教授選出 17 篇論文出版。先生此文後來由

蘇鵬輝中譯，任鋒校訂，以〈儒家經世理念的思想傳統〉刊載於中國大陸的《政治思想史》2013 年第 3 期，並收入任鋒編《轉型時代與幽暗意識》（上海：上海人民出版社，2008），頁 87—104。

本文與 1984 年〈宋明以來儒家經世思想試釋〉一文架構接近，但有更多細緻的闡述，別具意義的是，與前文不同，它從現代化的角度探索儒家傳統的現代轉型問題。本文主要探討經世理念在宋明儒學傳統之歷史背景下的三層主要涵義：一、作為儒家志業理想的經世（Ching-shih as the Confucian Ideal of Vocation）；二、作為儒家政治秩序關懷的經世（Ching-shih as the Confucian Concern with Political Order）；三、作為儒家治術概念的經世（Ching-shih as the Confucian Concept of Statecraft）。在第一部分的「作為儒家志業理想的經世」，作者宣稱，「經世」這一概念基本上是指社會中道德精英（君子）的儒家志業理想。而在此一志業理想的背後，則是一種展示儒家對個人與社會之關係的道德理想主義。雖然儒家假設每一個人都有自我實踐其道德理想的內在潛能，但是這種帶有樂觀主義的信仰，在一開始就受限於現實主義，也就是說，並非每一個人都能承受要完成這一道德實現之自我轉化的艱辛過程。作者指出，儒家的「入世」取向，區別了它與佛、老兩個傳統的根本不同。但是儒家於「此世」實現人性之潛能的觀念，並非如若干現代學者所認定的，只是某種世俗人文主義的傳統；因為其現世取向性格，主要是根源於以天或天道為核心的超越性信仰。儒家思想的首要關切，是如何在此世踐履並呈現義理之性；但這一關切，卻有著濃厚的超越性精神動力。另外不能忽視的是，經世理念的超越性特徵，經常導致儒家社會政治思想與具體的社會政治秩序現實之間，產生某種的宗教性緊張。此外值得注意的是，儒家的經世概念是立基於儒家另一個核心概念「修身」。修身作為一種「入世苦行」（inner-worldly asceticism）的概念，是

一種自我道德轉化的過程。它由三個部分所構成：原初之人性、
圓滿之人性，與由前者通往後者之道。而在思考這一三者的關聯
性當中，最核心的概念則是「道」。在第二部分「作為儒家政治秩
序關懷的經世」，作者探討的議題是「治體」（或稱「治道」）與「治
法」問題。在宋明儒學傳統中，經世是少數可以用來表徵其重視
政治秩序維護的若干概念之一。其中，正統理學家程頤（1033—
1107）所提出的「治體」（治理的理論基礎）與「治法」（制度性治
理措施）並舉的概念，最有助於吾人認識宋明理學對政治秩序的
概念。程頤與朱熹（1130—1200）認為，最能闡釋理學「治體」精
義者，莫過於通往《四書》門徑的《大學》。《大學》裡的「誠、
正、修、齊、治、平」的理念，堪稱為新儒家對政治的基本原則
——「治體」觀念——的道德典範。這個典範的精神是，修身為經
世的基礎，即是政治領袖首先必須是道德上的完人。「大學模式」
這種將政治視為人格之擴大的「治體」觀念，作者認為是一種具
有烏托邦主義色彩的道德理想主義。而儒家這種道德理想主義
在現實裡的實踐，則經常是挫折與失望的。表面上看，在宋明理
學傳統中有「治體」優先於「治法」的現象，但是在程頤與朱熹那
裡，他們其實並未忽視制度性治理措施的「治法」概念。例如以
發揮「大學模式」精神而做的真德秀（1178—1235）之《大學衍義》
與邱濬（1421—1495）之《大學衍義補》，都是在這個傳統裡闡揚
君主治理國事的根本精神與實踐方法——即強調「體用兼備」的
所謂「帝王學」。在第三部分「作為儒家治術概念的經世」，作者
討論儒家思想在道德理想主義之外的另一個面向——具有實用與
實際傾向的經世概念。在十九世紀中國，當儒者談及「經世」概
念時，他們往往指向一個以處理「國家治理」（statecraft）為主要
任務的學術分類——經世之學。強調治術之自治性格的事功學派
（statecraft school），其歷史淵源可以追溯至南宋的功利主義派儒
者陳亮（1143—1194）與葉適（1150—1223）。他們不像正統理學

家嚴判道德與現實的分際。在「王／霸」、「公／私」、「義／利」、「道／功」等等這些正統派堅持的二分範疇中，在功利派那裡不再意味著不可調和的對立。例如陳亮堅信，這些看似對立的範疇，能夠在「王霸並用」與「義利雙行」的原則上，在政治哲學那裡得到調和。事功學派學者在推演其治法思想的時候，傾向視帝制為基本制度，但是他們也被反覆出現的官僚體制失靈所困擾。關於這個問題，儒者們經歷了封建與郡縣大辯論的經驗。事功派學者在這場論爭中，並非完全擁護郡縣制，他們並不分享正統理學家對「封建制烏托邦」所懷有的那種道德熱情。具有意義的是，他們在這場論爭中還涉及一個他們十分關切的政治實踐性問題——集權與分權。基於這種關切，事功派學者進行了調和兩者的努力，並由此形成「政府混合制」的觀念。混合制的支持者認為，集權於中央將會使政治秩序面臨兩大威脅。首先是它將導致地方軍事力量不足，進而削弱了其抵禦外部入侵的能力。而更重要的是，集權於上容易滋生專制主義。而遏制這種威脅的最好方式，就是將集權之官僚制與某種類似封建制的分權系統相結合。這種混合制的觀念是由於陳亮與葉適為代表的南宋事功學者首先提出，但卻在十七世紀之政治思想中，有著更為強烈的歷史迴響。例如黃宗羲（1610—1695）曾經建議，在邊疆地區，設立一種「總督制」形式的藩鎮系統。顧炎武（1613—1682）則走得更遠，他認為應當給予地方行政長官以自治權與世襲權，從而使其在一定程度上，發揮類似封建諸侯的功能，也就是顧炎武所謂的「寓封建於郡縣之中」的原則。儘管在事功派思想演變的某些階段，混合制與官僚體制外之制度（nonbureaucratic institutions）是其思想重心，但這些考量的重要性，對他們來說也不可高估。整體而言，就長時段觀察來看，制度架構以及官僚制度的運作，仍舊是事功派的首要關切。在這一方面的代表著作是是十六世紀的《皇明經世文編》與後來的《皇清經世文編》。最後作者指出，在經世理念

的思想遺產評估方面，不論是從主流的烏托邦主義封建派來看，或者是從主張混合制的事功派來看，其不僅涉及官僚體系內的組織創新——在刺激作用意義方面，也在制度性秩序（institutional order）而不是官僚體系國家方面，帶來若干願景。

1997 年 60 歲

*〈中國近百年來革命思想的道路〉，臺北《歷史月刊》二月號，頁82—91。

〈「儒學與宗教之對話」學術座談會〉，《中國文哲研究通訊》7:3，1997 年 9 月，頁 49—63。收入《時代的探索》（臺北：中央研究院及聯經，2004），頁 209—228。

本文為演講稿，它指出：近代世界的革命有兩種：一種可稱之為「小革命」或「政治革命」，它是指以暴力推翻或奪取現有政權，而達到轉變現存政治秩序為目的的革命。1776 年的美國革命和1911 年的中國辛亥革命，都是屬於這一類。另一種是所謂的「大革命」或「社會革命」，它不但要以暴力改變現存政治秩序，而且要以政治的力量很迅速地改變現存的社會與文化秩序，中國共產革命便是屬於這一類。1895 年甲午戰敗之後，中國知識份子興起很強烈的危亡感。與此同時，這份危亡感與一份新的契機感相伴而來。人們意識到在面對危亡的同時，中國也進入一個空前未有的變局，與機運無窮的新時代——死亡到復活的契機。這份新的契機感，是傳統與現代思想影響的合產品。這種包含死亡到復活的傳統宗教理念，與從西方傳入的「演進歷史觀」結合起來，化為空前樂觀的前瞻意識——歷史理想主義。在這種歷史理想主義心態的籠罩下，當時知識份子的關懷集中在如何由悲觀的現實走向理想的未來。而這個選擇屈辱悲情還是選擇光明未來的途徑問題，就是中國現代改革與革命之論爭的起始點。在這樣的論爭

當中，革命的觀念很快就取得了優勢。到了「五四」後期，革命崇拜的現象已經很普遍，這主要是激化趨勢的出現。這激化趨勢把歷史的理想主義心態，轉化為激進的理想主義心態。「五四」以後的革命思潮就是由這種激進理想主義心態激發起來的。

1998 年 61 歲

父親張慶楨先生（1904 年 11 月 17 日—1998 年 5 月 12 日）逝世於美國加州舊金山灣區（享年 94 歲）。

美國俄亥俄州立大學歷史系退休教授（1969—1998）

夏，轉任香港科技大學（HKUST）人文學部教席，直至 2004 年退休（延退一年至 2005 年）

*〈一個劃時代的政治運動——再認戊戌維新的歷史意義〉，香港中文大學《二十一世紀》雜誌二月號，頁 15—23。收入《時代的探索》（臺北：中央研究院及聯經，2004），頁 243—260。收入《張灝自選集》（上海：上海教育出版社，2002），頁 198—210。收入任鋒編《轉型時代與幽暗意識》（上海：上海人民出版社，2018），頁 215—224。

作者認為戊戌維新有廣狹二義。狹義是指 1898 年夏，晚清光緒皇帝以一連串的赦令推動大幅度的政治改革，這就是所謂的「百日維新」。廣義是指 1895 年到 1898 年之間的改革運動，這個運動始於甲午戰敗之後康有為發動的上書呼籲改革，而以戊戌百日維新後發生的宮廷政變結束。這篇文章所討論的是廣義的戊戌維新。這個廣義的戊戌維新不是單純的政治改革運動，因為康梁集團從開始就計劃循兩種途徑進行改革運動。一方面是「由上而下」

的途徑，也就是說希望透過向朝廷上書諫言，改變清廷的政治立場與態度，然後以中央政府政令的推行來實行改革。另一方面是「由下而上」的途徑，企圖針對社會精英——士紳階層，從事遊說鼓動來爭取改革的支持。由於雙管齊下，維新運動得以凝聚《馬關條約》後中國朝野上下所感到的憤慨與求變心理。它所帶來的影響有二：一、從政治史上去看，它代表中國政治秩序開始解體，從而引起一個中國史上空前的政治危機；二、從思想文化史去看，它在甲午戰爭以後，開啟了中國從傳統過渡到現代的「轉型時期」。

1999 年 62 歲

*1999/4〈中國近代思想史的轉型時代〉，香港中文大學《二十一世紀》雜誌四月號，頁 29—39。收入《時代的探索》（臺北：中央研究院及聯經，2004），頁 37—60。

「轉型時代」是指「甲午」到「五四」約三十年間（1895 至 1925），中國思想文化由傳統過渡到現代的承先啟後時期。這段時期的若干主流精英，自覺到自我置身於一個受到前所未見的西方衝擊的新社會形勢之中，而且無法或不願意再回到以儒家為主的傳統政治與倫理體系。在這個時代，無論是思想知識的傳播媒介或者是思想的內容，均有突破性的巨變。就前者而言，主要變化有二：一為報刊雜誌、新式學校及學會等制度性傳播媒介的大量湧現；一為新的社群媒體——知識階層（intelligentsia）的出現。至於思想內容的變化也有兩面：文化取向危機與新的思想論域（intellectual discourse）。在轉型時代，報章雜誌、學校與自由結社三者同時出現，互相影響，彼此作用，使得新思想的傳播達到空前未有的高峰。長遠看來，這三種制度媒介造成的兩個特別值得一提的影響：一個是它們的出現是二十世紀文化發展的基礎建

構（cultural infrastructure）的啟端，另一個就是公共輿論（public opinion）的展開。在關於新的社群媒體——現代知識階層的形成方面，主要是在對比傳統士紳階層與現代中國知識份子。傳統士紳來自鄉土，是當地社會的菁英，在地方上有各種影響力，而且參與地方政府，發揮許多不可少的行政與領導功能。而現代知識份子多半脫離了他們本鄉的鄉土社會，聚居於沿江沿海的幾個大都市，變成社會上脫離了根的遊離分子。在傳統文化方面，士紳階層的文化認同較高。他們自認把文化傳統維持與繼續下去是他們的天責，因此他們大致而言是「衛道」與「傳道」之士。而現代知識份子的文化認同就薄弱得多，主要因為西方文化進入中國，使得他們常常掙扎、徘徊於兩種文化之間。他們的文化認同感也就難免帶有強烈的遊移性、曖昧性與矛盾性。在關於思想內容的變化方面。一方面中國文化出現了空前的取向危機；另一方面，一個新的思想論域也在此時期內浮現。所謂取向危機是指文化思想危機深化到某一程度以後，構成文化思想核心的基本宇宙觀與價值觀隨著動搖，因此人的基本文化取向感到失落與迷亂。作者在本文中分析了三種取向危機：價值取向危機，精神取向危機，與文化認同危機。在新的思想論域方面，主要在討論兩個共同點：一、使用新的語言，二、討論常常是環繞一些大家所關心的問題而展開，例如中西文化間的關係，未來的國家與社會形式，革命與改革的途徑，新時代的人格典型等等。當時知識分子主體意識最重要的一面，主要是籠罩那個時代的危機意識。當時危機意識的最大特徵有三點：一、對現實的沉淪感與疏離感，二、對未來理想社會的展望，三、由現實通向理想未來的途徑。而這危機意識的三段結構，反映出一個作者所謂的「歷史理想主義」心態。

*1999/11〈殷海光與中國知識分子——紀念海光師逝世三十週年〉，臺北《當代》雜誌十一月號，頁 114—117。收入《張灝自選集》（上海：上海教育出版社 2002），頁 334-338。收入《時代的

探索》（臺北：中央研究院及聯經，2004），頁 237—242。

本文指出，殷海光的自由主義表現出強烈的道德勇氣。它體現了一種知識份子的人格典型。這種典型在中國近代早期知識分子中間很具有代表性，但在現代社會卻有日漸式微之勢。殷海光身上具有下列的特徵：（1）他身處權勢之外的社會邊緣地位；（2）他不是以專業知識的角度，而是代表一些有道德普遍性的價值，去對政治社會問題發言；（3）發言時，不畏強勢，敢説真話。

*1999/12〈世紀末的危機意識〉，香港中文大學《二十一世紀》雜誌十二月號，頁 15—17。收入《時代的探索》（臺北：中央研究院及聯經，2004），頁 99—104。

二十世紀一開始便籠罩在由文明的核心聚變所造成的危機之下。這裡的文明核心，是指中國文化自西元前 2000 年至 1000 年之間，躍升至文明層次以後，所逐漸展現的一些基本制度與思想的改變。這裡所謂的基本制度與思想，是指政治領域裡的普世王權，社會領域裡的家族制度與士族制度，以及文化領域裡有系統的宇宙觀與價值觀。這種基本制度與思想因受到衝擊而起的不同程度的變化，在中國歷史上只發生過三次：晚周的軸心時代、佛教流入的南北朝，以及近現代。如果以變化的速度、廣度與深度來看，近代現代遠超過前兩者，它帶來的是文明轉型的變化。首先是傳統政治秩序的解體。這個秩序的基礎——普世王權，自 1895 年以後即開始受到當時精英階層所發動的改革與革命運動直接或間接的衝擊，終於在 1911 年崩潰。其次是文化基本取向的失效。這種文化生存的危機有三個層面。這三個層面都是導源於傳統文化主流的核心觀念的解體。此處的核心觀念是指儒家思

想的基本價值觀宇宙觀的組合。就社會經濟領域而言，從表面上
看來，中國至少從二十世紀開始已經變成所謂的「二元社會」。
一方面是沿海沿江的一些大城市中出現有現代社會雛形的結構，
另一方面是廣大內陸城鄉的傳統社會。但重要的是，前者在中國
社會的比重，遠遠不如後者，因此中國傳統社會經濟結構在進入
二十世紀時都尚未能轉型。這種情形從二十世紀初年，大約一直
維持到 1949 年中共革命成功的前夕。重要的是，中國在當時面
臨的不僅是文明核心結構上的巨變，也是國族存亡的威脅。一方
面是清王朝崩潰後所形成的軍閥割據跟內戰，國家陷入長期分
裂。另一方面，由於帝國主義的侵略，中國被瓜分成殖民地的危
機也是迫在眉睫。因此，中國在二十世紀前半期，一直籠罩在由
文明核心結構的巨變，與國族存亡的威脅所牽引的雙重危機下。
這個雙重危機是中國共產黨在當時崛起的一個重要背景。

2000 年 63 歲

*2000/1〈《學思之旅》序〉，《開放時代》雜誌一月號，頁 111—115。

*2000/4〈從世界文化史看樞軸時代〉，香港中文大學《二十一世
紀》雜誌四月號，頁 4—16。本文後來經過修訂後，以〈世界人
文傳統中的軸心時代〉收入《時代的探索》（臺北：中央研究院及
聯經，2004），頁 1—26。

本文分成四個段落：一、西方學界對「軸心時代」（Axial age,
800—200 B.C.）的看法。二、「軸心時代」的起因。三、「軸心時
代」的思想特徵。四、「軸心時代」的影響。本文有兩個目的，
首先是對歷來有關「軸心時代」的認識與研究，做一些大略的檢
討，更重要的是：從世界文化史的角度，對這時代的歷史意義
提出一些作者個人的看法。關於「軸心時代」的思想特徵，最令

人注意的西方兩位學者是艾森斯塔特（S.N. Eisenstadt）與史華慈
（Benjamin Schwartz）。他們都強調「超越意識」出現的重要性。
作者認為想要認識「軸心時代」的思想特徵，不能只限於超越意
識，而需要進一步看到由超越意識衍生的「原人意識」，後者才是
「軸心時代」真正的思想創新。所謂「超越意識」是指現實世界之
外有一個終極的真實，後者不一定意味否定現實世界的真實，但
至少代表在價值上有一個淩駕其上的領域。「軸心時代」的超越
意識，有一內化於個人生命的趨勢，以此內化為根據，去認識與
反思生命的意義，這就是作者所謂的「超越的原人意識」。就中
國的「軸心時代」而言，「超越的原人意識」主要出現於先秦儒家
與道家思想。在《論語》所反映的孔子思想裡面，天與天道所代
表的超越意識，已經是很重要的發展。而同時，《論語》的思想
也很清楚的蘊含人有內在精神的一面。在《論語》以後的儒家思
想裡，特別是在子思與孟子這一條思想傳承裡，天道與心性這兩
條路的觀念逐漸聯繫在一起。可以說，「超越的天道」已經內化
於個人的內在心靈。相應於這個思想發展，儒家同時也把生命視
為內在的精神攀升的道路。道家思想也有同樣的發展，由老子開
其端，而在莊子思想裡完成。莊子認為心是生命的關鍵，而心被
慾望纏繞與窒錮時，生命就變得汩沒而迷失，但心可以是生命汩
沒之源，也可以是承受超越的道的內在機制，由心的轉化，可以
與道在精神上相契合，而使生命回歸到本源的和諧與寧靜。因此
在莊子的思想中，生命也是一條內在精神超脫的道路。「超越的
原人意識」有五個特徵：第一、原人意識對人的體認與反思，不
是以某一屬於特定階層、特定種族、特定地方的人或者特定信仰
的人為對象，而是以人的生命本身或者人類的共相為對象。這是
人類歷史上普世意識（universalism）的萌芽。第二、相應於超越
意識的體認，原人意識有一個內化的趨勢，也就是說，視人的生
命有內外兩個層次——內在精神層面與外在軀體層面，內在的精

神層面是超越意識進入個人生命的結果，它凝聚為生命的核心，是與超越意識銜接的樞紐。第三、受超越意識的啟發，以內在精神為樞紐、為主導，生命變成一個有定向、有目標的道路——一個發展的過程。第四、這一發展過程隱然有一個三段式結構：一端是生命現實的缺憾；另一端是生命的理想與完成；連接於兩者之間的是生命發展與轉化的道路。第五、生命自我完成的目標，透過內在精神樞紐的媒介是植基於超越意識，因此在原人意識中，人的生命發展有其無限性、終極性與完美性。最後作者指出，關於「軸心時代」影響方面，至少有兩點。第一、就道德文化而言，它開啟了後世的「德性的精神倫理」。在政治文化方面，它間接產生另外一種思想發展——終極意識與無限精神。即是，人的生命可以有著徹底的自我轉化能力，如果配上入世取向，這種自我轉化的觀念，很容易進而形成另一種觀念——由群體的自我轉化，可以通向人世的改造與完美的理想社會的出現。這就是現代「社會大革命」的一個間接的重要思想種因。職是之故，近現代三次「社會大革命」的發生，決非偶然。

2002 年 65 歲

*2002/4/1 出版《張灝自選集》上海：上海教育出版社。

目錄：

自序

幽暗意識

幽暗意識與民主傳統

超越意識與幽暗意識——儒家內聖外王思想之再認識與反省

宋明以來儒家經世思想試釋

新儒家與當代中國的思想危機

近代思想史上的轉型時代

轉型時代在中國近代思想史與文化上的重要性

思想的轉變和改革運動（一八九〇—一八九八）

一個劃時代的運動——再認戊戌維新的歷史意義

烈士精神與批判意識

重訪五四

五四運動的批判與肯定

重訪五四：論五四思想的兩歧性

中國近代轉型時期的民主觀念

中國近百年來的革命思想道路

傳統與現代化

傳統與現代化——以傳統批判現代化，以現代化批判傳統

一條沒有走完的路——為紀念先師殷海光先生逝世兩周年而作

殷海光與中國知識分子——紀念海光師逝世三十周年

主要著作目錄

* 出版《思想與時代》上海：上海文藝出版社。

本書是先生諸多文章片段的選錄，嚴格而言不能稱得上文集。[4]

*〈關於中國近代史上的民族主義的幾點省思〉，收入《百年來兩岸民族主義的發展與反省》，洪泉湖、謝政諭編，臺北：東大圖書公司，頁 231—244。收入《時代的探索》（臺北：中央研究院及聯經，2004），頁 75—91。

本文重點有四：一、民族主義是中國近現代歷史的產物。更具體地說，它是中國人在 1895 年以後，對當時形成的政治與文化危

---

[4]　五蠹子，〈中國大陸各版張灝文集之比較〉https://book.douban.com/review/12176918/ 2020/1/20 查閱。

機的一種回應。二、民族主義雖然不是中國傳統的產物，但它的形成仍然受到中國傳統積澱的影響，尤其是傳統漢族的族群中心意識。三、中國現代民族主義有其複雜性，表面上它是多元族群的凝聚，但事實上它是以漢人族群中心意識為主體，同時它表現的形式可以是政治的激進主義，也可以是文化的保守主義。四、中國的民族主義也與現代世界其他地區的民族主義一樣，有其不穩定的危險性，特別是隱藏其中的漢族文化霸權意識、華夏情節與大我心態。它在政治與文化上可能引發的偏執與激情，仍然是中國在二十一世紀的前途的一大隱憂。

* 演講稿：〈大民族主義 vs. 小民族主義——族群解紐的危機與困境〉，本文發表於 2002 年香港科技大學「夢縈中國：民族主義的反思與挑戰」論壇，當時參加論壇的學者還有李澤厚教授、陳來教授及劉再復教授。收入《時代的探索》（臺北：中央研究院及聯經，2004），頁 93—98。

二十世紀初年出現的大民族主義與小民族主義的爭執，今天又以一個新的形式出現。當年限於知識份子之間的爭論，今天已經深化為族群之間實質關係的問題。大民族主義主要是漢人的願望，想把中國境內各族群結合成為一個統一的民族國家，而小民族主義是指境內的一些少數民族另有懷抱，希望自主自立。這兩者之間的衝突，就是作者所謂的「民族整合危機」。作者相信今後這個危機還會更嚴重。

*2002/12〈扮演上帝：二十世紀中國激進思想中的神話〉，劉述先主編，《中國思潮與外來文化（思想組）第三屆國際漢學會議論文集》中央研究院中國文哲研究所，頁 323—339。收入《時代的探索》（臺北：中央研究院及聯經，2004），頁 141—160。

這篇文章以毛澤東為中心探討毛與近代中國思想中「自我神化」這個議題，揭露二十世紀中國激進思想裡極端人本主義的傾向。本文指出，激進思想裡極端人本主義的傾向後來在共產中國帶來兩種悲劇性的結果：毛式的政治激化和把毛澤東視為一個「神格化」的政治領導人。人的神化理念不斷深植於中國傳統，而且也深植於近代西方思想中。「五四」知識階層同時承接這些固有以及外來的觀念，並以獨特的方式，將這些觀念一併陶鑄成當代中國激進的「人極意識」（radical anthropocentrism）。毛澤東思想有關人的神化的觀念，基本上是來自五四啟蒙運動。從毛澤東思想對共產革命之悲劇性影響，我們看到了五四文化遺產裡的一個黑暗面。從 1970 年代後期「文化大革命」結束以後，中國許多知識份子的反省與批判，往往忽略這個五四遺產中的黑暗面。大多數人將這個錯誤，歸咎於儒家傳統的所謂「封建遺毒」。

2003 年 66 歲

*〈轉型時代中國烏托邦主義的興起〉，《新史學》雜誌六月號，頁 1—42。本文譯自英文原著"The rise of Utopianism in modern China"，收入《時代的探索》（臺北：中央研究院及聯經，2004），頁 161—208。

作者分析中國的烏托邦思想在近代中國轉型時代（1895—1925）興起的過程。本文指出，在這時期烏托邦思想的發展可以分為兩種類型：軟形與硬型。前者以康有為與胡適為代表，後者以譚嗣同、劉師培與李大釗為代表。全文及圍繞這兩個類型的分析而展開，作者認為認識轉型時代烏托邦思想的興起，是認識整個中國近現代烏托邦思想發展的基礎。軟性的烏托邦主義：康有為

在《大同書》中仔細勾畫了他的烏托邦，並詳論了共同社會的理
想。康有為認為創造共同社會的前提是，人類社會必須打破現有
社會及政治秩序所規範的等別與藩籬。他認為當今的等別與藩
籬可分為兩類：其一生於社會內部，由階級、私有財產、性別歧
視、婚姻與家庭所造成；另一生於不同社會之間，由種族偏見、
領土國家的制度所造成。在胡適部分，作者認為胡適的烏托邦思
想與儒學中的樂觀主義有關。在《四書》成為宋明儒家學說核心
的時期，此一樂觀主義顯得更為突出。《四書》對人性提出樂觀
的看法，極易轉變成烏托邦思想。孟子思想是儒學現世烏托邦主
義的代表，認為人人都可以如聖人一樣，達到道德至善的境界。
胡適在年輕時就受到新儒家主流思想的影響。他後來確實反對新
儒學傳統，但反對的僅是其中的道德與知性內容。他始終保持維
持新儒學的信念，認為個人與社會道德的至善，必賴於知性的培
養與知識的增長。另一方面，胡適的儒學知識背景以及杜威、赫
胥黎的知識樂觀主義，最終導致他發展成以科學主義為主的烏托
邦主義。硬性的烏托邦主義：在戊戌變法時代與康有為合作的譚
嗣同，是第一位清楚表達出硬性烏托邦思想的人。譚嗣同通過政
治及歷史的發展，看到存在的「二元秩序」。他認為現實的存在
秩序，就是自秦統一天下以來的王朝秩序。他批判此種秩序，只
是一連串的政治掠奪與道德虛偽。不過譚嗣同並未像儒家傳統一
樣，將王朝秩序的道德衰敗，與遠古三代的道德純潔相對比。反
之，他瞻望未來，相信以「仁」為代表的理想秩序，正在前面召
喚我們，歷史會「自苦向甘」。繼承譚嗣同的硬性烏托邦主義精
神的，並非他的維新改革派同志，而是鼓吹革命與無政府主義的
激進分子劉師培。劉師培從青年時期就被西學吸引，但儒學早已
在他的心中生根。1905年出版的《倫理學教科書》，便可以發現
儒學對劉師培的影響，因為他仍然以儒學的「修身」來闡述倫理

學。不過他的修身觀念已經跟傳統的看法不同。他排斥儒家的禮教，尤其是其核心思想的「三綱說」。劉師培之所以對現代西方的民主意識型態感到興趣，其實是受到儒家傳統對自我與社會至善的追求的引導。例如他的重要論著《中國民約精義》中說到，儒家理想秩序的「大同」之世的來臨，就是民主制度普遍實行的時刻。在他奉民主制度為理想秩序之後不久，劉師培東渡日本，並一變而為無政府主義者。無政府主義者追求的烏托邦社會，主要展現在關於「公理」的理念，這個理念相信，現代社會進步的動力來自公理與革命的結合：公理為人類設定目標，革命只是達成目標的工具。而他們相信公理與革命的結合，必定有利於開啟無限的進步，而且會為二十世紀帶來理想秩序。對中國無政府主義者來說，公理就是以克魯泡特金為首的西方無政府主義者所揭示的啟蒙道德理想。此外，公理不只是主觀的道德價值，也是以科學為基礎的客觀真理。就這一點而言，克魯泡特金對中國無政府主義有決定性的思想影響。換言之，無政府主義者能在中國成為提倡科學主義的先驅，主要也是受到克魯泡特金的影響。一直到 1910 年代下半葉，硬性烏托邦主義，始終局限於一小群激進知識份子的圈子裡。五四運動期間，共產主義運動的興起，加速了這種烏托邦主義在中國知識階層的傳播。關於這點，可以從中國共產黨創始人之一的李大釗思想當中，大約看到這一個硬性烏托邦主義所含有的目的論史觀。李大釗認為，世界將進入「新紀元」，而俄國革命正是將世界帶入二十世紀的主要動力。李大釗的「時代意識」不只是期待新時代的即將降臨，同時也是認為革命具有基督教救世的意義，使人得以躍進光明的未來。李大釗的時代意識，反映了一種目的論史觀。可以想見，他的目的論主要得自西方的進步史觀。李大釗的時代意識既受西方又受中國傳統史觀的影響。由於李大釗的儒家思想背景，使他視宇宙的時間之

流，為生生不已的過程。所以他說宇宙的運行如「無盡之青春」。在這篇文章的結論處，作者認為由儒家及西方入世樂觀主義共同哺育的中國轉型時代的烏托邦主義，常環繞科學主義與民主的理想化而展開。這種烏托邦的思維模式，繼續引起五四以後的知識份子的共鳴。它不單在各種軟性的烏托邦主義思想中看到這種思維模式，特別在中國共產主義的硬性烏托邦主義裡引起的強烈的迴響。毛澤東主義，尤其是到了晚期，便是展現了極為濃厚的烏托邦色彩。

2004 年 67 歲

7月 從香港科技大學人文學部教席退休（1998—2004）（延退一年至 2005 年，以便指導博士班學生論文）

* 出版《時代的探索》，臺北：中央研究院及聯經，2004。

目錄
前言

結語 228

幽暗意識的形成與反思 229

殷海光與中國知識分子——紀念海光師逝世三十週年 237

一個劃時代的政治運動——再認戊戌維新的歷史意義 243

　　一、戊戌維新運動與中國政治秩序危機的序幕 244

　　二、戊戌維新運動與思想轉型時代的序幕 252

＊出版簡體字版《烈士精神與批判意識譚嗣同思想分析》桂林：廣西師範大學出版社

2005 年 68 歲

2005/4/30 香港科技大學人文學部榮退座談會。

地點：香港科技大學教學樓 7332 室。

人文社會科學院署理院長鄭樹森教授致詞。

上場：轉型時代、經世傳統與儒家政治思想，主持：李歐梵教授。

下場：革命的思想道路、幽暗意識。主持：陳方正教授。

校外特邀嘉賓：王汎森、丘為君、古鴻廷、李歐梵、金觀濤、高承恕、梁元生、陳方正、陳俊啟、許紀霖、張隆溪、劉青峰（按筆劃排名）

今年結束香港科技大學人文學部教席，返回美國定居。

＊2005/4/8 在台大演講〈我的學思歷程〉，收入任鋒編，《轉型時代與幽暗意識》（上海：上海人民出版社，2018），頁 379—394。

這是先生應母校台大之邀所做的口述歷史，並無文字稿。後來被整理出來的文字稿，可以看作是他思想發展的簡傳。作者說，自己的求學、治學的歷程，是一條很曲折、很雜亂、很迂迴的道路。

但希望在簡短的追述裡，說明這些情況，它很多成分其實都是在二十世紀成長過程中，對時代環境的回應。這回應最早的出現，就是從青少年時期開始的那份朦朧的時代感，由於這時代感的驅使和牽引。作者一路走來，尋尋覓覓、上下求索，留下一些蹤跡，形成一條心路歷程。本文包含下述內容：1）漂泊的童年歲月；2）投入殷海光先生門下；3）進哈佛接觸新儒家思想；4）向尼布爾學習西方民主思潮；5）主張低調的自由主義；6）基督教的罪惡說；7）歷史巨輪下的幽暗意識。

2009 年 72 歲

2009/8/15—16 演講〈殷海光先生的理想主義道路：從公共知識分子談起〉，殷海光基金會為紀念殷海光先生逝世 40 周年暨雷震先生逝世 30 周年，以「追求自由的公共空間：以《自由中國》為中心」為題舉辦學術研討會（2009 年 8 月 15—16 日）。本文為先生為研討會所作的主題演講。演講內容發表於《思想》14 期（2010/01/01），頁 1—18。

2010 年 73 歲

* 出版簡體字《幽暗意識與民主傳統》（2 版，北京：新星出版社，2010 年）收文 18 篇。此一版本比《張灝自選集》多了〈世界人文傳統中的軸心時代〉〈關於中國近代史上民族主義的幾點省思〉〈扮演上帝：20 世紀中國激進思想中人的神化〉〈轉型時代中國烏托邦主義的興起〉。少了〈思想的轉變和改革運動（1890~1898）〉一文。另外，此書中的〈幽暗意識的形成和反思〉一文，與《張灝自選集・自序》中的大部分文字是相同的。[5]

目錄

---

[5]　五蠹子，〈中國大陸各版張灝文集之比較〉https://book.douban.com/review/12176918/ 2020/1/20 查閱。

前言

世界人文傳統中的軸心時代

幽暗意識與民主傳統

超越意識與幽暗意識——儒家內聖外王思想之再認與反省

宋明以來儒家經世思想試釋

新儒家與當代中國的思想危機

傳統與現代化——以傳統批判現代化，以現代化批判傳統

中國近代思想史的轉型時代

一個劃時代的運動——再認戊戌維新的歷史意義

關於中國近代史上民族主義的幾點省思

五四運動的批判與肯定

重訪五四：論五四思想的兩歧性

中國近代轉型時期的民主觀念

中國近百年來的革命思想道路

扮演上帝：20 世紀中國激進思想中人的神化

轉型時代中國烏托邦主義的興起

幽暗意識的形成與反思

一條沒有走完的路——為紀念先師殷海光先生逝世兩周年而作

殷海光與中國知識份子——紀念海光師逝世三十周年

*〈殷海光先生的理想主義道路：從公共知識分子談起〉《思想》
14 期（2010/01/01），頁 1—18。

本文為演講稿。這裡所謂的公共知識份子，是指本著理念與知
識，走入公共空間，面對時代的問題，真誠而勇敢地發言與介
入，以別於一般的知識份子。關於殷海光作為公共知識份子所走
的生命道路，作者認為在三個方面的表現，特別值得注意：一、
超越學術專業的限制，走入公共空間。面對現代中國的政治社會

危機，殷海光不斷地提出自己的看法，熱烈地參與當時的各種政治社會的活動與討論，從此終生把他的知識與理念，投入公共空間，發為社會良知、批判意識與抗議精神。他甚至不惜冒著自己職業與生命安全的危險，為當時臺灣與 20 世紀後半葉的華人世界樹立了一個公共知識份子的典型。二、以大無畏的精神，面對白色恐怖，批評時政。在中國的環境里，公共知識份子要面臨另一個更大的困難，那就是來自政治權威的威脅與迫害。殷海光作為一個公共知識份子，在這方面的慘痛經歷，是他生命中最光輝、最動人心弦、最可歌可泣的一頁。三、反潮流的批判精神。殷海光在五四發生的 1919 年出生，30 年代與 40 年代正是他青少年成長期。重要的是，那個時期也正是近代知識份子傳統內思想激化趨勢迅速開展、思想左轉潮流大漲的時候。面對這左轉大潮，殷海光的態度不是投入洪流，而是逆流抗拒。殷海光這種反潮流態度，反映一種面對社會與文化權威，不隨波逐流，仍然維持雖千萬人吾往矣的獨立自主的精神。這也是他扮演公共知識份子角色的重要一面。綜合殷海光作為一個公共知識份子在以上三方面的表現，作者認為它們都透露了他的思想，他一生精神生命的一個重要特質、一個基調，那就是他的強烈的理想主義。作者認為，在殷海光的心靈深處，在他的理想主義的深處，是有一股強烈的精神創造的衝動，以及烏托邦的嚮往，與他的自由主義同為他作為公共知識份子的重要思想資源。他為自由主義所作的努力，已為世人所共知。但他的理想主義以及隨之而來的烏托邦意識，卻不那麼容易為世人所瞭解。

2012 年 75 歲

*2012/1/1〈政教一元還是政教二元？：傳統儒家思想中的政教關係〉《思想》20 期（2012/1/1），頁 111—143。收入任鋒編《轉型時代與幽暗意識》（上海：上海人民出版社，2018），頁 125—150。

本文為演講稿。作者認為，當代學界對儒家政教關係的思想發展討論很聚訟紛紜，大約有兩派觀點。一派是持政教一元或政教相維的看法。這種看法自從晚清張之洞提出以來就很流行，五四之後大張其軍，可以說是學界的主流看法。另一派持不同的觀點，認為儒家自晚周開始以來，就是自視為獨立於現實政治權威的一個精神傳統；因此政教二元或政教對等，是儒家自覺意識的一個基本特徵。作者認為這兩種看法都有他們各自不同的觀點與不同的價值；但作為一種縱覽全局的認識，都在不同程度上有問題有偏頗。作者指出，儒家政教關係思想發展的起始，是以殷商的「宇宙王制觀」與周初的「天道觀」為背景而結穴於「天命說」。從此出發，在儒家思想傳統裡逐漸形成兩個思想趨勢：政教一元與政教二元或政教對等。前者後來演變成儒家政教關係思想發展的主趨。後者在先秦儒家思想萌芽後，發展未能暢順；在漢儒的思想裡可以說是胎死腹中。而在宋明儒學裡，雖有斷續的發展卻未能開花結果，最後在 17 世紀裡歸於沉寂。儒家思想這雙重趨勢有著不同的發展與結局，反映儒家政教關係思想的演變在觀念層次上主要是取決於兩個因素。其一是原始典範的觀念，它相信歷史的開端有一個政教合一的原始典範，體現於堯舜三代的聖王政治；其二是天道觀念的實化，使得天道吸納了現實政治秩序的基本皇權體制，從而將之神聖化、絕對化；是這兩個思想因素維持了儒家思想中「政教一元」觀念的主流優勢。也是這兩個因素，使得政教二元觀念退居次位，而終於流產。

*2012/9/1〈五四與中共革命：中國現代思想史上的激化〉《近代史研究所集刊》77 期（2012/09/01），頁 1—16。

本文為演講稿，是先生晚年最重要的著作之一。作者指出激化的

觀念有三點需要說明。第一，激化是指對現實世界做全面徹底的否定。第二，它相信有一個與現實世界對照的至善完美之理想世界，這反映出一個烏托邦主義的心態。第三，它相信靠著人的意志與力量，特別是政治的力量，可以在未來實現理想世界。綜合以上三點，激化可以說是代表一個理想主義的轉化意識。這份轉化意識在五四時代，特別是五四後期，變成一股潮流。這個潮流的背景是從 1895 年以後近代中國所面臨的「雙重危機」：政治危機與文化危機。政治危機是指清王朝所面對的內外威脅，外在威脅是指帝國主義所造成的國家生存的「瓜分危機」。內在威脅是指統治的正當性。這樣的背景終於在 1895 到 1911 年這一段期間，促使傳統政治秩序的基本體制「普世王權」由動搖而瓦解，中國由此陷入空前的政治解體危機。文化危機是指西方思想文化的衝擊，這個衝擊已經由中國文化的邊緣進入核心。這個核心就是傳統中國儒家思想以「天人合一」為標誌的宇宙觀，與以「三綱五常」為代表的基本價值觀的二元組合。這種中國士人特有的宇宙觀與價值觀在 1895 年以後，它的動搖與解體，帶來了前所未有的文化生存危機。面對這政治與文化雙重的危機，知識份子的回應是 1895 年以後陸續出現的各式各樣的意識形態，也就是後來泛稱的「主義」。這些意識形態與主義逐漸形成一套話語（ideological discourse，簡稱「主義話語」），籠罩著中國現代思想史的發展。這個主義話語在結構上常常有兩個特徵：第一，它是一套實然認知與應然價值觀的縮合；第二，它有一個三段結構。一方面針對當前的問題與世界做一番描述與分析；另一方面對未來的理想目標提出一套構想；連接二者之間的，是由現實通向理想目標的途徑與方法。1895 年以後傳統核心觀念解體，造成人們在價值觀與世界觀上的失落與迷惘。為了填補這一方面的認知與價值觀取向的需要，主義話語應運而生，由此也開啟了中國現代的「主義時代」。「主義話語」從一開始出現就有激化的趨

勢。但這趨勢真正展開則是在五四時代。在五四時代，過激主義主要是指無政府主義與形形色色的社會主義。五四的激化趨勢可以這樣看待：五四初期，即 1915 至 1918 三年間，激化主要發生在文化思想層次，包括提出全盤西化、全盤否定傳統、打倒孔家店等一類激進反傳統主義的觀念與口號。至於政治、社會思想層面，五四的視野是相當寬泛與開放的，對於西方十九世紀以來自由民主思想中出現的各種激進主義，並無偏向；而產生影響的，仍然是西方古典自由主義的民主觀。然而到了 1917 年以後，情形有大變化。一方面是歐戰結束後召開的巴黎和會，對「山東問題」未能秉公處理。同時 1917 年俄國十月革命成功，加之新成立的革命政府，自動廢除帝俄代侵略中國取得的「不平等條約」。在這兩個發展的影響之下，中國輿論不論是在思想上或現實政治上，都明顯的左轉，使得激化趨勢在五四後期，變成聲勢日漲的思想潮流，為日後在 1930 至 1940 年代的主流地位奠下了基礎。在這樣的背景下，從五四晚期開始，革命在中國人的心目中，越來越變成中國與世界在未來的唯一出路，開始了上個世紀長時期的革命觀念之神聖化與偶像化。這個趨勢一言以蔽之，就是革命崇拜。在這種激進的話語的籠罩之下，從 1920 年代到 1940 年代，許多知識份子包括陳獨秀李大釗與毛澤東等人都先後投入共產主義。毛澤東思想是中國共產主義革命運動的指導方針。它在 1930 至 1940 年代大約可以分成兩部分，一部分是毛為了推展革命運動及推翻國民黨政權，所設計的革命戰略與政略思想。然而更重要的是這些思想背後的革命理論。它可以分成四點簡要說明。首先是毛澤東的矛盾論。毛澤東所認識到矛盾不僅是世界上一個普遍的歷史社會現象，更要緊的是它以階級鬥爭與暴力革命的形式，造成人類歷史進展的基本動力。毛澤東受到馬克思的影響，相信當前的革命，是由一個階級社會飛躍到沒有階級的社會；由一個壓迫剝削的社會飛躍到自由平等的社會，因此代表一

個終極關懷的突破，帶來人類最後的解放。第二、是毛澤東的實踐觀念。毛澤東早年受過很深的傳統教育，尤其是儒家的道德實踐、經世致用的觀念。毛澤東在 1930 年代中期撰寫著名的〈實踐論〉的時候，已經接觸到蘇俄的一批馬列理論家，認識到革命與實踐之間的關係。透過革命實踐的觀念，毛澤東把馬克思辯證唯物論與儒家的唯心論聯繫在一起，使得思想掛帥與革命實踐合圍。這個結合從 1930 年代中期開始，變成毛澤東思想的一大特色。第三、毛澤東思想中大同之路與救亡之路的觀念。1920 年以後毛澤東找到了他所謂的大同之路。這條路有兩個階段：新民主主義階段與社會主義階段。毛澤東當時對西方的自由主義與個人主義是採取否定的態度。但是對民主的觀念卻是肯定的。加入共產黨以後，他接受馬列的民主集中觀念，強調以黨的先知先覺為權威領導，來動員群眾以實現民主。這就是他所謂的人民民主的概念。相較於民主觀念，民族主義在他的第一個階段構想中更為重要。1949 年 7 月 1 號中共革命全面勝利在望，毛澤東發表著名文告〈論人民民主專政〉，宣佈：共產黨經過二十八年的苦鬥，雖然取得了革命戰爭基本的勝利，但這只是第一步，他呼籲大家在建國以後要努力工作，使階級、國家權力和政黨，自然地歸於消滅，使人類進入「大同」境域。第四點、毛澤東革命理想主義的宗教性。人類社會在演進的過程中有各種矛盾，和革命的功能就是解決這一基本矛盾。革命這個觀念是實然的歷史世界觀與應然的價值觀之綰合，既是人類歷史發展的必然趨勢，又是人類崇高的理想的展現。它就像傳統宗教信仰一樣，蘊含一種絕對精神。革命是由現實世界躍進到理想世界的唯一橋樑、不二法門。作為這終極突破的唯一橋樑，革命理念自然帶有宗教救贖意識的絕對迫切性與神聖崇高性。在結論處，作者討論了中共與五四在思想上關聯的兩派看法。首先他不同意一些自由主義學者的看法，認為中國共產主義與五四思想關係是歧出的。這種看

法失之於對五四的認識過於簡單，忽略了五四思想內部發展的複雜性，特別是激化的趨勢。這一激化趨勢在五四晚期形成一片激進主義思想的土壤，為中共的革命觀念鋪路。另一方面作者也不能接受中共官方以及一些左派與文化保守派人士的觀點，認為中共基本上是繼承與發揚五四思想。這個看法的盲點，也是忽視了五四思想內部的激化趨勢。胡適與陳獨秀的例子都告訴我們：激化趨勢固然在五四晚期聲勢浩大，但就整個新文化運動而言，並非全面籠罩，有它的限度。

2013 年 76 歲

* 出版簡體字《幽暗意識與民主傳統》（成都：四川教育出版社），收文 8 篇。此書和新星版標題相同，但收錄的文章較少。此書有 6 篇論文是《張灝自選集》和新星版《幽暗意識與民主傳統》裡都有的。剩下兩篇訪談〈訪張灝教授談新儒家與自由主義的前途〉、〈訪張灝教授談幽暗意識與中國民主化運動的前途〉是新收的，而且僅見於這個版本。[6]

2016 年 79 歲

* 出版簡體字《幽暗意識與時代探索》（廣州：廣東人民出版社）。收文 10 篇。雖然收文不多，但〈傳統儒家思想中的政教關係〉（別的版本又題作〈政教一元還是政教二元？——傳統儒家思想中的政教關係〉）和〈殷海光先生的理想主義道路〉兩篇，是此前的張灝文集所沒有的，並且後者僅收錄於此版本。[7]

2018 年 81 歲

---

[6] 五蠹子，〈中國大陸各版張灝文集之比較〉https://book.douban.com/review/12176918/ 2020/1/20 查閱。

[7] 五蠹子，〈中國大陸各版張灝文集之比較〉https://book.douban.com/review/12176918/ 2020/1/20 查閱。

* 出版簡體字《轉型時代與幽暗意識：張灝自選集》，任鋒編，上海人民出版社

此次出版的《轉型時代與幽暗意識：張灝自選集》一書，是張灝教授對八十載治史生涯的回顧，精選其學術文章二十六篇成書。該書分為五個部分：軸心時代、幽暗意識、近代思想史上的轉型時代、五四與大革命，和傳統與現代化，收錄了作者有關中國近代思想史等領域的專業研究。

2019 年 82 歲

夫人廖融融女士逝世於美國維吉尼亞州（1941 年 5 月 4 日成都—2019 年 8 月 28 日 Reston, VA），享年 78 歲。

2022 年 85 歲

2/11 持續關心臺灣學術發展，捐贈畢生藏書給臺北國家圖書館。

4/20 張灝先生逝世於美國加州舊金山灣區，享壽 85 歲。（若以真實誕生的 1936 年計算，享壽 86 歲。）

（2022/10/31）

張灝教授著作目錄[1]

陳榮開　編

I. 中文之部

專書：

1. 《烈士精神與批判意識：譚嗣同思想的分析》，臺北：聯經出版事業公司，1988；北京：新星出版社，2006 年 2 月。

2. 高力克、干躍譯；毛小林校譯：《危機中的中國知識分子．尋求秩序與意義，1890—1911》，太原：山西人民出版社，1988；北京：新星出版社，2006。

3. 崔志海、葛夫平譯：《梁啓超與中國思想的過渡（1890—1907）》，南京：江蘇人民出版社，1993；北京：新星出版社，2006。

論集：

1. 《幽暗意識與民主傳統》，臺北：聯經出版事業公司，1989；北京：新星出版社，2006。

2. 《張灝自選集》，上海：上海教育出版社，2002。

3. 《時代的探索》，臺北：中央研究院及聯經出版事業股份有限公

---

[1] 本目錄製作期間，曾先後參考以下諸目錄：1. 梁元生，〈迎張灝教授蒞新亞書院講學〉一文所附〈著作目錄〉，《香港中文大學新亞書院第十四屆錢賓四先生學術文化講座》，1995 年 11 月，頁 10—13；2. 張灝，〈主要著作目錄〉，《張灝自選集》，上海：上海 育出版社，2002，頁 339—341。3. 丘為君、陳俊啟、張書華編輯，《張灝先生著作年表（初編）》，2005 年 4 月 28 日，頁 2—5；4. 梁元生，〈迎第三屆「余英時歷史講座」講者張灝教授〉一文所附〈張灝教授著作目錄〉，《香港中文大學第三屆余英時歷史講座》，2010 年 11 月，頁 11—14。特此註明，示不掠美。

司，2004。

4. 任鋒編校，《轉型時代與幽暗意識》，上海：上海人民出版社，
2018。

選輯：

許紀霖 ，《思想與時代》，上海：上海文藝出版社，2002。

論文：

1. 林鎮國譯，〈新儒家與當代中國的思想危機〉，《鵝湖》3：11，
1978 年 5 月，頁 2—13；另收入傅樂詩等著，周陽山等編，《近代
中國思想人物論：保守主義》，臺北：時報文化出版事業有限公
司，1980 年，頁 367—397；收入封祖盛編，《當代新儒家》，北京：
生活‧讀書‧新知三聯書店，1989 年，頁 53—79。

2. 〈晚清思想發展試論：幾個基本論點的提出與檢討〉，《中央研究
院近代史研究所集刊》7，1978 年 6 月，頁 475—484；另收入張
灝等著，周陽山、楊肅獻編，《近代中國思想人物論：晚清思想》，
臺北：時報文化出版事業有限公司，1982 年，頁 19—33。

3. 〈再認傳統與現代化〉，《海外學人》107，1981 年 6 月，頁 2—12。

4. 〈宋明以來儒家經世思想試釋〉，收入中央研究院近代史研究所
編，《近世中國經世思想研討會論文集》，臺北：中央研究院近代
史研究所，1984 年，頁 3—19。

5. 陳高華譯：〈思想的變化和維新運動，1890—1898 年〉，收入費正
清、劉廣京編，《劍橋中國晚清史：1800—1911 年》下卷，北京：
中國社會科學出版社，1985 年，頁 322—392。

6. 〈如何了解「五四」〉，《中國論壇半月刊》22：3，1986 年 5 月，頁
15—16。

7. 〈五四運動的批判與肯定〉，《當代》1，1986 年 5 月，頁 48—60。

8. 張玉法譯，〈思想的轉變和改革運動，1890—1898〉，收入費正清、
劉廣京編，《劍橋中國史：第十一冊，晚清篇 1800—1911（下）》，

臺北：南天書局有限公司，1987 年，頁 301—375。

9. 〈超越意識與幽暗意識：儒家內聖外王思想之再認與反省·上〉，
《歷史月刊》13，1989 年 2 月，頁 14—19。

10. 〈超越意識與幽暗意識：儒家內聖外王思想之再認與反省·下〉，
《歷史月刊》14，1989 年 3 月，頁 23—29。

11. 張灝、韋政通、周陽山、吳季樹，〈臺灣政治轉型的困境〉，《中國
論壇半月刊》28：1，1989 年 4 月，頁 34—43。

12. 〈傳統與近代中國知識份子〉，《歷史月刊》16，1989 年 5 月，頁
44—50。

13. 〈形象與實質：再認五四思想〉，收入韋政通等著，《自由民主的思
想與文化：紀念殷海光逝世 20 周年學術研討會論文集》，臺北：
自立晚報社文化出版部，1990 年，頁 23—57。

14. 〈盼中國民主生根，走出歷史循環〉，《二十一世紀》1，1990 年
10 月，頁 9—10。

15. 〈略論中共的烏托邦思想：對金觀濤論旨的幾點回應〉，《二十一
世紀》4，1991 年 4 月，頁 133—136。

16. 〈新儒家與中國文化危機〉，羅義俊編著，《評新儒家》，上海：上
海人民出版社，1991 年 12 月，頁 231—238。

17. 〈再論中國共產主義思想的起源〉，收入余英時等著，《中國歷史
轉型時期的知識分子》，臺北：聯經出版事業公司，1992 年 6 月，
頁 55—62。

18. 〈中國近代轉型時期的民主觀念〉，《二十一世紀》18，1993 年 8
月，頁 11—18。

19. 〈轉型時代在中國近現代思想史與文化史上的重要性〉，《當代》
101，1994 年 9 月，頁 86—93。

20. 〈不要忘掉二十世紀！〉，《二十一世紀》31，1995 年 10 月，頁
28—30。

21. 〈重訪五四：論五四思想的兩歧性〉，《學術集林》8，1996 年，頁

267—298。

22.〈中國近百年來的革命思想道路〉,《歷史月刊》109, 1997 年 2 月,頁 82—91;《開放時代》126, 1999 年 2 月,頁 39—47。

23. 張灝、王照坤,〈「儒學與宗教之對話」學術座談會〉(Symposia Held at the Conference on "Confucianism and the Modern World"),《中國文哲研究通訊》7:3, 1997 年 9 月,頁 49—63。

24.〈再認戊戌維新的歷史意義〉,《二十一世紀》45, 1998 年 2 月,頁 15—23。

25.〈中國近代思想史的轉型時代〉,《二十一世紀》52, 1999 年 4 月,頁 29—39;另收入陳弱水、王汎森主編,《臺灣學者中國史研究論叢:思想與藝術》,北京:中國大百科全書出版社,2005 年 4 月,頁 303—317。

26.〈毛澤東「人極意識」的思想源頭〉,《明報月刊》34:10, 1999 年 10 月,頁 16—17。

27.〈殷海光與中國知識分子:紀念海光師逝世三十週年〉,《當代》147,臺北:1999 年 11 月,頁 114—117;另收入殷夏君璐等著,賀照田編選,《殷海光學記》,上海:上海三聯書店,2004 年 7 月,頁 318—324。

28.〈世紀末的危機意識〉,《二十一世紀》56, 1999 年 12 月,頁 15—17。

29.〈從世界文化史看樞軸時代〉,《二十一世紀》, 58, 2000 年 4 月,頁 4—16;另收入慶祝王元化教授八十歲論文集編委會,《慶祝王元化教授八十歲論文集》,上海:華東師範大學出版社,2001 年,頁 65—74。

30.〈扮演上帝:廿世紀激進中國思想中人的神化〉,收入劉述先主編,《中國思潮與外來文化》,臺北:中央研究院中國文哲研究所,2002 年,頁 323—339。

31.〈關於中國近代史上民族主義的幾點省思〉,收入洪泉湖、謝政諭主編,《百年來兩岸民族主義的發展與反省》,臺北:東大,2002

年，頁 231—244。

32. 張灝、李澤厚、劉再復、陳來講，葉曼丰、梁以文記錄編輯，《夢縈中國：民族主義的反思與挑戰》，香港：香港科技大學社會科學學院文化研究中心，2003 年，頁 1—12。

33. 〈轉型時代中國烏托邦主義的興起〉，《新史學》14：2，2003 年 6 月，頁 1—42。

34. 〈重訪軸心時代的思想突破：從史華慈教授超越觀念談起〉，收入許紀霖主編，劉擎副主編：《現代性的多元反思》，《知識份子論叢》（第 7 輯），南京：江蘇人民出版社，2008 年 6 月。

35. 〈殷海光先生的理想主義道路：從公共知識分子談起〉，《思想》14，2010 年 1 月，頁 1—18。

36. 〈政教一元還是政教二元？傳統儒家思想中的政教關係〉，《思想》20（〈儒家與現代政治〉專號），2012 年 1 月，頁 111—143。

37. 〈五四與中共革命：中國現代思想史上的激化〉（May Fourth and the Communist Revolution: The Radicalization of Modern Chinese Thought），《中央研究院近代史研究所集刊》77，2012 年 9 月，頁 1—16。

訪談：

1. 林鎮國、周陽山、廖仁義採訪，〈訪張灝教授談新儒家與自由主義的前途〉，收入張灝著，《幽暗意識與民主傳統》，臺北：聯經出版事業公司，1989，頁 219—227。

2. 楊白，〈訪張灝教授談幽暗意識與中國民主化的前途〉，收入張灝著，《幽暗意識與民主傳統》，臺北：聯經出版事業公司，1989，頁 229—243。

3. 崔衛平，〈人最大的敵人是人自己——張灝訪談〉，《社會科學論壇》，2005 年 2 月，頁 100—105；另收入任鋒編校，《轉型時代與幽暗意識》，上海：上海人民出版社，2018，頁 359—366。

4. 陳建華，〈張灝教授訪談錄〉，《書屋》，2008 年 10 月，頁 16—22；另收入任鋒編校，《轉型時代與幽暗意識》，上海：上海人民出版社，2018，頁 367—378。

5. 李懷宇，〈只有法制才能控制權力怪獸〉，《時代周報》2011 年 3 月 31 日，頁；另收入李懷宇，《訪問時代：十二位知識人的思想世界》，南京市：江蘇文藝出版社，2012，頁 103—113。

6. 衛毅，〈民主要有幽暗意識〉，《南方人物周刊》，2011：13，2011 年，頁 66—69。

II. 英文之部

Monographs:

1. *Liang Ch'i-ch'ao and Intellectual Transition in China, 1890-1907*. Cambridge: Harvard University Press, 1971.

2. *Chinese Intellectuals in Crisis: Search for Order and Meaning（1890-1911）*. Berkeley: University of California Press, 1987.

Edited Works:

1. Waldman, Marilyn and Hao Chang, eds. *Papers in Comparative Studies, Vol. 3: Religion in the Modern World*. Published and distributed by Division of Comparative Studies. Columbus: The Ohio State University, 1984.

Articles and Reviews:

1. "The Anti-foreignist Role of Wo-jen, 1804-1871." *Papers on China* (published by the Center for East Asian Studies, Harvard University) 14 (Dec., 1960) : 1-29.

2. "Liang Ch'i-ch'ao and Intellectual Changes in the Late Nineteenth Century." *The Journal of Asian Studies*, 29.1 (Nov., 1969) : 23-33.

3. "On the Ching-shih Ideal in Neo-Confucianism." *Ch'ing-shih wen-t'i* 清 史問題 : *A Bulletin Issued Regularly by the Society for Ch'ing Studies* 3.1-3 (Nov., 1974) : 36-61.

4. "New Confucianism and the Intellectual Crisis of Contemporary China." *In The Limits of Change: Essays on Conservative Alternatives in Republican China*. Ed. Charlotte Furth. Cambridge: Harvard University Press, 1976, 276-302.

5. "The Intellectual Context of Reform." In *Reform in Nineteenth-century China*. Eds. Paul A. Cohen and John E. Schrecker. Cambridge: Harvard University Press, 1976, 145-149.

6. Review: *To Acquire Wisdom: The Way of Wang Yang-Ming.* By Julia Ching. *The Journal of Asian Studies* 37.2 (Feb., 1978) : 348-350.

7. "Intellectual Changes and the Reform Movement, 1890-8." In *Cambridge History of China, Vol. 11: Late Ch'ing, 1800-1911, Part 2.* Eds. John K Fairbank and Kwang-ching Liu. Cambridge: Cambridge University Press, 1980, 274-338.

8. "Neo-Confucian Moral Thought and Its Modem Legacy." Review: *Escape from Predicament.* By Thomas A. Metzger. *The Journal of Asian Studies* 39.2 (Feb., 1980) : 259-272.

9. Review: *The Last Confucian: Liang Shu-ming and the Chinese Dilemma of Modernity.* By Guy S. Alitto. *The Journal of Asian Studies* 39.3 (May, 1980) : 561-563.

10. "Intellectual Radicalism and the Quest for Meaning: The Decade of 1890's." *Proceedings of the International Conference on Sinology: Section on Thought and Philosophy* 中央研究院國際漢學會議論文集：思想與哲學組. Taipei: Academia Sinica, 1981, 371-392.

11. "K'ang Yu-wei（1858-1927）." *The Encyclopedia of Religion, Vol. 8: JERE-LITU.* New York: Macmillan Publishing Company, 1987, 246-247.

12. "Liu Shih-p'ei（1884-1919）and his Moral Quest." *Proceedings of the 2nd International Conference on Sinology, Section on Ming, China & Modern History* 中央研究院第二屆國際漢學會議論文集：明清與近代史組. Taipei: Academia Sinica, 1989, 797-832.

13. "Some Reflections on the Problems of the Axial-Age Breakthrough in Relations to Classical Confucianism." In *Ideas Across Cultures: Essays on Chinese Thought in Honor of Benjamin I. Schwartz.* Eds. Paul A. Cohen and Merle Goldman. Cambridge: Council on East Asian Studies, Harvard University, 1990, 17-31.

14. "Intellectual Crisis of Contemporary China in Historical Perspective." In *The Triadic Chord: Confucian Ethics, Industrial East Asia, and Max Weber. Proceedings of the 1987 Singapore Conference on Confucian Ethics and the Modernisation of Industrial East Asia*. Ed. Tu Wei-ming Tu. Singapore: Institute of East Asian Philosophies, 1991, 325-356.

15. Review: *Anarchism and Chinese Political Culture*. By Peter Zarrow. *The Journal of Asian Studies* 50.3（Aug., 1991）, 686-688.

16. "Confucian Cosmological Myth and Neo-Confucian Transcendence." In *Cosmology, Ontology, and Human Efficacy: Essays in Chinese Thought*. Eds. Richard J. Smith and D.W.Y. Kwok. Honolulu: University of Hawaii Press, 1993, 11-33.

17. "A Roundtable Discussion of *The Trouble with Confucianism* by Wm. Theodore de Bary." *China Review International* 1.1（Spring 1994）: 9-47.

18. "The Intellectual Heritage of the Confucian Ideal of *Ching-shih*." In *Confucian Traditions in East Asian Modernity: Moral Education and Economic Culture in Japan and the Four Mini-Dragons*. Ed. Tu Wei-ming Tu. Cambridge: Harvard University Press, 1996, 72-91.

19. "Kang Yu-wei（1858-1927）." *Encyclopedia of Religion*, Vol. 8. 2nd edition. Ed. Linsay Jones. Detroit: Macmillan Reference, 2005, 5075-5076.

後記：暗燭洞暗

後記： 洞燭幽暗

　　自 7 月籌備至今，人手極度不足，需要聯絡的人眾多，也曾擔心思慮不周，錯過了邀請一些在先生生命中至關重要的好友。洪長泰老師一再提醒我們：每個人都有自己紀念的方式，盡了力就足夠了（如同張灝教授的說話一樣）。事實上，在整理先生的稿件、文章、錄音、照片等有關資料過程中，我們重新認識了張先生；猶如重新回到 1998 年的科大人文學部，遇見了談笑風生的教授們，這裡交集了最多從美國、歐洲歸來的著名學者，一時形成自由、和諧的學術風氣。這也是張灝教授壯志激揚、英姿煥發的最美好年代，在清水灣畔沿著小路沉思著中國傳統文化中的憂患意識、幽暗意識與現代民主另一個發展階段，編輯的工作讓我們喚起那段「似水年華」的記憶。感嘆青絲白髮須臾間，世事幾許滄桑浮沉，這本文集如紅線般把我們已經畢業多年的師生重新連繫起來，也是這次編輯紀念文集意想之外的收穫。除了由衷感謝科大人文學部主任麥哲維教授（Prof. Steven Miles）及老師們的信任和支持外；在此特別感謝學部辦公室工作多年的崔婉君小姐（Rita）無限的支援及提供了不少珍貴照片，並特意囑咐提醒我們張先生很喜歡香港街道舊圖，現在人文學部的長廊已經粉飾上舊香港的圖像。感謝《二十一世紀》主編張志偉師兄提供多幅早期張先生在中大開會的照片及授權刊登有關文章。新亞書院張君恆主任提供了有關張教授 1995 年前後的講座錄音、照片、文章報導等，這些年代久遠的資料尤其珍貴。此文集之完成實得於多方的支持與鼓勵，言不盡意，只能銘記在心。

　　文稿整理漸進尾聲階段（原定 10 月 31 日截稿），在訪問李歐梵教授時他一再強調要通知林毓生教授有關紀念文集事宜，至少要讓他知道，

要不然他會遺憾終生的。隨後我們立即積極通過鄭培凱教授去聯絡身處療養院的林先生，讓他知悉此事。遂不料林先生鄭重叮囑我們要一定等他的稿件，同時告知我們他最近身體不好，要慢慢組織文稿。11月19日晚上在預定交稿前收到林夫人（宋祖錦女士）託鄭培凱教授交來的紀念文稿，收到由林夫人代筆的手稿之際，正深感慶幸，在郵件末卻註明了林先生於完稿後被送往醫院深切治療部的消息，並於三日後傳來故去的噩耗，一時心中悲痛難安！現在回想箇中情況，也應作一仔細的紀錄：事實上，7月30日的追思活動後，我們尋求傅立萃教授的協助，找林毓生教授寫稿，可是當我們知悉林先生身在療養院，患上阿爾茲海默症後，每天就只有一兩個小時比較清醒，便擱置不敢打擾。後來，輾轉間偶然在科大高等研究院舉行「幾度斜暉：蘇東坡」分享會（2022年10月25日）中遇到鄭培凱教授，談及此事，並得到他熱心答應幫忙聯絡林毓生教授。10月31日，鄭教授正式聯繫上林夫人時，據說他身體已經很虛弱，進食困難，需要送往醫院治療。儘管如此，林先生還是承諾在11月20日前交稿。11月19日我們拜訪了李歐梵教授，當時他還在擔心林毓生教授無法完成。想不到就在回家的路上，我們已經收到稿件。自1948年初識於臺北省立成功中學至今，張灝老師與林先生結下了七十多年的深厚友誼，即使病魔纏身，他還遵守「一言既出」之君子約定，稿件如期而至，終其一生重情重義，直教人感動不已！鄭培凱教授在郵件中沉痛地說：「這是林先生生命中最後的一份稿件，Age spares no one」。幾天後，收到林夫人的郵件指出：「他紀念張灝的文字是一個未完成篇」。縱然章句未成，情意已達，林先生應該沒有遺憾了。這似乎是冥冥中自有安排，上天為兩位情誼深厚的學人留下這一點生命的「註腳」。在林先生這份文稿中，他清楚記得認識張灝的過程、一起學習的經歷，以及張灝與廖融融幸福美滿的家庭，想必是他對知己最深刻的記憶。林先生嘎然而止的話語定格在張先生與夫人廖融融的相識之時，我想他是為張灝夫妻在彼岸作一讚歌，而不是生離死別的痛苦。今兩位

哲人相繼辭世，他們將在另一個世界繼續討論未完的思想主題。在獲悉摯友辭世的消息後，李歐梵教授難過不已，而鄭培凱教授亦連夜揮毫，懷著一代哲人離去的嘆息聲，特意親筆為文集題名及文中四小標題題字潤飾，茲以配上圖片，以紀斯人已遠去之幽情，念時代精神之飄散。

同樣地，89 歲的先生摯友墨子刻在郵件中訴說了他與張灝老師對臺灣的未來曾經討論經年，一直沒有定論。直至張先生逝世前致電他說自己同意其見解，墨子刻之欣喜非所以為自己的觀點勝於張灝，反之，得一知己論學終身，可謂無憾矣。張灝、林毓生、墨子刻之交情，可比擬於「伯牙子期知音之交」，在此惺惺之世，天人永隔，尤使人握腕痛惜。我們那一代所景仰的學者張灝、余英時及林毓生在華人學界並稱為「思想史研究三傑」，他們先後離開，一代學人花果飄散，可謂浩歎！然留下珍貴精神遺產，特別是自由主義的精神，亦是浩浩昭昭，令人瞻仰無已。

當我們講起張灝教授，不期然就會想起永遠站在他身邊、為他默默付出的師母——廖融融女士。記得編者在科大讀研究生時期，偶爾從張先生口中頻頻聽到他用疼惜的語調呢喃著「融融」的話題（當時誤以為他口中的融融是他的女兒）。然而在編輯此文集的過程中，張先生的好友談起張灝時也談起了融融，深深體會到師母在張灝老師生命中重要的地位；故徵得張家姊妹的同意，把其發佈於 2020 年 2 月的悼念母親訃文一併收入本文集。一為表其緬懷之意；二為表張灝夫婦琴瑟和鳴，形影不離，實為學者夫婦中的典範。三為廖融融師母在張灝教授的學術研究中扮演著極重要的角色。在與張又婷通訊中談及了母親的貢獻時，她這樣說：「沒有我的母親，我父親真的不可能完成他所做的一切。在他讀研究生和早年教學的工作，她基本上是他的研究助理。為他打字、更正手稿以及保存他記事卡上的所有筆記、管理他的書目、管理他的電子郵件通信等等。他和她討論了一切的事情，包括知識上的和日常上的——他們一直保持著深入的交流。」她指出正是母親那不為人知的辛勞，才使她父親能專注於工作和豐富個人的生活。因此之故，在附錄部分特

別收錄了 2020 年 2 月的〈懷念張廖融融女士〉訃文，以表敬悼之意。

　　先生之為學，由細微處而窺其廣博，由時代之轉型而觀歷史長河裡之憂懼，以至於天人之變。2004 年出版的《時代的探索》前言中，張先生引現代意大利史學家克羅齊（Benedetto Croce）的話：「所有的歷史都是現代史」，此可謂先生一生學術關懷之歸結。先生成為香港中文大學《二十一世紀》的創刊編委之一（任期 1990—2022 年）。期間發表了多篇文稿，諸如〈盼中國民主生根，走出歷史循環〉、〈中國近代轉型時期的民主觀念〉、〈不要忘掉二十世紀！〉、〈世紀末的危機意識〉等。由之我們可以一探先生之學思歷程，想像先生在踏入二十一世紀之際，如何深沉地回顧和不忘二十世紀的教訓，不言而喻，這恰是其追尋現代史的意義。

　　然而當他循著思想史的脈絡，走到歷史的最深處，體驗過歷史最陰暗的一面，他自然而然地對人發出最深切的呼喚。在〈不要忘掉二十世紀！〉（原載《二十一世紀》，1995 年 10 月號，31 期）中，先生開宗明義地說：「二十一世紀是我們中國人的話，不過是我們百年舊夢的新版。中國人對自己的遭遇的冷漠與健忘，確實令人吃驚。二十世紀中國所經歷悲劇與猶太人的滅種浩劫，同是人類罪惡史上最獨特的一頁，它以空前的震撼與嚴酷警告世人：人類最危險的敵人就是他們自己。」誠然地，當先生來到亞洲，慢慢地近距離進行觀察，他終於不得不發出深切的呼聲——在二十一世紀的樂觀進步主義下，必須防範民主化存在「逆轉」的可能性，正如先生罕見地表現得慷慨激昂引用慕尼黑猶太人紀念碑上敬刻的名言：「忘掉歷史的人，勢將重蹈覆轍」，以期警惕世人，光明隨時隕歿在黑暗之中。這是張灝老師對人性最深刻的警醒，也是他最動之以情的呼籲。我們可能都知道，張灝教授極少撰文談臺灣國民黨治權。但是在 1987 年後，當臺灣解放黨禁，他欣喜地寫下了〈是契機，也是危機——論今日從事民主運動應有的認識〉、〈三民主義的蛻變——由政治宗教走向改良主義〉等文章，指出改良後的三民主義在臺灣的土壤裡開出

民主的道路，可以為全中國樹立一個政治的楷模。不難發現，對歷史、思想的探索和研究並沒有使之失去赤子之心，憑藉著學者的良知，使他敢於探索人類歷史最黑暗之處；也讓我們感受他那熱切的心，看見一位幽默、時而忘情歌唱的張灝。

如今一代哲人黯然而逝，他沒有湮沒在荒蕪之間，歷史留下了其思想和洞見，輻射於華文世界的兩岸各地。曾經動盪飄泊的人生昭示著生命的聚散離合，求學探問的深思激勵著追尋真理而熾熱的心，深邃地燭照著那人性中的失序與幽暗，在這興亡盛衰憑誰定的時空裡，揚起了他那時而沉鬱哀傷如若艾青的詩——「雪落在中國土地上」的悠遠嘆息，既以溫暖的心靈反照這寒冷幽暗的天地，也以震顫的人心去呼喚學人不要忘記反思「那寒冷在封鎖著中國」的苦難。先生從思想與時代考察，並接續上中國大傳統的思想內涵，從二十世紀穿行而來，見證了近代史中動盪的時局，洞察中國傳統文化的思想精要，比較西方文化思想的元素，是文明的傳燈者；其著作、文章包括幽暗意識、超越意識以及對轉型時代深邃地探討多歧性文化的複雜構成，敏銳地警惕到人性中的幽暗意識，成為後輩學人繼續探索時代的「引路人」。細觀其人及其書，我們仍然可以感受此「燈」與此「人」那微微的熱量。

借用先生在〈未走完的道路〉一文中尼布爾的名言「人行正義的本能使得民主成為可能，人行不義的本能使得民主成為必需。」（Man's capacity for justice makes democracy possible, man's capacity for injustice makes democracy necessary.）與同路上的來者共勉之，吾道不孤。

最後，我們藉著李叔同的〈送別〉向張灝教授、廖融融女士、林毓生教授及余英時教授等學人前輩致以最深懷念：

長亭外，古道邊，芳草碧連天
晚風拂柳笛聲殘，夕陽山外山

天之涯，地之角，知交半零落
一瓢濁酒盡餘歡，今宵別夢寒

情千縷，酒一杯，聲聲離笛催
問君此去幾時來，來時莫徘徊
草碧色，水綠波，南浦傷如何
人生難得是歡聚，惟有別離多

《張灝教授紀念文集》籌備委員會
陳躬芳、周昭端謹呈
2022 年 11 月 22 日

再記：

　　進入 2023 年，文稿已屆完成並等候排版編印時，接到科大人文學部的通知關於前任丁邦新院長於 1 月 30 日與世長辭的消息。為趕及本文集能夠於張灝逝世一週年的日子如期付印，我們決定先在香港出版文集，以慰張先生、余英時教授、林毓生教授、丁邦新教授諸位在天之靈，以寬撰文長輩、學者們之心，幸得初文出版社的支持，迅速開展編務工作，希望如期出版。至於臺灣版本的文集則期待年中能付印，使紀念張灝教授文集圓滿。

2023 年 2 月 10 日

幽暗已成千古患：張灝教授紀念文集

The Darkness of Disaster Today Has Already Become Just About
Permanent: The Memorial Collections of Professor Chang Hao

編　　者：陳躬芳、周昭端
責任編輯：黎漢傑
封面設計：馬敬鉅
法律顧問：陳煦堂　律師

出　　版：初文出版社有限公司
電郵：manuscriptpublish@gmail.com

印　　刷：陽光印刷製本廠

發　　行：香港聯合書刊物流有限公司
　　　　　香港新界荃灣德士古道 220-248 號
　　　　　荃灣工業中心 16 樓
　　　　　電話 (852) 2150-2100 傳真 (852) 2407-3062

版　　次：2023 年 4 月初版
國際書號：978-988-76892-2-5
定　　價：港幣 168 元　新臺幣 640 元

Published and printed in Hong Kong

香港印刷及出版
版權所有，翻版必究

張灝教授、夫人廖融融與父親張慶楨合影

1973 年，張灝夫婦帶著
大女兒張筱融在俄亥俄
州州立大學校園留影

張灝教授一家人，攝
於俄亥俄州州立大學
寓所

1984 年，丘為君、史
華慈教授夫婦（Prof.
Benjamin Schwartz）及
張灝教授在俄亥俄州州
立大學校園內合影

張灝教授、夫人廖融融與妹夫馬漢茂在德國合影

張灝教授與夫人廖融融和妹妹廖天琪合影

1991 年 2 月在夏威夷召開的「二十世紀中國的歷史反思」研討會期間，《二十一世紀》編輯金觀濤、張灝、劉青鋒、余英時、林毓生合影

1991 年 2 月由杜維明組織「二十世紀中國的歷史反思」學術會議在夏威夷大學東西方中心舉行，這場晚餐出席者（自左至右）包括郭穎頤、林毓生、李歐梵、余英時（正中）、邵東方（右三）、張灝（右二）、汪丁丁等

1991年2月参与夏威夷
东西方文化研讨会

1992 年，張灝夫婦與郝延平夫婦合影

1993 年，余英時、林毓生、張灝參加瑞典斯德哥爾摩大學東方語言學院中文系召開的「國家、社會、個人」國際學術研討會

1995 年法國 Garchy 會議全體合影

1995 年，張灝教授主講錢賓四先生學術文化
講座

1995 年，《二十一世紀》編委會在雍雅山房
的午餐會議：左起：劉再復、張灝、劉述
先、翁松燃、陳方正、薛天棟；背向者左
起：金觀濤、劉青峰、關小春

喜歡坐在沙發上看書的張灝教授

談及 1989 年的國是，輕握拳頭、七情上面
的張灝教授被攝入鏡頭

張灝教授與師母廖融融

1998 年，張灝教授與
聶華桐教授在科大校
園留影

1998 年，張灝教授與
余珍珠教授在科大校
園合影

李兆良教授與張灝教
授及夫人廖融融在科
大寓所留影

1998 年，科大人文學部的教授們站在辦公室外的長廊合影（左起：葉錦明、黃敏珊（Teresa）小姐、傅立萃、金福子、何傑堯、黃敏浩、張灝、陳國球等教授）

2000 年，科大人文學部同事陳榮開、張灝、錢立芬、余珍珠等教授合影

人文學部的迎新會中，張灝教授高唱「滿江紅」一曲

人文學部的迎新會當
日留影

2002 年，科大人文學部廖迪生教授、張灝教授、陳國球教授、陳建華教授、何傑堯教授、王心揚教授、張洪年教授、危令敦教授合影

張灝教授與陳國球教授在人文學部的長廊合影

2003 年，張灝教授與張洪年教授畢業典禮後在人文學部辦公室外合影

2003 年的沙士期間，張洪年教授、張灝教授、張洪年夫人（李曉茵女士）、王維仁教授、傅立萃教授、廖融融女士合影

在 2004 年的黃昏，張灝教授與入門弟子任鋒、范廣欣、翁賀凱在科大校園中庭長廊留影

2005 年，人文學部教授張洪年、陳國球、張灝、鄭樹森等
與畢業生合影

於 2005 年，孔令琴女士、張灝教授、王汎森教授及許紀霖
教授在張灝教授科大寓所中留影

2005 年的「張灝教授榮退晚宴」上，金觀濤、陳方正、鄭樹森、張灝、劉青峰女士、李歐梵、張隆溪、李玉瑩女士等合影

2005 年，許紀霖、張隆溪、張灝、李歐梵、陳方正等教授在榮退學術座談會上

2005 年，張灝教授伉儷在科大榮退學術講座上留影

在 2005 年的榮退學術講座上，張灝教授、夫人廖融融與范
廣欣、許國惠夫婦

2005 年，在香港科大的寓所內

張灝夫婦與道子（Michiko）合照

張灝教授與孫子孫女們的美好時光

2006年，張灝教授與
任鋒在華東師大召開
紀念史華慈先生國際
研討會合影

2008年，在加州
（Emeryville）張洪年
夫婦與張灝夫婦合影

張灝教授與長女張筱
融及幼女張幼婷合影

在 2008 年的長女張
筱融婚禮上合影（左
起）：郭譽珮女士、廖
融融女士、林毓生教
授、宋祖錦女士、張
灝教授、項武忠教授

在 2008 年的張家長女張筱融婚宴上，老友李兆良、項武忠與張灝教授合影

殷海光逝世 40 週年，殷夏君璐女士、張灝、林毓生等在「自由思想者殷海光先生」墓園前留影

張灝教授在中大「第三屆余英時先生講座」上發言

在 2010 年的「第三屆余英時先生講座」上，廣受校內外師
生歡迎。（左起）信廣來教授、梁元生教授、黃乃正教授、
張灝教授伉儷、熊秉真教授、溫有恆教授、游吳慧蓮女士

2016 年 2 月，張灝教授和夫人廖融融在寓所的客廳與到訪的邵東方教授聊天

於 2016 年夏，張灝、何清漣、余杰、程曉農、徐友漁夫婦等合影

張灝教授、夫人廖融融
與李兆良教授在北維州
寓所留影

2018 年 10 月，張灝教授與邵東方在北維州寓所留影

2019 年，張灝教授與到訪王汎森教授在家中合影

2019 年，張灝夫婦與女兒、孫子孫女們共慶華誕

在 2019 年，張灝教授
與好友聶華桐合影

A picture Professor
Chang took with Charles
against the backdrop
of the calligraphy of
YU Youren（于右任），
a piece of work YU（于）
gave Professor Chang's
father as a gift right after
finishing it, in Reston,
VA, August 2019.

張灝教授與二姐張健蓉
（Jane Wang）及大姐張
德蓉（Dorothy Shou）
合影

2021 年夏天，傅立萃教授與家人探望張灝教授

在 2021 年，張灝教授與好友項武忠最後的相聚

2022 年 2 月，在線上舉行
張灝教授藏書捐贈儀式

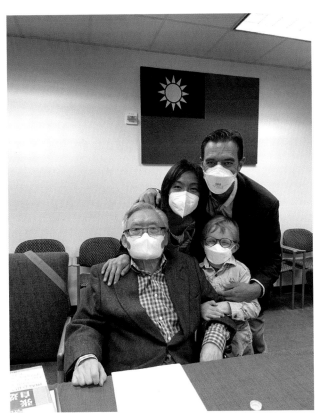

2022 年 2 月，張灝教授
在幼女 Charlotte 一家陪
伴下出席捐書儀式

晚年時期的張灝教授
伉儷

在張灝教授的追思會中，「黃金時代」結緣的人文
學部師生在畢業多年後，線上線下相聚了